INHALT

W0231782

MARKETING FÜR HOTELLERIE UND GASTRONOMIE

Kurt Wolf
Roland Heckmann

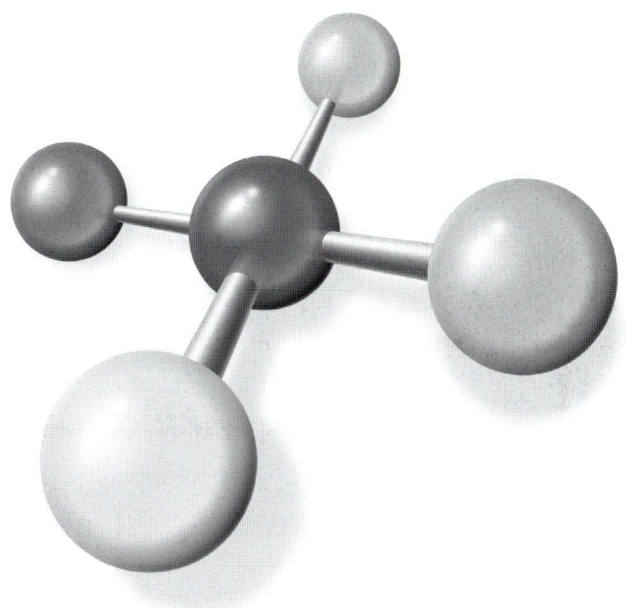

MATTHAES VERLAG GMBH

ISBN 978-3-87515-020-9

Lektorat: Redaktionsbüro Claudia Krader, München
Umschlaggestaltung: Atelier Krohmer, Dettingen/Erms
Satz und Gestaltung: DOPPELPUNKT Auch & Grätzbach GbR, Stuttgart

© 2008 Matthaes Verlag GmbH, Stuttgart

Printed in Germany

GASTGEWERBLICHE UNTERNEHMEN IM MARKTUMFELD

MARKETING ALS MARKTORIENTIERTE UNTERNEHMENSFÜHRUNG

Der Gast bildet den Mittelpunkt aller Ziele, Planungen und Aktivitäten eines Hotels/Restaurants. Die Erfüllung seiner Ansprüche und Erwartungen steht im Mittelpunkt des Handelns jedes gastgewerblichen Unternehmers und bildet die Grundvoraussetzung für den dauerhaften Erfolg eines Betriebs.

Marketing ist das Instrument, das den Gast als Ausgangspunkt und Ziel einer marktorientierten Unternehmensführung sieht. Der Gast hat heutzutage fast immer die Wahl, wo er sein Geld ausgeben möchte (Käufermarkt); daher muss die Absatzpolitik eines Hotels/Restaurants unter dem Primat des Marketings stehen. Unter Marketing verstehen wir dabei die bewusste Ausrichtung des Gesamtunternehmens an den Bedürfnissen des Marktes. Damit bestimmt das Marketing das Entscheidungsverhalten auf fast allen Unternehmensebenen.

Das war nicht immer so. Bis zur heutigen Ausformung des Marketings wurden in der zweiten Hälfte des letzten Jahrhunderts verschiedene Entwicklungsphasen durchlaufen.

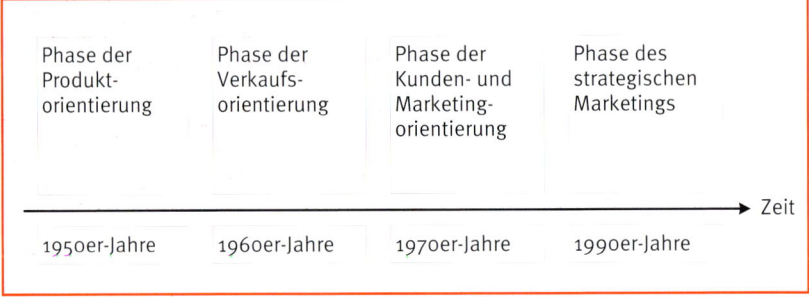

Phase der Produktorientierung	Phase der Verkaufsorientierung	Phase der Kunden- und Marketingorientierung	Phase des strategischen Marketings
1950er-Jahre	1960er-Jahre	1970er-Jahre	1990er-Jahre

Der Marketingbegriff wandelte sich mit den Absatzmärkten. Der Verkäufermarkt (Produktorientierung) wurde durch einen Mangel an Gütern und Dienstleistungen geprägt: Die Nachfrage war vorhanden, es wurden alle Produkte gekauft, und die Preise und Konditionen bestimmten weitgehend die Verkäufer.

Die ersten Anzeichen eines Käufermarkts führten zu einem Ausbau der Vertriebswege, der »Verkauf um jeden Preis« (Verkaufsschulung, Verkaufstaktik) stand im Mittelpunkt. Erst später (in den 1970er-Jahren) wurde erkannt, dass die spezifischen Wünsche der Kunden bestimmend für eine Kaufentscheidung sind.

In einem Käufermarkt, wie wir ihn seit den 1990er-Jahren haben, sind die Märkte weitgehend gesättigt, die Gäste können zwischen verschiedenen Hotels und Restaurants auswählen, und damit erlangt die Gästezufriedenheit eine besondere Bedeutung.

Zum Ende des letzten Jahrhunderts nahm dann durch die Globalisierung der Wettbewerb weiter zu, aber auch die gesellschaftlichen, rechtlichen und umweltbedingten Aspekte führten zu einer stärkeren weltweiten Vernetzung. Das Marketing musste dadurch zusätzlich strategische Elemente berücksichtigen und die Synergien besser nutzen, um mehr Effizienz und Effektivität zu erreichen.

Deshalb kann Marketing heute mit folgenden Merkmalen charakterisiert werden:

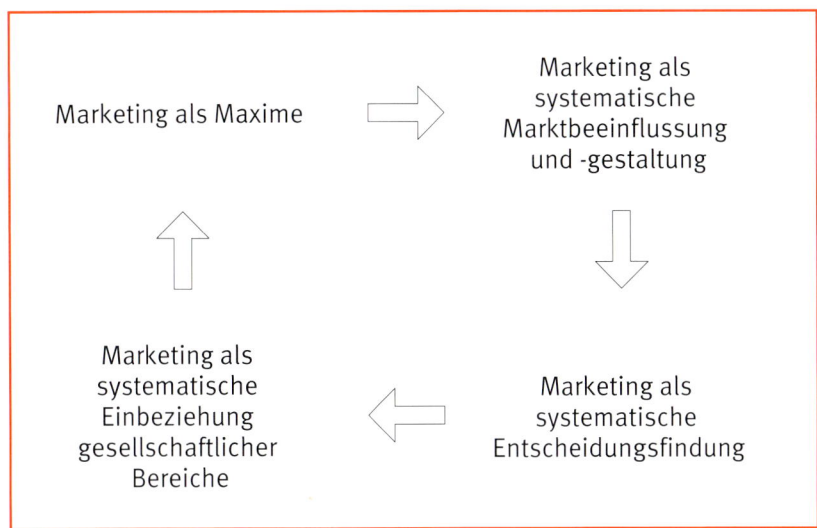

(Quelle: Unter Verwendung der Marketingbegriffe von Meffert)

Besonderheiten von Dienstleistungen

Marketing bedeutet also Planung, Koordination und Kontrolle aller auf die aktuellen und potenziellen Märkte ausgerichteten Unternehmensaktivitäten unter Berücksichtigung von rechtlichen, gesellschaftlichen und umweltbedingten Aspekten.

Durch die dauerhafte Befriedigung der Kundenbedürfnisse sollen die Unternehmensziele im gesamtwirtschaftlichen Güter- und Dienstleistungsversorgungsprozess unter Beachtung von Umfeldbedingungen verwirklicht werden.

Das Marketing für Hotels/Restaurants hat einen Konsumgüter- (z. B. Verkauf von Getränken) und einen Dienstleistungsaspekt (z. B. Service im Restaurant). Von Professor Theodor Levitt (Harvard University) wird sogar behauptet: »So etwas wie Dienstleistungsbranchen gibt es nicht. Es gibt lediglich Branchen, in denen die Dienstleistungskomponente *stärker* oder schwächer ausgeprägt ist als in anderen. Im Grunde ist also jeder ein Dienstleister.«

Vergleich der drei Grundformen des Marketings

Konsumgütermarketing	Investitionsgütermarketing	Dienstleistungsmarketing
originärer Bedarf	abgeleiteter Bedarf	abstrakte, immaterielle Leistung
große Zahl an Bedarfsträgern	kollektiver und formalisierter Kaufentscheidungsprozess	nicht lagerfähige Ware
hoher Anteil an Individualentscheidungen	geringe Zahl und höhere Konzentration von Bedarfsträgern	nur in Ausnahmefällen transportfähige Leistung
mehrstufige, indirekte Distribution	direkter Interaktions- oder Verhandlungsprozess	oft individuelle/einmalige Leistung
anonyme Marktkontakte	besonderer Einsatz von Marketinginstrumenten (persönlicher Verkauf)	häufig personalintensive Leistung
	höheres Maß an Internationalität	schwer standardisierbare Leistung
		intensive Kundenbeziehungen
		Leistungsbeteiligung des Leistungsempfängers

Alle drei Marketingformen bieten unterschiedliche Ansatzpunkte für Marketingentscheidungen. Dabei beinhalten alle Formen einen mehr oder weniger hohen Anteil an Dienstleistung.

Dienstleistungen sind gerade im Gastgewerbe keine selbständigen, für sich verkäuflichen Leistungen, sondern stehen oft im Zusammenhang mit Sachleistungen (Konsumgütern). Die Hotel-/Restaurantleistungen werden in den meisten Fällen direkt bei Inanspruchnahme durch den Gast erbracht und verbraucht, die Leistung selbst ist überhaupt nicht (Uno-Acto-Prinzip) oder nur teilweise konservierbar. Die Bereitstellung von z. B. Hotelzimmern und/ oder der Einsatz von Leistung, z. B. von Küchenleistung, ist nicht lagerfähig, da lediglich ein Potential zur Verfügung gestellt wird. Dagegen sind die angebotenen Konsumgüter ganz oder teilweise konservierbar (z. B. Speisen und Getränke).

Das Erbringen von Dienstleistungen kombiniert interne Faktoren, wie z. B. Gaststättenräume, Personal und Ausstattung, mit den Gästen als externen Faktoren (also solchen Faktoren, die nicht im Einflussbereich des Dienstleisters liegen). Darüber hinaus unterliegen die Dienstleistungen qualitativen Schwankungen, da ihre Qualität personenabhängig ist. Ziel der Kombination aller Faktoren des Dienstleistungsanbieters ist eine optimale Bedürfnisbefriedigung der Gäste. Dabei sind das Umfeld, z. B. Nachbarn bei Biergärten, die gesellschaftlichen Faktoren, z. B. Nichtraucherschutz in der Gastronomie, und ökologische Aspekte, z. B. Mülltrennung, zu berücksichtigen.

Außer diesen Faktoren spielen noch andere Gesichtspunkte eine Rolle. Da die gastgewerblichen Leistungen teils immaterieller Natur sind, kann der Kunde sie nur sehr eingeschränkt vergleichen, ohne sie in Anspruch genommen zu haben. Daher spielt das Image eines Hotel/Restaurants bei der Gästeentscheidung, den einen oder anderen Betrieb auszuwählen, eine wichtige Rolle. Weiterhin wird das Leistungsergebnis in der Regel durch den Gast selbst beeinflusst, und wenn der Gast mit einer Leistung unzufrieden ist, kann diese nicht umgetauscht werden. Trotzdem gibt es verschiedene Möglichkeiten, bei misslungenen Leistungen durch die richtige Nachbesserung die Gästebindung sogar zu erhöhen.

Der gesamte Prozess der Dienstleistungserbringung und sein Ergebnis sind nur schwer standardisierbar. Daraus ergeben sich besondere Anforderungen an die Qualifikation, Schulung und Motivation der Mitarbeiter. Das nutzbare Potential (z. B. die Ausstattung der Räumlichkeiten) eines Gastronomie-/Hotelobjekts ist dagegen mit Maßnahmen der Unternehmenssteuerung besser in den Griff zu bekommen – das allein reicht aber in vielen Fällen für einen zufriedenen Gast nicht aus.

Die heterogene Struktur der Hotellerie und Gastronomie zeigt sich in den unterschiedlichsten Betriebsarten: 5-Sterne-Hotels, Pensionen, Systemgastronomie, Einzelrestaurants, Imbissstuben, Nachtbars und Diskotheken. Bei jeder dieser Betriebsarten stehen bestimmte Produkte und Dienstleistungen im Vordergrund. Daraus können Eigenschaftsprofile abgeleitet werden, die eine betriebliche Leistung beschreiben und Hinweise zu deren optimaler Ausführung geben.

In einem gutbürgerlichen deutschen Restaurant (Linie 1, Grafik S. 12) werden beispielsweise vorwiegend persönliche Dienstleistungen erbracht. Sie erfolgen »am Menschen« und sind angesiedelt zwischen ergebnisorientiert (Hunger stillen) und prozessorientiert (Aufenthalt in angenehmer Atmosphäre). Es handelt sich dabei um einen konsumtiven und materiellen Prozess. Die Leistungserbringung beruht überwiegend auf handwerklichen Tätigkeiten, obwohl intellektuelle Fähigkeiten (z. B. Kreativität) nützlich sein können. Die erbrachte Leistung wird in dieser Betriebsart weder eindeutig individualisiert noch eindeutig standardisiert. Die zu verrichtenden Tätigkeiten dürften eher repetitiv und einfach strukturiert sein. Die Öffnungszeiten einer Gaststätte weisen auf ein kontinuierliches Dienstleistungsangebot hin, wohingegen Mahlzeiten nur auf Wunsch angeboten werden, sodass sich bei dem angesprochenen Merkmal keine eindeutige Ausprägung festlegen lässt. Zum Gast bestehen keine formalen Beziehungen, und die Qualität der Dienstleistung dürfte sowohl von Personalfaktoren, wie z. B. Freundlichkeit der Bedienung, als auch von Umgebungsfaktoren, wie z. B. Einrichtung und Standort, abhängen.

Zwei Eigenschaftsprofile im Vergleich
Gutbürgerliches Restaurant (1)
5-Sterne-Ferienhotel (2)

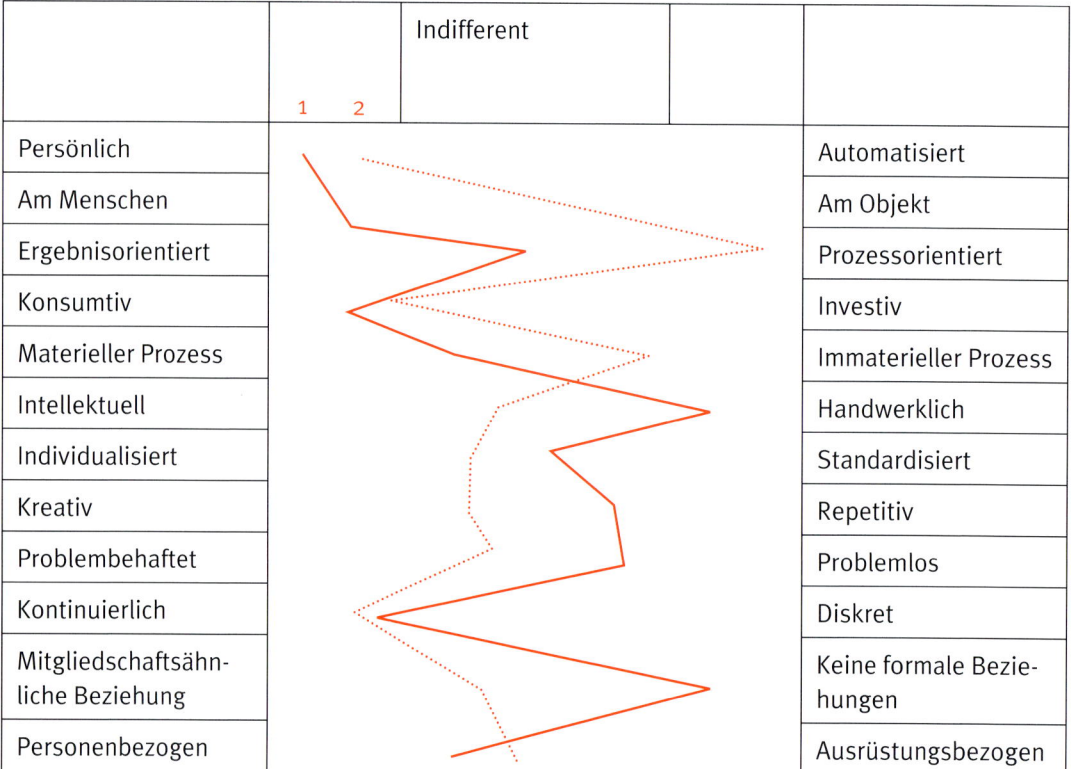

			Indifferent			
	1	2				
Persönlich						Automatisiert
Am Menschen						Am Objekt
Ergebnisorientiert						Prozessorientiert
Konsumtiv						Investiv
Materieller Prozess						Immaterieller Prozess
Intellektuell						Handwerklich
Individualisiert						Standardisiert
Kreativ						Repetitiv
Problembehaftet						Problemlos
Kontinuierlich						Diskret
Mitgliedschaftsähnliche Beziehung						Keine formale Beziehungen
Personenbezogen						Ausrüstungsbezogen

Als zweites Beispiel wird in der Grafik ein 5-Sterne-Ferien-Hotel (Linie 2) beschrieben. Auch dessen Leistung wird persönlich und am Menschen (Gast) erbracht. Darüber hinaus kann sie als prozessorientiert bezeichnet werden, da der Gast alle Leistungen während der Dauer seines Aufenthalts zur Gesamtbeurteilung des Hotels heranzieht. So können auch Probleme, die während des Aufenthaltes auftreten, kompensiert werden. Das Ferienhotel hat überwiegend konsumtiven Charakter, obwohl dort auch Seminare und Konferenzveranstaltungen angeboten werden können. Der Leistungserbringungsprozess liegt in seiner Charakteristik zwischen materiell und immateriell und ist handwerklich ausgerichtet, erfordert aber auch Kreativität und Individualisierung. Die Gesamtleistung ist teilweise erklärungsbedürftig und muss kontinuierlich erbracht werden. Im Idealfall folgen daraus gute Kundenbeziehungen mit Kundenbindung. Die Qualität der Dienstleistung dürfte ebenfalls sowohl von personalen Faktoren, wie z.B. der Freundlichkeit der Mitarbeiter, als auch von ausrüstungsbezogenen Faktoren, wie Einrichtung, Aufmachung und Standort, abhängen.

Marketingkonzeption

Die Realisation des Marketinggedankens in einem Hotel/Restaurant wird über ein Marketingkonzept erreicht, in dem der Schlüssel zur Umsetzung unternehmerischer Ziele liegt. Dieses Konzept stellt eine Art »Fahrplan« der Entwicklungs- und Handlungsmöglichkeiten im gastgewerblichen Unternehmen dar, um auf die Bedürfnisse und Wünsche des entsprechenden Gastes wirksamer und besser einzugehen als die Mitbewerber. Dabei ist von sich wandelnden Gästebedürfnissen auszugehen.

Das Marketingkonzept (siehe Abbildung Seite 14) ist ein umfassender gedanklicher Entwurf, der sich an dem Marketingleitgedanken und den betrieblichen Zielgrößen orientiert und durch den Handlungsrahmen, der durch die Mitbewerber, die Gäste, das eigene Unternehmen und die Gesellschaft unter Berücksichtigung von rechtlichen, wirtschaftlichen und technologischen Aspekten bestimmt wird. Es beinhaltet sowohl eine strategische als auch eine operative Dimension.

Bevor strategische Überlegungen angestellt werden, muss eine systematische und gründliche Untersuchung des Marktes und des eigenen Unternehmens erfolgen (Situationsanalyse). Dann müssen die übergeordneten Ziele einschließlich des Unternehmenszwecks (Philosophie) und die Marketingstrategien erarbeitet werden.

Die operative Dimension bildet das so genannte marketingpolitische Instrumentarium. Die einzelnen Bereiche des Hotel/Restaurants müssen in der Realisationsphase aufeinander abgestimmt (Führungsaufgabe) und die betriebliche Organisation entsprechend den Zielen und Aktivitäten modifiziert werden. Das ganze Vorgehen wird in einem schlüssigen Ablaufplan (Policy Paper) zusammengefasst. Die Kontrolle sollte institutionalisiert werden und Feedbackmöglichkeiten einschließen.

Die Unternehmensphilosophie ist immer ein wesentlicher Teil des Marketingkonzepts und muss von allen Mitarbeitern getragen werden, wie wir am folgenden Beispiel sehr schön sehen können.

In dem Papier der *Ingram Micro Distribution GmbH*, München, einem Anbieter von EDV-Komponenten und -Dienstleistungen, heißt es:

»Teamgeist
Wir bauen auf ein Team, in dem ganz unterschiedliche Menschen zusammenarbeiten.
Wir arbeiten miteinander, um unsere Ziele zu erreichen.
Wir motivieren uns gegenseitig.
Wir arbeiten zusammen, um schwierige Entscheidungen treffen zu können.
Wir unterstützen uns gegenseitig, indem wir Wissen und Ressourcen austauschen.
Wir schaffen eine angenehme Arbeitsatmosphäre, in der man Spaß hat.
Wir feiern Erfolge als Team.

Marketingkonzept
(Marketing-Managementprozess)

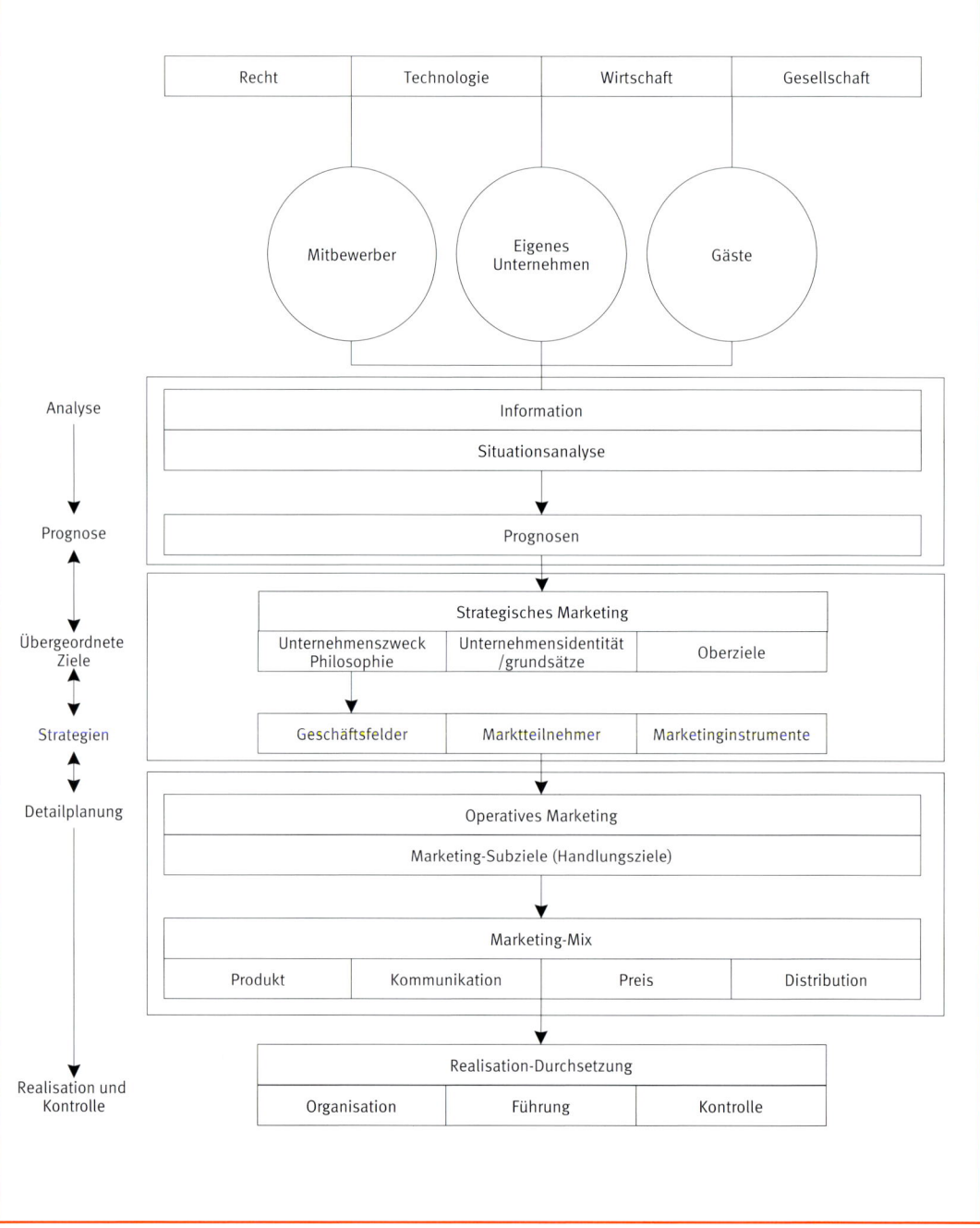

| Recht | Technologie | Wirtschaft | Gesellschaft |

| Mitbewerber | Eigenes Unternehmen | Gäste |

Analyse

Information

Situationsanalyse

Prognose

Prognosen

Übergeordnete Ziele

Strategisches Marketing

| Unternehmenszweck Philosophie | Unternehmensidentität /grundsätze | Oberziele |

Strategien

| Geschäftsfelder | Marktteilnehmer | Marketinginstrumente |

Detailplanung

Operatives Marketing

Marketing-Subziele (Handlungsziele)

Marketing-Mix

| Produkt | Kommunikation | Preis | Distribution |

Realisation und Kontrolle

Realisation-Durchsetzung

| Organisation | Führung | Kontrolle |

Respekt

Wir respektieren unsere Kollegen, Kunden, Lieferanten und Mitmenschen und behandeln sie fair und vertrauensvoll.
Wir nehmen Rücksicht auf die Zeit und Aufgaben von anderen.
Wir hören zu.
Wir setzen den Menschen an erste Stelle.
Wir fördern eine offene und ehrliche Kommunikation.
Wir bearbeiten Anfragen schnellstmöglich.

Verantwortungsbewusstsein

Wir akzeptieren unsere individuelle sowie unsere gemeinsame Verantwortung und halten unsere Verpflichtungen ein.
Wir übernehmen die Verantwortung für unser Handeln, unsere Entscheidungen und Leistungen.
Wir gehen Risiken ein, geben Fehler zu, erkennen Erfolge an und lernen dabei.
Wir konzentrieren uns auf das Lösen von Problemen, anstatt uns Vorwürfe zu machen.

Integrität

Wir zeigen uns stets ehrlich und fair.
Wir gehen mit gutem Beispiel voran.
Wir halten Versprechen ein.
Wir vertrauen auf Fakten, nicht auf Gerüchte.
Wir bauen durch offene und ehrliche Kommunikation Vertrauen auf.

Innovation

Wir sind kreativ bei unserer Arbeit und bieten unseren Kollegen, Kunden und Geschäftspartnern einen echten Mehrwert.
Wir sind offen für Veränderungen und nutzen die Chancen, die sich daraus ergeben.
Wir arbeiten über geografische und Abteilungsgrenzen hinweg.
Wir fördern und honorieren kreatives Denken.
Wir arbeiten zukunftsorientiert und entdecken neue technologische Möglichkeiten.
Wir sind flexibel und offen für neue Ideen und Veränderungen.«

Das Beispiel zeigt auch, dass die Unternehmensphilosophie alle Bereiche einer verantwortungsvollen Unternehmensführung im Sinne des strategischen Marketings umfasst.

RAHMENBEDINGUNGEN FÜR GASTGEWERBLICHE MÄRKTE

Verhalten der Zielgruppe »Gäste«

Der Hotelier und Gastronom muss sich Gedanken darüber machen, in welcher Weise seine Produkte und Leistungen seinem Gast einen Nutzen bringen. Daraus folgt die Frage: Wie gut kennt der Unternehmer eigentlich seine Zielgruppe? Theodor Levitt sagte dazu: »Wer im Marketing nicht an Zielgruppen denkt, denkt gar nicht.«

Je genauer der gastgewerbliche Unternehmer seine Zielgruppe eingrenzen kann, desto gezielter kann er diese ansprechen. Zur Identifizierung der Zielgruppe geht es z. B. um die Fragen:
- Handelt es sich überwiegend um Männer oder um Frauen?
- Wie alt sind sie und wie leben sie?
- Welche Interessen hat unsere Zielgruppe?
- Welchen Lebensstil pflegt unsere Zielgruppe?
- Wie ist das soziale Umfeld unserer Zielgruppe?

Der Gesamtmarkt muss möglichst in homogene Zielgruppen (= Marktsegmente) aufgeteilt werden, um die Mitglieder dieser Marktsegmente wirkungsvoll ansprechen und betreuen zu können. Je mehr Informationen der Unternehmer also über seine potenziellen Gäste hat, desto besser wird sein Marketing auf die Marktsegmente abzielen.

Das Verhalten der Zielgruppen als Marktteilnehmer, also das Gästeverhalten, ist dabei von herausragender Bedeutung und muss als Erstes untersucht werden. In der Verhaltensforschung finden wir dafür drei Ansätze. das Stimulus-Response-Modell (S-R-Modell), das Stimulus-Organismus-Response-Modell (S-O-R-Modell) und verschiedene nutzenorientierte Auswahlmodelle.

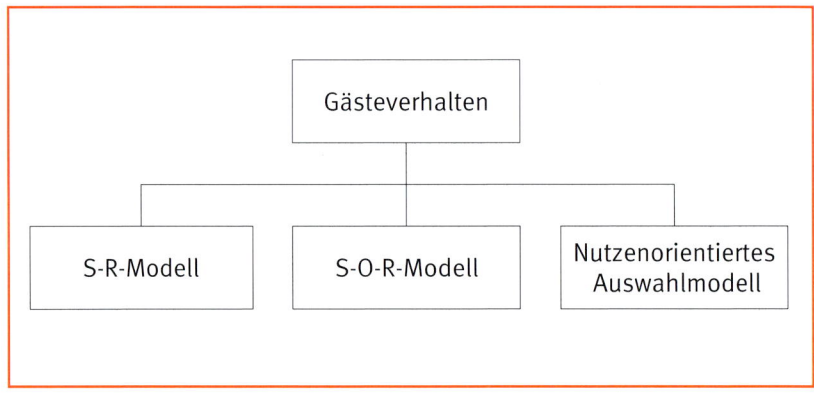

– S –	– O –		– R –
Stimuli	Black Box		Response
	Differenzierung des Organismus		
	Variablen		
	intervenierende	kognitive	
• Wettbewerbs-aktivitäten	• Motive	• Lernen	• Kauf
• Marketingaktivitäten des eigenen Unternehmens	• Emotionen	• Denken	• Nachkaufverhalten
	• Aktivierung	• Wissen	• Kaufkraft
• Umwelteinflüsse (z.B. ökonomische, kulturelle, politische Einflüsse etc.)	Einstellungen		• Kaufzeitpunkt
			• Kaufmenge
			• Image etc.

Das Stimulus-Response-Modell (S-R-Modell) geht davon aus, dass das Gästeverhalten (Response) dadurch erklärt werden kann, dass es von einem Umweltreiz (Stimulus) abhängt. Nicht beobachtbare psychische Prozesse, die zwischen Reiz und Verhalten auftreten, werden außer Acht gelassen.

Wird der Stimulus durch den Einsatz von Marketinginstrumenten ausgelöst, z.B. Werbemaßnahmen eines Hotels, Präsentation eines Restaurants in der Zeitung, Verkaufseinsatz von Bankettmitarbeitern, dann kann erwartet werden, dass der Gast darauf reagiert (Response), z.B. die Werbeanzeige liest, das Restaurant besucht oder ein Bankett bucht. Dabei unterscheidet man zwischen beeinflussbaren und nicht beeinflussbaren Stimuli durch das Hotel/Restaurant. So fördert z.B. der Aperitif in der Regel den Konsum von Getränken und Speisen. Dagegen beeinträchtigt schlechtes Wetter, auf das der Unternehmer keinen Einfluss hat, z.B. die Biergartenbelegung.

Für die Vorhersage von Gästeverhalten ist das Stimulus-Response-Modell nur bedingt brauchbar, da verschiedene Personen auf gleiche Reize unterschiedlich reagieren. Selbst gleiche Personen können zu verschiedenen Zeiten unterschiedlich reagieren.

Da der Stimulus auf den Organismus einwirkt und dort, je nach Mensch, unterschiedlich wahrgenommen, bewertet und kognitiv verarbeitet wird, kann das Modell dadurch verbessert werden, dass der Organismus als Einflussgröße berücksichtigt wird. Das S-O-R-Modell (Stimulus-Organismus-Response-Modell) ist also eine Weiterentwicklung des S-R-Modells. Auch im S-O-R-Modell soll eine Verhaltensänderung in Bezug auf die Inanspruchnahme der Hotel-/Restaurantleistung durch negative/positive Konsequenzen herbeigeführt werden.

Auch beim S-O-R-Modell werden gezielte Stimuli von Seiten des Unternehmens gesetzt, damit der Gast sein Verhalten für den Betrieb positiv verändert. Die Gästereaktion wird aber auch von den Umwelteinflüssen und den Aktivitäten der Mitbewerber bestimmt. Das S-O-R-Modell beschreibt deshalb detailliert den psychischen Prozess im Organismus des Gastes. Der Stimulus (z. B. eine Werbeaussage zu einem bestimmten Hotel) wird im Organismus verarbeitet (z. B. in Form von Motivations-, Entscheidungs- oder Lernprozessen) und führt dann zur Reaktion (z. B. zu einer Buchung des Hotelzimmers). Obwohl beim S-O-R-Modell interne Prozesse des Organismus berücksichtigt werden, finden Gruppenprozesse keine angemessene Berücksichtigung (z. B. das gemeinsame Diskutieren der Hotelentscheidung). Außerdem wird nur dem Reizsender (bei Werbung: dem Hersteller) eine aktive Rolle zugeschrieben, während der Reizempfänger (z. B. der Fernsehzuschauer) von außen gesteuert erscheint, also passiv ist.

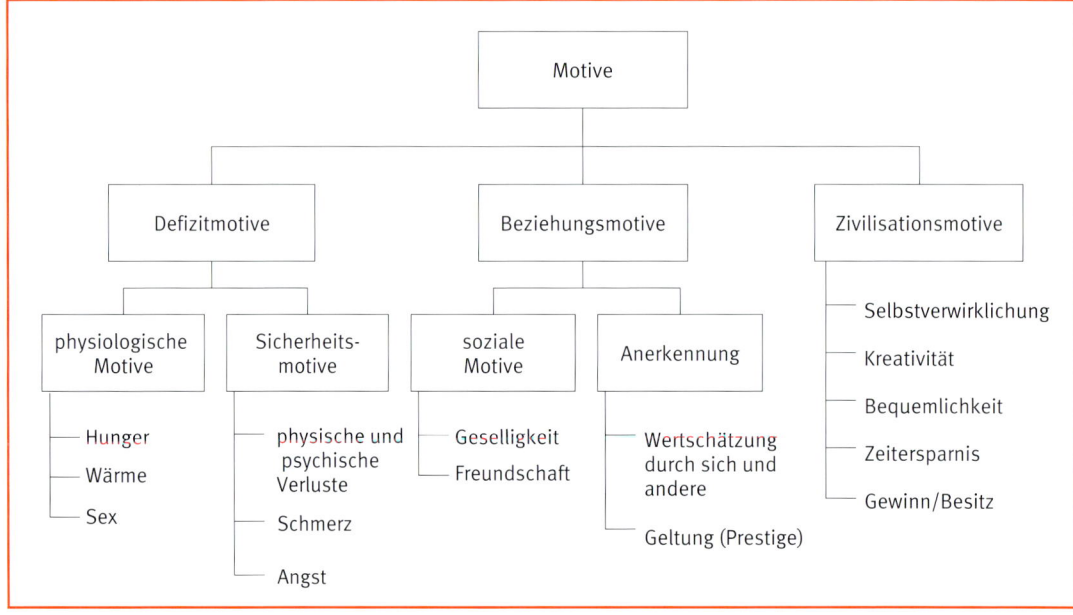

Neben diesen beiden gibt es zahlreiche nutzenorientierte Modelle. Sie leiten die Entscheidung über z. B. den Besuch eines Restaurants aus Vorteilsbetrachtungen ab. Der Nutzen einer Dienstleistung wird als zentrale Triebfeder des Konsums angesehen. Wir wissen aber, dass viele Kaufentscheidungen nicht unter Kosten-Nutzen-Relationen getroffen werden. Vielmehr gibt es eine Vielzahl von Motiven, die das Gästeverhalten steuern (siehe Abbildung oben). So können z. B. Motivstrukturen, die sich an die Bedürfnispyramide von Maslow anlehnen, das Verhalten von Gästen erklären.
Die Entscheidung für die Inanspruchnahme einer Hotel-/Restaurantleistung darf nicht nur auf Defizitmotiven beruhen, d. h. der Gast versucht Hunger

und Durst im Restaurant zu stillen und Unsicherheit durch die gebuchte Unterkunft in einem Hotelzimmer zu reduzieren. Darauf allein lässt sich heute keine Marketingstrategie mehr begründen, Beziehungsmotive sind dafür besser geeignet. Kundenbindungen werden häufig durch Wertschätzung, Prestige und Geselligkeit aufgebaut. Die Zivilisationsmotive (Grafik Seite 18) kommen dann zur Geltung, wenn alle anderen Motive befriedigt sind. Selbstverwirklichung, Kreativität und Bequemlichkeit sind für das Hotel Ansatzpunkte, um eine dauerhafte Kundenbindung zu erreichen.

Neben den aktivierenden Prozessen, Motiven und Einstellungen kommen auch kognitive Prozesse zum Tragen. Wahrnehmung, Denken und Lernen bestimmen das Verhalten von Gästen ebenso. In jedem Fall ermöglicht eine Analyse der Kaufmotive die zielgerichtete Ansprache des Kunden.

Bildung von Marktsegmenten

Ein systematisches Verständnis der Bedürfnisse und Handlungsmotive von Gästen bei der Inanspruchnahme von Leistungen führt zur Bildung von Gästesegmenten. Die Bedingungen für ein erfolgreiches Segmentieren sind in der folgenden Abbildung dargestellt. Die Kaufverhaltensrelevanz besagt, dass ein Segmentierungskriterium nur dann sinnvoll ist, wenn dieses Kriterium eine differenzierte Marktbearbeitung zulässt. So macht z. B. die Unter-

scheidung zwischen »alt« und »jung« in einem Hotel nur dann Sinn, wenn sich diese beiden Gruppen unterschiedlich verhalten. Weiterhin müssen die Zielgruppen über einen längeren Zeitraum hin ansprechbar (Erreichbarkeit) sein und zu diesem Segment gehören. Weiterhin sollten die Zielgruppen groß genug sein und genügend Kaufkraft besitzen, um für den Betrieb Bedeutung zu erlangen.

Die Einteilung des für das jeweilige Unternehmen relevanten Marktes in homogene und klar abgrenzbare Teilmärkte für bestimmte Zielgruppen kann mit verschiedenen Ansätzen durchgeführt werden:
- Klassischer Ansatz
- Sinus-Milieu-Studie
- Lebenswelt-Segmente (Sigma Institut Mannheim)
- Euro-Socio-Styles der GfK (Gesellschaft für Konsumforschung)

Zur Einteilung nach dem klassischen Ansatz werden die sozio-ökonomischen Merkmale von Gästen (z. B. Einkommen, Alter) sowie deren beobachtbares Informations- und Kaufverhalten als psychografische (z. B. Lebensstil) und verhaltensorientierte (z. B. Nutzungshäufigkeit) Kriterien der Segmentierung herangezogen.
Die psychografischen Kriterien untersuchen dabei die nicht beobachtbaren Aspekte des Gästeverhaltens. Sie werden unterteilt in allgemeine Persönlichkeitsmerkmale und produktspezifische Kriterien. Mit den allgemeinen Persönlichkeitsmerkmalen wird versucht, über den sogenannten

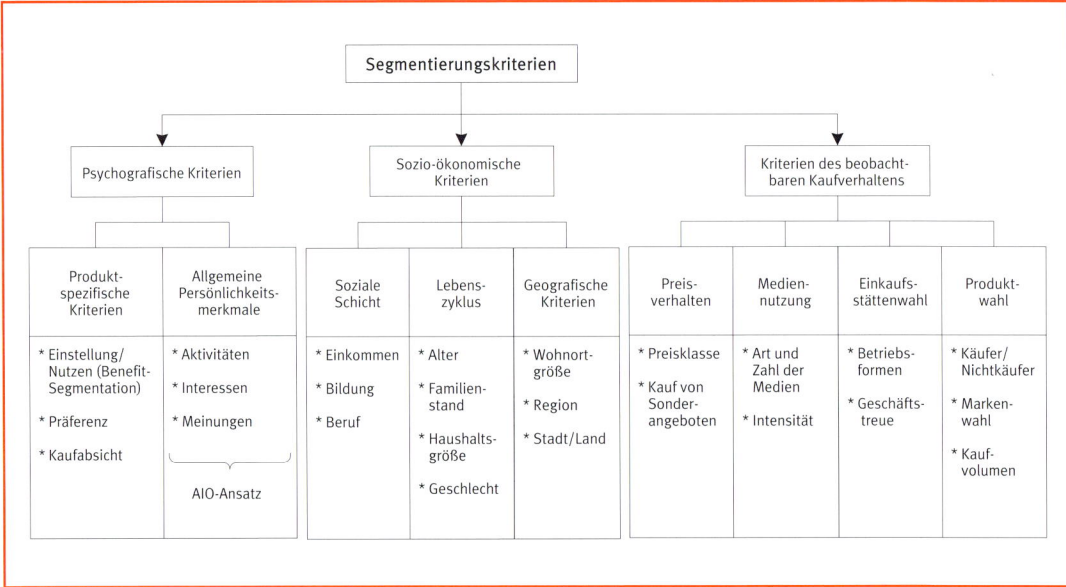

»AIO-Ansatz« (Activities = Handlungen; Interests = Verhalten; Opinions = Wertvorstellungen) den typischen Lebensstil zu erkennen, um Verhaltensmuster, Meinungen und Gewohnheiten für das Hotel/Restaurant nutzbar machen zu können.

Die produktspezifischen Kriterien haben im Vergleich zu den allgemeinen Persönlichkeitsmerkmalen eine höhere Aussagekraft, da diese direkt auf die Leistungen des Betriebes abzielen. Vor allem die Nutzenvorstellung bzw. Nutzenerwartung der Gäste gibt über Kundeneinstellungen Auskunft. Diesem Segmentierungskriterium liegt die Vorstellung zu Grunde, dass die Nutzenerwartungen innerhalb bestimmter Zielgruppen homogen sind.

Die sozio-ökonomischen (und auch die sozio-demografischen und geografischen) Merkmale sind für eine gezielte Ansprache der Marktsegmente nur bedingt geeignet. So gehen beispielsweise die geografischen Segmentierungskriterien davon aus, dass Nachbarschaft einen homogenen Lebensstil bedeutet. Dies trifft aber höchstens in Studenten-, Villenvierteln oder auch Plattenbausiedlungen zu. Hier wurden zum Teil homogene Kaufverhaltensmuster festgestellt. Die Datenbeschaffung für diese Merkmale ist allerdings sehr aufwendig und mit erheblichen Kosten verbunden. Darüber hinausgehende geografische Gemeinsamkeiten lassen sich nur schwer finden.

Die soziale Schicht und der Lebenszyklus der Gäste (sogenannte sozio-demografische Kriterien) sind dagegen leicht messbar und zeitlich stabil. Der Nachteil besteht allerdings in der geringen Relevanz für das Kaufverhalten. Trotzdem können gewisse Kriterien aus dieser Gruppe für bestimmte Betriebsarten von Bedeutung sein, z. B. für das Hotel 50 Plus das Merkmal Alter und für das Frauenhotel oder den Frauenclub das Geschlecht. Und das Einkommen spielt z. B. bei der Auswahl der gehobenen Gastronomie und Hotellerie eine gewisse Rolle.

Die Kriterien des beobachtbaren Kaufverhaltens haben die Aufgabe, die Ergebnisse des Kauf- und Buchungsprozesses zu ermitteln. Dabei können Verhaltensmuster bei den Gästen unterschieden werden, beispielsweise die Reaktion auf den Preis bei günstigen Hotel- (z. B. siebenmal übernachten – sechsmal bezahlen) oder Gastronomieangeboten (z. B. Gutscheine: zweimal essen – einmal bezahlen). Weitere Kriterien in diesem Zusammenhang sind das Informations- und Kommunikationsverhalten, die Auswahl des Hotels oder Restaurants, die Produkt- und Markenwahl, die Markentreue oder der Rhythmus, mit dem der Gast im Gastgewerbe konsumiert.

Ein sehr moderner Segmentierungsansatz ist die Sinus-Milieu-Studie. Das Unternehmen Sinus Sociovision GmbH aus Heidelberg ist ein Spezialist für psychologische und sozialwissenschaftliche Forschung und Beratung. Es entwickelte einen eigenständigen Forschungsansatz, der die Lebenswelt der Menschen zum Gegenstand hat. Dabei werden gewachsene Gruppierungen (soziale Milieus) beschrieben und im Zeitablauf verfolgt. Besonderes Augenmerk wird in den Studien darauf gerichtet, dass sich Zielgruppen aus lebendigen Menschen zusammensetzen, die nicht auf den künstlichen Status von »Merkmalsträgern« reduziert werden können und sollen. Aus den For-

---

Soziodemografisch sind sie Zwillinge

Herr Ortmann und Herr Urban sind beide Mitte 40, verheiratet, haben Kinder, und beziehen als leitende Angestellte ein gehobenes Einkommen. Sie leben in identisch geschnittenen Wohnungen, wie es der Zufall will, in einem Frankfurter Apartmenthaus. Sie zählen zur selben Zielgruppe. Bis man genauer hinsieht ...

Beispielsweise lesen sie nicht dieselben bunt bedruckten Seiten: Auf Ortmanns Couch-Tisch liegen, säuberlich gestapelt, *Auto, Motor und Sport, PC-Welt, Cosmopolitan* und *Stern*; bei Urbans liegen *Öko-Test, Schöner Wohnen, Essen & Trinken* herum, *Geo* und *Die Zeit*.

Und wenn er nicht arbeitet, nimmt Ortmann den Filius mit ins Waldstadion und hinterher zu McDonald's. Er tritt zum Tennis an und glänzt im Fitness-Studio. Dagegen liest Urban Belletristik, hört Jazz und zelebriert seinen Espresso. Und seinem Sohn überlässt er weitgehend, was der in seiner Freizeit tun möchte.

Auch den Fernseher nutzen sie unterschiedlich. Ortmann schaltet sowieso ein. Besonders liebt er *Für alle Fälle Stefanie, Hinter Gittern – der Frauenknast*, und er ist stundenplanmäßig exakt auf die Formel 1 getaktet. Aber Urban weiß genau, wann es *WISO* gibt, er guckt *Spiegel TV* und erlebt sein intellektuelles Chill-down bei *TV Total*.

Wundert es noch, dass sie ihr sauer Verdientes nicht in denselben Läden lassen? Ortmann besitzt den neuesten Pentium, kauft Kosmetik von *Hugo Boss* und jede Saison die modische Skikluft.

Urban schätzt biodynamische Weine, kauft seine Bücher grundsätzlich nicht übers Internet, ersteht gerne auch mal eine edle Grafik, und für Naturkosmetik gibt seine Lebensgefährtin viel Geld aus.

Eine demografische Kategorie, aber zwei Lebenswelten, zwei Milieus ...

Wie Sie demografischen Zwillingen nicht auf den Leim gehen
Sehen Sie die Menschen nicht als Merkmalsträger, nicht als Typen, nicht primär bezogen auf Produkte, sondern als Menschen, die sich in ihrer Lebensauffassung und Lebensweise ähneln. Ähnlichkeiten im Lebensstil können, müssen aber nicht in derselben sozialen Schicht auftreten. An welchen Werten man sich orientiert, was einen interessiert oder was man schön und hässlich findet, hat in erster Linie mit dem Milieu zu tun, zu dem man gehört.

(Quelle: www.sinus-sociovision.de)

schungsergebnissen werden Strategien für Unternehmen und Institutionen abgeleitet, die den soziokulturellen Wandel als Erfolgsfaktor nutzen. Sinus Sociovision hat sich damit auf das Messen, Verstehen, Interpretieren und Vorhersagen von soziokulturellem Wandel spezialisiert. Der Fall von Seite 22 der Homepage der Sociovision GmbH ist gut geeignet, um die Problematik der neueren Segmentierungsansätze aufzuzeigen.

Die Milieustudie stellt die Lebenswelt und den Lebensstil von Menschen in den Mittelpunkt. Unterschiedliche sozioökonomische Lebensbedingungen wie Schulbildung, Beruf, Einkommen, Alter oder geografische Herkunft sind für die Alltagswirklichkeit nicht so wichtig wie Lebensauffassungen und Lebensweisen (Lebensstile). Trotzdem gehen grundlegende Werteorientierungen genauso wie Alltagseinstellungen (zur Arbeit, zur Familie, zum Konsum) in die Analyse mit ein. Die soziale Zugehörigkeit kommt heute mehr durch den Lebensstil zum Ausdruck und weniger durch die Merkmale einer sozialen Schicht.

Das Milieumodell versucht die Tiefenstrukturen der Gesellschaft, deren soziale Differenzierung und den gesellschaftlichen Wandel und nicht die sich häufig ändernden Oberflächenerscheinungen (Lifestyle-Typologien) zu ermitteln. Das Sinus-Milieu kann dadurch als stabiler Analyserahmen zur Beschreibung der sozialen Wirklichkeit von Kunden/Gästen und als realitätsnahes Instrument für das strategische Marketing eingesetzt werden.

Die Sinus-Milieus® in Deutschland 2007

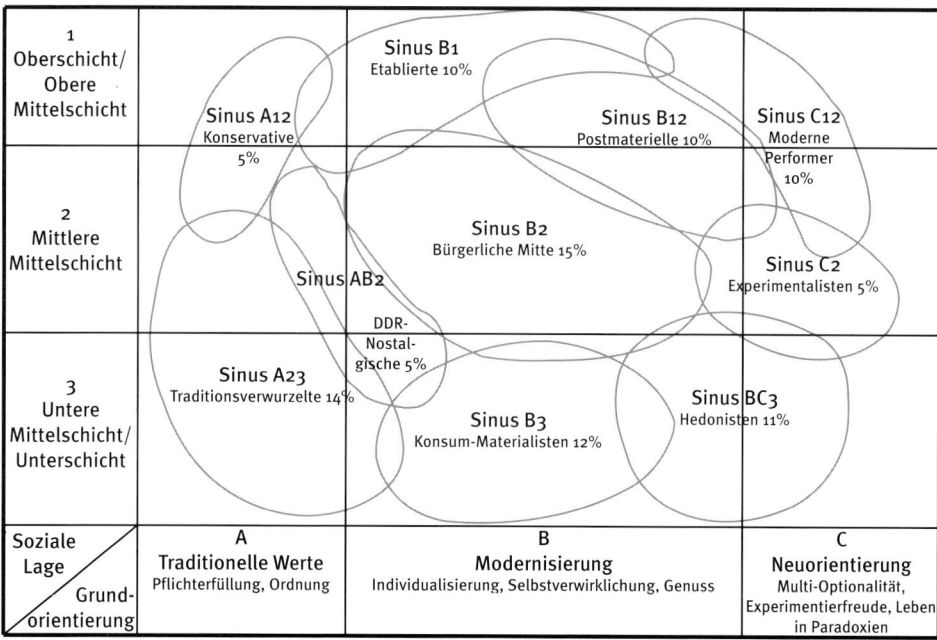

(Quelle: www.sociovision.de)

Die Grenzen zwischen denen im Schaubild Seite 23 unten dargestellten Milieus sind fließend. Lebenswelten sind nicht so exakt eingrenzbar wie etwa Einkommens-, Alters- oder Schulabschlussklassen. Sinus Sociovision nennt dieses Phänomen die »Unschärferelation der Alltagswirklichkeit« – ein grundlegender Bestandteil des Milieukonzepts, da zwischen den verschiedenen Milieus Berührungspunkte und Übergänge bestehen.

Diese Überschneidungen sowie die Position der Milieus in der deutschen Gesellschaft nach sozialer Lage und Grundorientierung lassen sich anhand der Grafik (Seite 23) aus dem Jahr 2007 veranschaulichen: Je höher das entsprechende Milieu in dieser Grafik angesiedelt ist, desto gehobener sind Bildung, Einkommen und Berufsgruppe; je weiter es sich nach rechts erstreckt, desto weniger traditionell ist die Grundorientierung des jeweiligen Milieus.

Die Bezeichnungen der Milieus folgen einem Ordnungssystem, das die Schichtachse (soziale Lage) und die Werteachse (Grundorientierung) jeweils in drei Abschnitte einteilt. So repräsentiert beispielsweise Sinus A12 eine Lebenswelt mit traditioneller Grundorientierung (Werteabschnitt A) und mit mittlerer bis gehobener sozialer Lage (Schichtabschnitte 1 und 2). Die Bezeichnungen für die einzelnen Milieus (z. B. Konservative, Etablierte, moderne Performer) können zwangsläufig eine Lebenswelt nicht umfassend beschreiben und dienen lediglich der Bezeichnung.

Aus strategischen Marketingüberlegungen sind in der Abbildung die Milieus zu größeren Lebenswelt-Segmenten gruppiert. Im Einzelnen setzen sich diese Lebenswelt-Segmente wie folgt zusammen:

- **Gesellschaftliche Leitmilieus**

Sinus B1
Etablierte ····≯ das selbstbewusste Establishment:
Erfolgsethik, Machbarkeitsdenken und ausgeprägte Exklusivitätsansprüche

Sinus B12
Postmaterielle ····≯ das aufgeklärte Nachachtundsechziger-Milieu:
Liberale Grundhaltung, postmaterielle Werte und intellektuelle Interessen

Sinus C12
Moderne Performer ····≯ die junge, unkonventionelle Leistungselite:
Intensives Leben – beruflich und privat, Multi-Optionalität (Freude an der Wahl, aber auch die Qual der Wahl), Flexibilität und Multimedia-Begeisterung

- **Traditionelle Milieus**

Sinus A12
Konservative ⋯⋯⟩ das Bildungsbürgertum:
Konservative Kulturkritik, humanistisch geprägte Pflichtauffassung und
gepflegte Umgangsformen

Sinus A23
Traditionsverwurzelte ⋯⋯⟩ die Sicherheit und Ordnung liebende
Kriegsgeneration:
Verwurzelt in der kleinbürgerlichen Welt bzw. in der traditionellen
Arbeiterkultur

Sinus AB2
DDR-Nostalgische ⋯⋯⟩ die resignierten Wende-Verlierer:
Festhalten an preußischen Tugenden und altsozialistischen Vorstellungen
von Gerechtigkeit und Solidarität

- **Mainstream-Milieus**

Sinus B2
Bürgerliche Mitte ⋯⋯⟩ der statusorientierte moderne
Mainstream:
Streben nach beruflicher und sozialer Etablierung, nach gesicherten
und harmonischen Verhältnissen

Sinus B3
Konsum-Materialisten ⋯⋯⟩ die stark materialistisch geprägte Unterschicht:
Anschluss halten an die Konsumstandards der breiten Mitte als Kompen-
sationsversuch sozialer Benachteiligungen

- **Hedonistische Milieus**

Sinus C2
Experimentalisten ⋯⋯⟩ die individualistische neue Bohème:
Ungehinderte Spontaneität, Leben in Widersprüchen, Selbstverständnis
als Lifestyle-Avantgarde

Sinus BC3
Hedonisten ⋯⋯⟩ die spaßorientierte moderne Unterschicht/
untere Mittelschicht:
Verweigerung von Konventionen und Verhaltenserwartungen der
Leistungsgesellschaft

Das Beispiel Sinus-Milieu B2

Die Bürgerliche Mitte
16 Prozent Anteil an der Gesamtbevölkerung
Statusorientierter moderner Mainstream: Streben nach beruflicher und sozialer Etablierung, nach gesicherten und harmonischen Verhältnissen.

Lebenswelt:
- Lebensziel der bürgerlichen Mitte ist es, in gut gesicherten, harmonischen Verhältnissen zu leben. Cocooning (dt. verpuppen) im gepflegten Ambiente, umgeben von gleichgesinnten und gleichsituierten Freunden prägt ihren Lebensrahmen.
- Sie zeigen Leistung und Zielstrebigkeit. Beruflicher Erfolg, eine gesicherte Position und die Etablierung in der Mitte der Gesellschaft sind ihnen wichtig. Manchmal sind sie geplagt von Abstiegsängsten.
- Sie wollen sich einen angemessenen Wohlstand erarbeiten, sich leisten können, worauf sie Lust haben. Dabei bleiben sie aber flexibel und realistisch.
- Ein angenehmes, komfortables Leben, Harmonie im familiären Umfeld und im Freundeskreis charakterisieren den Lebensstil der Bürgerlichen Mitte. Dazu gehört Gäste einladen, gemeinsames Kochen, Vereinsengagement, sportliche Betätigung in der Gruppe oder im Verein ebenso wie die intensive Beschäftigung mit den Kindern.
- Sie konsumieren gerne und mit Genuss, sind convenienceorientiert und haben ein ausgeprägtes Selbstbewusstsein als Verbraucher (Smart Shopper). Sie bevorzugen eine Mischung aus konventionell und modern, aus gediegen und repräsentativ. Sie investieren viel in die Ausstattung ihrer Wohnung/ihres Hauses, lassen dabei aber auch nicht ihr eigenes Outfit zu kurz kommen.

Soziale Lage:
- Altersschwerpunkt: 30 bis 50 Jahre, oft Mehr-Personen-Haushalte, kinderfreundliches Milieu
- Qualifizierte mittlere Bildungsabschlüsse
- Einfache / mittlere Angestellte und Beamte; Facharbeiter
- Mittlere Einkommensklassen

Der nächste Ansatz zur Segmentierung von Käufer-/Gästepotentialen sind die Lebenswelt-Segmente des SIGMA-Instituts in Mannheim.

Der vom SIGMA-Institut auf die Erfordernisse des globalen Marketing hin weiterentwickelte Ansatz der Sozialen Milieus liefert ein Segmentationssystem, das die Tiefenstruktur der soziokulturellen Identität des Einzelnen und von Gruppen auszuleuchten sucht, um die für Konsummotive und Konsumverhalten bestimmenden Kräfte zu finden und zu beschreiben.

SIGMA-Milieus: Das moderne bürgerliche Milieu

Harmonieorientiertes Milieu; man strebt ein ausgeglichenes, angenehmes und behütetes Leben an, ohne Risiken und Extreme; hoher Stellenwert von sozialen Beziehungen.

In dieser Lebenswelt schlägt heute das Herz Deutschlands. Bodenständig, häuslich und modern zugleich, bilden sie den etwas konventionelleren Flügel des modernen Mainstream. Thema Nummer Eins: Familie und Kinder – darum kreist das Leben und Denken dieses Milieus ganz entscheidend.

Wichtig: Lebensqualität, Sicherheit, materielles wie auch emotionales Wohlergehen, die soziale Mitte als selbstverständlicher Platz in der Gesellschaft.

SIGMA Milieus® für Deutschland
Lernen Sie unsere Gesellschaft besser kennen

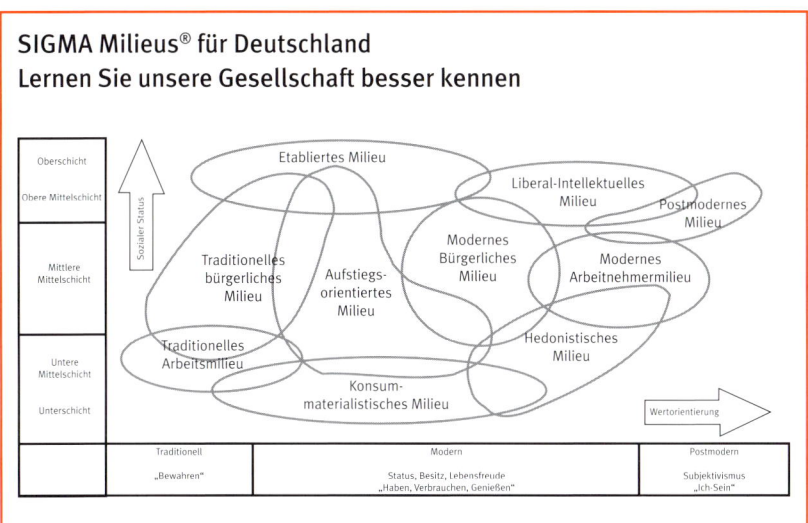

(Quelle: www.sigma-online.com)

Ein weiterer Segmentierungsansatz ist Euro-Socio-Styles der GfK (Gesellschaft für Konsumforschung) in Nürnberg. Auch damit sollen die Antriebsfedern menschlichen Verhaltens, aktuelle Entwicklungen und verschiedenen Lebensstile in unserer Gesellschaft ermittelt werden.

Euro-Socio-Styles

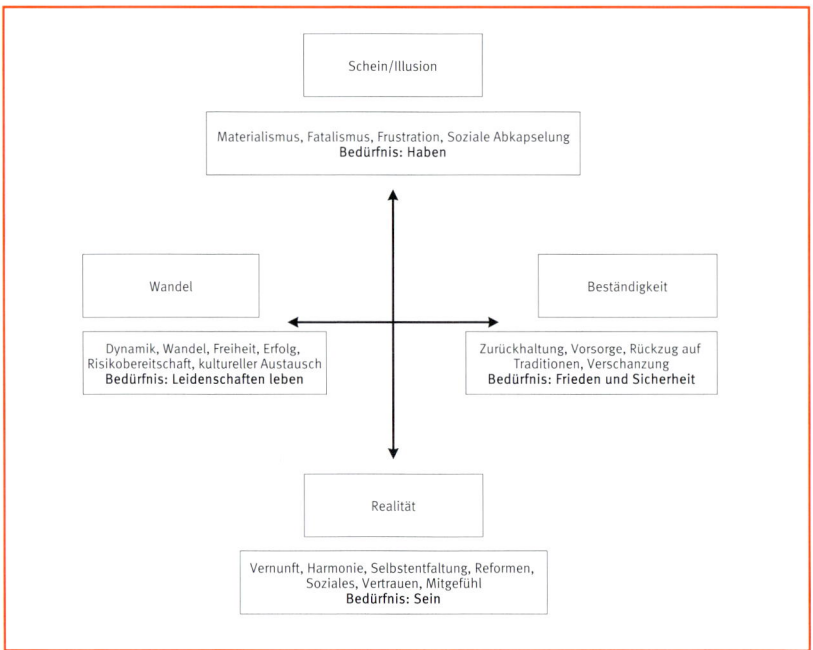

Das Zielgruppentool Euro-Socio-Styles versteht sich als Instrument für den Einsatz in komplexen Marketingprozessen (Mediaplanung, Kommunikation, Produktentwicklung usw.), um Einstellungen und Erwartungen der Verbraucher zu untersuchen und die Ausrichtung der Marketingaktivitäten auf die zielgruppenspezifischen Bedürfnisse zu ermöglichen.

Konsumententypen GfK-Modell

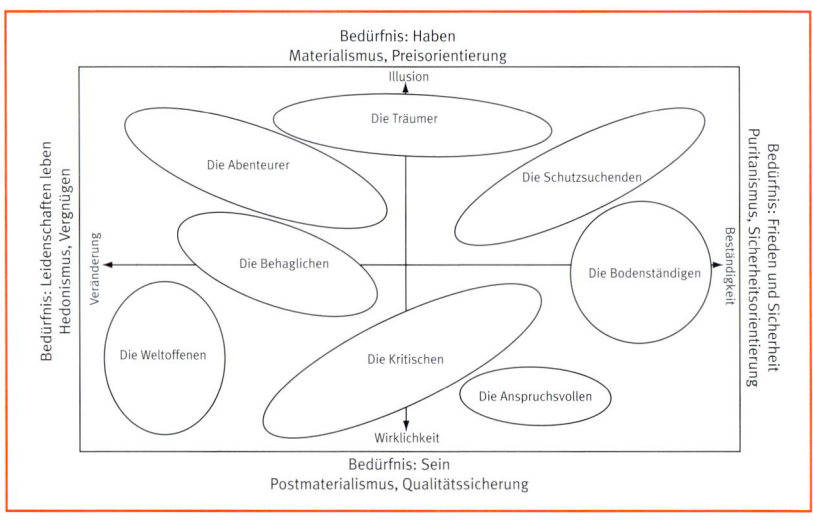

Mit diesem Werkzeug werden vier Bedürfnisse besonders herausgestellt: Haben, Leidenschaften leben, Frieden und Sicherheit, Sein.

Aufgrund dieser Bedürfnisse wird das Verbraucherverhalten eingeordnet, das Weltanschauungen, Überzeugungen, Kaufgewohnheiten und das Kommunikationsverhalten zu charakteristischen Lebensstilen verdichtet – länderübergreifend und unabhängig von Alter und sozialen Abstufungen.

Die so definierten Konsumententypen verteilen sich im zweidimensionalen Raum zwischen den Spannungsfeldern Schein und Realität sowie Beständigkeit und Wandel. »Schein« steht dabei für das Bedürfnis *Haben*, »Realität« für das Bedürfnis *Sein*, »Wandel« für das Bedürfnis *Leidenschaften leben* und »Beständigkeit« für das *Friedens- und Sicherheitsbedürfnis* der Konsumenten.

Folgende acht Zielgruppen definiert die GfK in ihrem Modell:
- Magic World – die Träumer
- Crafty World – die Abenteurer
- Secure World – die Schutzsuchenden
- Steady World – die Bodenständigen
- Cosy Tech World – die Behaglichen
- New World – die Weltoffenen
- Authentic World – die Kritischen
- Standing World – die Anspruchsvollen

Im Zusammenhang mit dem Verhalten der Kunden und Kundinnen rückt seit einiger Zeit das sogenannte hybride Kundenverhalten (»Sowohl-als-auch-Konsument«) ins Blickfeld: Der gleiche Kunde kauft heute Produkte beim Discounter oder verpflegt sich mit Fastfood, anderntags geht er ins Fachgeschäft bzw. isst im Gourmetrestaurant.

Verhalten der Mitbewerber

Die Chancen und Risiken in einem Absatzmarkt sind nur dann genau abzuschätzen, wenn wir die Mitbewerber kennen und damit die Wettbewerbsvor- und -nachteile herausarbeiten können. Gute Kenntnisse der grundsätzlichen Marktverhältnisse und der wahrscheinlichen Marktveränderungen geben einem Unternehmen im Gastgewerbe Anhaltspunkte zur Gestaltung der eigenen Leistungen und der Preise.

Zu einer derartigen Konkurrenzanalyse gehört die systematische Informationsgewinnung über die Mitbewerber, die daraus resultierende Bestimmung der eigenen Ist-Position im Wettbewerbsumfeld und die Beurteilung von Marktstellung und Marktchancen. Dadurch lassen sich Marktlücken und -nischen aufspüren.

Zentrale Fragen bezüglich des Marktes sind:
- Welches sind die Antriebskräfte für den Wettbewerb in der Hotellerie und Gastronomie?
- Wer ist auf dem konkreten Markt Mitbewerber?
- Wie wird sich der Markt für das Unternehmen voraussichtlich entwickeln?
- Wo liegen die Marktchancen und -risiken?
- Wie kann Wettbewerbsfähigkeit erreicht und gehalten werden?

Hinsichtlich der Konkurrenz können wir folgende Fragen stellen:
- Was bietet die Konkurrenz den Gästen?
- Welche Strategien verfolgen die Mitbewerber?
- Wo sind Chancen und Marktnischen, die von der Konkurrenz noch nicht besetzt sind?
- Welches sind die eigenen Stärken und Schwächen gegenüber den Mitbewerbern?
- Welche Strategien sollen gegenüber den Mitbewerbern verfolgt werden? (z. B. Preise, Qualität)

Ziel der Konkurrenzanalyse ist es, Ansätze für die Verbesserung der eigenen Position im Marktumfeld zu bekommen. Die gewonnenen Konkurrenzdaten müssen deshalb die Schlüsselanforderungen des Gästemarktes deutlich und Wettbewerbsvorteile erkennbar werden lassen. Aus der Kombination der Chancen- und Risikenanalyse mit der Stärken- und Schwächenanalyse gewinnen wir ein eigenes Wettbewerbsprofil. Denn: Nur mit präzisem Wissen über die eigenen Ressourcen, die möglichen Absatzmärkte und das Wettbewerbsumfeld kann eine erfolgreiche Marketingstrategie entwickelt werden.

Konkurrenzanalyse

Die Konkurrenzanalyse umfasst vier Phasen:
- Erforschen der Konkurrenzsituation
- Bestimmen des Informationsbedarfs, Informationsbeschaffung
- Analyse der erhobenen Daten
- Erarbeiten von Reaktionsmöglichkeiten, Entwickeln einer Marketingstrategie

Ausgangspunkt für die Konkurrenzanalyse ist die Bestimmung des relevanten Marktes für unser Unternehmen. Grundsätzlich können dabei vier Konkurrenzarten unterschieden werden, die dann im folgenden Text erläutert werden:
- Generische Konkurrenz
- Unternehmenskonkurrenz
- Produktkonkurrenz
- Marktkonkurrenz

Unter generischer Konkurrenz verstehen wir die Betriebe des Mitbewerbs, die Leistungen zur Befriedigung der gleichen fundamentalen Bedürfnisse anbieten. So kann beispielsweise das Grundbedürfnis »Hunger stillen« in einem Restaurant, einer Imbissstube, einem Fastfood-Restaurant oder in einem Lebensmittelgeschäft befriedigt werden. Für das Bedürfnis »Ausgehen und Unterhaltung« bieten uns die verschiedensten Betriebe der Gastronomie Möglichkeiten, aber auch ein Kino-, Konzert- oder Theaterbesuch. So sind in gewisser Weise auch das Kino oder das Theater Konkurrenten des Gastronomen. Die generische Konkurrenz ist relativ unspezifisch und deshalb kaum systematisierbar. Trotzdem sollten langfristige Entwicklungen auf diesem Markt beobachtet werden.

Die Unternehmenskonkurrenz bezeichnet das Verhältnis zwischen unserem Unternehmen und den Anbietern, die ein ähnliches Produkt anbieten. So sind beispielsweise alle Hotelbetriebe Konkurrenten, genauso stehen alle Restaurants im Wettbewerb.
Für die Eingrenzung des direkten Mitbewerbs ist dies aber wenig hilfreich, da z. B. ein 5-Sterne-Hotel nur bedingt mit einem 1-Sterne-Hotel verglichen werden kann.

In Produktkonkurrenz stehen alle Betriebe zueinander, die Leistungen mit ähnlicher oder gleicher Funktion bzw. ähnlichem oder gleichem Erscheinungsbild anbieten. Danach konkurrieren beispielsweise alle 5-Sterne-Hotels miteinander oder alle Fastfoodketten. Diese Vorgehensweise ist für die Abgrenzung unseres relevanten Marktes sinnvoll, obwohl es auch hier gastgewerbliche Betriebe gibt, die nicht miteinander verglichen werden können. So haben Sport-, Stadt- oder Ferienhotels in der 5-Sterne-Kategorie nur wenige Gemeinsamkeiten.

Bei der Marktkonkurrenz ist es der Wettstreit um dieselbe oder eine ähnliche Zielgruppe. Ein bestimmtes Gästesegment kann von gleichen oder unterschiedlichen Anbietern umworben werden, so sprechen z. B. 5-Sterne-Golfhotels die gleiche Zielgruppe mit dem gleichen Produkt an. Die Restaurantkette *McDonald´s* und ein asiatisches Nudelhaus haben unterschiedliche Produkte, jedoch den gleichen Gästestamm (Fastfood).

Entscheidend für die Konkurrenzanalyse sind also vor allem die Produkt- und die Marktkonkurrenz, d. h. die wichtigsten Konkurrenten sind jene Mitanbieter, bei denen sich Angebot und Nachfrage von Produkten und Gästesegmenten mit denen unseres Unternehmens überschneiden. Anders ausgedrückt, es werden gleiche oder ähnliche Produkte in einem gleichen oder ähnlichen Marktsegment angeboten. Dabei sollten, mit Blick auf die generische Konkurrenz, der Produkt- und Marktbegriff nicht zu eng ausgelegt werden, da sonst die Gefahr besteht, dass die verwertbaren Ergebnisse der Analyse sehr stark eingeschränkt sind.

Weiterhin müssen die Informationen immer zeitnah erhoben werden. Dabei ist allerdings eine sinnvolle Kosten-Nutzen-Relation zu wahren. In der Regel entwickelt sich nämlich das Verhältnis von Signifikanzniveau (Irrtumswahrscheinlichkeit) und Genauigkeitsgrad gegenläufig. Nicht die Quantität, sondern die Relevanz der Daten ist also entscheidend. Im Rahmen der Konkurrenzanalyse unterscheiden wir vier Felder, aus denen wir Informationen benötigen:

- Produkt: Was bietet die Konkurrenz? (Standort, Sortiment/Angebot, Ausstattung/Ambiente, Service, Klima, Image, Leistungsstruktur, Flexibilität)
- Markt: Wer ist Kunde bei der Konkurrenz und warum? (Soziodemografische und psychografische Daten zu Kundenkreis und Kundenmotiven)
- Unternehmenseigenschaften: Welche sachlichen und personellen Ressourcen hat die Konkurrenz? (Größe, Kosten, Umsatz, Kapazität/Auslastung, Abhängigkeit vom Wetter, Jahreszeit etc.)
- Marktstellung: Welche Position hat die Konkurrenz im Wettbewerbsumfeld? (Marktanteilsschätzung, Marktimage, Bekanntheit, Unternehmensziele, Marketingstrategien)

Beispiel für ein Konkurrenzprofil							
Konkurrenzprofil	positiv	1	2	3	4	5	negativ
1. Betriebstyp, Ausstattung							
2. Standortbeschreibung							
3. Öffnungszeiten							
4. Außenansicht							
5. Eingangsbereich							
6. Atmosphäre							
7. Einrichtung des Gastraumes							
8. Toiletten							
9. Terrasse							
10. Zimmer							
11. Auslastung							
12. Service							
13. Speiseprogramm							
14. Getränkekarte							
15. Küchenleistung							
16. Gästegruppen							

Bei der Analyse der Konkurrenzdaten muss zwischen veränderbaren und unveränderbaren Daten unterschieden werden. Für die Analyse der Stellung des Betriebes unter den Wettbewerbern werden auch die unveränderbaren Größen benötigt. Für die Analyse der Chancen und neuen Möglichkeiten dagegen müssen vor allem die variablen Größen betrachtet werden.

Dazu ist es sinnvoll, zunächst ein Stärken- und Schwächenprofil des eigenen Unternehmens und der direkten Mitbewerber zu erstellen. Durch den Vergleich dieser Profile können die betriebsspezifischen Kompetenzen und Ressourcen besser identifizieren werden. Gleichzeitig muss eine Chancen- und Risikenanalyse durchgeführt werden, um Wettbewerbsvorteile und neue Möglichkeiten im Markt (z. B. Marktnischen) zu erkennen. Dieses Verfahren wird zusammenfassend als SWOT-Analyse (Seite 38 ff.) bezeichnet.

Als Letztes werden dann die erkannten Ressourcen und Marktchancen in einer Synthese zu einem eigenständigen und lebensfähigen Unternehmensprofil zusammengeführt, aus dem dann eine spezifische Marketingstrategie resultiert. Dabei spielen dann auch die Marketingstrategien der Konkurrenz und Aktionen sowie die Reaktionen der Mitarbeiter eine Rolle.

Folgende, relativ einfache Möglichkeiten zur Datenerhebung stehen uns dabei offen:

- Selbsteinschätzung durch den Unternehmer/Personal (Fragebogen)
- Fremdeinschätzung durch Gäste (Fragebogen/persönliche Befragung)
- Fremdeinschätzung durch Konkurrenten (Fragebogen/persönliche Befragung)
- Einschätzung der Mitbewerber (Besuch mit Beobachtung)
- Analyse der Speisekarten der Mitbewerber

Umwelteinflüsse

Neben dem Gästeverhalten und den Einflüssen der Mitbewerber bestimmt die globale Unternehmensumwelt den Handlungsrahmen für die Marketingstrategie des gastgewerblichen Unternehmers. Diese Umwelt wird durch gesellschaftliche, volkswirtschaftliche, allgemeinpolitische, rechtliche und technologische Bedingungen bestimmt.

- Gesellschaftliche Bedingungen: Werte, Einstellung und Normen die in Arbeits-, Freizeit- und Konsumverhalten, Umweltschutz, Ernährung, Gesundheit, Familie und Partnerschaft zum Ausdruck kommen.
- Volkswirtschaftliche Bedingungen: Wirtschaftswachstum, Arbeitslosigkeit, Haushaltseinkommen, öffentliche und private Investitionen, Struktur der Haushalte (Alter, Familienzusammensetzung)
- Allgemeinpolitische Bedingungen: Steuer-, Arbeitsmarkt-, Bildungs-, Gesundheits-, Beschäftigungs- und Umweltpolitik; Außenpolitik (globale Konflikte)

- Rechtliche Bedingungen: Gesetze und Verordnungen
- Technologische Bedingungen: technischer Fortschritt bei den Betriebsmitteln (z. B. Produktionstechnik, Informatik und Elektrotechnik), Gen- und Informationstechnologie

Für das rechtzeitige Erkennen von Umweltveränderungen sind folgende Methoden geeignet, die auch im Rahmen einer Marktanalyse eingesetzt werden können:
- Frühwarnsysteme
- Prognoseverfahren
- Szenariotechnik

Frühwarnsysteme werten wirtschaftliche und politische Kennzahlen, Stimmungsindikatoren, Studien und Veröffentlichungen von Wirtschaftsverbänden und Forschungsinstituten aus.

Prognoseverfahren sind in qualitativer und quantitativer Hinsicht zu unterscheiden. Eine typisch quantitative Methode ist die Trendberechnung, die im Rahmen der Marktforschung besprochen wird (Seite 72 ff.). Als qualitative Prognoseverfahren gelten die Expertenbefragung und Delphimethode.

Alle Prognoseverfahren zielen darauf ab, Vorhersagen über wahrscheinliche oder mögliche Ereignisse auf der Basis von Vergangenheitswerten zu treffen. Gegenstand von Unternehmensprognosen sind häufig Absatz- bzw. Umsatzzahlen, Sonderereignisse und Einflüsse der Umwelt.

Bei der *Expertenbefragung* sollen durch gezielte Fragen an eine kompetente Personengruppe möglichst schnell und mit geringem Aufwand verwertbare Ergebnisse erreicht werden. Als Experten kommen – je nach Sachgebiet – Gäste, aber auch Führungskräfte und Produktmanager infrage, die zu ihren Vorstellungen über die zukünftige Entwicklung interviewt werden. Sie verfügen in der Regel über Hintergrundinformationen, die der Gast üblicherweise nicht hat.

Die *Delphimethode* stellt gegenüber der einfachen Expertenbefragung eine systematisierte, gleich strukturierte Befragung mehrerer Experten dar.

Die Szenariotechnik ist ein besonderes Prognoseverfahren zur Beschreibung der zukünftigen Entwicklung des Untersuchungsgegenstandes bei alternativen Rahmenbedingungen. Ausgehend von der Ist-Analyse werden die wichtigsten Einflussfaktoren ermittelt und Kerngrößen für diese definiert. Über die Prognosen dieser Kerngrößen (Deskriptoren) werden dann alternative, in sich stimmige Zukunftsbilder für den Untersuchungsgegenstand entwickelt. Ausgehend von der gegenwärtigen Situation befinden sich alle denkbaren Entwicklungen im Blickwinkel dieser Betrachtung. Die einzelnen Szenarien sind demnach keine Voraussagen der Zukunft, sondern nur in sich stimmige Bilder dessen, was sein könnte, also Möglichkeiten ohne Bewertung einer Eintrittswahrscheinlichkeit. Der Wert der Szenariotechnik liegt darin, den Entscheidern zu verdeutlichen, welche Faktoren in Wechselwirkung mit anderen Größen stehen und in welchem Ausmaß sie die weitere Entwicklung beeinflussen.

Verhalten des eigenen Unternehmens

Auch für die Untersuchung der Abläufe, Reaktionen und Möglichkeiten im Verhalten des eigenen Unternehmens gibt es eine strukturierte Vorgehensweise. Die externen Bedingungen wurden auf den vorhergehenden Seiten bereits besprochen. Die Struktur- und Ressourcenanalyse des eigenen Unternehmens, d. h. die objektive Untersuchung der Eigenschaften des Unternehmens, steht in diesem Kapitel im Mittelpunkt.

Situationsanalyse

Eine Situationsanalyse dient im Marketing zur Untersuchung des Zustandes eines Hotels/Restaurants, um Leistungspotentiale und -schwächen zu erkennen. Die Situationsanalyse kann für jede Form von Unternehmen im Gastgewerbe durchgeführt werden. Dabei spielen zwei Betrachtungsebenen eine Rolle:

- Externe Rahmenbedingungen (Umweltanalyse, Wettbewerbsanalyse)
- Interne Rahmenbedingungen (Unternehmens-, Ressourcen- und Infrastrukturanalyse)

Die Situationsanalyse ist damit die Grundlage, auf der aufbauend alle Prozesse im Unternehmen festgelegt werden, z. B. bei der Markteinführung einer neuen Dienstleistung. Denn alle marketingrelevanten Aspekte müssen genau untersucht werden, um ein zielgerechtes und detailliertes Marketingkonzept/Markteinführungskonzept entwickeln zu können. Die in der Praxis am häufigsten angewandten Methoden der Situationsanalyse sind:

- ABC-Analyse: Prioritätsliste der wichtigsten Verkaufsprodukte nach bestimmten Kriterien
- Chancen-Risiken-Analyse: Ereignisse und Trends in der Unternehmensumwelt werden danach bewertet, ob sie für das Unternehmen ein sehr hohes Erfolgspotential beinhalten (Chancen) oder auf der anderen Seite existenzgefährdend werden können (Risiken).
- Ressourcenanalyse: Die wichtigen Stärken und Schwächen innerhalb des Unternehmens stehen im Vordergrund, wobei diese üblicherweise in Relation zum stärksten Konkurrenten bewertet werden.
- SWOT-Analyse als Kombination von Ressourcen- und Chancen-Risiken-Analyse.
- Benchmarking: Herausstellen von Verbesserungsmöglichkeiten durch den Vergleich von Leistungsmerkmalen mehrerer vergleichbarer Objekte, Prozesse oder Programme.

- Lebenszyklusanalyse: Jedes Produkt bzw. jede Leistung eines Unternehmens befindet sich in einer bestimmten Produktlebensphase. Diese ist Grundlage für Marketingüberlegungen.
- Portfolio-Analyse: Instrument um die verschiedenen SGEs (Strategische Geschäftseinheit) eines Unternehmens zu identifizieren und zu evaluieren. Aufgrund dieser Analyse können dann die vorhandenen Ressourcen im Unternehmen besser eingesetzt werden.
- Balanced Scorecard (BSC; ausgewogener Berichtsbogen/ausgewogene Wertungsliste): Konzept, das die finanziellen Ziele eines Unternehmens mit den Leistungszielen hinsichtlich der Kunden, der internen Prozesse sowie der Mitarbeiter im Sinne eines Gleichgewichts (balance) miteinander verbindet und jeweils wichtigsten Zielvorgaben und Maßnahmen übersichtlich auf einer Anzeigetafel (scorecard) abbildet.
- Erfahrungskurvenanalyse: Ermittlung und konsequente Ausnutzung der Kostensenkungspotentiale als Wettbewerbsvorteil.

Die <u>ABC-Analyse</u> ist eine Methode zur Prioritätenbestimmung im Hinblick auf die Bedeutung der eigenen Produkte. Es wird zunächst eine Rangfolge der angebotenen Produkte und Dienstleistungen gebildet, die an ihrem Wert für das Unternehmen gemessen werden. Kriterien für die Rangfolge können z. B. Deckungsbeitrag, Umsatz oder Potential sein. Anschließend werden die Werte in Prozente umgerechnet und für die einzelnen Produkte/Dienstleistungen kumuliert. Daraus entsteht ein Schaubild (Scorecard), das die finanziellen Ziele eines Unternehmens mit den Zielvorgaben hinsichtlich der Kunden, der internen Prozesse sowie der Mitarbeiter gleichgewichtig miteinander verbindet und übersichtlich abbildet.

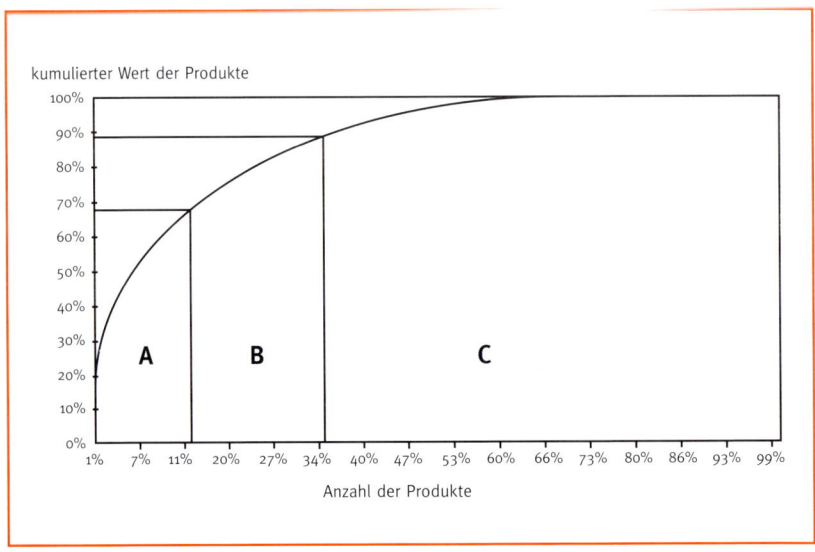

Angenommen, der obigen ABC-Analyse liegt als Bewertungskriterium der Anteil eines Produkts am Gesamtumsatz zugrunde, dann sieht man folgendes: 15 Prozent der (»guten«) Produkte bringen 72 Prozent des Umsatzes, während 100 − 35 = 65 Prozent der (»schlechten«) Produkte lediglich 10 Prozent des Umsatzes erbringen. Typischerweise gibt es wenige Produkte, die für das Unternehmen so wertvoll sind; diese werden als A-Produkte bezeichnet. Auf der anderen Seite gibt es viele Produkte, die das Unternehmen (aus Tradition, als Synergieträger für andere Produkte etc.) im Programm hat, die jedoch für sich – gemessen an den angelegten Kriterien – nicht besonders wertvoll sind (C-Produkte). Die Kategorie von Produkten, die dazwischen liegen, wird als B-Produkte bezeichnet.

Häufig wird die ABC-Analyse im Bereich der Beschaffung eingesetzt. Als Bewertungskriterien dienen dort der Beitrag zur Produktion, das Risikopotential (steht die Produktion still, wenn das Teil nicht beschafft werden kann?), die Beschaffungsmenge, die Beschaffungshäufigkeit etc. Speziell im E-Procurement (automatisierte Bestellvorgänge mittels eines Warenwirtschaftssystems) erlangt diese Methode im Moment hohe Bedeutung, da vorwiegend C-Teile automatisch über das Internet beschafft werden.

Mit der Chancen-Risiken-Analyse werden wichtige Ereignisse und absehbare Veränderungen in der Unternehmensumwelt danach bewertet, ob sie für

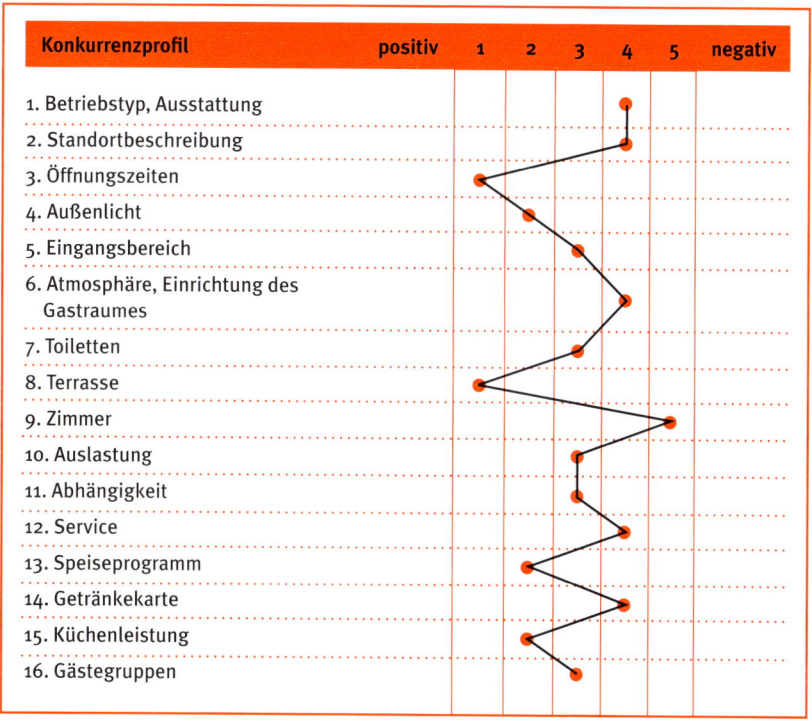

das gastgewerbliche Unternehmen ein sehr hohes Erfolgspotential beinhalten (Chancen) oder im Extremfall die Existenz gefährden könnten (Risiken). Als Strategieempfehlung sollen die Chancen genutzt und die Risiken vermieden werden.

Bei der Ressourcenanalyse konzentriert sich der Unternehmer auf die Stärken und Schwächen innerhalb seines gastgewerblichen Betriebes. Dabei kommt es nicht auf die absoluten Stärken und Schwächen, sondern auf die Relation zum stärksten Mitbewerber an. Stärken müssen gehalten bzw. ausgebaut und Schwächen beseitigt werden. Das Hotel/Restaurant in unserem Beispiel auf der Seite 37 hat eindeutige Schwächen im Zimmer- und Servicebereich sowie beim Standort und der Betriebsausstattung und ist im Terrassenbereich, in der Küchenleistung und bei den Öffnungszeiten der Konkurrenz überlegen. Möglicherweise resultieren die Schwächen daraus, dass in der Vergangenheit nicht genügend in die Modernisierung investiert wurde. Auslastungsprobleme wirken sich auf die Liquidität aus und daraus ergeben sich weitere Kostennachteile, die in einer Art Teufelskreis die Schwächen zementieren bzw. verstärken. Die Lösung dieser Probleme könnte beispielsweise in der Beschaffung neuen Eigenkapitals oder externer Finanzmittel liegen.

Die SWOT-Analyse (Strengths-Weaknesses-Opportunities-Threats) kombiniert die Ressourcen-Analyse mit der Chancen-Risiken-Analyse, berücksichtigt also die Gegebenheiten im Unternehmen selbst sowie die Umwelt des Unternehmens.

- Strengths – Die Stärken des Unternehmens im Vergleich zu seinen Wettbewerbern müssen herausgearbeitet werden: Worin liegen die Vorteile des Unternehmens gegenüber der Konkurrenz? Was kann das Unternehmen gut; worin liegt seine Kernkompetenz bzw. das Alleinstellungsmerkmal

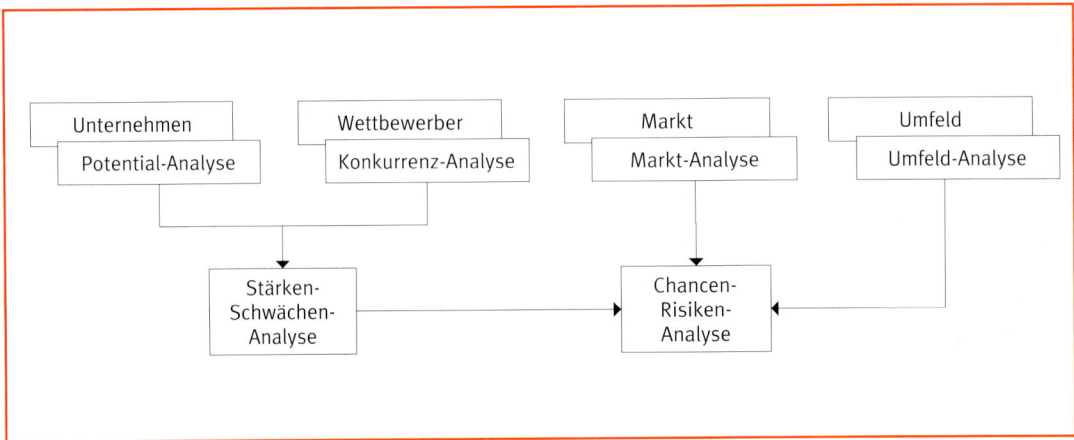

(USP = Unique Selling Proposition)? Welche wichtigen Ressourcen und welche Potentiale hat nur das eigene Unternehmen? Was sehen andere als Stärken des Unternehmens an?

- Weaknesses – Die Schwächen im Vergleich zu den Wettbewerbern müssen aufgedeckt werden: Worin bestehen die Nachteile? Was wird schlechter gemacht als in anderen Unternehmen? Was kann schnell verbessert werden? Was sollte auf lange Sicht vermieden werden?
- Opportunities – Welche Chancen und positiven Gelegenheiten kommen auf das Unternehmen von außen (Markt, Kunden, Gesetzgeber, Politik, Technologie, Lifestyle der Zielgruppen, Umfeld etc.) zu? Welche interessanten Trends werden dabei eine Rolle spielen?
- Threats – Welche Bedrohungen warten auf das Unternehmen? Welche Hindernisse und Probleme deuten sich bereits an? Was macht der Wettbewerb? Ändern sich die Marktanforderungen? Wird unsere Kernkompetenz irrelevant? Können wir in Renovierung, Neubau und Anbau investieren? Haben wir finanzielle Probleme? Welche der Bedrohungen kann unternehmenskritisch werden?

Die Kombination von Ressourcen- und Chancen-Risiken-Analyse erfolgt dadurch, dass die Stärken analysiert werden und sich daraus mögliche Chancen kreieren lassen. Aus den Schwächen kristallisieren sich mögliche Bedrohungen heraus. Andererseits kann es aber auch zur Bedrohung kommen, wenn die eigenen Stärken nicht genutzt werden, und es bieten sich Chancen, wenn eigene Schwächen beseitigt werden. Eine Beispielanalyse für ein kleineres Unternehmen mit vorwiegend lokaler Marktpräsenz:

Resourcen-Analyse		Chancen-Risiken-Analyse
Strengthes • Wir können als kleineres Unternehmen schnell reagieren. • Wir brauchen keinen administrativen Wasserkopf. • Unser Unternehmensberater hat einen sehr guten Ruf im Markt. • Wir haben wegen der momentan niedrigen Auftragslage Kapazität frei und haben daher Zeit, uns um unsere Kunden zu kümmern.		**Opportunities** • Unser Zielmarkt expandiert; die Verbrauchergewohnheiten wandeln sich in Richtung unseres Produktportfolios. • Unser Hauptkunde arbeitet gerne mit kleineren Unternehmen zusammen. • Unser stärkster Konkurrent fusioniert im Moment.
Weaknesses • Wir sind im Markt wenig bekannt. • Unser Management ist dünn besetzt; das Unternehmen ist daher sehr anfällig für Krankheit, Abwesenheit des Managements. • Unser Management hat wenig Management Skills.		**Threats** • Wir wissen nicht, ob wir den technologischen Fortschritt mitmachen können, der erforderlich ist, um die Änderungen der Verbrauchergewohnheiten zu berücksichtigen. • Wir werden vom Konkurrenten aufgekauft.

Versucht der gastgewerbliche Unternehmer seine Leistungen dadurch zu verbessern, dass er Leistungsmerkmale mehrerer vergleichbarer Objekte, Prozesse oder Programme im Unternehmen mit anderen vergleicht, so spricht man von Benchmarking.

Benchmarking und seine Vor- und Nachteile

Typ	Definition	Vorteile	Nachteile
Internes Benchmarking	Vergleich und Analyse ähnlicher Tätigkeiten oder Funktionen innerhalb eines Unternehmens oder mit assoziierten Unternehmen	• Datenerfassung relativ einfach • gute Ergebnisse für diversifizierte, herausragende Unternehmen	• begrenzter Blickwinkel • interne Vorurteile
Wettbewerbs- orientiertes Benchmarking	Vergleich und Analyse von Produkten, Dienstleistungen, Prozessen und Methoden bei direkten Konkurrenten	• geschäftsrelevante Informationen • vergleichbare Produkte, Prozesse • eigene Positionierung im Wettbewerb	• schwierige Datenerfassung • branchenorientierte Sichtweise • Gefahr der Adaption nicht optimaler Praktiken
Funktionales Benchmarking	Vergleich und Analyse von Arbeitsabläufen, Prozessen und Funktionsrealisierungen von Unternehmen und Organisationen, die in keinem Wettbewerbsverhältnis stehen	• höchstes Potenzial zum Finden innovativer Lösungen • Erweiterung des Ideenspektrums • bereitwilligere Akzeptanz von Lösungsmöglichkeiten • Zugang zu entsprechenden Datenbanken	• zeitaufwendige Analyse • evtl. schwierige Transformation der Praktiken auf die eigene Funktion

(Quelle: Lasch/Trost, Wettbewerbs-Benchmarking, S. 692)

Für Benchmarking können interne und externe Daten zum Vergleich herangezogen werden. Externes Benchmarking kann z. B. mit Wettbewerbern oder anderen Unternehmen und Organisationen durchgeführt werden.

Der Produktlebenszyklus beinhaltet die Vorstellung von einem typischen »Lebensverlauf« (Grafik Seite 41 oben). Bei einem Hotel oder Restaurant werden dabei Umsatz, Gewinn, Cashflow etc. von der Produkteinführung bis zur Produktelimination unter die Lupe genommen.
Für die einzelnen Phasen ergeben sich bestimmte Implikationen hinsichtlich des Einsatzes von Marketinginstrumenten. Dies soll hier am Beispiel eines Gastronomiekonzeptes für ein Trendlokal verdeutlicht werden:
• In der Einführungsphase muss die Eröffnung eines Trendlokals massiv durch Werbung unterstützt werden. Die Produktpolitik dient dazu, die Leistungen an die Gästebedürfnisse anzupassen.

Typischer Produktlebenszyklus

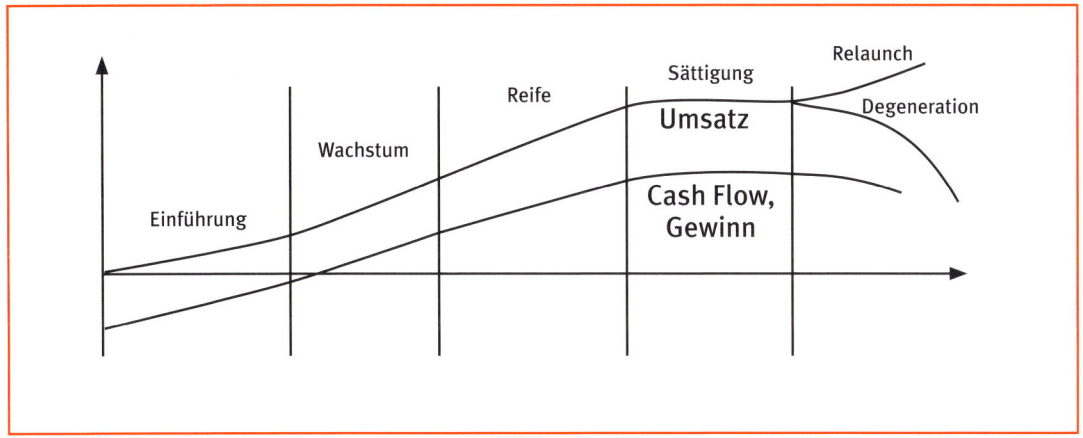

- In der Wachstumsphase wird das gastronomische Konzept umfassend beworben, damit möglichst viele potenzielle Gäste von der Existenz des Produktes Kenntnis erhalten.
- In der Reifephase soll durch die Preispolitik, die Verfeinerung des Konzepts und durch den rechtlichen Schutz z. B. des Namens der Markteintritt von Nachahmern verhindert werden.

Lebenszyklusanalyse von Handelsformen

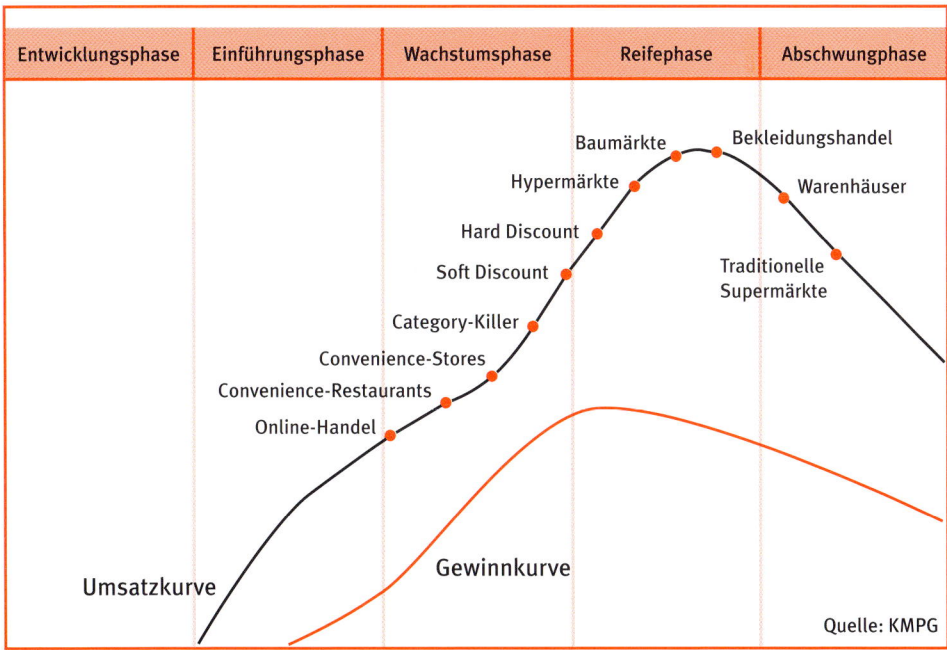

- In der Sättigungsphase werden die Marketingaktivitäten reduziert und Gewinne abgeschöpft. Eventuell wird bereits darüber nachgedacht, ob das Konzept gut zu verkaufen ist.
- Wenn das Gastronomiekonzept veraltet ist oder bereits billigere Nachahmer den Markt besetzt haben, läuft das Produkt entweder aus (Degeneration) oder wird durch Produktvariation bzw. Produktinnovation so geändert, dass ein Relaunch möglich wird. Dies markiert gleichzeitig den Beginn eines neuen Produktlebenszyklus.

Die Lebenszyklusanalyse lässt sich nicht nur auf Produkte und Leistungen, sondern auch auf ganze Unternehmensformen, wie z. B. die Trendgastronomie, anwenden. Dabei variieren auch die Phaseneinteilungen (Grafik Seite 41 unten). Die Reifephase beinhaltet dabei die Sättigungsphase.

Die Portfolioanalyse und die Balanced-Scorecard-Methode (BSC) können nicht nur zur Analyse, sondern auch zur Ableitung und Umsetzung von Strategien für einzelne Unternehmensbereiche eingesetzt werden. Deshalb werden diese Instrumente auf Seite 132 ff. und 147 ff. näher erläutert.

Den Denkansatz der Portfolioanalyse greift Edgar E. Schätzing für die Analyse von Speisen- und Getränkekarten auf. Dieser Ansatz versucht das Problem der Sortimentsgestaltung mit Hilfe von rechnerischen Größen zu lösen. Grundlage ist die Beliebtheit, d. h. der Verkaufsmix (-zahlen) der Produkte untereinander und der Deckungsbeitrag der einzelnen Leistungen. Orientierungsgröße ist ein Durchschnittswert des gesamten Portfolios.

Dabei gelten folgende grundlegende Strategien:
- **Gewinner**: keine Experimente, Standardisierung, bessere Platzierung, Preiselastizität testen
- **Renner**: Preiserhöhungen, schlechtere Platzierung, Portionsgröße reduzieren
- **Penner/Schläfer**: gute Platzierung, gezielte Verkaufsförderung, Preissenkung
- **Verlierer**: Überprüfung aller Marketinginstrumente, höhere Preise, eventuell Eliminierung

Der Erfahrungskurveneffekt besagt, dass es ein reales Kostensenkungspotenzial von 20 bis 30 Prozent gibt, wenn sich die in der kumulierten Produktmenge ausgedrückte Produkterfahrung verdoppelt. Voraussetzung ist, dass das Kosteneinsparpotenzial von der kumulierten Menge abhängig ist. Damit nimmt der Lernprozess durch praktische Anwendung Einfluss auf die Fixkostendegression, den technischer Fortschritt und die Rationalisierung. In der Einführungsphase soll so z. B. der Markt durch Niedrigpreise schnell durchdrungen werden. Der Marktführer kann mit niedrigen Stückkosten größere Gewinne erzielen. Deshalb ist diese Vorgehensweise für Wachstumsmärkte geeignet, da die Kostensenkungspotenziale dort am größten und die Marktführerschaft am leichtesten zu erreichen ist.

Entscheidungen vorbereiten – Entscheidungen treffen

Wie werden Entscheidungen in der Hotellerie und Gastronomie getroffen? Muss sich der gastgewerbliche Unternehmer in komplexen Entscheidungssituationen allein auf sein Bauchgefühl bzw. seine Intuition verlassen oder können dafür Hilfen herangezogen werden?

Grundsätzlich lassen sich zwei Entscheidungssituationen unterscheiden. Die Entscheidung unter Sicherheit ist selten oder unrealistisch, weil dies bedeutet, dass der Unternehmer vollständig über alle entscheidungsrelevanten Fakten informiert ist. Dabei wäre das Nachfrageverhalten der Gäste genauso bekannt wie das Konkurrenzverhalten.

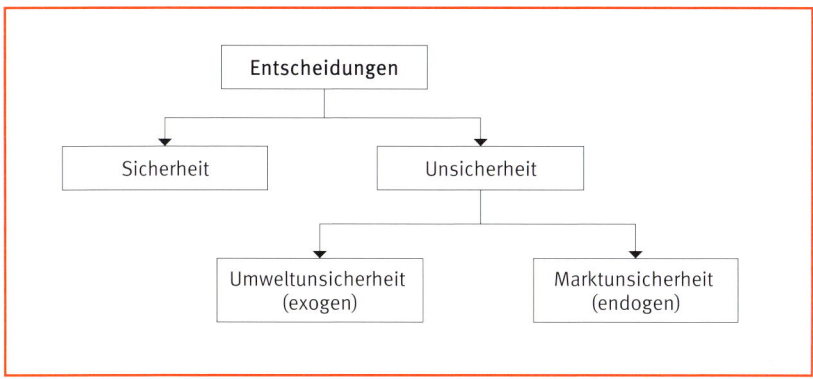

(Quelle: www.wi.fh-koeln.de)

In der Wirklichkeit ist meistens die Situation der Unsicherheit vorherrschend, die Informationen sind unvollständig. Erstens fehlen Informationen über Eigenschaften aller am Markt angebotenen Produkte und Leistungen, zum anderen fehlen Informationen über das Verhalten von Gästen und Mitbewerbern. Darüber hinaus liegen meist keine Informationen über relevante Umweltfaktoren vor. Die Marktunsicherheiten sind endogene (beeinflussbare) Faktoren, während die Unsicherheit über Umweltzustände exogener (unbeeinflussbarer) Natur ist. Jeder Hotelier und Gastronom hat ein subjektives Informationsbedürfnis. Dazu ist es wichtig, dass er Handlungsalternativen sucht, entwickelt, testet, bewertet und letztendlich verantwortlich auswählt. Dabei muss er, wie wir bereits gesehen haben, möglichst viele Markt- und Umweltbedingungen berücksichtigen.

Bei jeder Entscheidung sollten folgende Punkte beachtet werden:
- die Art der Entscheidungssituation: Routineentscheidung oder einmalige Entscheidung;
- die eigenen Zielsetzungen,
- die zugrunde liegenden Entscheidungskriterien;
- die vorgegebenen Handlungsmöglichkeiten;

- die Beachtung vorgegebener Prioritäten;
- die grundsätzliche Verfügbarkeit von Informationen;
- die Qualität, Verlässlichkeit und Veränderbarkeit der verfügbaren Informationen;
- der Vernetzungsgrad der Informationen.

Eine Entscheidung kann nur getroffen werden, wenn mindestens zwei Handlungsalternativen gegeben sind. In einer solchen Situation stellt der gastgewerbliche Unternehmer bestimmte Erwartungen an zukünftige Entwicklungen. Für die einzelnen Handlungsoptionen werden Erwartungswerte gebildet, d.h. es wird überlegt, mit welcher Wahrscheinlichkeit ein bestimmtes Ereignis eintritt. Die Eintrittswahrscheinlichkeit lässt sich allerdings statistisch nicht berechnen, sondern muss subjektiv abgeschätzt und argumentativ bewertet werden. Bei dieser Bewertung sind folgende Fragen hilfreich:
- Lohnen sich der Einsatz und der damit verbundene Aufwand um das Ziel zu erreichen?
- Welche Risiken (Vor- und Nachteile) sind damit verbunden?
- Welche Auswirkungen kann es positiv oder negativ auf wirtschaftliche Größen (z.B. Umsatz) haben?
- Kann es Auswirkung auf das Image des gastgewerblichen Betriebes geben?
- Wie verhält sich der Mitbewerber? Passt er sich an oder reagiert er überhaupt nicht?

Die Ausführungen zeigen, dass es für Entscheidungssituationen keine eindeutigen Lösungen gibt. Es bleibt nichts anderes übrig, als zur Überwindung der Unsicherheit Informationen zu sammeln, zu analysieren und zu bewerten. Nur auf der Basis von Informationen lassen sich Unsicherheiten reduzieren.

Zielgerichtete Unternehmensorganisation

In einem Unternehmen gestaltet sich der gesamte betriebliche Aufbau und Ablauf nach festgelegten Regeln, die eine optimale Erfüllung der Unternehmensziele gewährleisten sollen. Sowohl das Festlegen dieser Regeln als auch ihre Durchführung im Unternehmen bezeichnen wir mit dem Begriff Organisation.

Betriebliche Organisation bedeutet also, alle im gastgewerblichen Unternehmen erbrachten Leistungen unter den Gesichtspunkten der Zielerfüllung und Wirtschaftlichkeit in einer vom Unternehmenszweck vorgegebenen Ordnung zu verknüpfen.

Im Rahmen der Organisation eines Betriebes unterscheiden wir zwischen den zentralen Aufgabenbereichen Aufbau- und Ablauforganisation.

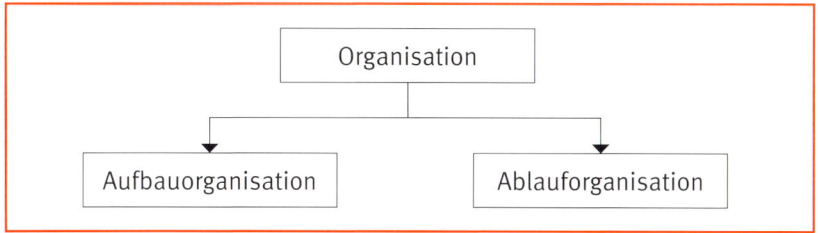

Hinsichtlich des zeitlichen und räumlichen Arbeitsablaufs sind die betrieblichen Faktoren durch die Ablauforganisation so zu gestalten, dass ein zusammenhängender und vollständiger Prozessverlauf gewährleistet ist.

Im Gegensatz dazu wird mit dem Begriff Aufbauorganisation ein System bezeichnet, dass für eine klare Verteilung und Abgrenzung der betrieblichen Aufgaben sorgt und eine sinnvolle Ordnung der Zuständigkeiten und Verantwortungen im Betrieb schafft.

Im weiteren Verlauf dieses Kapitels wird der Aspekt der Aufbauorganisation behandelt, da die Struktur der Marketingorganisation dort im Mittelpunkt steht. Dabei verstehen wir unter Marketingorganisation alle grundlegenden Regelungen marktspezifischer Aufgaben (vgl. dazu auch: Meffert, Marketing). Eine marktorientierte Unternehmenspolitik ist nur durchsetzbar, wenn die notwendigen innerbetrieblichen Organisationsvoraussetzungen dafür vorhanden sind. So ist z. B. zu gewährleisten, dass die Leistungen des gastronomischen Betriebs jederzeit im Hinblick auf die Bedürfnisse der Gäste optimiert werden können, d. h. keine organisatorischen Hindernisse dürfen das Erbringen der Leistungen für den Gast behindern.

Weiterhin muss die betriebliche Organisation in der Lage sein, Markttendenzen (Trends) rechtzeitig zu erkennen und die gastgewerblichen Leistungen an zukünftige Marktverhältnisse anzupassen. Diese Aufgabe kann nur erfüllt werden, wenn die Mitarbeiter im Unternehmen Kreativität und innovative Ideen einbringen können. Beides muss in den Organisationsstrukturen einen festen Platz haben. Ziel der marktorientierten Organisationsform ist die Ausrichtung des Unternehmens auf die Wünsche und Bedürfnisse der Gäste.

Kennzeichen einer marketinggerechten Unternehmensorganisation
- Abstimmung der Unternehmensaktivitäten auf den Markt
- Anpassung der gastgewerblichen Leistungen an die Bedürfnisse der Gäste
- Förderung von Kreativität und Innovationsbereitschaft beim Personal
- Spezialisierung auf die Wünsche und Bedürfnisse der Gäste
- Wirtschaftlichkeit als oberstes Gebot

Eine Spezialisierung auf ein bestimmtes Produkt oder bestimmte Leistungen ist meistens nicht zukunftsträchtig, da dann ein Wandel bei den Gästewünschen in eine Sackgasse führen kann. Dabei müssen die Unternehmensstrukturen natürlich immer wirtschaftliches Arbeiten gewährleisten.

Je nachdem, wie der Marketinggedanke in einem gastgewerblichen Betrieb verankert ist, können drei Phasen bei der Schaffung einer marketingorientierten Organisation unterschieden werden:

- 1. Phase: Verkaufsorganisation
- 2. Phase: Absatzorganisation
- 3. Phase: Marketingorganisation

Diese Zuordnung zu den verschiedenen Stufen ist einerseits einem zeitlichen Wandel unterworfen, d. h. früher stand die Verkaufsorganisation im Vordergrund, während heute die Marketingorganisation dominiert. Andererseits hängt die Einstufung eines Unternehmens auch von der Geschäftsleitung (Erkenntnisstand) und von den Marktverhältnissen ab. Deshalb finden sich auch zum jetzigen Zeitpunkt noch gastgewerbliche Unternehmen, die allen drei Stufen zugeordnet werden können.

Im Gastgewerbe und insbesondere in der Gastronomie steht häufig die Küche im Mittelpunkt, d. h. dem Restaurantservice (der Verkaufsabteilung) wird die Aufgabe zugewiesen, das von der Küche produzierte Produkt zu verkaufen. Der Service hat aber in vielen Fällen keinen Einfluss z. B. auf die Speisekarte. Oft fehlt es auch den Mitarbeitern an der entsprechenden Qualifikation in diesem Bereich. Mit dem Werbeslogan »Hier kocht der Chef« wird auf diesen Sachverhalt hingewiesen. Bei Bankettveranstaltungen in Klein- und Mittelbetrieben wird deshalb das Verkaufsgespräch häufig vom Küchenchef geführt. In all diesen Fällen fehlt es an der Eigenständigkeit der Verkaufsfunktion in der Organisationsstruktur des gastgewerblichen Unternehmens. Manchmal auch nur deshalb, weil die persönlichen und fachlichen Qualifikationen fehlen. Wenn die Aufgabe der Werbung institutionalisiert wird, dann höchstens als Stabsstelle. In der Phase der Verkaufsorganisation wird von einem Verkäufermarkt ausgegangen.

In der Phase der Absatzorganisation wird der Wandel vom Verkäufermarkt zum Käufermarkt vollzogen. Neben z. B. der Küche tritt der Service als gleichberechtigter Partner auf. Die Verkaufsabteilung erhält beträchtlich mehr Aufgaben; nicht nur der Verkauf, sondern auch die Werbung spielt nun eine bedeutende Rolle. Die Festlegung wichtiger marktbestimmender Faktoren gehört aber in keinem Fall in den Entscheidungsbereich des Verkaufspersonals, wie beispielsweise die Preisbildung, die Produktplanung und -entwicklung, die Auswahl des Absatzpersonals usw. Diese Übergangsphase zu einer reinen marketingorientierten Organisation findet sich auch heute noch in vielen Betrieben der Hotellerie und Gastronomie, da das Management häufig nur halbherzig an notwendige Umstrukturierungen herangeht.

Eine konsequente Ausrichtung der gastgewerblichen Unternehmung auf den Absatzmarkt verlangt aber eine zielgerichtete und integrierte Marketing-organisation. In dieser Organisationsform bekommt der Marketingleiter eine hervorgehobene Stellung eingeräumt. Dabei werden sämtliche, dem Absatzmarkt zugewandten Abteilungen der Marketingleitung unterstellt. Gerade in der Systemgastronomie und der Groß- und Kettenhotellerie ist dieser Trend zur integrierten Marketingorganisation zu beobachten.

Die Änderungen im Gästeverhalten, die zunehmende Differenzierung der Absatzmärkte und die Konzentration im Gastgewerbe erfordern eine hohe Flexibilität der Marketingorganisation, um den Marktveränderungen schnell folgen zu können. Die Koordinationsfähigkeit der Marketingleitung ist gefragt, damit eine einheitliche Marketingpolitik gewährleistet ist. Diese Aufgaben können nur erfüllt werden, wenn das Unternehmen leistungsfähige Mitarbeiter hat, die kreativ sind und die Möglichkeit der Mitgestaltung haben. Grundlage ist in jedem Fall eine umfassende Unternehmens- und Marktanalyse, die im Regelfall heute mit Hilfe von speziellen Computerprogrammen durchgeführt wird.

Heute können wir prinzipiell zwischen sechs verschiedenen Formen von Marketingorganisation unterscheiden:
- Funktionale Marketingorganisation
- Produktmanagement
- Produktbezogene Marketingorganisation
- Marktbezogene Marketingorganisation
    - Marktmanagement- oder Key-Account-Management
    - Gebietsorientierte Marketingorganisation
    - Kundenorientierte Marketingorganisation
- Matrixmanagement
    - Produkt-Matrixmanagement
    - Markt-Matrixmanagement
- Teamorientierte Organisation
- Kybernetisch orientierte Organisation

Die funktionale Marketingorganisation ist eine Grundform der Marketingorganisation. Sie ist vor allem bei kleinen und mittleren Betrieben anzutreffen, weil die wichtigen Marketingaufgaben (Kerntätigkeit) auf eine begrenzte Anzahl der Marketingmitarbeiter verteilt werden, um damit eine höhere Effizienz zu erreichen.

Die Marketingleitung muss, neben der Koordination der abteilungsspezifischen Aufgaben, eine marktorientierte Abstimmung mit den anderen Abteilungen des gastgewerblichen Betriebes gewährleisten. Diese Organisationsform ist durch einen hohen Zentralisationsgrad der Entscheidungen bei der Marketingleitung charakterisiert.

Funktionale Marketingorganisation im Gastgewerbe

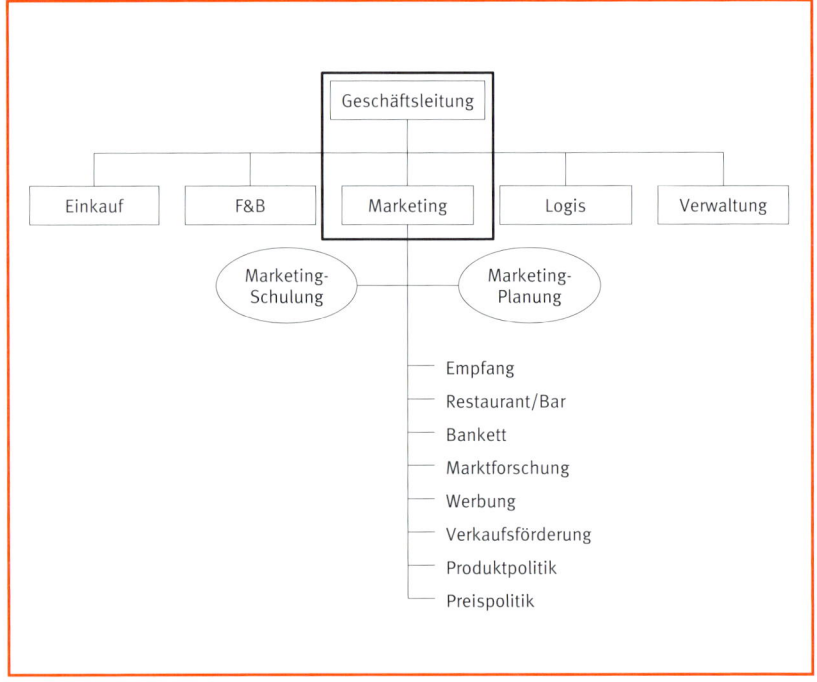

Bei der funktionalen Marketingorganisation müssen die Vor- und Nachteile sorgfältig gegeneinander abgewogen werden.

Vor- und Nachteile der funktionalen Marketingorganisation

Vorteil	Nachteile
Hoher Zentralisationsgrad der Entscheidungen bei Marketingleitung	Keine Motivationsförderung der Mitarbeiter
Weniger Abstimmungsprobleme	Keine Kreativitätsförderung der Mitarbeiter
Hoher Effizienzgrad bei Aufgabenerfüllung	Delegation von Führungsentscheidungen in Großunternehmen nicht realisierbar
Hohe Flexibilität bei Marktveränderungen in mittleren und kleineren Unternehmen	Inflexibilität gegenüber Marktwandel bei größeren Unternehmen
Hoher Grad an Wirtschaftlichkeit	

Das Produktmanagement versucht die funktionale Marketingorganisation durch Produktmanager zu ergänzen, die allerdings nur Beratungs- und Koordinationsrecht (Stabsstelle) haben. Damit wird funktionale Linienorganisation von einer produktbezogenen Stabsorganisation überlagert. In der Praxis können Produktmanager auf drei verschiedenen Ebenen angesiedelt werden:

- unterhalb der Unternehmensleitung/Geschäftsleitung
- innerhalb der Verkaufsabteilung
- unterhalb der Marketingleitung

Die Einordnung unterhalb der Marketingleitung ist in der Praxis die am häufigsten vorkommende Form. Sie wird zur produktbezogenen Koordination bei unterschiedlichen Verkaufsprogrammen verwendet, damit auch alle anderen Marketinginstrumente einbezogen werden können.

Der Produktmanager beobachtet die Märkte und entwickelt Marketingpläne, die er dann im Unternehmen durchsetzen und letztendlich auch überwachen muss.

Produktmanagement auf der Ebene der Marketingleitung

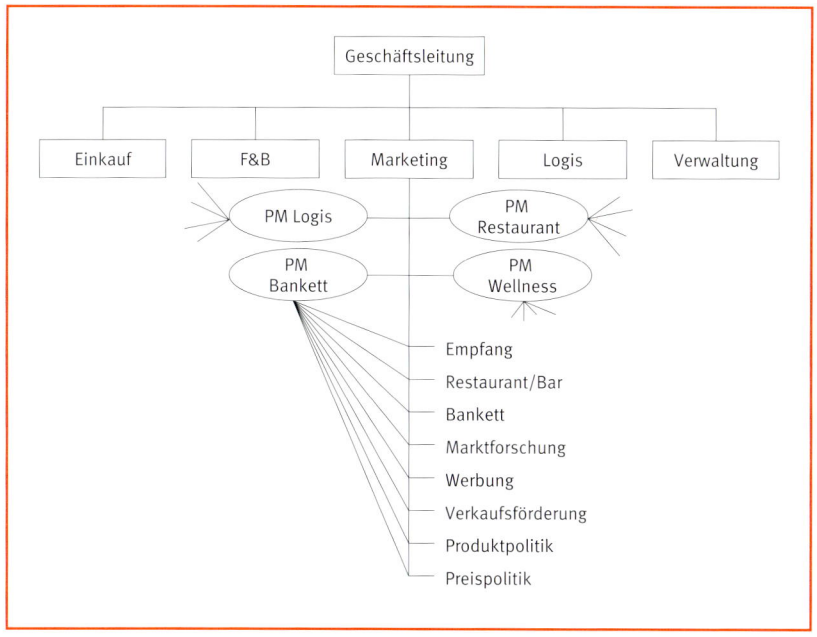

Die Produktmanager (PM) sind aufgrund ihrer Stabsfunktion auf ihr Verhandlungsgeschick und ihre Durchsetzungskraft angewiesen. Da sie aber keine Ergebnisverantwortung tragen, gibt es eine Diskrepanz zwischen Kompetenzen und Verantwortung.

Vor- und Nachteile von Produktmanagern

Pro	Contra
Überzeugungskraft und Verhandlungsgeschick sind gefragt	Kein Weisungsrecht zur Durchsetzung der Marketingpläne
Hohe Anpassung an Bedürfnisse der Gäste	Kommunikation unter den PMs oft schwierig
Hohe Spezialisierung	Keine Ergebnisverantwortung
Gute Wirtschaftlichkeit	Hohe Fluktuation der Stelleninhaber in der Praxis

Eine produktbezogene Marketingorganisation ist dort sinnvoll, wo eine Vielzahl von Produkten oder Leistungen vom Unternehmen angeboten werden und deshalb Koordinationsschwierigkeiten auftreten. Die Leiter der Produktsparten können sich als Linienmanager auf ihre Produkte und Leistungen konzentrieren. Dadurch können sie flexibler auf Marktveränderungen reagieren und ihre Marketinginstrumente gezielter einsetzen. Durch die Aufsplittung der Marketingfunktionen kommt es allerdings zu unwirtschaftlichen Doppeltätigkeiten. Funktionale Zentralabteilungen, z. B. Werbung und Verkaufsförderung, können dies allerdings auffangen.

Produktbezogene Marketingorganisation

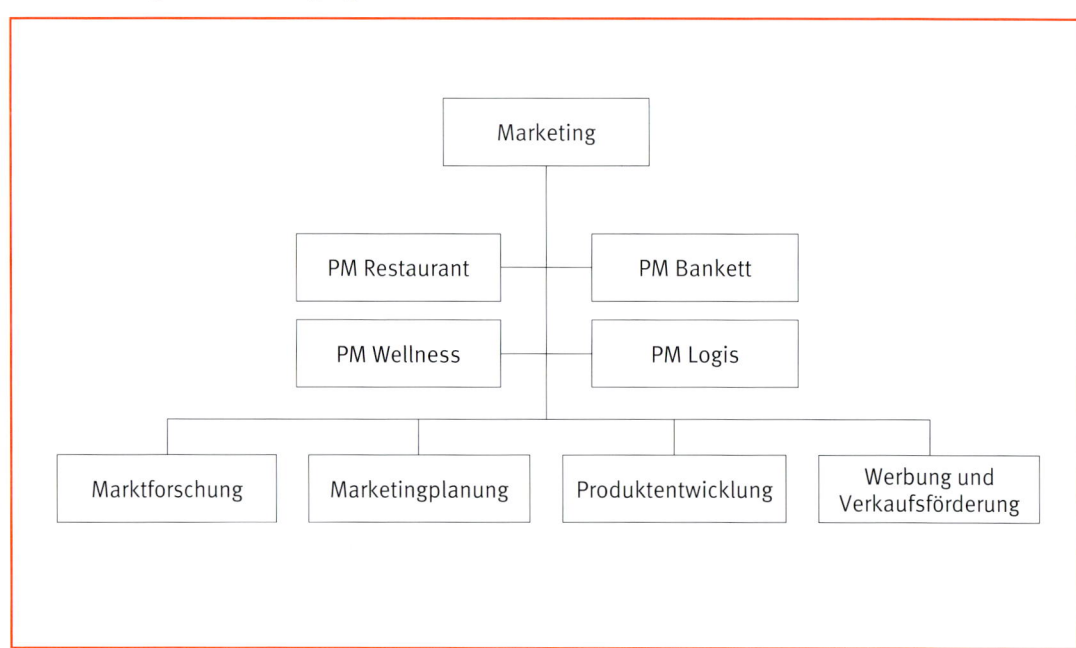

Vor- und Nachteile der produktbezogenen Marketingorganisation

Pro	Contra
Marktnähe durch Spezialisierung	Nur für größere Betriebe durchführbar
Bessere und schnellere Reaktion auf Gästewünsche	Koordination der Marketingaktivitäten schwierig
Motivation durch Produktidentifikation	Kostenintensiv durch Doppeltätigkeiten
Gewinnverantwortlichkeit	Konkurrenzsituation unter den Produktmanagern

Das Marketingdenken schließt vor allem ein Marktdenken ein, deshalb sollte eine gute Marketingorganisation vor allem marktbezogen sein. Als organisatorische Lösung bieten sich, wie bereits kurz aufgezeigt, drei Formen an: Marktmanagement oder Key-Account-Management, gebietsorientierte Marketingorganisation, kundenorientierte Marketingorganisation.

Ähnlich wie der Produktmanager hat der Key-Account-Manager – er ist verantwortlich für die Groß- oder Schlüsselkunden des Unternehmens und wird deshalb auch Major-Account-Manager genannt – eine Stabsstelle im Unternehmen inne, in der er für bestimmte Teilmärkte verantwortlich ist. Er versucht insbesondere durch Beziehungsmanagement mehr Nähe zu den wichtigen Kunden (Key Accounts) herzustellen. Die Gästeabgrenzung der Key Accounts kann über eine ABC-Analyse erfolgen. Key-Account-Manager finden sich z. B. bei Brauereien. Sie sind dann für wichtige Kunden aus Gastronomie oder Handel zuständig.

Key-Account-Management im Hotel

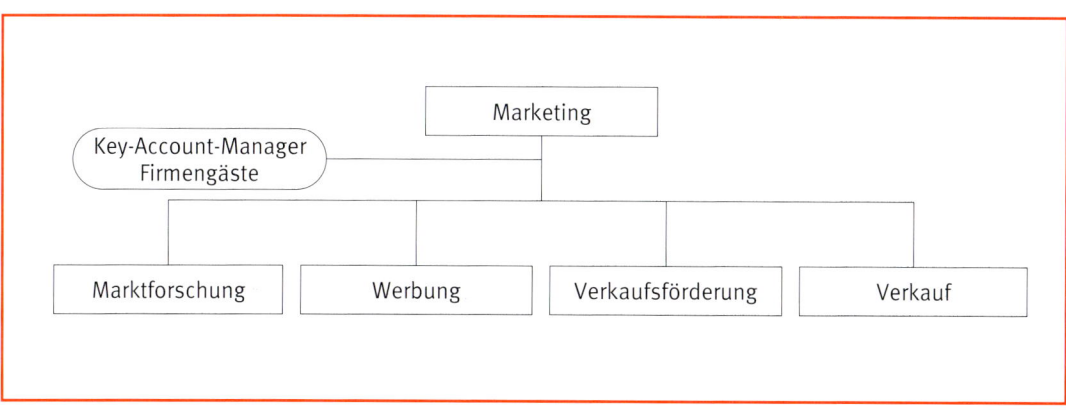

Das Key-Account-Management pflegt die Beziehungen zu Schlüsselkunden (Key-Accounts), indem mehr Kundennähe durch den Aufbau eines systematischen Beziehungsmanagements erreicht werden soll. Key-Accounts haben durch den wiederkehrenden Bedarf eine besondere Nachfragemacht gegenüber dem gastgewerblichen Betrieb. Deshalb sollen langfristigen Geschäftsbeziehungen erzeugt werden, die zu einer »strategischen Partnerschaften« zwischen Unternehmen und Gästen führen.

Key-Account-Manager sind als Marktmanager eher in der Lage die Gästewünsche frühzeitig zu erkennen und entsprechend zu reagieren, da sie die Geschäftsbeziehungen und den Kontakt zu Schlüsselkunden durch regelmäßige Kommunikation pflegen und sichern. Sie können gästespezifische Marketingkonzepte und -aktionen (z. B. Schulungen und Workshops) entwickeln und den Koordinationsaufwand zwischen Gastgewerbe und Gast reduzieren helfen. Ziel des Key-Account-Managements ist die Verbesserung der Wettbewerbssituation bzw. der Marktstellung des gastgewerblichen Unternehmens, damit die Verkaufsziele besser erreicht und kontrolliert werden können.

Für große und international tätige Hotelkonzerne und Restaurantketten bietet sich eine an den regionalen Märkten ausgerichtete Organisation (gebietsorientierte Marketingorganisation) unterhalb der Marketingabteilung an.

Gebietsorientierte Marketingorganisation

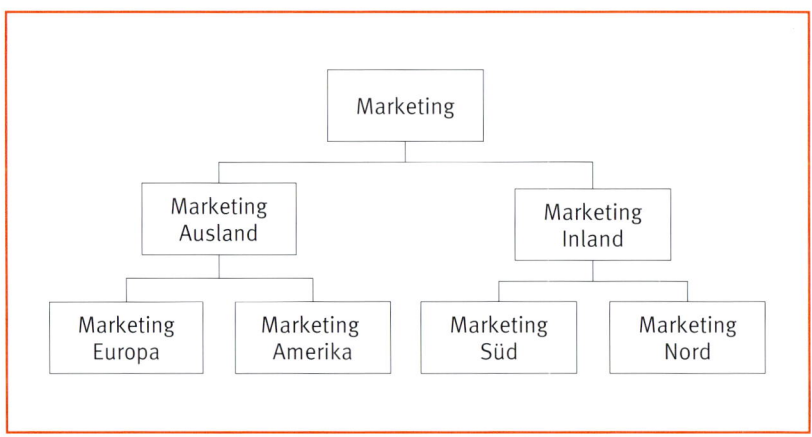

Diese Organisationsstruktur kann z. B. auf sprachliche, institutionelle und kulturelle Unterschiede Rücksicht nehmen. Im Inland finden sich häufig gebietsorientierte Strukturen zur Abgrenzung von Verkaufseinheiten. Eine Hotelgruppe könnte z. B. ihre Einzelhotels zu einem Verkaufsgebiet Norddeutschland und einem weiteren Gebiet Süddeutschland aufteilen. Voraussetzung dafür ist allerdings, dass weitgehend homogene Produkte oder Leistungen angeboten werden.

Vor- und Nachteile der gebietsorientierten Marketingorganisation

Pro	Contra
Intensive, überschneidungsfreie Bearbeitung des Marktes	Verkäufer sind nicht auf Anforderungen unterschiedlicher Gästekreise spezialisiert
Einfachheit der Organisationsstruktur	Fachwissen bei den einzelnen Produkten und Leistungen ist relativ gering
Kostengünstig	Möglicher Konflikt bei sehr unterschiedlichen Gästestrukturen
Enge Beziehung zwischen Käufer und Verkäufer	Wenig Innovationskraft

Die für das Marketing im Gastgewerbe interessanteste Form ist eine Linienorganisation, die nach Gästegruppen gegliedert ist (kundenorientierte Marketingorganisation). Damit kann die Marktorientierung einer Organisation mit am Besten realisiert werden. Aufgabe einer Abteilung für eine spezielle Gästegruppe (z. B. Feriengäste) ist die Orientierung an den Bedürfnissen der jeweiligen Gäste, um bessere Problemlösungen anbieten zu können. Außerdem werden damit meist wichtige Entwicklungen im Markttrend früher und besser erkannt. Die Gästegruppen fühlen sich kompetent betreut. Der Kundenmanager für z. B. Feriengäste hat die alleinige Verantwortung für sein Gebiet und kann so seine Entscheidungen besser umsetzen.

Kundenorientierte Marketingorganisation

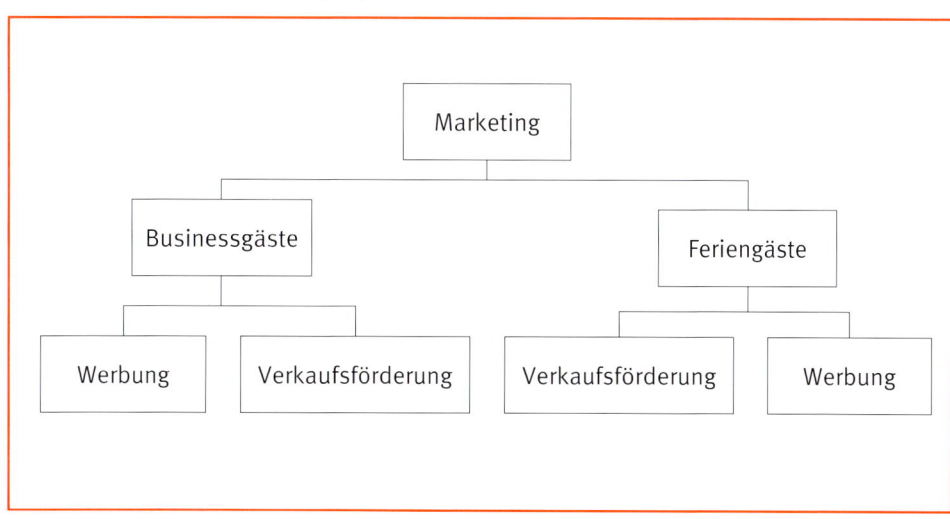

Vor- und Nachteile kundenorientierter Marketingorganisationen

Pro	Contra
Besseres Einstellen auf Gäste-bedürfnisse und Gästewünsche	Kostenintensiv durch Vervielfa-chung der Verkaufsanstrengungen und Doppelfunktionen
Gezieltes Bearbeiten der Gäste-bedürfnisse	
Schnelles Erkennen von Markt-veränderungen	Schwierige Koordination verschie-dener Verkaufsabteilungen bei Interdependenzen zwischen den Gästen
Schnelle Reaktion auf Marktver-änderungen	

Die Linien- und Stabliniensysteme sind dadurch gekennzeichnet, dass die Entscheidungskompetenz beim Linienvorgesetzten liegt. Damit sich die Funktionsmanager auf das »Wie«, d.h. den Einsatz von Mitarbeitern und Sachmitteln, konzentrieren können, wird einem Produkt- oder Marktmanager das Entscheidungsrecht über das »Was« und »Wann« übertragen. Das dadurch entstehende System der Kompetenzüberscheidungen wird als Matrixmanagement bezeichnet. Konflikte werden dabei im Interesse des Gastes bewusst sachbezogen kanalisiert und als problemlösend angesehen. Die Mitarbeiter sind disziplinarisch dem Funktionsmanager zugeordnet.
Möglich ist auch, sie dem Marktmanager zuzuordnen, um die strategische Anpassungsfähigkeit des gastgewerblichen Betriebes gegenüber Marktveränderungen zu verbessern. Man spricht dann von Markt-Matrixmanagement.

Im Produkt-Matrixmanagement hat der Produktmanager die Verantwortung für die Betreuung seiner Produkte und Dienstleistungen. Er entwickelt langfristig Wachstums- und Konkurrenzstrategien, erstellt einen jährlichen Marketingplan und eine jährliche Umsatzprognose. Zudem ist er für die Sammlung von Informationen über Probleme und Chancen von Produkten ebenso zuständig wie für die die Initiierung von Produktverbesserungen.
Ziel dieser beiden Matrixformen ist es, dass jeder Mitarbeiter seine Kompetenz voll zum Einsatz bringen kann und die Zusammenarbeit innerhalb des Kollegiums und der Abteilungen reibungslos funktionieren. Die Arbeitsabläufe sind als Prozesse fest definiert, sie gehen von Gast zum Gast und kreuzen diese mit Anforderungen an Leistungen, Produkte oder Innovationen bis zum Delivery (Leistungserbringung). Allerdings besteht auch die Gefahr, dass durch auftretendes Kompetenzgerangel Reibungsverluste entstehen. Das kann zur Erhaltung der Arbeitsfähigkeit längere Entscheidungsprozesse und »faule Kompromisse« zur Folge haben.

Zwei Formen des Matrixmanagements

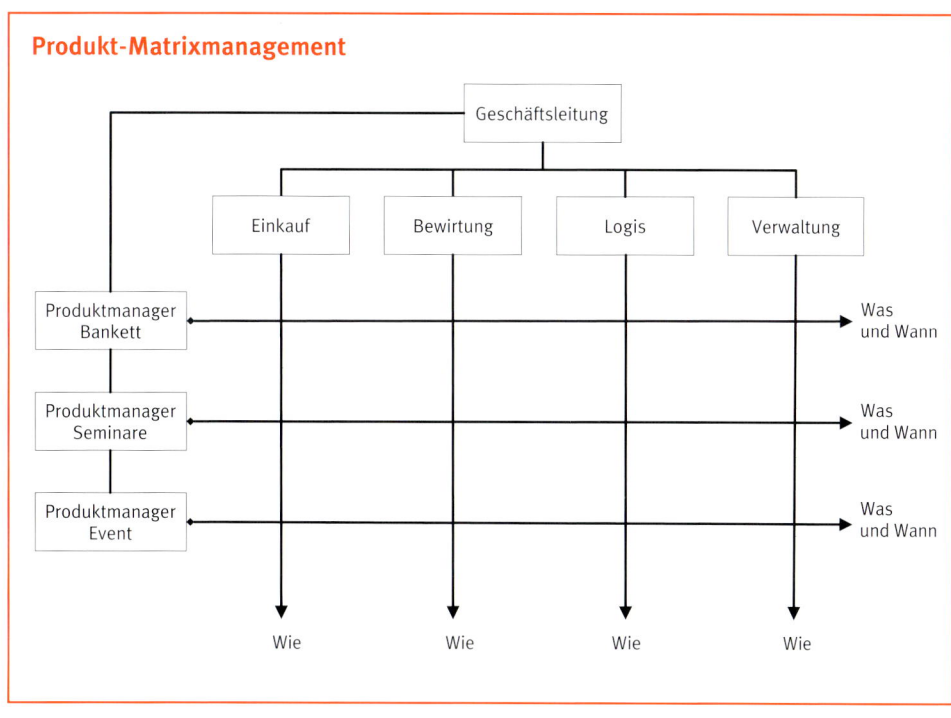

Produkt-Matrixmanagement

Geschäftsleitung

Einkauf · Bewirtung · Logis · Verwaltung

Produktmanager Bankett — Was und Wann

Produktmanager Seminare — Was und Wann

Produktmanager Event — Was und Wann

Wie · Wie · Wie · Wie

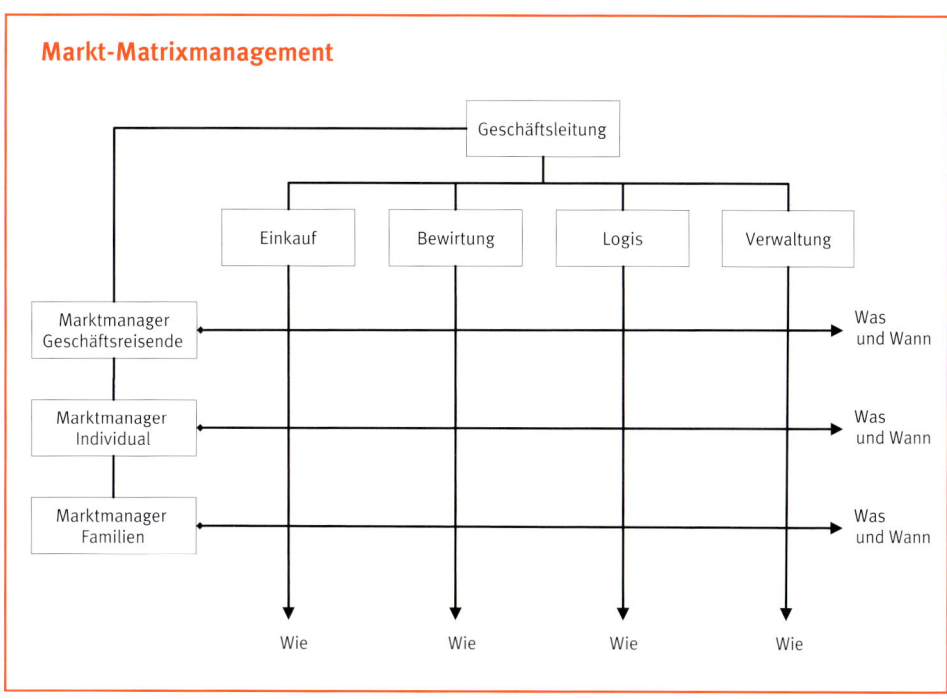

Markt-Matrixmanagement

Geschäftsleitung

Einkauf · Bewirtung · Logis · Verwaltung

Marktmanager Geschäftsreisende — Was und Wann

Marktmanager Individual — Was und Wann

Marktmanager Familien — Was und Wann

Wie · Wie · Wie · Wie

55

Vor- und Nachteile des Matrixmanagements

Pro	Contra
Kundenorientiertes Handeln möglich	Gefahr von Kompetenzkonflikten
Änderung des Gästeverhalten schnell erkennbar	Machtkämpfe und unbefriedigende Kompromisse
Bessere Motivation der Marketingmitarbeiter	Homogene Zielgruppen und Produkte notwendig
Kürzere Kommunikationswege	Hohe Koordinationskosten, hoher Kommunikationsaufwand, sehr mitarbeiterintensiv
Spezialisierung der Leitungsfunktion bei gleichzeitiger Entlastung der obersten Unternehmensleitung	Hoher Bedarf an qualifizierten Managern
Förderung von Teamarbeit	Unsicherheit der Ausführungsstellen infolge der Mehrfachunterstellung

Betriebliche Entscheidungen werden in der teamorganisierten Organisation von Gruppen getroffen und nicht von Einzelpersonen. So kann z. B. im Rahmen dieser Organisationsform ein Team »Italienische Woche« alle Entscheidungen zur Planung, Organisation und Durchführung des Produktangebots treffen.

Vor- und Nachteile der teamorientierten Organisation

Pro	Contra
Team-Zusammensetzung mit unterschiedlichen Qualifikationen	Höherer Zeitbedarf für Abstimmung
Qualität der Entscheidung wird erhöht	Trittbrettfahrer sind nicht zu verhindern
Zusammengehörigkeitsgefühl und Arbeitszufriedenheit wachsen	Verantwortung für Entscheidungen kann verschoben werden
Rasche und kundenorientierte Problemlösungen	Mitarbeiter sind nicht reif für diese Organisationsform (Eigenverantwortung, Selbständigkeit)
Reduktion von Schnittstellen	

Es gibt ein Modell der sich überlappenden Gruppen (Likert-Modell). Die Organisationsstruktur ist durch viele, sich horizontal und vertikal überlappende Gruppen gekennzeichnet. Die Kommunikation und der Informationsaustausch zwischen diesen erfolgt durch Personen, die Mitglied mehrerer Gruppen sind, den sogenannten »linking pins«. Ihnen kommt in diesem Modell eine Schlüsselrolle zu. Ziele des Likert-Modells sind flache Hierarchien, verbesserte Kommunikation und höhere Arbeitszufriedenheit und Motivation.

Das Kollegien-Modell ist in einer Stab-Linien-Organisation angesiedelt. Dazu werden Stabstellen und Linieninstanzen zu Kollegiengruppen zusammengefasst. Ziel dieses Modells ist es, die Schwächen des Stab-Linien-Systems aufzuheben. (Quelle: Meffert/Kirchgeorg, Marktorientiertes Umweltmanagement)

Die kybernetische Organisation beschäftigt sich mit der Struktur komplexer Systeme. Ausgangspunkt ist ein sich selbst steuernder Regelkreis (Selbstorganisation), der insbesondere über Kommunikation und Rückkopplung das System in einen stabilen Zustand bringt. Die Existenz selbstregulierender Funktionen soll den Fortbestand eines Systems sichern, welches sich sonst zum Beispiel durch ungehemmtes Wachstum, Überstrukturierung und nicht mehr beherrschbare (selbst erzeugte) Komplexität überfordern würde. Dabei werden hierarchische Organisationsformen durch selbst steuernde Strukturen mit Eigenverantwortung, Selbstständigkeit und hohem Informationsgrad der Mitarbeiter ersetzt. Es wird ein dynamisches Modell des Arbeitsprozesses unterstellt, in dem die Mitarbeiter die Arbeitsabläufe selbst festlegen. Dies erfordert von den Mitarbeitern ein hohes Maß an Eigenständigkeit und Selbstverantwortung.

GRUNDLAGEN DER
MARKETINGFORSCHUNG

ABGRENZUNG MARKTFORSCHUNG/ MARKETINGFORSCHUNG

Unter Marketingforschung versteht man die systematische Suche, Sammlung, Aufbereitung und Interpretation von internen und externen Informationen, die sich auf alle Probleme des Marketings von Gütern und Dienstleistungen beziehen.

Für das gastgewerbliche Unternehmen geht es bei diesen marktbezogenen betriebswirtschaftlichen Problemen überwiegend um Kenntnisse über das Absatzmarktgeschehen und das Unternehmensumfeld. Es sollen Chancen und Trends erkannt werden, um Risiken besser abschätzen zu können. Die Marketingforschung umfasst sowohl die Beschaffung und Auswertung von internen als auch von externen Informationen. Sinn und Zweck dieser Informationsgewinnung ist die Absicherung von Marketingentscheidungen.

Der Begriff Marketingforschung ist nicht mit dem Begriff der Marktforschung zu verwechseln, der sich auf die systematische Erforschung verschiedener Märkte (Absatzmarkt, Kapitalmarkt, Arbeitsmarkt, Beschaffungsmarkt usw.) bezieht. Die Marktforschung (speziell die Absatzmarktforschung) ist ein Teil der Marketingforschung wie die Abbildung unten zeigt. Deshalb werden in der Literatur die Begriffe häufig synonym verwendet.

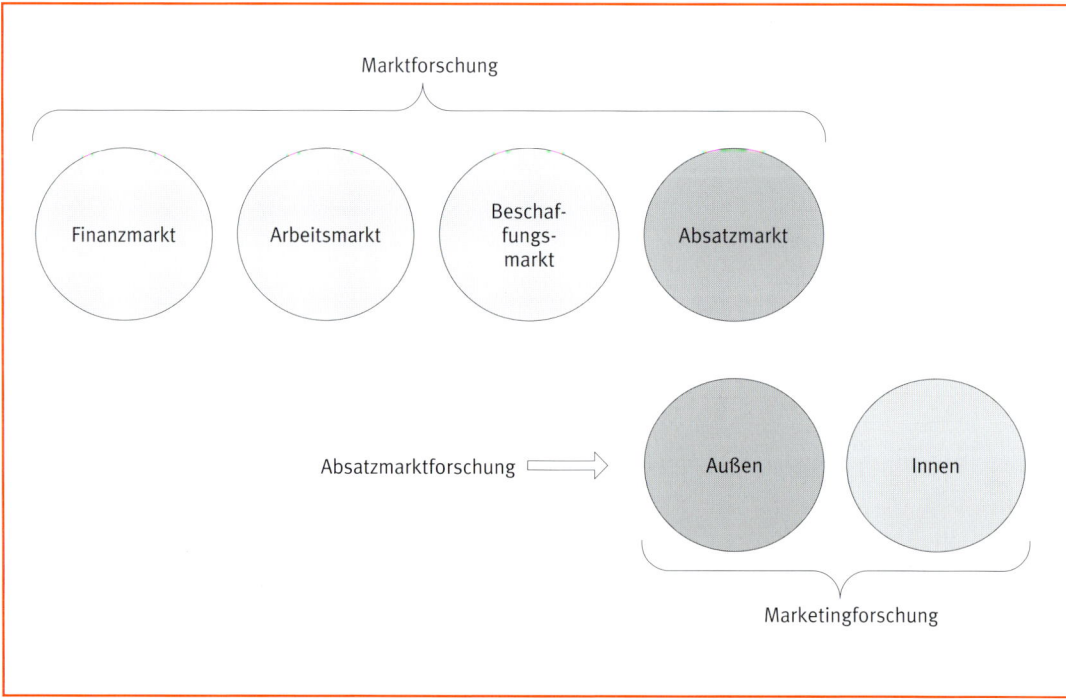

AUFGABEN DER MARKETINGFORSCHUNG

Die Marketingforschung hat als Frühwarnsystem die Aufgabe, Risiken frühzeitig erkennbar und abschätzbar zu machen. Kennzahlensysteme dienen dazu, Indikatoren für Veränderungen zu bestimmen, z. B. wenn sich die Aufenthaltsdauer im Hotel oder die Logiserlöse pro verfügbarem Zimmer (RevPAR = Revenue per available room) strukturell verändern.

Eine innovative Aufgabe der Marketingforschung besteht darin, Chancen aufzuzeigen, zu antizipieren und zu nutzen. So müssen beispielsweise Veränderungen im Essverhalten oder bei den Reisegewohnheiten der Gäste rechtzeitig bei der Gestaltung des Produkt- und Leistungsprogrammes eingebracht, neue Ideen entwickelt und berücksichtigt werden.

Eine zentrale Aufgabe der Marketingforschung ist eine bessere Information der Geschäftsleitung eines Hotels oder Restaurants, damit bei der Entscheidungsfindung präzisere Sachverhalte zu Grunde liegen und die Unsicherheit reduziert wird. Wenn die Führungskräfte z. B. mehr Details über das Gästeverhalten bei Preisänderungen kennen, dann lassen sich negative Auswirkungen von Entscheidungen verringern oder verhindern.

Eine weitere Aufgabe besteht in der Strukturierung von Informationen, die im Hotel/Restaurant einen Lernprozess initiieren können. Dadurch kann auch ein besseres Verständnis für die Zielvorgaben erreicht werden. Die neue strategische Positionierung eines Hotels/Restaurants in einer Nische könnte hier als Beispiel dienen. Zudem ist es wichtig, dass die relevanten Informationen aus der Umwelt herausgefiltert und für die unternehmerischen Ziel- und Maßnahmenentscheidungen aufbereitet werden. Eine solche Frage wäre z. B., welche Rolle der Klimawandel in unternehmerischen Entscheidungen der Zukunft spielen wird.

Die Marketingforschung dient also nach innen ganz allgemein der Entscheidungsvorbereitung zum Hervorbringen neuer, bedarfsgerechter Produkte und Dienstleistungen in der Gastronomie und Hotellerie. Nach außen geht es darum, Entscheidungen über den Einsatz der Marketinginstrumente vorzubereiten. Diese Instrumente dienen der Beeinflussung des Marktes und des Gästeverhaltens.

Phasen des Marktforschungsprozesses

Die beschriebenen Aufgaben müssen in einen Marketingforschungsprozess umgesetzt werden. Dieser Prozess durchläuft in der Regel fünf Phasen.
In der Definitionsphase wird zunächst das Problem eingegrenzt und beschrieben. Dazu gehört das Aufdecken von vermuteten Schwachstellen und möglichen Problemlösungen. Beispielsweise hat ein Hotel mit rückläufiger Auslastung zu kämpfen. Es wird vermutet, dass die Ausstattung des Hotels und die Freundlichkeit des Personals die Ursachen sind.

Die 5 D's: Phasen des Marktforschungsprozesses

D1	Definitionsphase	Problemformulierung, Problemeingrenzung, Definition operationaler Erhebungsziele, Informationsbedarf **Entscheidung für** ⋯⟩ explorative Marketingforschung ⋯⟩ deskriptive Marketingforschung ⋯⟩ kausalanalytische Marketingforschung
D2	Designphase	Hypothesenbildung, Erhebungsmethodenauswahl, Organisation, Kosten, Zeit, Erhebungsinstrumente, Datenquellen
D3	Datengewinnungsphase	Organisation und Durchführung der Befragung, Beobachtung usw., evtentuell Pretest, Kontrolle der Datenerhebung
D4	Datenanalysephase	Daten auf Vollständigkeit und logische Konsistenz prüfen, Auswertungs- und Prognoseverfahren wie Indizieren, Prozentuieren, Umrechnen, Quantifizieren, statistische Analyse, Grafik erstellen, Interpretation durchführen
D5	Dokumentationsphase	Dokumentation und Präsentation der Daten, Verteilung der Ergebnisse an Entscheidungsträger

Marketingentscheidung

Zunächst muss nun eine Entscheidung über die Art der Marketingforschung getroffen werden. Kann mit explorativer Marketingforschung gearbeitet werden? Die explorative Form sucht nach den Dimensionen einer Fragestellung oder den möglichen Ursachen für einen Tatbestand. Damit dient dieses Verfahren mehr der Entwicklung von Ideen und Hypothesen zur Überprüfung von Annahmen.

In dem genannten Beispiel könnte es um die Frage gehen, ob die Hotelausstattung tatsächlich ursächlich für den Auslastungsrückgang ist oder ob es irgendwelche andere Gründe gibt, die bisher nicht in Betracht gezogen wurden. Die Befragungen der Gäste werden in diesem Fall so angelegt, dass ein breiter Spielraum an möglichen Antworten zugelassen wird. Damit lässt sich der gastgewerbliche Unternehmer auf den oder die Befragten ein. Es können so wichtige Informationen zur Steuerung von kommunikations- und produktpolitischen Maßnahmen erlangt werden.

Explorative Datenerhebungen und -auswertungen sind sehr aufwendig und werden in der Praxis nur selten mit großen Stichproben durchgeführt. In Form von Expertenbefragungen und Gruppendiskussionen sind sie jedoch sinnvoll.

Die deskriptive Marketingforschung wird dagegen bei genau definierbaren Forschungszielen und guten Kenntnissen des Problemfeldes eingesetzt. Ziel ist es, relevante Markttatbestände zu erfassen und zu beschreiben. In unserem Beispiel soll die Zustandsvariable mit demografischen Variablen verknüpft (kreuztabelliert) werden. Es stellt sich die Frage, ob es einen Zusammenhang zwischen dem Alter der Gäste und dem Buchungsrückgang gibt. Bei stabilen empirischen Zusammenhängen können solche Beschreibungen und Prognosen Marketingentscheidungen auslösen.

Die kausale Marketingforschung versucht Ursache-Wirkungs-Zusammenhänge zu ermitteln. So könnten beispielsweise die Buchungsrückgänge mit dem Gästeverhalten »Preiswürdigkeit des Hotels« in eine kausale Beziehung (Einflussgröße) gesetzt werden. Falls dies wirklich eine kausale Größe ist, kann der Einfluss von Preiserhöhungen oder Preissenkungen für das Gästeverhalten vorhergesagt werden.

In der Designphase kommt es zur Hypothesenbildung bzw. zur Untersuchung von möglichen Annahmen. Dazu müssen die Informationsquellen festgelegt werden, die genutzt werden sollen. Anschließend sind die Erhebungsmethoden zu bestimmen und die Zeit- und Kostenplanung zu machen.
In unserem Beispiel soll untersucht werden, ob es einen Zusammenhang zwischen dem Auslastungsrückgang und der Freundlichkeit des Personals gibt. Dazu soll eine Befragung bei bisherigen Gästen (Gästekartei) durchgeführt werden. Es wird ein Fragebogen entwickelt und ein Pretest (Test zur Qualitätsverbesserung des Fragebogens) durchgeführt; anschließend werden der Zeitraum der Durchführung festgelegt und die Kosten geplant.

In der Datengewinnungsphase ist die Durchführung der Datenerhebung zu organisieren. Dieser Prozess muss ständig kontrolliert werden. Bei einer Befragung ist die Größe der Stichprobe zu bestimmen und mit einem geeigneten Auswahlverfahren aus der Gästekartei herauszufiltern.

Als Erstes werden die Daten in der Datenanalysephase auf Vollständigkeit und logische Konsistenz überprüft. Danach sind sie zielbezogen aufzubereiten. Die Datenverdichtung erfolgt durch Indizieren, Prozentuieren, Umrechnen, Quantifizieren und durch eine statistische Analyse. Dabei können auch Prognoseverfahren zur Anwendung kommen. Zur Veranschaulichung werden die Daten in Grafiken dargestellt und die Ergebnisse interpretiert.

Zum Schluss ist die Datendokumentation in Berichten oder Präsentationen vorzunehmen. Die gewonnen Erkenntnisse werden den Entscheidungsträgern im Unternehmen zur Verfügung gestellt, um Lösungsansätze zu diskutieren.

Informationsgewinnung und Informationsqualität

Der Marketingforschungsprozess muss also Informationen liefern
- aus dem Absatzmarkt über
  - Marktpotential = höchstmögliche Marktnachfrage
  - Absatzpotential = Anteil am Marktpotential, das ein Unternehmen für erreichbar hält
  - Marktvolumen = gesamter Absatz aller Anbieter
  - Absatzvolumen oder Marktanteil = Absatz eines Unternehmens in Prozent des Marktvolumens
  - Marktsättigungsgrad = Marktvolumen/Marktpotential
  - Unternehmenskonzentration = vertikale oder horizontale Integration
  - Markteintritts- und Marktaustrittsbarrieren, z. B. Gästestamm, Investitionen
  - Strategische Gruppen = Unternehmen, die im Markt die gleiche Strategie verfolgen, z. B. Spezialisierungsgrad, Markendifferenzierung, Push-versus-Pull-Strategie
- über die Marketingaktivitäten der anderen Marktteilnehmer
  - Preisforschung: optimaler Preis; Auswirkungen des Preises auf Belegung, Umsatz und Ertrag; Preisstruktur; Preiselastizität; Preisstrategien und Imagewirkung
  - Werbeforschung: Werbemittelforschung, Werbeeffektforschung, Zielgruppenforschung, Werbeträgerforschung und Werbeerfolgsmessung.
  - Produktforschung: Untersuchung, in der Gäste bzw. potenzielle Gäste gebeten werden, ein Produkt oder eine Leistung zu testen
  - Distributionsforschung: Absatzformen, Absatzorganisationen und Absatzwege
- über innerbetriebliche Sachverhalte
  - Auslastung
  - Kosten
  - Lagerhaltung

Die Ermittlung dieser Informationen ist abhängig von den organisatorischen und finanziellen Möglichkeiten des Unternehmens. Die Informationen können aus folgenden Bereichen geliefert werden:
- **Betriebliche Absatzmarktforschung**: betriebliche Abteilung oder Arbeitsplatz, die oder der sich mit dem Bedarf (Nachfrage), den Konkurrenten (Angebot) und den Absatzwegen beschäftigt.
- **Betriebliche Marketingforschung**: betriebliche Abteilung oder Arbeitsplatz, die oder der interne und externe Unterlagen für Marketingentscheidungen zur Verfügung stellt.
- **Online-Absatzmarktforschung:** Forschungsmethode, bei der das Internet als Instrument zur Datenerhebung eingesetzt wird. Diese reicht von Re-

cherchen bis zu umfassenden Erhebungen mittels Befragungen oder Beobachtungen (Messungen) über das Internet oder über Intranets mittels multimedial aufbereiteter Fragebögen (Video/Interaktion).

- **Institutsmarktforschung:** unabhängige Lehr- und Forschungseinrichtung, die jegliche Art der Datenerhebung und Auswertung durchführt. Dadurch wird das Expertenwissen der Institute genutzt und eine unvoreingenommene Herangehensweise an die Fragestellung ermöglicht.
- **Markt- und Marketingforschungsunternehmen**: selbständige Unternehmen oder Agenturen, die im Auftrag des gastgewerblichen Betriebes Markt- oder Marketing-Informationen sammeln und auswerten.
- **Marktforschungsberater und Informationsbroker**: Marktforschungsberater sind Experten, die für meist kleine und mittlere Unternehmen die Konzeption und die Realisation von Markt- oder Marketingforschungsuntersuchungen organisieren, indem sie weitere externe Dienstleister einbeziehen. Der Informationsbroker ist ein Spezialist, der für Unternehmen problemspezifische Informationen nachweist, beschafft und auswertet.
- **Berufsorganisationen (z. B. DEHOGA):** Standesorganisation, die sich für die Verbesserung der politischen Rahmenbedingungen und eine gute Wirtschaftspolitik einsetzt und damit die Marketingziele unterstützt. Die vielfältigen Marketingaktivitäten liegen im Bereich von Marktstudien und Marktanalysen, wie z. B. dem Erfassen von statistischen Daten für die Marktforschung. Weiterhin unterstützen die Verbände durch Marketingberatung und Coaching.

Die Qualität der gewonnenen oder eingekauften Informationen bestimmt die Qualität der Marketingentscheidungen. Deshalb sind die Informationen auf folgende Punkte hin genau zu überprüfen:

- Vollständigkeit
- Sicherheit, mit der das vorhergesagte Ereignis in einer Entscheidungssituation eintritt:
  - Sicherer (objektiv) Eintritt (100 %): Deterministische Entscheidungssituationen gehen davon aus, dass alle notwendigen Informationen exakt und vollständig vorhanden sind. Diese Situation ist im Marketing kaum anzutreffen. Am Häufigsten kommen sie bei Routineentscheidungen und bei technischen Entscheidungen gepaart mit viel Erfahrung vor.
  - Wahrscheinlicher Eintritt (Gesetz der großen Zahl): Objektiv-stochastische Entscheidungssituationen sind mit einer statistischen Wahrscheinlichkeit berechenbar. Damit können Risiken, die vorhanden sind, rational eingegrenzt und gegeneinander abgewogen werden. Diese Situation ist im Marketing eher selten.
  - Subjektive (persönliche) Einschätzung: Subjektiv-stochastische Entscheidungssituationen beruhen auf Erfahrungen. Diese Entscheidun-

gen sind schlecht strukturiert und oft wenig rational begründet. Diese Situation ist im Marketing am häufigsten anzutreffen.

– Entscheidungsregeln: Bei allen Entscheidungssituationen geht es immer um die Frage, welche Risikofreude oder welches Sicherheitsbedürfnis der Entscheidungsträger hat.

- Aktualität: Im Marketing sind Informationen umso wertvoller, je aktueller sie sind. Die Aktualität ist ein bedeutender Wert in einer sich rapide verändernden Umwelt.

- Nützlichkeit: Bei allen Entscheidungen ist die Kosten-Nutzen-Relation zu beachten. Der Nutzen von Informationen hängt von den Folgen einer Fehlentscheidung ab. Dabei geht es um die Frage, ob der Nutzen zusätzlich beschaffter Informationen höher zu bewerten ist als die Beschaffungskosten. Während die Kosten relativ leicht einzuschätzen sind, ist die Bestimmung der Nutzenbewertung problematisch. Oft lässt sich der Wert von Informationen erst beurteilen, wenn man diese Informationen schon besitzt. Genau darin liegt das Dilemma. Analytisch lässt sich eine Lösung im sogenannten Bayes-Ansatz finden, wonach die Obergrenze der zusätzlichen Informationsbeschaffungskosten bei deren Erwartungswert liegt, der sich aus Nutzenhöhe und Eintrittswahrscheinlichkeit zusammensetzt. Dies hilft allerdings in der Praxis nicht weiter, zwingt aber zu Überlegungen über den Informationsgrad und seine mögliche Veränderung, bevor der gastgewerbliche Unternehmer Geld investiert.

- Wahrheit: Der Wahrheitsgehalt von Informationen wird mit den Kriterien der Zuverlässigkeit (Reliabilität) und der Gültigkeit (Validität) gemessen.

- Wichtigkeit:
  - Marktstellung der Unternehmung (Konzern- oder Familienbetrieb)
  - Aktionsradius des Absatzes (Herkunft der Gäste)
  - Zahl der Konkurrenten am Ort oder in der Region
  - Bedeutung präferenzschaffender Faktoren im Wettbewerb
  - Änderungshäufigkeit des Produktes oder der Leistung (z. B. Zimmer oder Speisen)
  - Breite des Leistungsprogramms (z. B. Speisenkarte)
  - Anzahl der Gäste
  - Schwankungen der Nachfrage (saisonal)
  - Nachfrageelastizität bei Preisänderungen
  - Kundenproduktion versus Marktproduktion (Grad der Eingehung auf Gästewünsche)
  - Lagerfähigkeit der Erzeugnisse (nur für Produktionsküchen)
  - Flexibilität der Fertigungsabteilungen (z. B. Küche)
  - Flexibilität der Fertigungskapazität (z. B. die Anpassung an Beschäftigungsschwankungen)
  - Belegung von Hotel/Restaurant
  - Reichweite der Absatzplanung

VERSCHIEDENE ANSÄTZE DER MARKETINGFORSCHUNG

Zur Sammlung von Informationen sind verschiedene Verfahren einsetzbar. Es können auf der ersten Ebene (siehe Abbildung unten) zwei große Bereiche der Marketingforschung unterschieden werden:

- Der Bereich der Erforschung objekliver Marktsachverhalte (Objektivationen der Handlungen) und deren Zusammenhänge, die ökoskopische Marketingforschung. Hierzu zählt beispielsweise die Erforschung der Umsätze, der Preise, der Leistungen, der Zahl und eventuell der Struktur der Anbieter und Gäste, also der Marktresultate.
- Der Bereich der Erforschung der Marktteilnehmer (z.B. Gäste als Handlungssubjekte), die demoskopische Marketingforschung. Dabei geht es um äußere (objektive) und um innere (subjektive) Gegebenheiten. Äußere Gegebenheiten sind beispielsweise Alter, Geschlecht und Beruf der Gäste, während die inneren Sachverhalte z.B. Vorstellungen, Meinungen und Absichten der Gäste sind.

Auf der nächsten Ebene (siehe Abbildung unten) wird dann zwischen den Formen der Primär- und Sekundärerhebung unterschieden. Dabei geht es um die Frage, ob das benötigte Informationsmaterial vorhanden ist oder ob es erst erhoben werden muss.

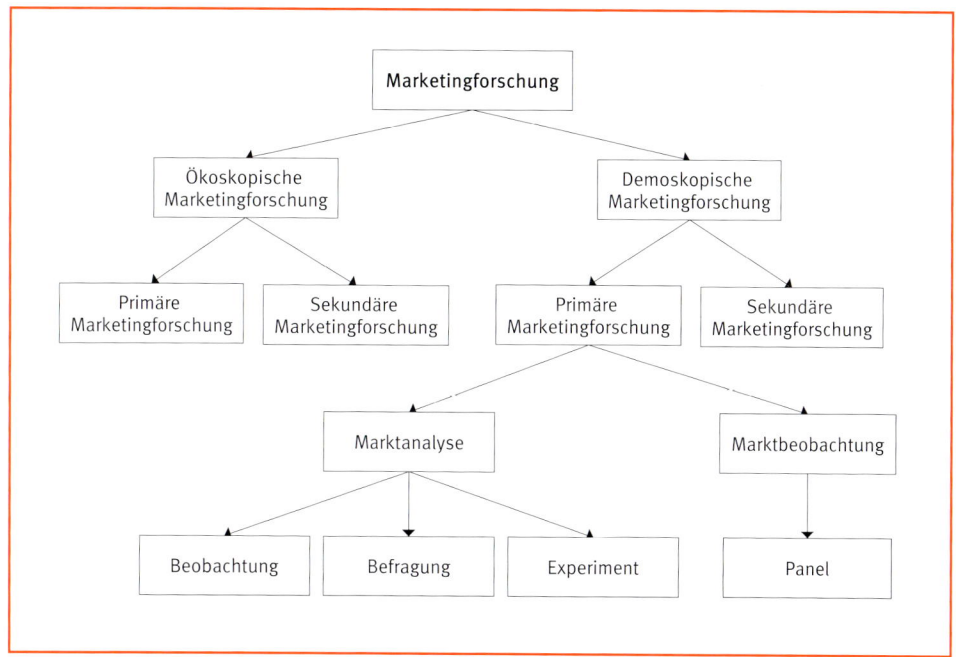

Als primäre Marketingforschung (= Feldforschung; engl. field research) werden Untersuchungen bezeichnet, bei denen das Datenmaterial eigens für den Forschungszweck erhoben wird. Üblicherweise wird in der Primärforschung mit den Instrumenten Befragung, Beobachtung, Test/Experiment und Panel gearbeitet. Diese Verfahren werden später besprochen (ab Seite 76). Sie kennzeichnen allerdings nur die grundsätzliche Vorgehensweise bei der Erhebung. Die konkrete Ausprägung eines Erhebungsverfahrens ergibt sich erst aus der Kombination der einzelnen Methodenelemente.

Bei der sekundären Marketingforschung (= Schreibtischforschung; engl. desk research) liegt das Informationsmaterial bereits vor und muss für den Zweck der Forschung ausgewertet werden. Dafür steht jedem gastgewerblichen Unternehmer eine große Auswahl an Informationen zur Verfügung: betriebliche Kenntnisse, Erfahrungen, Mitteilungen, Berichte und laufende Geschäftsführungsunterlagen. Darüberhinaus kann er aktuelle Tagesinformationen aus Zeitungen, Zeitschriften und sonstigen Veröffentlichungen nutzen. Für Routineentscheidungen reicht dieser Informationsbestand meistens aus.
Für grundlegende Entscheidungen muss der Entscheidungsträger allerdings immer auf Daten zurückgreifen, die gesondert erhoben wurden. Dieses Datenmaterial muss unter Beachtung der Fragestellung und des Informationsbedarfes gesammelt, analysiert und ausgewertet werden.
Aus folgenden Gründen sollte bei jeder Art der Informationsbeschaffung zunächst nach möglichen Sekundärquellen gesucht werden:
• Sekundärinformationen sind in aller Regel kostengünstiger;
• Sekundärmaterial ist normalerweise schneller zu beschaffen;
• bestimmte Daten (z. B. volkswirtschaftliche Kennzahlen) sind nur auf diesem Wege zu erhalten;
• Sekundärdaten dienen häufig bei notwendigen Primärerhebungen zur Einarbeitung in die Materie und zur Abschätzung der Wirtschaftlichkeit.

Aus der Vielfalt der für das Gastgewerbe nutzbaren externen Datenquellen werden hier nur die wichtigsten angeführt:
• Veröffentlichungen des Statistischen Bundesamtes und der Statistischen Landesämter
• Veröffentlichungen von öffentlichen Institutionen und Körperschaften: unter diese umfangreiche Gruppe fallen z. B. Daten von Bundes- oder Landesministerien, von kommunalen Tourismusämtern, von Industrie- und Handelskammern, Handwerkskammern und Berichte anderer öffentlich-rechtlicher Körperschaften
• Veröffentlichungen von Wirtschaftsverbänden, wie den Hotel- und Gaststättenverbänden der Bundesländer und des Spitzenverbandes, dem Deutschen Hotel- und Gaststättenverband (DEHOGA)

- Veröffentlichungen wirtschaftswissenschaftlicher Institute an Hochschulen und anderer Marktforschungsunternehmen. Informationen dieser Institutionen sind in den meisten Fällen kostenpflichtig. Zu den bekanntesten Quellen zählen:

- A.C. Nielsen GmbH, Frankfurt (www.acnielsen.de)
- Compagnon Marktforschungs-Institut GmbH & Co. KG, Stuttgart (www.compagnon.de)
- TNS EMNID Markt-, Media- und Meinungsforschung, Bielefeld (www.emnid.tnsofres.com)
- GfK AG (Gesellschaft für Konsumforschung), Nürnberg (www.gfk.de)
- Infas – Institut für angewandte Sozialforschung GmbH, Bonn (www.infas.de)
- Infratest Burke GmbH & Co., München (www.infoeurope.com)
- Institut für Demoskopie Allensbach GmbH, Allensbach (www.ifd-allensbach.de)
- Ipsos GmbH, Hamburg (www.ipsos.com)
- Millward Brown Germany GmbH (vormals Basisresearch GmbH) (www.millwardbrown.com)
- Research International Deutschland (vormals IVE), Hamburg (www.research-int.de)
- Rheingold – Institut für qualitative Markt- und Medienanalysen, Köln (www.rheingold-online.de)

(Quelle: http://www.marketing.uni-passau.de)

- Publikationen einschlägiger Verlage in Form von Büchern, Fachzeitschriften, Zeitungen und sonstigen Publikationen (z. B. vom Deutschen Fachverlag und vom Matthaes Verlag)
- Veröffentlichungen von Werbeträgern und Werbemittelherstellern: Medienverlage offerieren in zunehmendem Maße für ihre (potenziellen) Kunden aus Akquisitionsgründen Untersuchungen branchenspezieller und genereller Art, z. B. Mediadaten von Zeitschriften
- Veröffentlichungen firmenspezifischer Art, wie Geschäftsberichte, Firmenzeitschriften, Kataloge und Werbemitteilungen
- Informationsmaterial von Adressverlagen, speziellen Informationsdiensten und Beraterfirmen
- Informationsmaterial aus dem Internet: Dabei sind die speziellen Recherchemethoden zu beachten. Viele Informationen stehen dort kostenlos zur Verfügung – Informationen aus Datenbanken sind allerdings meist kostenpflichtig.

Ökoskopische Marketingforschung

Als Verfahren der Ökoskopie kommen infrage:

- **Marktanteilsberechnungen:** Der Marktanteil ist das Verhältnis des Absatzvolumens zum Marktvolumen, z. B. die Anzahl der Übernachtungen eines Heidelberger Hotels im Verhältnis zu den gesamten Übernachtungszahlen in der Stadt Heidelberg während einer bestimmten Periode. Dieses Verhältnis kann auch wertmäßig in Form des Umsatzes ausgedrückt werden.

$$\text{Marktanteil}_{\text{Menge}} = \frac{\text{Absatzvolumen eines Hotels in Zimmern}}{\text{Marktvolumen einer Stadt in Zimmern}}$$

$$\text{Marktanteil}_{\text{Umsatz}} = \frac{\text{Absatzvolumen eines Hotels in Euro}}{\text{Marktvolumen einer Stadt in Euro}}$$

- **Ermittlung von Marktindikatoren** (Kaufkraft): Ein Marktindikator (Indikator von lat. indicare = anzeigen) ist ein Hilfsmittel, der das Erreichen oder die Veränderung eines Marktzustandes anzeigt. Es können allgemeine (Bevölkerungspotential, Kaufkraft, Arbeitsstättenzählung, Finanzstatistik) und spezielle (Zahl der geleisteten Arbeitsstunden, Energieverbrauch, Kfz-Bestand, Eheschließungen) Marktindikatoren unterschieden werden.
- **Errechnung von Elastizitäten**: Die Elastizität gibt Auskunft wie »heftig« oder »stark« eine Größe auf eine andere reagiert. Die Preiselastizität gibt beispielsweise an, wie stark sich eine Preisänderung bei einem Gut auf die Nachfrage auswirkt. Es kann also damit errechnet werden, wie potenzielle Gäste von Hotelzimmern auf eine Zimmerpreisänderung reagieren. Erfahrungswerte helfen bei der Bestimmung der Preiselastizität der Nachfrage. Es müssen allerdings Preisschwellen berücksichtigt werden, bei deren Überschreitung die Kunden stärker reagieren. Eine Nachfrage ist unelastisch, wenn sie bei einem Preisanstieg von einem Prozent um weniger als ein Prozent zurückgeht. Umgekehrt ist die Nachfrage elastisch, wenn die Verkaufsmenge um einen höheren Prozentsatz steigt als die Preise fallen. (Inhaltlich wird diese Größe im Rahmen der Preispolitik ausführlich besprochen; ab Seite 217.)
- **Abnehmergruppenanalysen** (Einkaufsentwicklung): Die Abnehmergruppenanalyse versucht in Erfahrung zu bringen, wie viele Hotelzimmer eine Gästegruppe momentan abnimmt und in Zukunft wahrscheinlich abnehmen wird.
- **Häufigkeitsanalysen** (Ermittlung von Besetzungen einer Klasse): Bei der Häufigkeitsanalyse werden Merkmalsträger zu Gruppen oder Klassen mit gleichen (bzw. ähnlichen) Merkmalsausprägungen zusammengefasst. Die Gäste eines Hotels werden nach Altersklassen sortiert, um z. B. fest-

zustellen, für welche Altersklasse Kundenbindungsaktivitäten erforderlich sind.

- **Zeitreihenanalysen** (Trend): Die Zeitreihenanalyse versucht aus den Daten der Vergangenheit Informationen für die Zukunft zu gewinnen, indem die Entwicklung eines Sachverhaltes unter Ausschaltung störender Einflussfaktoren über mehrere Jahre hinweg beobachtet wird. Die Zeitreihen können dabei Trends (Entwicklungsrichtungen), konjunkturelle und saisonale Schwankungen, sowie einmalige und zufällige Einflüsse aufzeigen. (Die einzelnen Verfahren zur Trendberechnung finden Sie ab Seite 72.)

- **Regressions- und Korrelationsanalysen**

  Die Regressionsanalyse beschreibt die Ausprägungen einer abhängigen Variablen aufgrund der Ausprägungen einer unabhängigen Variablen und kann im Idealfall Aussagen über die zukünftige Entwicklung machen. Dabei ist zu beachten, dass alle in vergleichbaren Maßeinheiten mess- und darstellbar sein müssen. Wird der Zusammenhang von nur zwei Variablen untersucht, z. B. die Abhängigkeit eines Produktumsatzes von der Höhe der Werbeausgaben für dieses Produkt, so handelt es sich um eine einfache Regressionsanalyse. Werden die Zusammenhänge zwischen mehreren Variablen untersucht, z. B. dem Umsatz eines Artikels, den Werbeausgaben und den Ausgaben für Verkaufsförderung und der Anzahl der Verkaufsstellen, so nennt man dies multiple Regressionsanalyse. Da bei der Regressionsanalyse viele Annahmen gemacht werden müssen und sie sehr stark interpretationsabhängig ist, müssen die Ergebnisse gründlich hinterfragt werden.

  Die Korrelationsanalyse zeigt Beziehungen oder Zusammenhänge zwischen zwei unterschiedlichen Variablen (x, y) auf. Die Korrelationsanalyse ist eine der bedeutendsten Methoden zur Bestimmung linearer Zusammenhänge zwischen Variablen und dient für viele andere statistische Verfahren als Grundlage. Die Korrelationsanalyse ermöglicht eine Aussage über die mögliche Stärke der Beziehung zwischen zwei konkreten Variablen, indem sie den Grad der mathematischen Abhängigkeit der Variablen ermittelt. Es wird festgestellt, inwieweit Änderungen einer Variablen sich in der anderen Variablen widerspiegeln. Dabei wird keine Aussage darüber getroffen, inwieweit sich die Variablen gegenseitig beeinflussen oder ob kausale Zusammenhänge entstehen. So gibt es beispielsweise einen zahlenmäßigen Zusammenhang zwischen der Entwicklung der Population von Störchen und der Anzahl der Neugeborenen. Ein hoher Korrelationskoeffizient bedeutet aber nicht unbedingt einen kausalen Zusammenhang; wenn es einen solchen gibt, wird ihn erst die Korrelationsanalyse zeigen. So besteht z. B. zwischen der Anzahl der Übernachtungsgäste und dem Umsatz im Restaurant ein Zusammenhang, d. h. die beiden Größen korrelieren. Dagegen bedeutet ein höherer Umsatz im Restaurant nicht automatisch auch steigende Übernachtungszahlen.

- **Sonstige statistisch-mathematische Verfahren:** Neben den bisher genannten Methoden zur Auswertung von ökoskopischem Datenmaterial können noch weitere Verfahren zur Anwendung kommen. Zu nennen sind hier beispielsweise die Input-Output-Analyse oder Operations-Research-Methoden. Die Input-Output-Analyse ist ein Verfahren der empirischen Wirtschaftsforschung, das hauptsächlich für volkswirtschaftliche Analysen eingesetzt wird. Grundlage ist eine Input-Output-Tabelle, in die Marktforschungsdaten (Input) eingegeben werden und in der anschließend die Verwendung der Informationen (Output) dargestellt wird. Die Operations-Research-Methode findet in der Unternehmensforschung (Operation im Sinne von Unternehmen) Anwendung und beschäftigt sich mit der Optimierung bestimmter Prozesse oder Verfahren. Wichtige Teilgebiete des Operations Research sind die lineare, die ganzzahlige und die nichtlineare Optimierung (auch klassische Optimierung), die heute überwiegend mit Hilfe der Datenverarbeitung vorgenommen werden.

Verfahren zur Trendberechnung

Für die Trendberechung bei Zeitreihenanalysen werden meist lineare Verfahren herangezogen. Als Methoden kommen die Verfahren der beiden Reihenhälften, der gleitenden Durchschnitte und der kleinsten Quadratabweichungen infrage.

Bei der Methode der beiden Reihenhälften werden die Beobachtungswerte in zwei gleich große Teile zerlegt und jeweils das arithmetische Mittel gezogen. Ein Beispiel soll dieses Verfahren genauer aufzeigen. Ein Hotel legt folgende Zimmerbelegungszahlen vor:

Quartale	Jahre	Zimmerbelegungen
1. Quartal	2007	3860
2. Quartal	2007	2140
3. Quartal	2007	2090
4. Quartal	2007	2530
1. Quartal	2008	4130
2. Quartal	2008	2140
3. Quartal	2008	2370
4. Quartal	2008	2860

Jetzt wird der Mittelwert aus den Zahlen von 2007 und von 2008 gebildet, also die Summe der Zimmerbelegungen (2007: 3860 + 2140 + 2090 + 2530 = 10 620) und durch die Anzahl der Beobachtungswerte (also 4) dividiert. Der

Mittelwert für 2007 beträgt dann 2655 Zimmerbelegungen (für 2008: 2875 Zimmerbelegungen).

Der Prognosewert für das nächste Jahr 2009 lässt sich dann so ermitteln, dass die Steigerungsrate die Differenz der beiden Mittelwerte (2875 – 2655 = 220) ist, d. h. der Mittelwert für das Jahr 2009 beträgt demnach 2875 + 220 = 3095 Zimmerbelegungen. Der Jahreswert ist dann 12 380 Zimmerbelegungen (3095 × 4 Quartale). Diese Zahl kann zur Budgetierung oder Marketingplanung herangezogen werden.

Die Methode der beiden Reihenhälften hat den Vorteil, rechnerisch einfach zu sein. Nachteilig ist, dass die Durchschnittswerte und damit auch der Trendverlauf von extremen Reihenwerten, den sogenannten »Ausreißern«, beeinflusst werden können. Weiterhin sind saisonale Schwankungen nicht direkt erkennbar.

Ein weiteres Verfahren zum Herausfiltern von Trends ist die Methode der gleitenden Durchschnitte, die ebenfalls über z. B. die Zimmerbelegung eines Hotels in der Zukunft Auskunft geben soll. Dazu werden Durchschnittswerte gebildet, die ständig fortzuschreiben sind. Dabei wird jeweils der aktuellste Wert hinzugefügt und dafür der zeitlich am weitesten zurückliegende Wert weggelassen. Diese Methode kann besonders zur Identifizierung von Saisonentwicklungen herangezogen werden. Durch die Bestimmung der Saisonkomponente lässt sich die Frage beantworten, wie die Zeitreihe verlaufen würde, wenn ihr Verlauf nicht durch saisonale Faktoren mit beeinflusst worden wäre.

Dies spielt aber im Gastgewerbe keine Rolle, da ständige saisonale Veränderungen zu verzeichnen sind. Zur Darstellung von Saisonbewegungen innerhalb eines Jahres kann die relative Abweichung vom Jahresganzen (z. B. der Monat Mai bringt zehn Prozent von der durchschnittlichen Jahresbelegung) oder eine Indexziffer verwendet werden (z. B. der Quartalsdurchschnitt ist 100 Prozent, und das zweite Quartal weicht um 20 Prozent nach unten ab).

Bei der Methode der kleinsten Quadratabweichungen wird der Verlauf der linearen Trendfunktion so bestimmt, dass die Abweichungen der Schätzwerte auf der Trendgeraden von den tatsächlichen Zimmerbelegungszahlen, das heißt die Schätzfehler, möglichst gering ausfallen. Es wird der mittlere quadratische Fehler minimiert. Dazu muss der von folgender Trendfunktion gelieferte Schätzwert y_i ein Minimum erreichen.

$$S = \Sigma(y_i - y_i')^2 - \Sigma(y_i - a - bx)^2 = Min$$

Durch die partielle Differentiation der Summe nach a und b und der Setzung der ersten Ableitung gleich Null, ergeben sich zwei Normalgleichungen, die nach a und b aufgelöst und vereinfacht werden, wenn $\Sigma \, x_i = 0$ gesetzt wird. Damit lautet die Trendlinie:

$y_i = a + bx_i$ mit y_i als Trendwert

Dabei ist $a = \dfrac{\Sigma y_i}{n}$ und $b = \dfrac{\Sigma x_i y_i}{x_i^2}$

In einer Tabelle lassen sich die Werte wie folgt berechnen:

Quartale (n)	Jahre	X	X²	Zimmer-belegungen (Y)	X · Y
4. Quartal	2006	-4	16	2122	-8488
1. Quartal	2007	-3	9	3860	-11580
2. Quartal	2007	-2	4	2140	-4280
3. Quartal	2007	-1	1	2090	-2090
4. Quartal	2007	0	0	2530	0
1. Quartal	2008	1	1	4130	4130
2. Quartal	2008	2	4	2140	4280
3. Quartal	2008	3	9	2370	7110
4. Quartal	2008	4	16	2860	11440
9			**60**	**24242**	**522**

Wenn die Werte in die Formeln eingesetzt werden, dann ergeben sich für

$a = \dfrac{24242}{9} = 2694$ $\qquad$ $b = \dfrac{522}{60} = 8,7$

Jetzt werden die Werte für a und b in die Trendgleichung eingesetzt:

$Y_i = a + bx_i = 2694 + 8,7 \times 5 = 2737$ Zimmer für das 1. Quartal 2009

Wenn dies für die folgenden Quartale fortgesetzt wird, ergeben sich folgende Trendwerte:

1. Quartal	2009	5	2737
2. Quartal	2009	6	2746
3. Quartal	2009	7	2754
4. Quartal	2009	8	2763
			11000

Der Trendwert für das Jahr 2009 beträgt damit 11 000 Zimmer. Sinnvoll ist nunmehr eine saisonale Verteilung, die sich an der Verteilung des Jahres 2008 orientieren könnte.

Eine einfache Möglichkeit den linearen Trend mit Hilfe der mittleren quadratischen Abweichung zu berechnen, bietet die Kalkulationssoftware MS Excel. (Analog kann natürlich mit anderen Kalkulationsprogrammen gearbeitet werden.) Dazu muss die Arbeitsmappe mit der Belegungsstatistik geöffnet sein (siehe Tabelle unten). Sie sehen die Zimmerbelegungszahlen vom 4. Quartal 2006 bis zum 4. Quartal 2008. Sie wollen nun den linearen Trend der Zimmerbelegung für 2009 berechnen. Damit die Originaldaten nicht verloren gehen, werden die Spalten »Belegung« und »Trend« mit den Belegungszahlen gefüllt. Jetzt wird die Spalte »Trend« vom 4. Quartal 2006 bis zum 4. Quartal 2008 markiert und dann klicken Sie auf »Bearbeiten/Ausfüllen/Reihe«. Das Kontrollkästchen vor Trend ist zu aktivieren und es muss der Reihentyp »Linear« ausgewählt werden. Dann wird mit »OK« bestätigt und die Trendwerte für den gesamten Zeitraum, auch für die Vergangenheit erscheinen.

Wenn die Summe der Zimmerbelegungen von 2009 gebildet wird, dann ist der gleiche Wert wie über die Formeln berechnet zu sehen, also 11 000 Zimmerbelegungen. Auch hier müsste noch eine saisonale Verteilung vorgenommen werden.

		Belegung	Trend	Jahreswerte
4. Quartal	2006	2122	2659	
1. Quartal	2007	3860	2667	
2. Quartal	2007	2140	2676	
3. Quartal	2007	2090	2685	
4. Quartal	2007	2530	2694	10722
1. Quartal	2008	4130	2702	
2. Quartal	2008	2140	2711	
3. Quartal	2008	2370	2720	
4. Quartal	2008	2860	2728	10861
1. Quartal	2009		2737	
2. Quartal	2009		2746	
3. Quartal	2009		2754	
4. Quartal	2009		2763	11000

Das Beispiel zeigt, wie einfach die Trendwerte zu ermitteln sind. Trotzdem ist Vorsicht geboten. Die rechnerische Genauigkeit darf nicht über die Nachteile hinwegtäuschen. Vergangenheitswerte sagen nur bedingt etwas über die Zukunft aus. Sonderereignisse, konjunkturelle oder strukturelle Probleme müssen berücksichtig werden.

Die Daten in MS Excel lassen sich auch sehr schnell in einem Diagramm darstellen: Das Diagramm zeigt die Ausschläge der tatsächlichen Entwicklung und den leicht steigenden Trend.

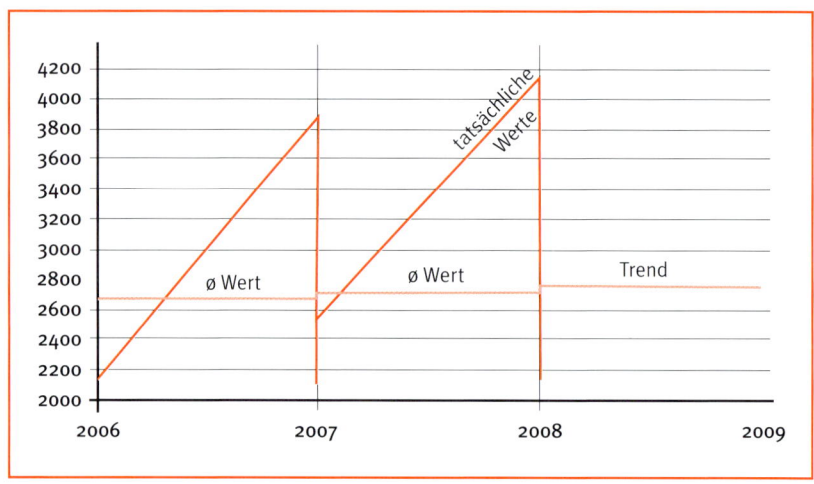

Demoskopische Marketingforschung

Als Nächstes wenden wir uns den einzelnen Marktanalyse- und Marktbeobachtungsverfahren der Demoskopie zu. Dazu gehören Befragung, Beobachtung, Test (Experiment) und Panelstudie, die wir nun eingehender betrachten wollen.

Befragung

Die Befragung ist die wichtigste Form der Marktforschung. Unter Befragung im Sinne der Marktforschung verstehen wir die Erforschung der Meinung von Personen zu einem vorher festgelegten Themenkreis. Sie dient der Erfassung von beobachtbaren und nichtbeobachtbaren Sachverhalten. Die Befragung kann durch Fragebogen schriftlich, durch persönliches oder telefonisches Interview mündlich oder durch eine Onlinebefragung elektronisch erfolgen.
Durch die vielseitige Ausgestaltung bietet die Befragung fast unbegrenzte Einsatzmöglichkeiten. Dies reicht vom normalen Gespräch bis hin zur Testbefragung, bei der projektive Tests verwendet werden, die das Innenleben

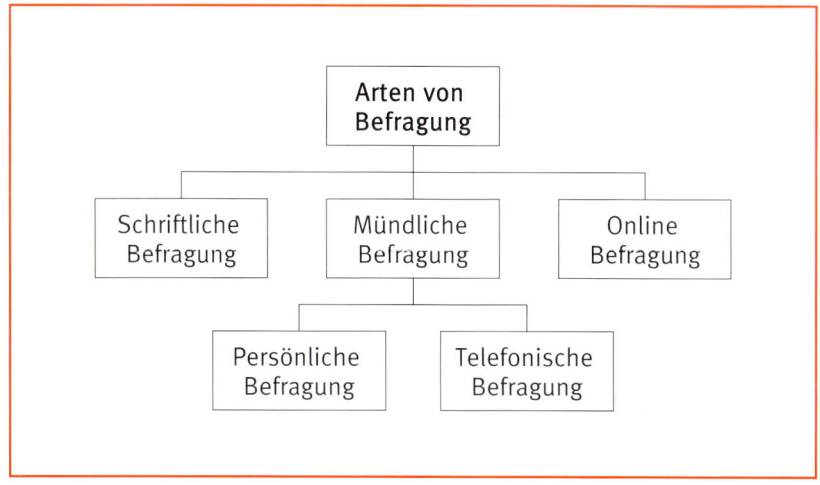

des Befragten auf dem Testmaterial (wie Portraitfotos, Farben oder Kleckse) abbilden und somit nach außen verlegen (projizieren).

Vor der Durchführung einer Befragung müssen die Verantwortlichen eine ganze Reihe von Entscheidungen über Art und Inhalt derselben treffen:

- **Form der Befragung**

  Bei der schriftlichen Befragung wird der Auskunftsperson ein Fragebogen vorgelegt, zugeschickt oder persönlich überbracht und ohne Anwesenheit der Erhebungsperson ausgefüllt. Bei der mündlichen oder telefonischen Befragung werden dem Befragten die Fragen vom Interviewer vorgetragen.

  Bei der elektronischen Befragung wird, wie bei der schriftlichen Befragung, der Fragebogen vorgelegt, jedoch mit der Besonderheit, dass der Ablauf der Befragung gesteuert werden kann. Weiterhin kann der Befragungsprozess innerhalb kürzester Zeit durchgeführt werden, er ist kostengünstiger (keine Druck- und Versendungskosten) und die Befragung ist ereignisabhängig (z. B. Einladung zur Befragung per Email oder bei Besuch der Internetseite) einsetzbar.

- **Personenkreis** der Befragung

  Befragt werden können z. B. Gäste, potenzielle Gäste, Experten oder Absatzmittler.

- **Befragungsmethode**

  Quantitative Umfragen versuchen bei einer, relativ großen Stichprobe von Befragten zahlenmäßig erfassbare Tatbestände (soziodemografische Merkmale und Verhaltensmerkmale) zu erheben.

  Qualitative Umfragen versuchen bei einer in der Regel statistisch nicht repräsentativen Zahl von Befragten durch verhaltenswissenschaftlich geschulte Interviewer in erster Linie psychologische, sozialpsychologische und soziologische Merkmale zu ermitteln.

- **Befragungsstrategie**

  Bei einer <u>standardisierten Befragung</u> ist der Wortlaut und die Reihenfolge der Fragen vorgeschrieben, während bei einer <u>freien Befragung</u> nur ein Fragegerüst oder das Thema für den Interviewer vorgegeben ist. Eine <u>strukturierte Befragung</u> bedeutet, dass die Fragen zwar vorgegeben sind, dass der Interviewer jedoch die Fragefolge frei bestimmen kann. Bei der <u>offenen Fragestellung</u> sind den Auskunftspersonen die Formulierung der Antworten überlassen, während bei einer <u>geschlossenen Fragestellung</u> die Antwortkategorien vorgegeben sind.

- **Befragungstaktik**

  Die <u>direkte Befragung</u> ermittelt für den Befragten erkennbar einen bestimmten Sachverhalt, während die <u>indirekt gestellte</u> Frage versucht, oft für den Befragten nicht erkennbar, auch heikle und intime Themen anzusprechen. So bekommt man auf die Frage nach der Häufigkeit des Zähneputzens in der Regel keine wahrheitsgemäßen Antworten, dagegen kann aus der Frage nach dem Zahnpastaverbrauch ein Rückschluss gezogen werden.

- **Umfang der Untersuchung**

  Befragungen können als Einthemen- (Spezialbefragung) oder Mehrthemenbefragungen (Omnibusbefragung) vorgenommen werden.

- **Anzahl und Auswahl** der Befragten

  Voll- oder Teilerhebung (zur Stichprobenauswahl s.u.)

- **Zahl der gleichzeitig Befragten: Einzel- oder Gruppenbefragungen**

  Die <u>Gruppenbefragung</u> kann in Form der so genannten Focus Groups durchgeführt werden. Dabei handelt es sich um moderierte Gruppendiskussionen mit ausgewählten Gästen (z. B. Stammgästen). Ziel ist es, mit fünf bis acht Teilnehmern in etwa zwei bis drei Stunden ein vorgestelltes Leistungskonzept (Gastronomiekonzept) oder bestehende Leistungen (z. B. Menükarte) zu bewerten. In kurzer Zeit können mit vertretbarem Aufwand Gästemeinungen und -anregungen zusammengetragen werden und damit eine bessere Entscheidungsgrundlage geschaffen werden. Die

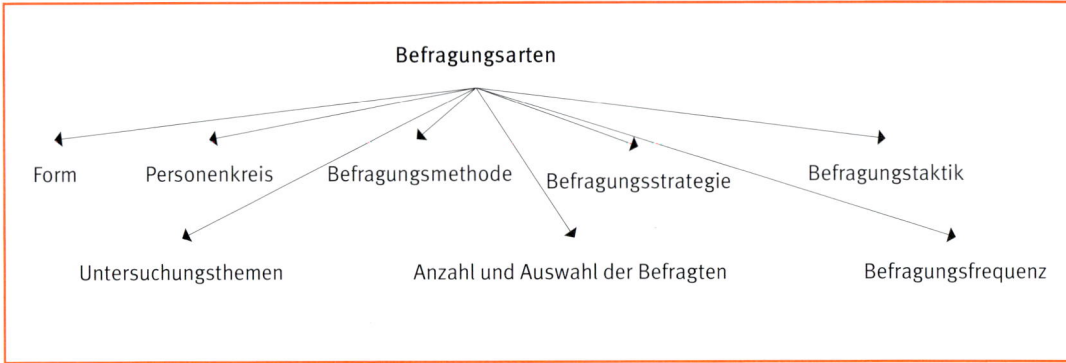

Sitzung wird in der Regel per Video dokumentiert, um spätere Detailanalysen zu ermöglichen. Zusätzlich kann damit die Stimme der Endbenutzer firmenintern einem weiteren Personenkreis zugänglich gemacht werden.

- **Befragungsfrequenz**
Einmalbefragung oder wiederkehrende Befragungen

Vor- und Nachteile verschiedener Befragungsarten in Abhängigkeit von verschiedenen Beurteilungskriterien

Methode Anforderungen	Mündlich (Interview)	Telefonisch	Schriftlich (Fragebogen)
Kosten	hoch	mittel	niedrig
Projektlaufzeit	mittel	gering	mittel
Antwortrate	hoch	hoch	niedrig/mittel
Möglicher Abfrageumfang	groß	gering	mittel
Komplexität der Inhalte	hoch	gering	mittel
Objektivität	beeinträchtigt	beeinträchtigt	hoch
Quantifizierbar	aufwendig	einfach	sehr einfach
Wahrgenommene Anonymität	gering	mittel/hoch	mittel/hoch
Offene, explorative Fragen	ideal	eingeschränkt	eingeschränkt

(Quelle: http://www.groetsch-anft.de)

Die Befragung wird ausführlich an einem Praxisbeispiel (Seite 98 bis 112) beschrieben.

Beobachtung

Die Beobachtung ist die planmäßige und aufmerksame Wahrnehmung und Anschauung (optische, akustische, sensorische oder sonstige Wahrnehmung) eines Sachverhaltes mit dem Ziel, einen möglichst exakten und umfassenden Erkenntnisgewinn zu erlangen. Sie bietet dem Gastgewerbe eine weitaus geringere Einsatzmöglichkeit als die Befragung. Trotzdem gibt es gerade dort auch Sachverhalte, die nicht zu erfragen, sondern nur zu beobachten sind. Wer beispielsweise erfahren möchte, wie Gäste im Restaurant Sitzplätze aussuchen oder wie sie sich im Hotel hinsichtlich der Schwellenangst verhalten, der benötigt das Instrument der Beobachtung. Die bewusste oder unbewusste Beobachtung des Marktes sollte für jedes gastgewerbliche Unternehmen eine Selbstverständlichkeit sein.

Eine teilnehmende Beobachtung liegt dann vor, wenn der Beobachter selbst aktiv an der Entstehung des zu beobachtenden Sachverhalts beteiligt ist. Dies ist beispielsweise dann der Fall, wenn der Beobachter als Gast auftritt und sich von einem Restaurantfachmann beraten lässt. Er beobachtet dabei, wie gut der Servicemitarbeiter ihm die Leistung erklären kann und welche Verkaufsargumente dieser findet.

Bei der nicht-teilnehmenden (distanzierten) Beobachtung befindet sich der Beobachter außerhalb des Untersuchungsfeldes und verhält sich völlig passiv. Er beobachtet also das Verhalten des Restaurantmitarbeiters z.B. am Nachbartisch und macht lediglich Aufzeichnungen.

Feldbeobachtungen finden unter natürlichen Bedingungen am Verkaufsort, also z.B. im Restaurant, statt. Beobachtet werden beispielsweise das Gästeverhalten beim Aussuchen eines Tisches oder auch die Reaktionen auf bestimmte Verkaufsargumente beim Verkaufsgespräch.

Laborbeobachtungen finden unter künstlich geschaffenen Bedingungen in speziell dafür eingerichteten Räumen statt.

Bei der offenen Beobachtung ist der Gast über die Beobachtung und den Zweck informiert. Im Fall einer verdeckten Beobachtung wird der Kunde nicht informiert. Dagegen weiß der Gast bei der maskierten Beobachtung, dass eine Beobachtung vorliegt, er kennt jedoch deren Zweck nicht. Die Entscheidung für ein offenes, verdecktes oder maskiertes Vorgehen hängt davon ab, inwieweit das Gästeverhalten dadurch beeinflusst oder verzerrt wird.

Eine Beobachtung kann durch eine Person aus dem Unternehmen oder von außerhalb des Unternehmens durchgeführt werden. Neben der persönlichen Beobachtung kann dies auch durch eine Kamera aufgenommen werden. Es handelt sich dann um eine technische Beobachtung. Während die persönliche Beobachtung eher für Kundengespräche geeignet ist, kann die technische Beobachtung für Kundenlaufstudien, Schaufensterreaktionen, Blickaufzeichnungen und psychologische Reaktionen eingesetzt werden.

Für eine gezielte und systematische Beobachtung ist es wichtig, sich vorher Kriterien zu überlegen, die beobachtet werden sollen. So macht es wenig Sinn, einen guten Bekannten zum Mitbewerber zur Beobachtung zu schicken. Vielmehr müssen auch bei einer solchen Vorgehensweise Beobachtungskriterien vorgegeben werden: Wie viele Gäste sitzen an einem Tisch? Bestellen die Gäste mehrere Gänge? Was trinken die Kunden?

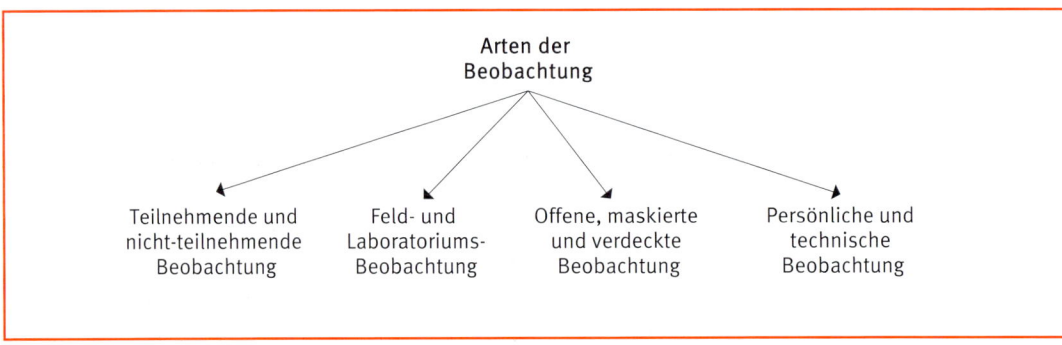

Eine einmalige Beobachtung reicht in den meisten Fällen nicht aus. Oft lassen sich nur durch eine wiederholte Beobachtung Schlüsse ziehen. Bedacht werden muss auch, dass es für Beobachter manchmal schwierig ist, mehrere Subjekte oder Objekte gleichzeitig im Auge zu behalten und die Ergebnisse aufzuzeichnen.

Der Vorteil der Beobachtung liegt hauptsächlich darin, dass die Informationsgewinnung ohne Auskunftsbereitschaft des Beobachteten erfolgen kann. Die beobachteten Gäste liefern die Informationen in der Regel unbewusst. Beobachtungen sind dadurch immer zeitnah.

Vor- und Nachteile von Beobachtungen

Vorteile	Nachteile
In der Regel keine Auskunftsbereitschaft der Beobachteten nötig	Nur Untersuchung von physischen Aktivitäten möglich
Keine Verzerrung (bias = englisch für Vorurteil oder Vorliebe) durch Erhebungsperson bei nicht-teilnehmender Beobachtung	Repräsentativität schwer zu gewährleisten
Wenig Möglichkeiten zur Manipulation durch den Beobachteten	Hohe Kosten im Verhältnis zur Informationsqualität
Geringer Vorbereitungsaufwand	Problem der Standardisierung von Beobachtungsverfahren
Geheime Durchführung der Datenerhebung	
Beobachtungen beziehen sich auf die Gegenwart	

Test/Experiment

Ein Test oder ein Experiment ist eine wiederholbare, unter festgelegten, kontrollierbaren Bedingungen durchgeführte Versuchsanordnung. Das Wesen des Tests/Experiments besteht darin, dass versucht wird, durch Veränderung der Wirkung einer oder mehrerer Größen die Auswirkungen auf andere Größen aufzuzeigen. Dabei soll eine Ursache-Wirkungs-Beziehung aufgedeckt werden. Das Experiment hat allerdings in der gastgewerblichen Praxis keine sehr große Bedeutung. Es wird eher von Marktforschungsunternehmen für Werbemittelentwürfe, Tests für die Handhabung von Produkten oder bei Neuproduktbewertungen zum Einsatz gebracht.

Ein praktisches Beispiel für ein Experiment im Restaurantbereich könnte allerdings beispielsweise die Untersuchung dazu sein, ob eine andere Formulierung der Frage nach einem Nachtisch Auswirkungen auf den Umsatz hat. Zwei Restaurantreviere werden dabei von verschiedenen Restaurantfachleuten betreut. Der eine Mitarbeiter fragt nach dem Essen den Gast, ob er eine Nachspeise wünsche. Der andere fragt ganz konkret: »Hätten Sie lieber einen Eisbecher oder eine Crème Brûlée?« Anhand der Warenumsätze der Kasse kann dann festgestellt werden, ob die zweite, gezielte Frage einen größeren Erfolg bringt.

Ist dies der Fall, dann kann in der Zukunft dieses Instrument im Restaurant eingesetzt werden. Bei der Durchführung muss aber darauf geachtet werden, dass keine exogenen Variablen (Störgrößen) im Spiel sind. So könnte z. B. die Kontrollgruppe sehen, dass die Experimentalgruppe tolle Nachspeisen serviert bekommt, und deshalb mehr bestellen.

Experimente können – je nach Art der Datenermittlung – auf einer Beobachtung oder auf einer Befragung beruhen.

Oft werden bei einem Experiment oder einem Test beide Arten der Datenermittlung verwendet. Unter dem Blickwinkel der Experimentalbedingungen kann zwischen Feld- und Laborexperiment unterschieden werden. Ersteres findet unter natürlichen Bedingungen statt, das Restaurantbeispiel gehört in diese Gruppe.

Ein großer Vorteil solcher Anordnungen liegt in der isolierten Betrachtungsweise von Ursache-Wirkungs-Zusammenhängen. Dies wünschen sich viele Gastronomen und Hoteliers zur Erleichterung von betrieblichen Entscheidungen deshalb, weil viele Entscheidungen nicht einfach wieder zurückgenommen werden können, wie z. B. Preis- oder Zielgruppenentscheidungen.

Panel

Das Panel zählt zu den Marktbeobachtungsverfahren. Ein bestimmter Personenkreis (verkleinerte, maßstabgetreue Abbildung der Grundgesamtheit) wird dabei über einen längeren Zeitraum mehrmals und in regelmäßigen Zeitabständen über den gleichen Gegenstand befragt. Dadurch wird eine Längsschnittanalyse möglich, die nicht nur eine Momentansituation aufzeigt. Das Panel wird in Form der Befragung, der Beobachtung oder mit Focus-Gruppen durchgeführt.

Focus-Gruppen sind moderierte Gruppendiskussionen mit ausgewählten Kunden, in denen ein vorgestelltes Leistungskonzept oder ein bestehendes Produkt bewertet wird.

Es können verschiedene Panelarten unterschieden werden:
- Verbraucherpanel (Konsumentenpanel)
- Individualpanel (z. B. Gästepanel)
- Haushaltspanel (z. B. Teilnehmer an Verbrauchsgüterpanels führen ein Tagebuch über Einkäufe)
- Unternehmer- bzw. Unternehmenspanel
- Handelspanel (z. B. Gastronomiepanel)
- Spezialpanel (z. B. umweltbewusste Unternehmen)

Eine Paneluntersuchung ist für einen einzelnen Unternehmer nur sehr schwierig umsetzbar. Es erfordert einen hohen Zeitaufwand zur Betreuung des Panels. Eine Möglichkeit bestünde im gastgewerblichen Bereich darin, Untersuchungen an einem Stammgäste-Panel durchzuführen.

Dazu könnten zehn bis fünfzehn Stammgäste ausgewählt werden, die vom Wirt regelmäßig zu betrieblichen Sachverhalten befragt werden.

Vor- und Nachteile von Panel-Untersuchungen

Vorteile	Nachteile
Aufzeigen von Entwicklungen durch Gewinnung vergleichbarer Daten	Beeinträchtigung der Panelrepräsentanz durch: – Paneleffekt: Verhaltensänderung durch Eigenbeobachtung – Overreporting: Angabe von überhöhten Werten aus Prestigegründen – Underreporting: wegen Ermüdungserscheinungen wird nicht alles angegeben
Feststellung von Veränderungen am Untersuchungsobjekt	
Geringe Kosten im Verhältnis zu den gewonnenen Informationen	Panelsterblichkeit: Panelaustritte, die auf natürlichen Prozessen (Tod, Geschäftsaufgabe) oder subjektiven Vorgängen (Zeitmangel, kein Interesse mehr) beruhen
Sehr gut geeignet als Feeling-Check	

DIE DATENERHEBUNG

Für die Datenerhebung kommen zwei Vorgehensweisen in Betracht:
- **Die Vollerhebung**: Erhebung der Daten bei allen Einheiten der Grundgesamtheit (auch Population). Es handelt sich also um alle potenziellen Untersuchungssubjekte oder -objekte für eine bestimmte Fragestellung, z. B. alle Gäste aus der Gästekartei eines bestimmten Hotels, die nach ihrer Zufriedenheit mit den Leistungen befragt werden sollen.
- **Die Teilerhebung**: Auswahl einer repräsentativen Stichprobe aus der Grundgesamtheit. Es muss sichergestellt werden, dass die Ergebnisse der Untersuchung einen möglichst exakten und sicheren Rückschluss auf die Grundgesamtheit zulassen. Das bedeutet, dass die Stichprobe z. B. aus einer Gästekartei verkleinert und wirklichkeitsgetreu ein genaues Abbild der gesamten Gästekartei sein muss.

Auswahl der Stichprobe

Für die Auswahl eines Teils der Grundgesamtheit (Stichprobe) gibt es verschiedene Verfahren, die wir im Folgenden vorstellen werden.

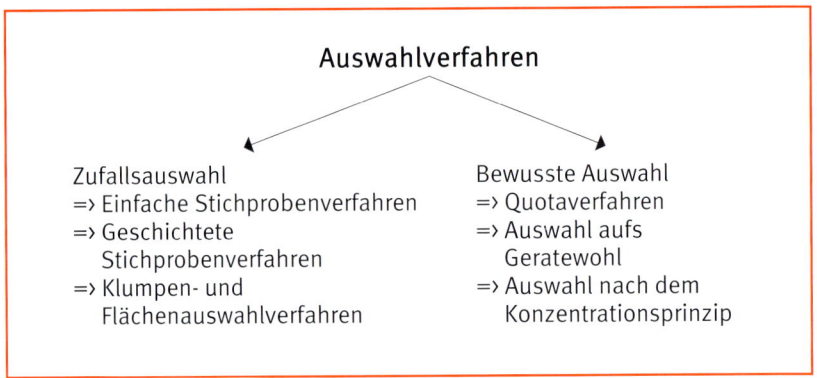

Die **Zufallsauswahlverfahren** (auch Randomverfahren) sind wahrscheinlichkeitsgesteuerte Methoden, die mathematisch exakt berechenbar sind. Eine wesentliche Bedingung für die Durchführung einer Zufallsauswahl ist, dass das »Personenmaterial« katalogisiert sein muss. Bei der einfachen Zufallsauswahl besitzt jedes Element der Grundgesamtheit die gleiche rechnerische Wahrscheinlichkeit, in die Stichprobe zu gelangen. Dieses einfache Urnenmodell funktioniert so, dass beispielsweise alle Gäste einer Gästekartei durchnummeriert werden. Dann wird z. B. von 12 000 Gästen eine Stichprobe von mindestens 218 (99,9-prozentige Sicherheitswahrscheinlichkeit) gezogen, um 100 gültige Antworten zu erhalten. Die Berechnung kann mit Hilfe einer Webseite (Seite 86 unten) vorgenommen werden.

Je größer die Stichprobe ist, desto größer ist die Wahrscheinlichkeit, dass sie in ihrer Zusammensetzung der Grundgesamtheit entspricht. Die Auswahl wird entweder anhand einer Zufallszahlentabelle (⤳ Zufallszahlen werden gezogen), mit einem Schlussziffernverfahren (⤳ bestimmte Schlussziffern kommen in die Stichprobe) oder mittels der Buchstabenauswahl (⤳ bestimmte Anfangsbuchstaben kommen in die Stichprobe) vorgenommen.

Bei dem geschichteten Stichprobenverfahren wird zunächst die Grundgesamtheit in möglichst homogene Teilmengen oder Untergruppen (z. B. nach Altersgruppen oder nach Herkunftsland) geschichtet. Es wird erwartet, dass sich zwischen den einzelnen Schichten die wesentlichen Aspekte des Untersuchungsgegenstandes deutlicher unterscheiden, d. h. innerhalb der Gruppen geringer streuen als in der Grundgesamtheit. Danach wird aus jeder Schicht eine Stichprobe mittels eines einfachen Zufallsverfahrens gezogen und separat ausgewertet. Gerade bei der Befragung von unterschiedlichen Zielgruppen eines Hotels ist dies eine sinnvolle Vorgehensweise.

Beim Klumpen- oder Flächenauswahlverfahren wird die Grundgesamtheit ebenfalls in möglichst homogene Untergruppen (Klumpen oder Flächen) aufgeteilt, allerdings in wesentlich mehr als bei der Schichtung. Die Zugehörigkeit zu einem Klumpen (auch Cluster) oder einer Fläche – wie die Teilgesamtheiten bezeichnet werden – ergibt sich nicht aufgrund von systematisch ausgewählten Merkmalen, sondern aus praktischen Erwägungen wie z. B. der Herkunft der Gäste aus einem bestimmten Bezirk. Aus der gebildeten Menge von Klumpen oder Flächen, die relativ klein sind, wird eine Stichprobe gezogen. Die Personen der ausgewählten Klumpen oder Flächen werden vollständig befragt (Vollerhebung). Dieses Verfahren wird in der Praxis aus Zeit- oder Kostengründen häufig verwendet, obwohl der Stichprobenfehler nicht berechnet werden kann und die Aussagefähigkeit eingeschränkt ist. Es sollte also nur angewendet werden, wenn sichergestellt ist, dass die ausgewählten Teilmengen repräsentativ sind.Bei einer **bewussten Auswahl** werden die Stichproben mehr oder weniger nach dem subjektiven Vorgehen der untersuchenden gastgewerblichen Unternehmung und nicht nach dem Zufallsprinzip ausgewählt. Wenn das Ergebnis trotzdem weitestgehend charakteristisch sein soll, dann müssen die zu befragenden Teilmengen repräsentativ ausgewählt werden.

Beim Quota-Verfahren werden Merkmale (z. B. Alter, Geschlecht, Beruf, Herkunft) der zu befragenden Gäste gesucht und Quoten für die Häufigkeit der Merkmale in der Stichprobe festgelegt. Es kann z. B. vorgegeben werden, dass bei einer Stichprobe von 218 Gästen 89 Prozent männlich und 11 Prozent weiblich und davon jeweils die Hälfte verheiratet bzw. ledig sein sollen. Der Interviewer muss die nach dem Quotenplan vorgegebene Anzahl von Gästen finden und befragen, d. h. im Fall unseres Beispiels 97 verheiratete und 97 ledige Männer, 12 verheiratete und 12 ledige Frauen.

Bei der Auswahl aufs Geratewohl werden aus einer Grundgesamtheit willkürlich Gäste für eine Befragung ausgewählt. Beispielsweise werden nur die Gäste befragt, die am heutigen Tag im Servicebereich des Restaurantfachmanns X gastronomische Leistungen in Anspruch nehmen. Das Willkürliche dieser Vorgehensweise ist die Wahl des Befragungszeitpunkts und die Auswahl des Kellners X. Die Ergebnisse einer solchen Umfrage müssen einer besonderen Abwägung unterzogen werden.

Bei der Auswahl nach dem Konzentrationsprinzip (Cut-off-Verfahren) wird nach freiem Ermessen auf solche Gästegruppen zurückgegriffen, die für die Grundgesamtheit besonders charakteristisch und typisch sind. Die Merkmalsverteilung in der Grundgesamtheit muss dazu allerdings vorher bekannt sein. Von den erzielten Ergebnissen wird dann auf alle Gäste geschlossen. Von Bedeutung sind in diesem Zusammenhang Gruppen mit Meinungsführerschaft, z. B. Stammgäste, oder mit einem großen Anteil an der untersuchten Gesamtheit, z. B. Hauptgästegruppe. Verallgemeinernde Rückschlüsse sollten allerdings mit der gebotenen Vorsicht gezogen werden.

Größe der Stichprobe

Die Stichprobengröße wird in der Praxis meist durch finanzielle Überlegungen beeinflusst. Aus technischer Sicht sind der Sicherheitsgrad und die Fehlerspanne die wesentlichen Faktoren zur Bestimmung der Stichprobengröße. Der Sicherheitsgrad bringt die Wahrscheinlichkeit zum Ausdruck, mit dem der Strichprobenumfang repräsentativ für die Grundgesamtheit ist.

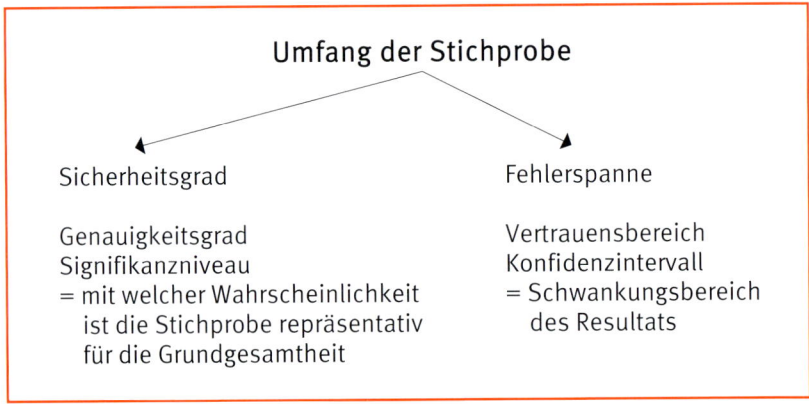

Ist der mit Hilfe einer Stichprobe gefundene Wert durch Zufall zustandegekommen oder repräsentiert er einen wahren Wert aus der Grundgesamtheit? Es geht also um die Frage, wie exakt die Ergebnisse sind bzw. wie exakt die Ergebnisse sein sollen und wie groß der Schwankungsbereich der Resultate sein darf. Diese Frage ist nicht mit Repräsentativität zu verwechseln.

Beispiel für die Berechnung der Stichprobengröße

k, p, ᵟ -> min. Stichprobenumfang	

Einzugeben sind:
Erfolgswahrscheinlichkeit p, gewünschte Zahl von Erfolgen k, Sicherheitwahrscheinlichkeit ᵟ.

Erfolgswahrscheinlichkeit =	0.5625	:: Voreinstellung (0.5625) überschreiben :?:
gew. Zahl von Erfolgen =	100	:: Voreinstellung (100) überschreiben :?:

Sicherheitswahrscheinlichkeit : ○ 90% ○ 95% ◉ 95,5% ○ 98% ○ 99% ○ 99,7% ○ 99,9%

:.: min. Stichprobenumfang :.:

Berechnet wurde =

Erläuterungen

Mehr zur Stochastik:
Binomialverteilung
globale Näherung BV
Normalverteilung
Konf.-Int. (binomial)
Konf.-Int. (normal)
Hyp.test 2-s. (normalv.)
Hyp.test 1-s. (normalv.)

Die zugrunde liegende Frage ist, wie groß eine Stichprobe sein muss, damit bei einer Sicherheitswahrscheinlichkeit ᵟ mindestens k Treffer/Erfolge dabei sind.

Beispiel: 56,25% der Salmarianer emfatieren, das ist bekannt. wir möchten jetzt 100 emfatierende Salmarianer zu einen Tiefeninterview unter Hypnose einladen. Wie viele Salmarianer muss ich mindestens befragen, damit sich unter den Befragten mit einer Wahrscheinlichkeit von - sagen wir mal - 99% mindestens 100 gewünschte Personen befinden?

Der Ansatz ist: P(k>=100) = 99% (=0.99)
Gerechnet wird mit der globalen Näherung von de Moivre und Laplace.

Das Vertrauensintervall gibt den Bereich an, in dem mit einer Wahrscheinlichkeit von ᵟ das µ der Grundgesamtheit liegt. Es ist klar, dass das Vertrauensintervall bei steigender Sicherheitswahrscheinlichkeit immer größer wird.

Infos zum Konfidenzintervall • werden folgen.

vielleicht.

(Quelle zur Berechnung des Stichprobenumfangs: http://www.jaik.de/js/min_stch.htm)

Mess- und Skalierungsverfahren für Markterhebungen

Bei einer Messung werden den erfragten oder beobachteten Merkmalsausprägungen Symbole (Zahlen oder Zeichen) zugeordnet. Solche Zuordnungsregeln oder Maßstäbe werden als Skalen bezeichnet. Es wird von einer quantitativen Messung gesprochen, wenn Zahlen verwendet werden. Qualitativ ist eine Messung, wenn die Merkmalsausprägungen mit Worten (z. B. gut, mittel, schlecht) umschrieben werden. Der Informationsgehalt wird dabei vom Messniveau der Skala und von den Untersuchungsobjekten bestimmt. Es lassen sich folgende Messniveaus unterscheiden:

- Nominalniveau
- Ordinalniveau
- Intervallniveau
- Rationiveau (Verhältnisskala)

Überblick über die verschiedenen Messniveaus

		Messniveau	Mathematische Eigenschaften	Beschreibung der Messeigenschaft	Beispiele
Zunahme des Informationsgehalts	Nicht-metrische Daten	Nominalniveau	$A = A \neq B$	Klassifikation: Die Messwerte zweier Untersuchungseinheiten sind identisch oder nicht identisch.	Zweiklassig: Geschlecht (m/w) Mehrklassig: Betriebstyp (Discounter/Verbrauchermarkt/Supermarkt)
		Ordinalniveau	$A > B > C$	Rangordnung: Messwerte lassen sich als kleiner/größer/gleich einordnen.	Präferenz- und Urteilsdaten: z.B. Marke X gefällt mir besser/gleich gut/weniger gut als Marke Y
	Metrische Daten	Intervallniveau	$A > B > C$ und $A - B = B - C$	Rangordnung und Abstandsbestimmung: Die Abstände zwischen Messwerten lassen sich angeben.	Intelligenzquotient Kalenderzeit
		Rationiveau	$A = x \times B$	Absoluter Nullpunkt: Neben Abstandsbestimmung können auch Messverhältnisse berechnet werden.	Alter Umsatz

(Quelle: Berekoven u.a., Marktforschung, S. 63)

Das Nominalniveau ist die niedrigste Stufe der aufgeführten Messniveaus. Auf einer Nominalskala wird einem Merkmal genau eine Zahl oder ein Zeichen zugeordnet. Dabei ist es ohne Relevanz, ob es irgendeine Zahl oder irgendein Zeichen ist. Wichtig ist nur, dass sich die Symbole auf der Skala nicht wiederholen. Die Nominalskala sagt lediglich etwas über die Gleichheit oder Ungleichheit der angeführten Merkmale aus. Die Merkmale können unterschieden, aber nicht in eine Reihenfolge gebracht werden. Aus der Tabelle Seite 87 lassen sich die mathematischen Eigenschaften der Messwerte entnehmen: A ist immer nur gleich A und immer ungleich B. A und B stimmen also niemals überein.

Typische Beispiel für das Nominalniveau sind die Merkmale Beruf, Geschlecht, Familienstatus, Geburtsort, Herkunft, Nationalität, Muttersprache, Arten der Freizeitbeschäftigung, Grund für den Aufenthalt im Hotel oder Restaurant, Reservierungsquelle, Hauptmotive des Aufenthalts, besuchte Einrichtungen im Hotel usw. Die Beispiele machen deutlich, dass es sich um Alternativmerkmale (z. B. Geschlecht: männlich oder weiblich) oder mehrklassige Merkmale (z. B. Gründe für den Aufenthalt: Sport, Erholung, Gesundheit, Essen, Kultur, Tagungen) handeln kann.

Die Ergebnisse von Untersuchungen auf der Basis einer Nominalskala lassen sich statistisch nur sehr eingeschränkt auswerten. Es können nur absolute und relative Häufigkeiten (z. B. Anzahl der weiblichen und männlichen Gäste) und Mittelwerte errechnet werden. Letzteres ist bei dieser Frage nicht möglich, weil es kein »Durchschnittsgeschlecht« gibt.

Das Ordinalniveau bringt eine natürliche Rangordnung in die Daten, d. h. alle relevanten Eigenschaften werden nach ihrer Bedeutung gereiht, die wichtigste wird hinsichtlich aller Alternativen bewertet. Ein typisches Beispiel dafür ist die Frage:

Wie zufrieden sind Sie mit der Sauberkeit des Zimmers/Badezimmers?

Antwortkategorien:
wenig zufrieden – durchschnittlich zufrieden – sehr zufrieden

Es ist nicht erkennbar, wie groß die Abstände zwischen den Antwortkategorien sind. Deshalb kann mit diesen Werten auch keine mathematische Berechnung durchgeführt werden. Es handelt sich also um eine nicht-metrische Skalierung. Entsprechend der obigen Tabelle lauten die mathematischen Eigenschaften der Messwerte für das Ordinalniveau: A ⟶ B ⟶ C, d. h. hier liegt eine größer/kleiner/gleich Relation vor. A muss immer größer als B und B größer C sein. Daraus ergibt sich, dass auch A größer C gelten muss.

Wie bei der Nominalskala werden auch bei der Ordinalskala den Merkmalen verschiedene Zahlen zugeordnet. Diese Merkmale lassen sich aber nur unter der Bedingung austauschen, dass die Rangfolge der ordinalen Daten nicht verändert wird. Zu Verdeutlichung: Bei dem Beispiel Sauberkeit des Zimmers kann der Kategorie »wenig zufrieden« eine 1, »durchschnittlich zufrieden« eine 2 und »sehr zufrieden« eine 3 zugeordnet werden. Die umgekehrte Zahlenreihenfolge wäre auch möglich, dagegen ist das Mischen der Zahlen nicht möglich, da dadurch die Rangfolge verändert würde.

Das Ordinalniveau sollte nur dann für eine Skalierung verwendet werden, wenn es um Rangfolgen- und Einschätzungsfragen geht, wie Güteklassen, Schichteinstufung (Unter-, Mittel- oder Oberschicht), Gewichtungen, Geschmacks- und Produkteinschätzungen.

Den nächsten beiden Messniveaus liegen metrische Skalen zugrunde. Je nach Art des Merkmals kann eine Intervall- oder Ratio-/Verhältnisskala verwendet werden.

Bei einer Intervallskala geben die Zahlen Informationen über die Abstände zwischen den gemessenen Ausprägungen. So lassen sich z. B. aus der Frage nach dem Datum des letzten Aufenthalts die Abstände zwischen den wiederholten Aufenthalten eines Gastes bestimmen. Die Additionen und Subtraktionen für derartige Größen machen inhaltlich Sinn, da z. B. der Hotelier wissen möchte, wie viele Tage der letzte Aufenthalt des Gastes zurückliegt.
Die Tabelle Seite 87 macht deutlich, dass die Intervallskala die Bestimmung einer Rangfolge (Beispiel: Gast ist heute und war letztes Jahr da) ermöglicht und sich daraus die Abstände zwischen den Aufenthalten in Tagen berechnen (Beispiel: Gast X war vor 124 Tagen im Hotel) lassen. Die Auswertung der Daten kann über Häufigkeitsverteilungen und Intervallrelationen vorgenommen werden. Die Intervallskala besitzt keinen absoluten Nullpunkt.

Bei der Verhältnis- oder Ratioskala macht nicht nur die Abstandsbildung, sondern auch die Quotientenbildung einen Sinn, d. h. die Daten lassen sich sinnvoll multiplizieren und dividieren. Fragen nach dem Alter beispielsweise erfüllen solche Voraussetzungen.
So können die Ergebnisse aus der Befragung nach dem Gästealter in Richtung Häufigkeit, Rangordnung, Intervall- und Verhältnisrelation ausgewertet werden. Für die Alterklassen kann die Anzahl der Gäste (Häufigkeit) bestimmt werden. Es lässt sich sagen, welchen Altersklassen die meisten Gäste (Rangfolge) angehören, und festhalten, dass zwischen der jüngsten und ältesten Altersklasse 20 Jahre (Intervallrelation) liegen. Zum Schluss könnte errechnet werden, dass die ältesten Gäste doppelt so alt sind wie die jüngsten (Verhältnisrelation).

Im Gastgewerbe und besonders in der Hotellerie wird am häufigsten das Nominal- und Ordinalniveau verwendet. Dies liegt daran, dass es überwiegend um die Einschätzung von Dienstleistungen geht. Der Aussagewert ist zwar nicht optimal, aber ausreichend für die gastgewerbliche Praxis.

Interessant für das Gastgewerbe ist auch die Frage, welche Möglichkeiten der Skalenbildung es gibt. Auf den nächsten Seiten zeigen wir die wichtigsten Verfahren.

Ratingskala

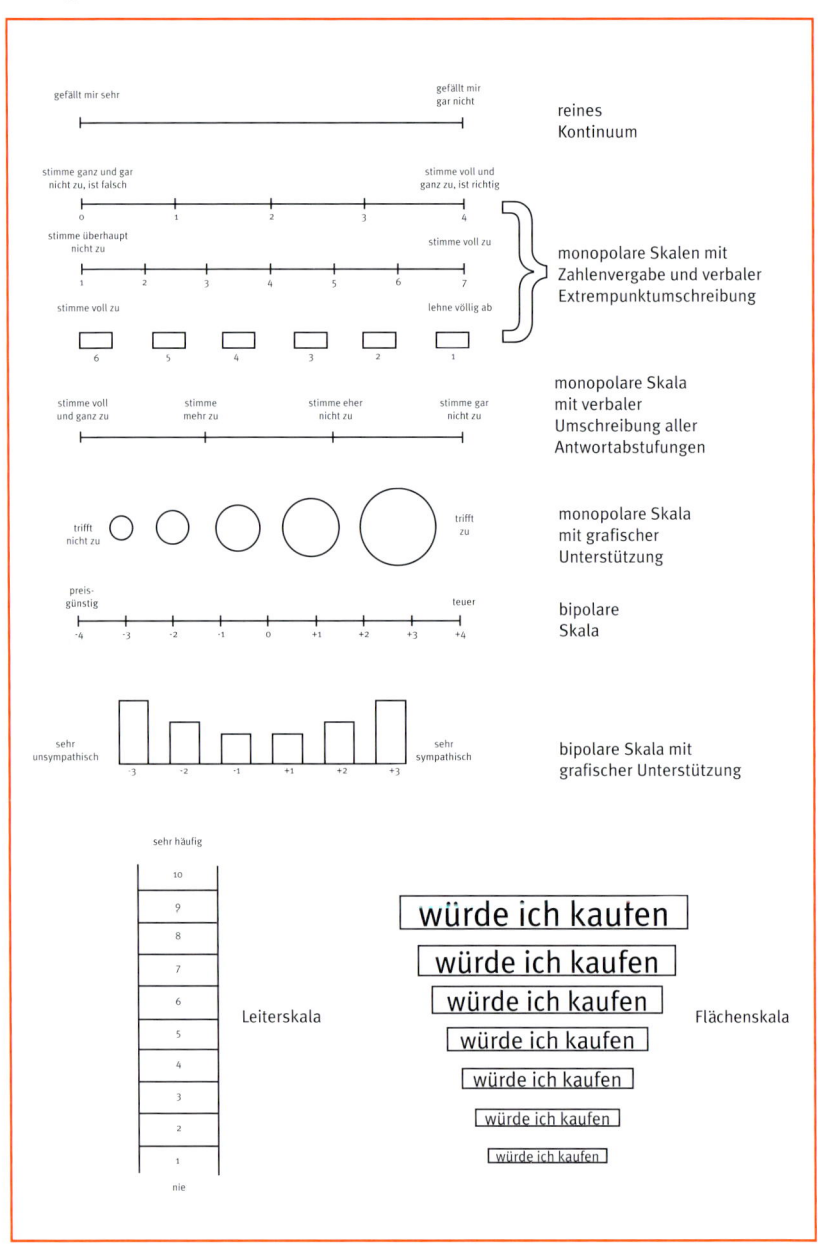

reines
Kontinuum

monopolare Skalen mit
Zahlenvergabe und verbaler
Extrempunktumschreibung

monopolare Skala
mit verbaler
Umschreibung aller
Antwortabstufungen

monopolare Skala
mit grafischer
Unterstützung

bipolare
Skala

bipolare Skala mit
grafischer Unterstützung

Leiterskala

Flächenskala

(Quelle: Berekoven u. a., Marktforschung, S. 67)

- **Indexbildung: zweidimensionaler Eigenschaftsraum**
  Bei dieser Form der Skalierung werden einander zwei Merkmale gegenübergestellt. Der Befragte muss seine Antwort in einem zweidimensionalen Raum machen.

Beispiel: Zimmermerkmale

Preis-Leistung Ausstattung	schlecht	mittel	gut
niedrig			
mittel			
hoch			

Die Zimmermerkmale »Preis-Leistung« und »Ausstattung« verhalten sich gegenläufig. Es lässt sich nicht eindeutig sagen, bei welcher Kombination der Gast zufriedener ist. Diese Skala bietet die Möglichkeit, verschiedene Merkmale, die für die Entscheidung des Gastes wichtig sind, zusammenzubringen. Damit können Abhängigkeiten besser aufgedeckt werden. Zur Auswertung können dann die Kombinationen einem Indexwert zugerechnet werden.

- **Zustimmung oder Ablehnung zu Statements (Thurstone-, Likert-, Guttman-Skalierung)**
  Diese Verfahren werden zur Einstellungsmessung herangezogen, indem einem Gast eine größere Anzahl an Aussagen vorgelegt wird. Der Befragte muss diese dann auf fünf-, sieben- oder elfteiligen Ordinalskalen von ›negativ‹ über ›neutral‹ bis ›positiv‹ bewerten. Durch die Ermittlung von Häufigkeiten und Streuungen wird auf den wahren Wert geschlossen und festgestellt, ob der Gast mit dem Hotel oder Restaurant zufrieden ist. Ein Beispiel soll dies verdeutlichen:

> Hotel X ist ein Betrieb, der weder gut noch schlecht ist!
> Hotel X ist ein Betrieb, von dem ich jedem abraten würde!
> Hotel X ist ein hervorragender Betrieb, den ich empfehlen würde!

- **Mehrdimensionale Skalierungen (Fishbein, Osgood)**
  Das semantische Differential ist ein Verfahren aus der Psychologie, das versucht herauszufinden, welche Vorstellungen Personen mit bestimmten Begriffen, Sachverhalten oder Planungen verbinden. Es werden keine direkten Fragen gestellt. Stattdessen werden die Gäste indirekt befragt, indem sie einen vorgegebenen Begriff, z. B. Ambiente eines Restaurants oder Image eines Hotelbetriebes, mit Eigenschaften belegen können. Sie bekommen dazu eine Reihe von Eigenschaftspaaren wie »alltäglich – festlich«, »gut – schlecht« und können jeweils angeben, ob sie das »Ambiente eines Restaurants« eher mit »alltäglich« oder »festlich« verbinden und in welchem Maße sie das tun. Ein Beispiel macht dies deutlich:

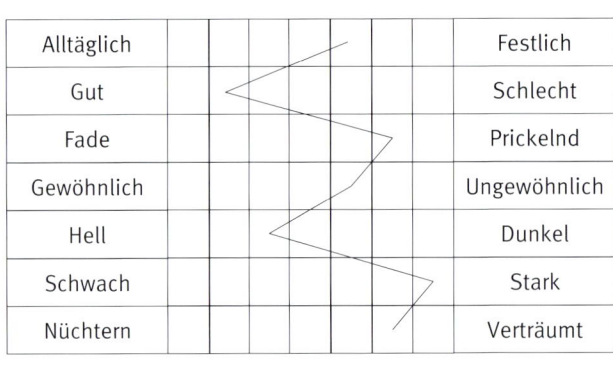

Alltäglich							Festlich
Gut							Schlecht
Fade							Prickelnd
Gewöhnlich							Ungewöhnlich
Hell							Dunkel
Schwach							Stark
Nüchtern							Verträumt

Obwohl der Zusammenhang zwischen den vorgegebenen Begriffen und den Eigenschaften nicht von vornherein bekannt ist, werden bei solchen Befragungen sehr oft übereinstimmende Ergebnisse erzielt. Das Verfahren hat gegenüber der direkten Befragung den Vorteil, dass die Ergebnisse besser miteinander vergleichbar sind und weniger davon beeinflusst werden, was die Befragten als erwartete Antwort einschätzen.

Qualität der Daten

Neben dem Sicherheitsgrad und der Fehlerspanne spielen bei Informationen die Aktualität, der Detaillierungsgrad, die Kosten-Nutzen-Relation und der Wahrheitsgehalt eine besondere Rolle.

Aktuelle Informationen sind für das Marketing wichtig, da Entscheidungen in einer sich rapide verändernden Umwelt nur auf Grundlage der neuesten Informationen sinnvoll getroffen werden können. Auch der Detaillierungsgrad von Marketinginformationen ist umso wertvoller, je spezieller auf bestimmbare Aussagen Bezug genommen wird und damit spezifische Auswertungen möglich sind.

Informationsbeschaffung muss auch immer unter Kosten-Nutzen-Relationen betrachtet werden, weil das Fehlen von nützlichen Informationen u. U. gravierende Folgen bei einer Fehlentscheidung haben könnte. Es ist allerdings schwer abzuschätzen, ob der Nutzen zusätzlich beschaffter Informationen höher einzuschätzen ist als die Kosten zu ihrer Beschaffung. Die Kosten sind verhältnismäßig leicht zu bestimmen. Dagegen ist der tatsächliche Nutzen nur schwer abzuwägen. Das Dilemma liegt darin, dass sich der Wert von Informationen nur bestimmen lässt, wenn diese auch vorliegen. Für dieses Problem gibt es keine praktische Lösung. Der gastgewerbliche Unternehmer sollte sich über den Informationsnutzen und seine möglichen Schwachstellen im Klaren sein, bevor überhaupt Kosten anfallen.

Hinsichtlich des Wahrheitsgehalts von Informationen sind die Kriterien
- Objektivität (mehrere Personen kommen zum gleichen Ergebnis),
- Zuverlässigkeit (Messwerte müssen präzise, stabil und reproduzierbar sein) und
- Gültigkeit (Wird der interessierende Sachverhalt wirklich erfasst?)
von Bedeutung.

Die Objektivität von Informationen bedeutet, dass diese frei von äußeren, subjektiven und willkürlichen Einflüssen sind. Das Problem besteht sowohl bei der Durchführung und der Auswertung von Erhebungen, als auch bei der Interpretation von Daten in der Marketingforschung. Bei einer hohen Standardisierung können während einer Befragung allerdings Störfaktoren (z. B. der Interviewereinfluss) vermieden werden.
Ein besonderes Problem bei der Auswertung stellt das Kodieren von offenen Fragen dar. Oft ist nicht klar, wie die Antwort des Befragten gemeint ist. Bei der Interpretation geht es ohne Subjektivität nicht, dies ist allerdings auch offen auszuweisen, z. B. in Form von Empfehlungen. Gefährlich sind Verzerrungen, die, ohne dass sie als subjektiv ausgewiesen werden, in die Ergebnisse eingehen. Normwerte oder Benchmarks ermöglichen eine quantitativ höherwertige Interpretation von Ergebnissen.

Zuverlässigkeit (Reliabilität) bezeichnet die formale Genauigkeit einer Untersuchung und ihrer Ergebnisse. Bei einer Wiederholung der Untersuchung müssen demnach die gleichen Ergebnisse gemessen werden. Das Messinstrument (z. B. der Fragebogen) ist unter konstanten Messbedingungen zuverlässig (reliabel).
Zum Beispiel kann eine Entfernung mit dem Auge abgeschätzt, durch Abschreiten und durch ein Maßband gemessen werden. Ersteres ist nur ein wenig, die zweite Messung mäßig und die dritte Form sehr zuverlässig (reliabel).

Unter Gültigkeit (Validität) verstehen wir das Ausmaß, in dem die Untersuchung das misst, was gemessen werden soll. Wir unterscheiden dabei zwischen externer und interner Validität. Die externe Validität meint die Übertragbarkeit spezifischer Marketingforschungsergebnisse auf andere Situationen, während die interne Störeinflüsse ausschalten will. Beide Größen stehen in einem Spannungsverhältnis zwischen künstlichen und realitätsfernen Bedingungen und dem Aussagegehalt in der Praxis.
Ein einprägsames Beispiel für Validität ist eine Personenwaage, die ein sehr valides Instrument zur Ermittlung des Körpergewichts ist. Zur Ermittlung der Körpergröße ist sie eher mäßig valide; zur Bestimmung der Haarfarbe ist sie nur wenig oder gar nicht valide. Die Genauigkeit der Messung spielt dabei keine Rolle.

DATENANALYSE UND -INTERPRETATION

Nachdem die Daten erhoben wurden, müssen sie natürlich ausgewertet und interpretiert werden. Sinnvoll ist die Übernahme der Daten in eine Tabelle einer Tabellenkalkulation (z. B. MS Excel), in der die einzelnen Fragen und die Antwortmöglichkeiten (Merkmalsausprägungen) einander gegenüber gestellt werden. Danach wird auf Basis der Datentabelle eine Entscheidung über die einzusetzenden Methoden der Datenanalyse getroffen, wobei man zwischen quantitativer und qualitativer Auswertung unterscheiden muss.

Bei der quantitativen Auswertung können verschiedene statistische Methoden zur Beschreibung von Daten in Form von Tabellen, Grafiken (z. B. Balken- oder Tortendiagramme) und einzelnen Kennzahlen verwendet werden. Dazu müssen allerdings quantitative Messungen oder quantifizierbare Beobachtungen vorliegen. Die Merkmale aus den Fragebögen werden zusammengefasst und damit die Datenmenge reduziert. Häufigkeitstabellen (absolut, relativ bzw. prozentual oder kumulativ), prozentuale Verteilungen und Mittelwerte sind ergänzend anzufertigen und zu beschreiben. Auffällige Ergebnisse sollten hervorgehoben werden. Wichtig ist, eine klar verständliche Sprache und Darstellungsform zu verwenden. Anschließend werden die Ergebnisse bewertet. Diese Bewertung muss klar als nicht objektive Interpretation erkennbar sein.

Bei qualitativen Auswertungen geht es darum, Meinungsäußerungen (Dokumente, Antworten auf offene Fragen usw.) auf bestimmte Fragestellungen hin zu untersuchen. Die vorliegenden Daten werden entsprechend strukturiert und zusammengefasst und ihr Inhalt im Hinblick auf die Beschreibung, Analyse und Bewertung von Geschäftsprozessen und Organisationsstrukturen bewertet.
Die Interpretation der Daten ist auch hier von der Auswertung zu trennen, da nicht nur Tabellen, Grafiken oder Befragungsdaten beschrieben, sondern auch begründete Schlüsse aus dem gewonnenen Material gezogen werden müssen. Die Ergebnisse werden in den Kontext der gesamten Untersuchung sowie in einen übergeordneten gesamtbetrieblichen Rahmen gestellt und auf diese Weise beurteilt und kommentiert. Die Interpretationen beziehen sich immer nur auf das konkrete Untersuchungsprojekt und auf die untersuchten Zielgruppen und können nicht verallgemeinert werden.

Die Auswertung erfolgt also immer in vier Schritten:
- **Aufbereitung**: Zuerst erfolgt die manuelle oder maschinelle Grundauszählung und die Definition der notwendigen Klassifizierungsprinzipien.
- **Verarbeitung**: Kreuzauswertungen setzen verschiedene Fragen miteinander in Beziehung; Verfahren der deskriptiven und induktiven Statistik

kommen zur Anwendung, z. B. Clusteranalysen und Chi-Quadrat-Test (zur Überprüfung einer Annahme).

- **Interpretation**: Ergebnisse werden mit Sekundärmaterial und früheren Untersuchungen verglichen und die Ergebnisse gedeutet.
- **Bericht und Präsentation**: Die Untersuchungsergebnisse werden in schriftlicher und mündlicher Form aufbereitet und den Entscheidern zur Verfügung gestellt.

Eine sorgfältige Datenauswertung bildet die Grundlage für alle Marketingentscheidungen. Die korrekte Erfassung und übersichtliche Darstellung der Daten erhöht die Transparenz hinsichtlich der Ergebnisse einer Studie für alle Beteiligten.

PROGNOSEMETHODEN

Die Hauptaufgabe der Absatzprognose ist die Vorhersage wahrscheinlicher und/oder möglicher zukünftiger Entwicklungen. Die Prognose selbst beruht auf den gesammelten Absatz- bzw. Umsatzzahlen und den gewonnenen Erkenntnissen über die Einflüsse der Umwelt. Hilfreiche Prognoseinstrumente sind Zeitreihen und Wahrscheinlichkeitsrechnungen. Die Basis von Prognosen bilden neben internen und externen Informationen auch subjektive Informationen der Geschäftsleitung.

Das Problem der Prognose ist die Unsicherheit der Vorhersage. Sie kann sich auch bei höchster Genauigkeit aller Berechnungen als falsch erweisen.

Als Prognosemethoden kommen quantitative (Trendberechnung) und qualitative (Expertenbefragung, Delphimethode, Szenariotechnik) Verfahren infrage. Die Trendberechnung wurde bereits beschrieben (Seite 72 ff.), sodass an dieser Stelle ausschließlich auf die qualitativen Prognosen eingegangen wird.

Die Expertenbefragung wird eingesetzt, wenn eine kompetente Personengruppe zum Problem Auskunft geben kann und möglichst schnell Ergebnisse erreicht werden sollen. Grundsätzlich bieten sich dabei auch Gäste als Experten an. Es ist jedoch im Gastgewerbe üblicher, Führungskräfte und Produktmanager über ihre Vorstellungen der zukünftigen Entwicklung zu befragen, da sie über Hintergrundinformationen verfügen, die der Gast normalerweise nicht hat.

Problematisch bei dieser Form der Prognosenentwicklung ist die bisweilen festzustellende Versuchung, Wunsch- und Zielvorstellungen in die Prognose einzubeziehen. Dies gilt insbesondere dann, wenn eine Beurteilung anhand der Zielerreichung erfolgt.

Delphimethode

Die Delphimethode stellt gegenüber der einfachen Expertenbefragung eine systematisierte und strukturierte Befragung mehrerer Experten dar. Diese Form der Gruppenuntersuchung weist folgende charakteristische Eigenschaften auf:

- Die Gruppenteilnehmer sind Experten, die sich mit unterschiedlichen Aspekten des Prognoseproblems beschäftigt haben.
- Die Experten kennen einander nicht (Anonymität).
- Die Befragung wird in mehreren Runden (Iterationen) durchgeführt, wobei die Erkenntnisse der vorhergehenden Runde den Teilnehmern der nächsten Runde zur Verfügung stehen.
- Die jeweiligen Antworten der Expertengruppe werden nach jeder Runde statistisch ausgewertet.

Dieses Verfahren hat den Vorteil, dass der in der Praxis manchmal zu beobachtende Versuch dominanter Gruppenmitglieder ausgeschaltet wird, die Prognosen der anderen zu beeinflussen. Außerdem werden den Gruppenmitgliedern zusätzliche Informationen gegeben, da extreme Abweichungen von der »Durchschnittsprognose« begründet werden müssen.
Als besonders geeignet hat sich in der Praxis erwiesen, nicht weniger als drei Wiederholungsrunden durchzuführen. Vor allen Dingen bei stark voneinander abweichenden Expertenmeinungen ist sonst kaum mit einem auch nur annähernd einheitlichen Prognoseergebnis (das ja angestrebt wird) zu rechnen.

Problematisch bei der Beurteilung der Delphimethode ist, dass die Experten sich nicht über die Gründe, die zu der Prognose geführt haben, austauschen. Deshalb kann ein Lernprozess nicht in Gang gesetzt werden. Außerdem ist es möglich, dass durch die Notwendigkeit für die Experten, ihre abweichenden Urteile zu begründen, diese einfach unterbleiben und stattdessen konservative, d. h. vorsichtige Schätzungen abgegeben werden.

Szenariotechnik

Die Szenariotechnik ist ein besonders umfassendes Prognoseverfahren, das die zukünftige Entwicklung des Untersuchungsgegenstandes unter alternativen Rahmenbedingungen darstellt. Ausgangspunkt der Untersuchung ist eine gründliche Ist-Analyse. Dabei werden die wichtigsten Einflussfaktoren ermittelt und Kerngrößen für die Umfelder definiert. Zu diesen Umfeldern zählen beispielsweise beobachtbare, längerfristige Entwicklungen in der Gastronomie und Hotellerie sowie in Wirtschaft und Gesellschaft allgemein. Über die Prognosen der Kerngrößen (Deskriptoren) werden dann alternative, in sich konsistente Zukunftsbilder für den Untersuchungsgegenstand entwickelt. Bildlich lässt sich das Vorgehen der Szenariotechnik am besten mit Hilfe eines Trichtermodells darstellen: Ausgehend von der gegenwärtigen Situation befinden sich alle denkbaren Entwicklungen innerhalb des Trichters.

Auf der Öffnung des Trichters (Trichterebene) liegen alle denkbaren Zukunftszustände (Szenarien). Es wäre jedoch äußerst unökonomisch, alle möglichen Szenarien zu entwickeln. Bereits mit zwei bis drei Alternativ-Szenarien ist es möglich, die zukünftige Entwicklung hinreichend darzustellen. Dabei sollten durch die Randpunkte des Trichters die Extremvarianten abgedeckt und eventuell auch eine Trendverlängerung der heutigen Situation in die Zukunft vorgenommen werden. Innerhalb dieses Möglichkeitsspektrums wird sich die reale Zukunft entwickeln. Die einzelnen Szenarien sind demnach keine Voraussagen der Zukunft, sondern nur in sich stimmige Bilder dessen, was sein könnte, also Möglichkeiten ohne Bewertung einer Eintrittswahrscheinlichkeit.

Zur Entwicklung der alternativen Zukunftsbilder und der Ableitung von Planungsmaßnahmen geht die Szenariotechnik in acht Schritten vor:

1 Das Untersuchungsfeld im Bereich Gastronomie und Hotellerie wird definiert und strukturiert.
2 Die wichtigsten Einflussbereiche auf das gastgewerbliche Untersuchungsfeld (Umfelder) werden identifiziert.
3 Entwicklungstendenzen und kritische Deskriptoren für die Umfelder werden ermittelt.
4 Alternative und konsistente Annahmebündel für einen bestimmten Zeitraum werden ausgewählt.
5 Die ausgewählten Umfeld-Szenarien werden beschrieben und interpretiert.
6 Störereignisse werden eingeführt, um Auswirkungen zu ermitteln und die Robustheit der Zukunftsbilder zu überprüfen.
7 Die Szenarien bzw. die Konsequenzen für das Untersuchungsfeld werden aus den gewonnenen Zukunftsbildern abgeleitet.
8 Maßnahmen und Planungsgrundlagen für das gastgewerbliche Unternehmen werden erarbeitet.

Der Einsatz der Szenariotechnik bietet sich besonders dort an, wo langfristige Globalgrößen prognostiziert werden sollen. Dies können z. B. Wirtschafts-, Technologie- und Energieverbrauchsentwicklungen sein oder auch allgemeine kulturelle und gesellschaftliche Trends.

Der Wert der Szenariotechnik liegt darin, den Entscheidern zu verdeutlichen, welche Faktoren in Wechselwirkung mit anderen Größen stehen und in welchem Ausmaß sie die weitere Entwicklung beeinflussen. Damit sollen Planer von eindimensionalen Prognosen weggeführt werden. Gleichzeitig liegt dar-

Analyse mit der Szenariotechnik

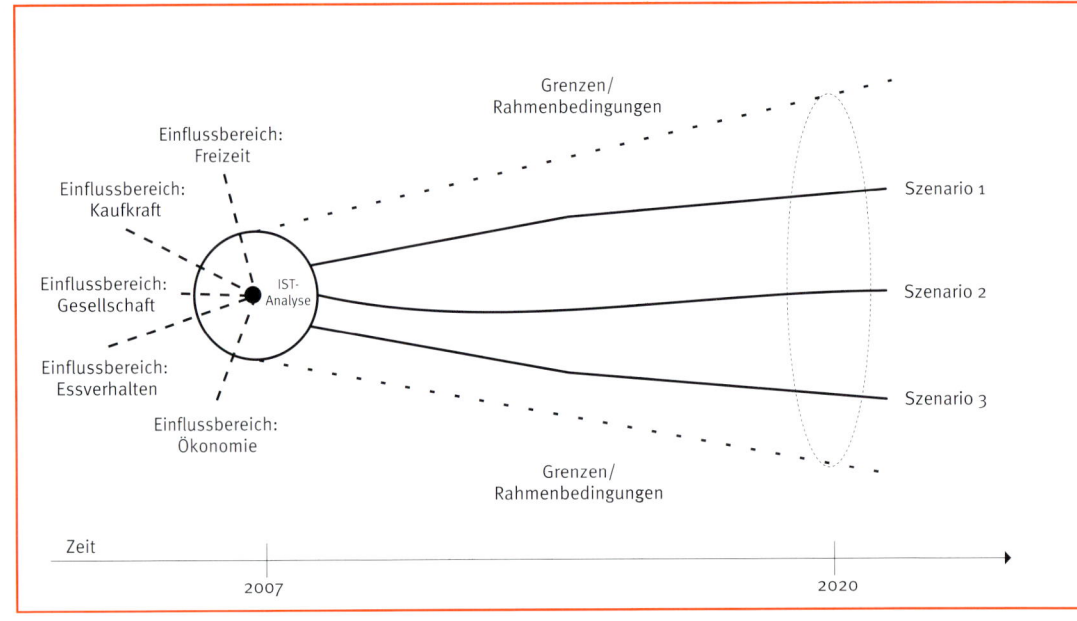

in aber zugleich der Hauptnachteil dieser Technik, die keine »sicheren« Trendextrapolationen bietet, sondern lediglich den Rahmen für ein kreatives Handeln aufzeigen kann. Des Weiteren ergibt sich aus der Notwendigkeit, viele qualitative Daten zu verarbeiten, ein nicht zu unterschätzender subjektiver Interpretationsspielraum bei der Ausgestaltung der einzelnen Schritte.

PRAXISBEISPIEL SCHRIFTLICHE BEFRAGUNG

Der schriftlichen Befragung kommt in der Hotellerie und auch in der Gastronomie eine hohe Bedeutung zu. So hat fast jedes Hotel ein Formular auf dem Zimmer liegen, um die Gäste über ihren Aufenthalt zu befragen. Diese Fragebögen sind in der Praxis sehr unterschiedlich gehalten. Die Bandbreite reicht von einfachen Nachfragen, die nur die Zufriedenheit mit den einzelnen Hotelbereichen abprüfen sollen, bis zu detaillierten Fragebögen, die sich mit Details des Angebots bis hin zur Tee- und Kaffeequalität beschäftigen. Beide Formen haben ihre Berechtigung, erbringen aber unterschiedliche Ergebnisse. Die einfachen Fragebögen lassen nur erkennen, ob der Gast mit der Leistung einer bestimmten Abteilung zufrieden ist. Ist er es nicht, dann muss ein weiterer detaillierter Fragenkatalog entwickelt werden, der in die Tiefe geht, da sich ansonsten keine weiterführenden Aussagen treffen lassen.

Um das Zielpublikum zur Angabe der gewünschten Informationen zu bewegen, empfiehlt es sich, den Fragebogen nicht nur einfach aufs Zimmer zu legen, sondern den Gast direkt um das Ausfüllen zu bitten. Ein Anreiz/Incentiv beispielsweise in Form eines kleinen Geschenkes (Schlüsselanhänger, kostenloser Espresso etc.) erhöht die Rücklaufquote.

Nach der Befragung müssen die Fragebögen sehr sorgfältig ausgewertet werden. Aus der Analyse können dann die notwendigen betrieblichen Konsequenzen abgeleitet werden. Bei negativen Rückmeldungen darf ein Feedback für den Gast nicht vergessen werden.

Formulierung des Fragebogens

Das Befragungsziel darf weder zu ungenau noch zu umfangreich formuliert werden. Es muss die Fragen auf das Wesentliche konzentrieren. Die Zielsetzung einer Befragung ist die Erlangung von Informationen über Eigenschaften, Verhalten, Meinungen und Wissen relevanter Gästegruppen.

Bei dem Beispiel des ausgelegten Fragebogens auf dem Zimmer geht es um die Meinung des Gastes zu Dienstleistungen des Unternehmens. Das gastgewerbliche Unternehmen will also herausfinden, ob der Gast mit der Leistung zufrieden war – und wenn nicht, woran das gelegen hat. Auf dieses Ziel sollte der Befragte aufmerksam gemacht werden, damit er auch qualitativ hochwertige Antworten gibt. Der Sinn der Befragung muss also für den Gast ersichtlich sein.

Nachdem das Befragungsziel festgelegt ist, müssen die zu erhebenden Informationen klar umrissen und eingegrenzt werden. Die Befragungsthemen

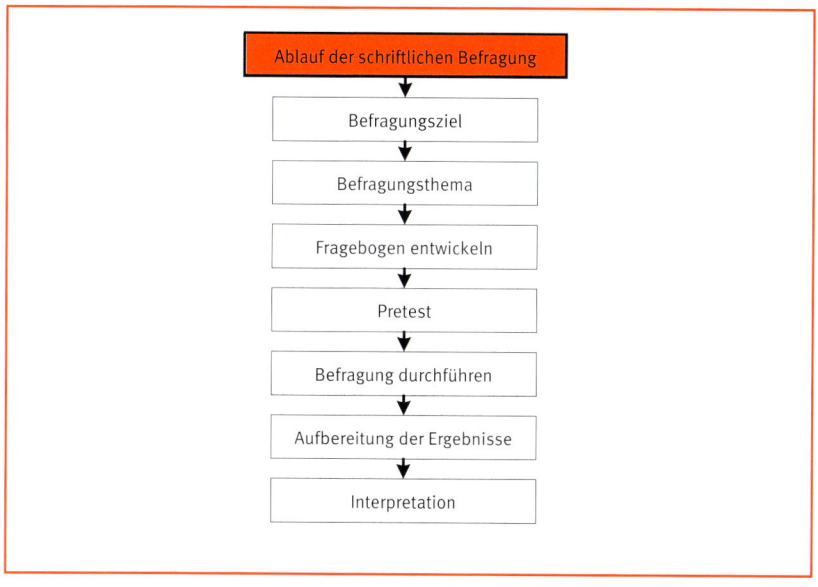

dürfen nicht zu allgemein gewählt sein. Wenn zu viele Details von Bedeutung sind, dann wird die Befragung schnell zu umfangreich und unstrukturiert. Es ist deshalb zu empfehlen, zuerst die verschiedenen Servicebereiche abzufragen (z. B. Reservierung, Rezeption, Frühstück, Restaurant, Bar, Etagenservice, Zimmerreinigung, Fitnessbereich, Bäderabteilung). Stellen sich in einer Abteilung Probleme heraus, dann kann für diesen Bereich ein spezieller Fragebogen entwickelt werden (z. B. bei Frühstücksreklamationen Fragen in Richtung: Atmosphäre, Kaffee, Tee, Backwaren, Büffet).

Fragebögen entwickeln

Als Nächstes muss ein Fragebogen entwickelt werden. Er muss systematisch erarbeitet, getestet (Pretest) und von Fehlern befreit werden. Es ist notwendig, jede Frage auf ihren Beitrag zur Erreichung des Befragungszieles zu prüfen. Fragen, die lediglich interessant erscheinen, sollten weggelassen werden, da sie nur unnötig viel Zeit erfordern und die Geduld der Auskunftsperson strapazieren. Bei der Zusammenstellung des Fragebogens sind auf die Anforderungen an die Formulierung der Fragen, den richtigen Einstieg sowie auf Inhalt, Form, Wortlaut und Reihenfolge der Fragen zu achten.

Grundsätzlich sollten Fragen so einfach und präzise wie möglich formuliert werden. Die Fragen müssen eindeutig sein, d. h. Fachausdrücke, Abkürzungen, Synonyme und technische Beschreibungen haben darin nichts zu suchen. Der Fragebogen muss außerdem so knapp bemessen wie möglich sein. Die Bereitschaft zur Bearbeitung sinkt sowohl mit dem Umfang in Seiten als auch mit der Bearbeitungsdauer. Fragebögen von über vier Seiten Länge schrecken jeden noch so gutwilligen Gast ab.

Suggestive Fragen sind zu vermeiden, d. h. eine vermeintlich richtige Antwort, die als Wertung in die Frage einfließt. Die Befragung kann auch durch die Reihenfolge der Fragen und durch den Kontext, in den eine Frage gestellt wird, beeinflusst werden. Dass Fragen und deren Antworten Auswirkungen auf Folgefragen haben können, ist vollkommen unumstritten und hinreichend belegt. Allerdings ist der Wirkungszusammenhang zwischen einer Frage und Folgefrage nicht leicht zu beantworten. Oft ist es aus zeitlichen und finanziellen Gründen nicht möglich, unterschiedliche Fragebogenversionen mit unterschiedlichen Vorfragen zu testen. Die Fragen dürfen auch keine Prestigewirkung für die Probanden haben.

Der Einstieg in einen Fragebogen sollte sehr sorgfältig geplant werden, da er die Motivation des Befragten zum Ausfüllen beeinflusst. Dazu gibt es die so genannten Motivations-, Eisbrecher- oder Kontaktfragen. Motivationsfragen versetzen den zu befragenden Gast in eine bestimmte Situation, aus der er einen Sachverhalt beurteilen soll: »Angenommen Sie sind Geschäftsführer dieses Hotels, was würden Sie als Erstes ändern?« Eisbrecherfragen oder Kontaktfragen stehen meistens am Anfang einer Befragung und sollen eine

Beziehung zum Befragten aufbauen. Dazu wird die Situation aufgelockert und günstige Voraussetzungen für einen konstruktiven Befragungsablauf geschaffen. Sie dienen der Überbrückung anfänglicher Befangenheit. Das Einleitungsstatement oder das Anschreiben stellt eine Einführung zum Fragebogen dar und erklärt häufig Sinn und Zweck der Befragung.

Entwicklung des Fragebogens

Anforderung	Einstieg	Inhalte	Arten	Ablaufsteuerung
Einfach und präzise	Motivationsfrage, Eisbrecherfrage oder Kontaktfrage	Wissen, Fakten, Informationen	Offene/ geschlossene	Unterweisungs- fragen
Eindeutig	Einleitungs- statement	Verhalten	Freie/ standardisierte	Gabelungsfragen
Nicht suggestiv		Einstellungen, Meinungen	Direkte/ indirekte	Filterfragen
Umfang	Anschreiben			Kontrollfragen
Reihenfolge		Motive		Ablenkungs-/ Pufferfragen
Keine Prestige- wirkung		Projektive Fragen		
Keine Vorurteile				

Wichtig ist der Wortlaut der Fragestellung. Er muss einfach, eindeutig und frei von Einflussnahme durch die Befragten sein. Die Reihenfolge der Fragen im Fragebogen spielt ebenfalls eine Rolle. Nach Möglichkeit sollte die einleitende Frage das Interesse des Befragten wecken. Schwierige und persönliche Fragen dürfen erst gegen Ende des Interviews gestellt werden, damit der Befragte sich nicht schon vorher weiteren Fragen verschließt. Dazu gehören auch Fragen zu demografischen Daten des Befragten.

Je nachdem, welche Zielsetzung der Befragung zu Grunde liegt, können die Fragen auf Wissen, Fakten und Informationen, Verhalten, Einstellungen, Meinungen und Motive abzielen. Zur Erläuterung nachfolgend ein paar typische Fragen:

- Wissen, Fakten und Informationen: Bei diesen Fragen geht es um das Wissen des Befragten (z. B.: Kennen Sie noch ein anderes Hotel am Ort?) oder um einen Tatbestand (z. B.: Wie sind Sie auf unser Hotel gekommen?; oder: Gab es irgendwelche technischen Mängel in Ihrem Hotelzimmer?).
- Verhalten: Bei dieser Frage geht es um die verbale Schilderung einer Handlung, eines Geschehens oder einer Gewohnheit, die für das Unternehmen nicht beobachtbar ist (z. B.: Was ist der Grund Ihres Besuches in unserer Stadt?; oder: Haben Sie unsere Bar besucht?).
- Einstellungen/Meinungen: Bei diesen Fragen geht es um Einstellungen oder Meinungen des Gastes (z. B.: Welche Hotelmitarbeiter sind Ihnen

besonders positiv aufgefallen?; oder: Wie beurteilen Sie die Freundlichkeit unser Mitarbeiter?).

- Motive: Bei diesen Fragen geht es um die Begründung von Verhalten (z. B.: Was ist das Hauptmotiv Ihres Aufenthaltes in unserem Hotel?; oder: Können Sie begründen, was Ihnen an unserem Freizeitprogramm so gut gefällt?).

Richtig fragen

Die Form der Fragestellung kann die Antwort beeinflussen. Die Marketingforschung unterscheidet dabei grundsätzlich zwischen offenen und geschlossenen Fragen.

Bei der offenen Fragestellung kann der Befragte in seinen eigenen Worten antworten und damit den Umfang selbst bestimmen. Solche Fragen sind für die Auswertung schwierig, jedoch sollte in jedem Fragebogen für den Befragten die Möglichkeit bestehen, Informationen loszuwerden, die nicht explizit gefragt wurden.

Bei geschlossenen Fragen sind die Antwortkategorien bereits vorgegeben. Sie lassen sich schnell beantworten und gut auswerten. Die geschlossene Frage kann als Alternativfrage formuliert werden, zum Beispiel: »Sind Sie für die Beibehaltung des Kalten Büffets?« – »Ja« oder »Nein« sind die Antwortmöglichkeiten. Der Mehrfachauswahlfrage »Wie beurteilen Sie unser Bistro?« folgen zum Bespiel die Antwortvorgaben: sehr gut – gut – es geht – schlecht. Die Fragen dürfen aber nicht zu allgemein gehalten werden!

Zu beachten ist außerdem Folgendes: Wenn auf die letzte Frage häufig mit »schlecht« geantwortet wird, weißt das zwar auf ein Problem in diesem Bereich hin, sagt aber nichts über die Natur des Problems aus. Zu diesem Problemkreis bedarf es dann einer eigenen Erhebung (Befragung/Beobachtung).

Bei der projektiven Frage wird der Gast durch die Fragestellung dazu veranlasst, sich stellvertretend für eine andere Person zu äußern, wobei davon ausgegangen wird, dass einer anderen Person zugeschriebene Äußerungen und Verhaltensweisen eigentlich seine eigenen sind. Diese Fragenart schafft eine künstliche Distanz zur eigenen Person und ist deshalb auch für indirekte Befragungen geeignet. Typische Fragen hierzu könnten lauten: »Wie würde Ihr bester Freund dieses Hotel beurteilen?«, oder: »Angenommen, Sie sind der Hoteldirektor. Was würden Sie als Erstes ändern?«

Bei freien und standardisierten Fragen geht es darum, ob nur der Bereich der Befragung benannt wird oder ob die Frage vorformuliert ist. Bei der direkten Frageform erkennt der Gast sofort, worauf die Frage abzielt. Dies führt besonders bei intimen oder für den Gast peinlichen Fragen zu falschen Antworten. Bei der indirekten Frageform wird die Frage so formuliert, dass der gastgewerbliche Unternehmer die Informationen erhält, die er von dem Befragten erwartet. Wenn Sie einen Gast nach seinem Einkommen fragen wollen, dann kommen Sie mit der direkten Frage »Wie hoch ist Ihr Einkommen?« nicht zum Ergebnis, weil die meisten Menschen aus psychologischen Gründen entweder unter- oder übertreiben beziehungsweise aus Datenschutzgründen nicht bereit sind zu antworten. Diese Frage kann ersetzt werden durch eine indirekte Frage nach der Art und Lage der Wohnung, nach der letzten Urlaubsreise oder nach dem Vorhandensein von Gegenständen des gehobenen Bedarfs.

Die Gestaltung eines Fragebogens

Seitenlayout	Schriftart und -größe	Instruktionsmaterial	Identifikationsitems
Übersichtlich, lesbar für leichtes Ausfüllen	Einheitliche Schrift	Einfach und verständlich	z. B. Geschlecht, Alter
Inhaltlich unterschiedliche Abschnitte genau trennen	Wichtiges hervorheben	Erste Seite: Wie wird der Fragebogen bearbeitet?	Übersichtlich, nur Notwendiges
Gleiche Abstände		Beispiel-Item	
Keine Seitenumbrüche innerhalb eines Items		Fachausdrücke erläutern	
Kein Formatwechsel		Coverstory	
Fragebogen nur einseitig bedrucken		Hinweis auf Anonymität bei persönlichen Daten	
Datenauswertung direkt vom Blatt möglich			

(Quelle: www.psychologie.uni-wuerzburg.de)

Für die Ablaufsteuerung von Fragebögen können auch Unterweisungsfragen eingesetzt werden. Sie sichern die notwendige Grundeinstellung und sensibilisieren Auskunftspersonen für den betreffenden Gegenstand. Sie werden auch Lern- oder Trainingsfragen genannt. So kann ein Beispiel den Befragten helfen, besser zu verstehen, wie eine Frage gemeint ist.

Gabelungsfragen steuern den Ablauf, indem je nach Antwortkategorie an einer anderen Stelle im Fragebogen weitergearbeitet wird. Somit werden Untergruppen der Befragungsgesamtheit definiert und mit jeweils spezifischen Fragefolgen bedient. Zum Beispiel werden Hotel- und Restaurantbesucher getrennt nach ihren jeweiligen Anforderungen an einen gastgewerblichen Betrieb befragt.

Filterfragen beenden die Befragung bzw. scheiden Personen aus der weiteren Befragung zu einem Thema aus. Damit werden unsinnige Fragestellungen vermieden. Zum Beispiel richten sich Fragen zu einem bestimmten Wellnessbereich eines Hotels nur an die Gäste, die diesen auch genutzt haben. Alle anderen überspringen diesen Fragenkomplex.

Kontrollfragen stellen Inkonsistenzen in den Antworten der Befragten fest. Die Aussagen der betreffenden Personen und deren Bedeutung für das Befragungsergebnis sind dann kritisch zu durchleuchten.

Ablenkungsfragen sollen den eigentlichen Fragebogeninhalt verfremden, um die Auswirkungen von Folgefragen zu reduzieren.

Füllfragen oder Pufferfragen grenzen Themenkomplexe innerhalb eines Fragebogens ab und verhindern gegenseitige Beeinflussung durch den so genannten Haloeffekt, d. h. Überstrahlungen vom vorherigen auf nachfolgende Themen werden verhindert.

Beispiele für Fragebögen

In vielen Hotels und einigen Restaurants lassen sich mittlerweile Fragebögen finden, die bei der Konstruktion des eigenen Fragebogens behilflich sein können.

Beispiel 1: Fragebogen von McDonalds

Ich war heute	sehr zufrieden			nicht zufrieden		
	1	2	3	4	5	6
1. mit dem freundlichen Service						
2 mit der Schnelligkeit der Bedienung						
3. mit der Frische der Produkte						
4. mit der Temperatur der Getränke und Speisen						
5. mit dem Geschmack der Produkte						
6. mit der Qualität der Produkte						
7. mit der Sauberkeit des Restaurants						
8. denn ich habe alles wie bestellt erhalten						
Dieses McDonald's Restaurant	gefällt mir			gefällt mir nicht		
als Restaurant	1	2	3	4	5	6
9. in dem sich Erwachsene wohlfühlen können						
10. in dem sich Kinder wohlfühlen können						
11. in dem ich mich sinnvoll ernähren kann						
12. mit abwechslungsreicher Speisenauswahl						
13. mit abwechslungsreicher Getränkeauswahl						
14. mit angenehmer Inneneinrichtung						
15. mit angemessenen Preisen						

Beispiel 2: Fragebogen von Holiday Inn

Die Holiday-Inn-Kette versucht je nach Problem- und Reklamationsbereich eine Variante des Fragebogens auf den Zimmern zu verteilen.

Kreuzen Sie die entsprechende Fläche an. ⊗ Mark X in the appropriate oval.

Geschlecht/Gender: Männlich/Male ○   Weiblich/Female ○

Grund des Besuches/Purpose of visit:

Geschäftlich/ ○ Business   Vergnügen/Pleasure ○   Konferenz/Conference ○   Mit einer Gruppe/ ○ Group

Länge des Aufenthalts/Length of stay:

1 Nacht/1 night ○   2 bis 4 Nächte/2 to 4 nights ○   5 oder mehr Nächte/5 or more nights ○

Wie häufig haben Sie im vergangenen Jahr in einem Hotel übernachtet?

How many nights have you spent in a hotel over the past year?

1 - 10 ○   11 - 25 ○   26 - 50 ○   50 + ○

Grad der Zufriedenheit / Level of Satisfaction	Niedrig Low ☹		Durchschnittlich Average ☺		Hoch High ☺
Bedienung des Fernsehers/der Fernbedienung/des Radios/Telefons Operation of TV/remote control/radio/phone	○	○	○	○	○
Sauberkeit des Zimmers/Badezimmers Overall cleanliness of room/bathroom	○	○	○	○	○
Freundlichkeit des Personals Staff friendliness	○	○	○	○	○
Qualität des Zimmerservice Quality of room service	○	○	○	○	○
Allgemeine Zufriedenheit mit diesem Hotel im großen und ganzen Overall satisfaction with this hotel	○	○	○	○	○
Das Hotel würde ich einem Freund/Geschäftspartner empfehlen Would you recommend this hotel to a friend/business associate	○ Nein No				○ Ja Yes

Weitere Bemerkungen/Please share any additional comments:

_____

_____

Nur für interne Zwecke office use only

Datum/Date: _____ Zimmernummer/Room number: _____

Siehe Rückseite ➡ Please turn over

Bei der Übernahme eines bestehenden Fragebogens sollte geprüft werden, was die ausgewählte Fragestellung erfasst und ob sie tatsächlich mit der eigenen Fragestellung übereinstimmt. Gegebenenfalls soll die Frage neu- oder umformuliert werden. Hilfreich wären Auswertungshinweise für den übernommenen Fragebogen. Wenn mehrere Fragen ein gemeinsames Konstrukt (z. B. Motivation) abdecken, dann sollten nicht einzelne Fragen aus dem Fragebogen herausgelöst werden. Vor der Übernahme ist zu prüfen, ob der gesamte Fragebogen oder nur Teile übernommen werden können.

Achtung: Auch bei Fragebögen ist das Urheberrecht zu beachten! Der gastgewerbliche Unternehmer sollte sich vor der Fragebogenübernahme vergewissern, dass keine Rechte von Dritten verletzt werden.

Vor- und Nachteile der mündlichen Befragung

Vorteile	Nachteile
Sehr flexible Befragungsweise.	Möglicherweise suggestive Beeinflussung durch den Interviewer (Interviewereinfluss).
Niedrige Verweigerungsquote.	Relativ kostspielig, da hohe Personalkosten.
Persönliches Vertrauensverhältnis aufbaubar. (Steigert die Qualität der Befragung!)	Der Interviewer muss geschult und instruiert werden.
Spontane Antworten, die nicht durch lange Überlegung zurückgehalten werden.	Es können keine überlegten Antworten erwartet werden.
Erfassung von Sachverhalten und Meinungen, die bisher noch nicht berücksichtig wurden.	Relativ lange Realisierungszeit bei einem professionellen Interview.
Missverständnisse können besser ausgeräumt und auf Rückfragen kann besser eingegangen werden.	Das Ergebnis ist nur so gut wie der Interviewer, besonders bei freien Interviews.
Entstehung einer vertraulichen Atmosphäre, die die Bereitschaft zur Mitteilung erhöht.	
Durch Mimik, Gestik und Betonung feststellbare subjektive Bedeutung von Aussagen.	
Komplizierte und »tiefe« Befragung möglich.	
Zeigematerial (Werbung, Produkte, Packungen, usw.) kann eingesetzt werden.	

Vor- und Nachteile der Telefonbefragung

Diese Befragungsart wird in der Hotellerie und Gastronomie Zukunft haben.

Vorteile	Nachteile
Geschwindigkeit: doppelte Fragemenge in gleicher Zeit gegenüber mündlichem Interview möglich.	Anruf möglicherweise zu unpassenden Zeit, da der Angerufene anderweitig beschäftig ist und ihn als Störung empfindet.
Ausschöpfungsquote: teilweise kann der Rückgang der Antwortbereitschaft durch Telefoninterviews aufgefangen werden.	Beschränkung des Kreises der telefonisch erreichbaren Personen auf bestimmte Gruppe, da bestimmte Personengruppen abgeschirmt werden oder unterwegs sind.
Unterbrochene Interviews können leichter fortgesetzt werden.	Misstrauen gegenüber unsichtbaren und unbekannten Anrufern.
Geringere Kosten als beim persönlichen Interview.	Kein persönlicher Eindruck vom Befragten.
Repräsentativität: fast alle Haushalte verfügen über ein Telefon (Zufallsauswahl aus Telefonbuch).	Es ist nur eine kurze Befragung mit einer geringen Tiefe möglich. Illustrationen sind nicht möglich.

Vor- und Nachteile der schriftlichen Befragung

Vorteile	Nachteile
Durch den Wegfall des Interviewereinflusses wird der Gast in der Beantwortung der Fragen nicht manipuliert.	Die Zahl der Antworten (Rücklaufquote) ist geringer als bei mündlicher Befragung (Minderung der Repräsentativität).
Besonders günstig ist die schriftliche Befragung, weil der Unternehmer überlegte Antworten erwarten kann.	Die Möglichkeit der überlegten und überprüften Antwort kann im Einzelfall ungünstig sein. Es gibt keine spontanen Antworten.
Manche Personengruppen sind über andere Befragungsformen nicht erreichbar.	Es ist kein einheitlicher Erhebungszeitpunkt gewährleistet.
Durch Wegfall der Reisekosten sind insgesamt geringere Gesamtkosten (im Einzelfall zweifelhaft) zu verzeichnen, beziehungsweise ein entsprechend größerer Erhebungskreis kann bei gleichen Kosten einbezogen werden.	Der Fragenumfang ist enger limitiert als bei mündlicher Befragung. Ein zu großer Fragebogen schreckt den Gast ab!
Die Anonymität ist unter Umständen auch gegenüber befragender Stelle gewährleistet, was für viele Befragte sehr wichtig ist.	Die Gefahr von Missverständnissen ist größer als bei den anderen Befragungsformen, weil keine Rückfragen möglich sind.
Wegfall der Gefahr der Antwortfälschung durch Interviewer.	Die schriftliche Befragung ist nicht flexibel, da auf besondere Anliegen des Gastes nicht reagiert werden kann.
Befragung ist bei allen Gästen eines gastgewerblichen Betriebs durchführbar.	Es besteht die Gefahr, dass Gruppenmeinungen wiedergegeben werden, wenn Mitreisende zur Fragebogenbearbeitung herangezogen werden.

Vor- und Nachteile verschiedener Befragungsformen

Bevor sich ein Unternehmen für eine Form der Befragung entscheidet, sollten die Vor- und Nachteile der schriftlichen, mündlichen und telefonischen Befragung miteinander verglichen und gegeneinander abgewogen werden, um die Form zu finden, die dem Bedürfnis des Betriebs am besten gerecht wird. Auch auf die Sonderform der Onlinebefragung, die in Zukunft sicher an Bedeutung gewinnt, werden wir kurz eingehen.

Die schriftliche Befragung ist im Gastgewerbe besonders sinnvoll, weil ein spezielles Engagement der Befragten durch den Aufenthalt im Unternehmen vorhanden ist. Dagegen ist die persönliche oder mündliche Befragung seltener anzutreffen. Diese Form wird eher ad hoc, also aus dem Stehgreif, durchgeführt und ist dadurch weniger geplant und unsystematisch. Trotzdem hat der persönliche Kontakt zu einem Gast eine große Bedeutung für den gastgewerblichen Unternehmer. Diese Befragungsart wird leider selten genutzt, kann aber für die Praxis sehr nützlich sein.

Die telefonische Befragung hat sich in den letzten Jahren wie keine andere Methode der Datenerhebung verbreitet. Der Entwicklung zum Telefoninterview in der Umfrageforschung ist hauptsächlich durch die Netzdichte der Telefonanschlüsse und die technologische Möglichkeiten (Stichprobenziehung aus Telefonverzeichnissen, Technik des computerunterstützten Telefoninterviews) bedingt. Dadurch können innerhalb von wenigen Stunden repräsentative Untersuchungen durchgeführt werden, wie die Beispiele der Wahlforschung für das Fernsehen zeigen. Frühere Einwendungen wegen der Datenqualität und der Ausschöpfungsrate konnten widerlegt werden.
Das Telefoninterview hat in der Hotellerie und Gastronomie im Augenblick noch keine praktische Bedeutung. Das Telefon wird derzeit höchstens für die Gästeakquisition genutzt.

Zum Schluss sollen in einer Tabelle die wichtigsten Beurteilungskriterien verschiedener Verfahren dargestellt werden.

Vergleich der verschiedenen Befragungsmethoden

Beurteilungskriterien	Methode		
	persönliche Befragung	telefonische Befragung	schriftliche Befragung
Kosten	hoch	mittel	niedrig
Projektlaufzeit	mittel	gering	mittel
Antwortrate	hoch	hoch	niedrig/mittel
Möglicher Abfrageumfang	groß	gering	mittel
Komplexität der Inhalte	hoch	gering	mittel
Objektivität	beeinträchtigt	beeinträchtigt	hoch
Quantifizierbar	aufwendig	einfach	sehr einfach
Wahrgenommene Anonymität	gering	mittel/hoch	mittel/hoch
Offene, explorative Fragen	ideal	eingeschränkt	eingeschränkt

(Quelle: Laabs, Konzeption einer Kundenbedürfnis- und -zufriedenheitsanalyse mit abschließender Handlungsempfehlung für das Marketing)

Sonderfall Onlinebefragung

Eine Sonderform der schriftlichen Befragung ist die Onlinebefragung, die via Internet realisiert wird. Häufig ist es eine Intranetbefragung, seltener eine E-Mail-Befragung. Sie ist wegen der elektronischen Befragungsführung noch kostengünstiger als die schriftliche Befragung. Obwohl die Onlinebefragung naturgemäß stark standardisiert ist, lässt sie trotzdem variable Fragebögen zu. Der Fragebogen kann von dem Hotelier oder Gastronomen mit einem Fragebogengenerator selbst erstellt werden. Häufig können auch Fragebogen-Vorlagen und -Beispiele verwendet werden. Vorteilhaft ist weiterhin, dass die Ergebnisse mit MS Excel und SPSS analysiert und auch grafisch ausgewertet werden können.

Die Onlinebefragung wird auf einem Server unter einer bestimmten Internetadresse (URL) hinterlegt. Der gastgewerbliche Unternehmer kann dann seine Gäste oder Zielpersonen per E-Mail ansprechen und sie zur Teilnahme an der Befragung einladen. Natürlich ist auch ein Link auf der Homepage möglich.

Den Teilnehmern von Onlinebefragungen werden häufig Incentives als Anreiz für die Teilnahme angeboten. Es sollte aber lediglich eine kleine Entschädigung sein, damit professionelle Incentivejäger ausgeschlossen werden. Und der Anreiz muss ein möglichst untersuchungs- und zielgruppenspezifisch neutraler sein, damit die Qualität der Befragung nicht leidet.

Die Teilnahme an Onlinebefragungen muss freiwillig sein, und der Befragte muss jederzeit das Interview abbrechen können, ohne durch den Aufbau der Befragung daran gehindert zu werden.

Viele Internetdienstleister bieten mittlerweile Unterstützung bei der Konzeption des Fragebogens und seiner Auswertung an. Ein Fragebogencheck und ein Pretest sind in Komplettpaketen häufig ebenfalls enthalten.

Beispiel für Online-Dienstleistungen

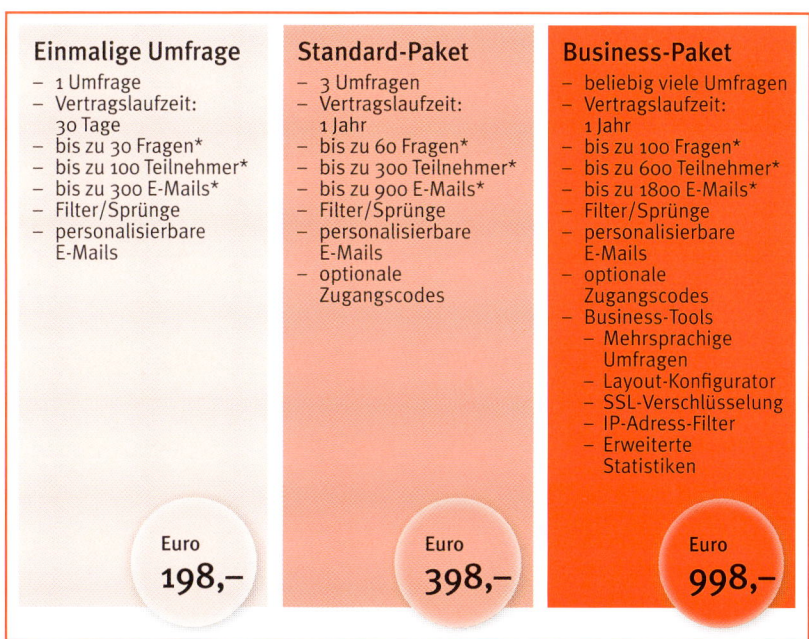

Einmalige Umfrage
- 1 Umfrage
- Vertragslaufzeit: 30 Tage
- bis zu 30 Fragen*
- bis zu 100 Teilnehmer*
- bis zu 300 E-Mails*
- Filter/Sprünge
- personalisierbare E-Mails

Euro
198,–

Standard-Paket
- 3 Umfragen
- Vertragslaufzeit: 1 Jahr
- bis zu 60 Fragen*
- bis zu 300 Teilnehmer*
- bis zu 900 E-Mails*
- Filter/Sprünge
- personalisierbare E-Mails
- optionale Zugangscodes

Euro
398,–

Business-Paket
- beliebig viele Umfragen
- Vertragslaufzeit: 1 Jahr
- bis zu 100 Fragen*
- bis zu 600 Teilnehmer*
- bis zu 1800 E-Mails*
- Filter/Sprünge
- personalisierbare E-Mails
- optionale Zugangscodes
- Business-Tools
  - Mehrsprachige Umfragen
  - Layout-Konfigurator
  - SSL-Verschlüsselung
  - IP-Adress-Filter
  - Erweiterte Statistiken

Euro
998,–

(Quelle: www.2ask.de)

Beispiel für eine Onlinebefragung der Region Celle

Die Tourismus Region Celle GmbH (kurz TRC) wurde 1998 als Nachfolgeorganisation der Fremdenverkehrsabteilung der Stadt Celle, des Fremdenverkehrsverbandes Celler Land und des Verkehrsvereins Celle e.V. gegründet.

Onlinebefragung zur Gastronomie – wir legen Wert auf Ihre persönliche Meinung!

Nehmen Sie sich bitte ein paar Minuten Zeit und bewerten Sie Ihren Besuch in einer Lokalität in Celle oder in der Region.

Bitte geben Sie nur eine Wertung ab.

Ihre Testauswertung erfolgt anonym, wir erlauben uns lediglich nach Ihrer Altergruppe und Postleitzahl zu fragen.

Die Bewertung leiten wir den Betrieben weiter.

Vielen Dank!

1. Name der Lokalität

2. Ort

3. Tag Ihres Besuches   TT.MM.JJJJ
   a. Mittags
   b. Abends

4. Wie haben Sie von der Lokalität erfahren?
   a. Empfehlung
   b. Gastronomieführer
   c. www.schlemmen-in-celle.de
   d. Sonstige

5. Ihr Gesamteindruck von
   a. Außenansicht gepflegt   ☺ ○   ☻ ○   ☹ ○
   b. Ambiente – Einrichtung   ☺ ○   ☻ ○   ☹ ○
   c. Sauberkeit (Toilette, Tische , Geschirr) ☺ ○   ☻ ○   ☹ ○
   d. Speisen: Qualität, Geschmack, Menge, Auswahl ☺ ○   ☻ ○   ☹ ○
   e. Getränkeauswahl   ☺ ○   ☻ ○   ☹ ○
   f. Service: Freundlichkeit und Aufmerksamkeit ☺ ○   ☻ ○   ☹ ○

6. Preis/Leistungsverhältnis   ○ stimmt   ○ stimmt nicht

7. Gesamtnote für die Lokalität   1○ 2○ 3○ 4○ 5○ 6○

8. Was hat Ihnen besonders gut gefallen?

9. Was hat Ihnen nicht gefallen?

10. Bitte nennen Sie uns Ihren PLZ-Bereich.

11. Altersgruppe

12. Wünschen Sie eine Rückmeldung des Betriebs? Dann bitten wir um Telefonnummer oder E-Mail-Adresse.

Erhebungsphase

Nach der Entwicklung des Fragebogens muss ein sogenannter Pretest durchgeführt werden, um sprachliche und inhaltliche Unklarheiten für die Zielgruppe auszuräumen. Deshalb sollte der Test an einigen Personen der Zielgruppe (bei etwa einem Prozent der Stichprobe) durchgeführt werden. Folgende Punkte soll ein Pretest klären:

- Ist den Gästen das Hotel/Restaurant bekannt?
- Ist der Zeitpunkt für die Befragung richtig gewählt?
- Sind alle Fragen des Fragebogens gut verständlich?
- Ist das Layout des Fragebogens ansprechend und praktikabel?

Nach dem erfolgreichen Pretest und dem Ausführen der notwendigen Änderungen beginnt die eigentliche Befragung. Die Erhebungsphase startet im Hotel oder Restaurant mit dem Auslegen des Fragebogens auf den Zimmern oder den Tischen. Das Personal muss darauf hingewiesen werden, dass die Gäste auf das Ausfüllen und Abgeben der Fragebögen angesprochen werden sollten. Wegen der meist gewünschten Anonymität ist ein Briefkasten sinnvoll, in den der Fragebogen eingeworfen wird.

Das Ausfüllen der Bögen erledigen die Gäste selbständig, d. h. ohne Einflussnahme oder Hilfestellung des Personals. Deshalb spielt die Verständlichkeit der Fragen eine so bedeutende Rolle. Allerdings kann nicht ausgeschlossen werden, dass der Gast den Fragebogen zusammen mit Mitreisenden ausfüllt und dadurch Gruppenmeinungen wiedergegeben werden. Die Abgabe des Fragebogens (Rückgabequote) kann durch kleine Geschenke forciert werden. Bei der Kontaktaufnahme mit den Befragten durch das Personal ist es besonders wichtig zu erklären, dass das Ausfüllen des Fragebogens im Interesse des Gastes liegt, weil dadurch die Leistungen des Hotels/Restaurants verbessert werden können. Ein Hinweis auf die Vertraulichkeit sollte ebenfalls erfolgen. Wenn ein Gast den Fragebogen lieber zu Hause ausfüllen will, dann sollte dies mit einem frankierten Rückumschlag unterstützt oder eine Faxnummer angeboten werden.

Aufbereitung der Ergebnisse

Bei der Aufbereitung der Ergebnisse kann als Auswertungsverfahren von offenen und geschlossenen Fragen die Häufigkeitsverteilung herangezogen werden. Für jede Frage ist die relative Häufigkeit der einzelnen Antworten ausschlaggebend, andere Beantwortungsgründe oder Zusammenhänge werden außer Acht gelassen. Die relative Häufigkeit einer Ausprägung ist das Verhältnis von der Summe der jeweiligen Antwortausprägung gemessen an der Summe aller gegebenen Antworten. Dazu müssen die einzelnen Antworten kodiert werden. Deshalb wird jeder Antwort eine Zahl zugeordnet. Die Zuordnung erfolgte folgendermaßen:

- Fehlende Antworten, sogenannte Missing Values, werden mit dem Zeichen / gekennzeichnet.
- Offene Fragen werden bei Beantwortung mit Text durch eine 1 wiedergegeben; bei einer Beantwortung mit »weiß nicht« oder beim durchgestrichenen Fragefeld mit 2. Diese Art der Beantwortung wird nicht als Missing Value gerechnet, da sich der Befragte trotzdem mit der Frage auseinandergesetzt hat. Nur wenn die Frage absolut unbearbeitet, also auch nicht durchgestrichen war, wird ein / gesetzt.
- Geschlossene Fragen mit einer »ja – nein« Antwortmöglichkeit sind ebenfalls mit 1 oder 2 zu kodieren. Dabei steht eine 1 für ein »nein«, wenn dieses die erste vorgegebene Antwortmöglichkeit ist. Demzufolge wird die 2 für die Antwort »ja« vergeben.
- Bei geschlossenen Fragen mit mehreren Antwortkategorien, bei denen aber nur eine angekreuzt werden konnte (z. B. Familienstand: ledig – geschieden – verheiratet – verwitwet) werden höhere Kodierungszahlen vergeben. In diesem Fall beispielsweise für »verwitwet« eine 4; für »ledig« eine 1, je nach der Reihenfolge der Erscheinung im Fragebogen.
- Bei geschlossenen Fragen mit mehreren Antwortkategorien, bei denen nach dem Ausschlussprinzip entweder eine oder zwei Antworten angekreuzt werden können, wird jeweils nur der höhere Wert aufgerechnet.

(Quelle: Mayr, Statistische Untersuchung des Freizeitverhaltens von Hörgeschädigten im Raum Augsburg)

Zum Schluss müssen die Ergebnisse der Auswertung interpretiert werden. Hier lassen sich keine allgemeinen Hinweise geben, da dies vom jeweiligen Forschungsziel abhängt.

STRATEGISCHE
MARKETINGENTSCHEIDUNGEN

UNTERNEHMENSZIELE IM DIENSTLEISTUNGSMARKETING

Wer seinen Betrieb auf Dauer erfolgreich führen will, muss unternehmerisch denken und handeln. Das bedeutet in erster Linie, alle Aktivitäten auf das Erreichen von vorher festgelegten Zielen auszurichten. Auch Einzelmaßnahmen sind an unternehmerischen Wertvorstellungen und langfristigen Unternehmenszielen zu orientieren. Alle Ziele sind hierarchisch geordnet und die Zahl der Ziele nimmt mit zunehmender Konkretisierung (in der Abbildung also von oben nach unten) zu. Die Ziele stehen in einer Mittel-Zweck-Beziehung, das heißt das jeweils untergeordnete Ziel ist das Mittel zur Erreichung des übergeordneten Ziels.

Hierarchie der Zielebenen in einem Unternehmen

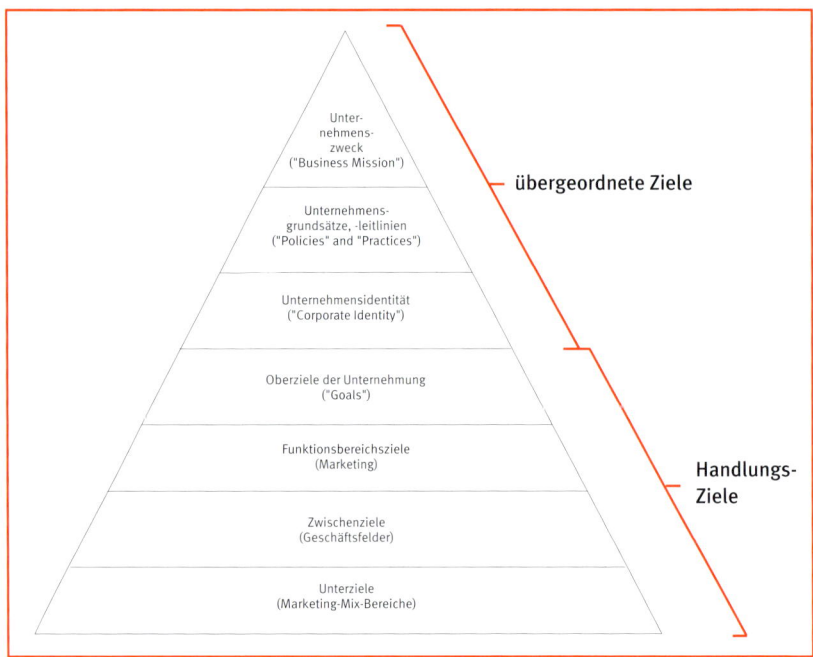

(Quelle: Meffert, Marketing, Wiesbaden 2000, S. 71)

Unternehmensphilosophie und Unternehmensleitlinien

Im Bereich der übergeordneten Ziele kommen die allgemeinen Wertvorstellungen und Handlungsgrundsätze des Unternehmens zum Ausdruck, wird die Rolle des Betriebs im gesamtgesellschaftlichen Zusammenhang festgelegt.

Nachdem in der Umweltanalyse (Seite 33 ff.) die Chancen und Risiken ausgelotet wurden und mit Blick auf die eigenen Stärken und Schwächen in der Unternehmensanalyse (Seite 35 ff.) grundsätzlich mögliche Handlungsfelder festgestellt wurden, kommen nun die ethischen Maßstäbe der Unternehmensleitung ins Spiel, damit aus dem prinzipiell Machbaren das tatsächlich Anstrebenswerte herausgearbeitet werden kann.

Der Unternehmenszweck wird in zunehmendem Maße also nicht einfach durch die Angabe der jeweils erzeugten Produkte oder angebotenen Dienstleistungen umschrieben (»Wir sind Hersteller von ... «), sondern durch marktorientierte Formulierungen, die zeigen, wie das Unternehmen die Bedürfnisse seiner Kunden aufzugreifen gedenkt. (»Wir helfen unseren Gästen, Abstand von der Hektik des Alltags zu gewinnen.«) Diese Mission eines Urlaubshotels zum Beispiel gilt längerfristig, denn sie entspricht einem Grundbedürfnis seiner Gäste – ganz unabhängig davon, wie das Leistungsprogramm, z. B. das Wellness-Angebot, im Einzelnen ausgestaltet wird.

Unternehmensleitlinien und Unternehmensphilosophie gehören zu den übergeordneten Zielen, die durch alle Mitglieder des Unternehmens nach außen und nach innen kommuniziert und vertreten werden sollen. Wie das im Einzelnen aussehen kann, zeigen Beispiele aus der Hotellerie:

• Häufig zitiert wird das *Ritz Carlton* mit seinem berühmten Motto: »We are Ladies and Gentlemen serving Ladies and Gentlemen«. Dieses Motto ist Teil einer Unternehmenskultur, zu der unter der Überschrift »Gold Standards« unter anderem auch das folgende »Credo« und das »Mitarbeiterversprechen« gehören.

  Das Credo: »In einem Ritz Carlton Hotel ist das aufrichtige Bemühen um das Wohlergehen unserer Gäste unser oberstes Gebot.

  Wir sichern unseren Gästen ein Höchstmaß an persönlichem Service und Annehmlichkeiten zu. Stets genießen unsere Gäste ein herzliches, entspanntes und gepflegtes Ambiente.

  Das Erlebnis Ritz Carlton belebt die Sinne, vermittelt Wohlbehagen und erfüllt selbst die unausgesprochenen Wünsche und Bedürfnisse unserer Gäste.«

  Das Mitarbeiterversprechen: »Die Damen und Herren von Ritz Carlton sind das wichtigste Element in unserer Verpflichtung zu perfektem Service für unsere Gäste.

  Durch die Anwendung der Prinzipien Vertrauen, Ehrlichkeit, Respekt, Integrität und Engagement fördern und maximieren wir Begabungen zum Wohle des Einzelnen und des Unternehmens.

  Ritz Carlton fördert ein Arbeitsumfeld, in dem Vielfalt geschätzt, Lebensqualität erhöht, individuelles Streben erfüllt und die Ritz Carlton Mystik verstärkt wird.« (Vgl. Willmes, Gisela, Vortrag vor der gemeinsamen Erfa-Gruppe der IHKs Braunschweig und Lüneburg-Wolfsburg)

- Generell wird bei **Marriott** (»Marriott Culture«) die Kundenperspektive durch die Verpflichtungen gegenüber den Mitarbeitern und der Gesellschaft ergänzt:

> The »Marriott Way« is built on fundamental ideals of service to associates, customers, and community. These ideals serve as the cornerstone for all Marriott associates fulfilling the »Spirit to Serve«.
> - The Spirit to Serve our associates:
>   The unshakeable conviction that our people are our most important asset.
>   An environment that supports associate growth and personal development.
>   A reputation for employing caring, dependable associates who are ethical and trustworthy.
>   A home-like atmosphere and friendly workplace relationships.
>   A performance-reward system that recognizes the important contributions of both hourly and management associates.
>   Pride in the Marriott name, accomplishments, and record of success.
>   A focus on growth-managed and franchised properties, owners, and investors.
> - The Spirit to Serve our guests:
>   Evident in the adage, »the customer is always right«.
>   A hands-on management style, i.e., »management by walking around«.
>   Attention to detail.
>   Openness to innovation and creativity in serving guests.
>   Pride in the knowledge that our guests can count on Marriott's unique blend of quality, consistency, personalized service, and recognition almost anywhere they travel in the world or whichever Marriott brand they choose.
> - The Spirit to Serve our community:
>   Demonstrated every day by associate and corporate support of local, national and international initiatives, and programs.
>   An important part of doing business the »Marriott Way«.
>   (Quelle: www.marriott.com)

Es sind jedoch keineswegs nur die großen, international tätigen Hotelketten oder Häuser der Luxushotellerie, die versuchen, ihre Grundsätze möglichst prägnant zusammenzufassen – auch neue Hotelkonzepte, die noch am Anfang ihrer Entwicklung stehen, erläutern ihren Unternehmenszweck und beantworten damit die Fragen »Was ist unser Geschäft?« und »Was sollte unser Geschäft sein?«:

- **Motel One:** »Viel Design für wenig Geld«, das ist die Philosophie der Low Budget Hotelkette *Motel One*. *Motel One* – nach eigener Aussage ein Hotelprodukt des 21. Jahrhunderts – steht für ein zukunftsweisendes Hotelkonzept im boomenden Budgetsegment. Ein hochwertiges Zimmerprodukt auf Budgetfläche, sowie die One Lounge mit Coffee Shop und Bar sind prägnante Merkmale der Marke *Motel One*. (Quelle: www.motel-one.de)
- **25hours Hotel Company:** »24 hours isn't enough.« So bringt die junge *25hours Hotel Company* ihre Mission auf den Punkt. Hotels als »home away from home« für lifestyleorientierte Kosmopoliten, die Lässigkeit, Einfachheit und Individualität zu schätzen wissen; junge Geschäftige, die nicht unbedingt in traditionellen Luxushäusern absteigen, aber dennoch Wert auf Ambiente und Professionalität legen.

»25hours ist eine junge Hotelidee, die nach Vorbild der traditionellen Hotellerie zeitgemäße Antworten auf die Anforderungen einer urbanen, kosmopolitischen Stilgruppe sucht. 25hours-Hotels verkaufen nicht nur funktionale Hotelzimmer, sondern Hotelwelten, die den Rückzug vom Großstadtdschungel mit Kommunikation, Ästhetik, Nonchalance und Neugierde verbinden. 25hours bedeutet Stil, den man sich leisten kann, für eine Generation urbaner Nomaden, die lässig zwischen Luxus und Askese pendelt.«

– Für die Mitarbeiter gilt: 25hours-Team-Players erfüllen mindestens drei Kriterien:
  1. Affinität mit der Zielgruppe der Young Urban Generation
  2. Kompromisslose Kunden- und Gästeorientierung sowie Dienstleistungsbereitschaft
  3. Freundlichkeit und Empathie
– Nur so lässt sich die Service-Philosophie verwirklichen:
  »Viele Serviceideen, die in der Luxushotellerie entwickelt wurden, kosten keinen Cent. 25hours Hotels machen diese Tatsache zum Grundsatz der Service Philosophie um gemeinsam mit dem Team innovativen Service zu offerieren und kontinuierlich weiterzuentwickeln. Um einen wesentlichen Erfolgsfaktor der 25hours Hotels gewährleisten zu können – erschwingliche Preise in allen Destinationen – werden Serviceangebote, die teuer für den Betrieb und letztlich den Gast sind, nicht automatisch in die Angebotspalette integriert. Der Gast kann selbst entscheiden, von welchen zusätzlichen Serviceangeboten er Gebrauch machen möchte. Minibar, Wagenmeister, Concierge oder Wellness-Oase können je nach Standort durch kreative Alternativen ersetzt werden.«
  (Quelle: www.25hours-hotels.com)

Die Festlegung des Unternehmenszwecks und die Entwicklung von Unternehmensgrundsätzen und -leitlinien wirkt auf den ersten Blick eher abgehoben und wird in der Praxis häufig argwöhnisch betrachtet: »Schöne Worte, bringt aber nichts!« ist gelegentlich zu hören. Dem ist entgegenzuhalten, dass die Philosophie eines Unternehmens natürlich nur dann ihre Wirkung entfalten kann, wenn sie schriftlich niedergelegt und veröffentlicht ist: Nur dann kann überprüft werden, inwieweit sie tatsächlich gelebt wird. Das Schaubild erläutert diesen Wirkungszusammenhang.

Wirkung der Unternehmensphilosophie nach innen und außen

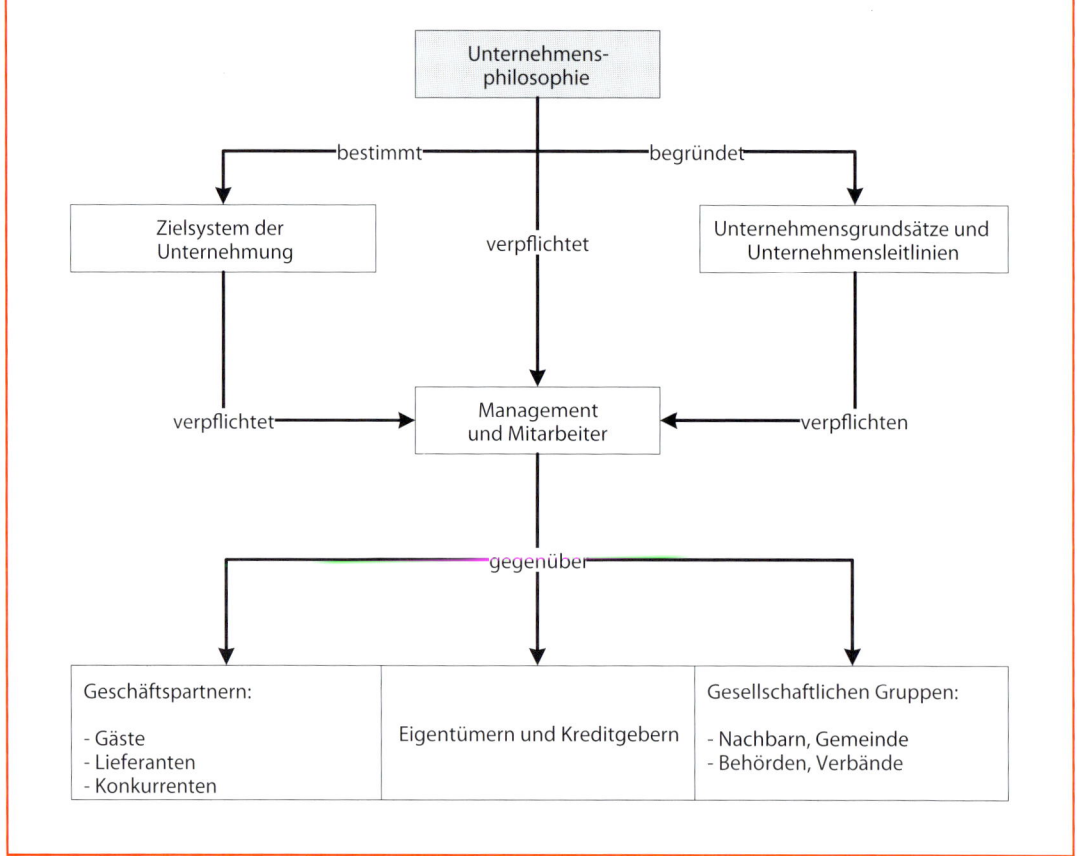

Wenn also in diesem Sinne Wirkung erzielt wird, so muss sich das jeweilige Hotel, die jeweilige Hotelkette, aber auch eine Hotelkooperation an ihren eigenen Ansprüchen messen lassen. Die folgenden Auszüge sind ein gutes Beispiel für eine Unternehmensphilosophie, die – weil veröffentlicht – sich auch im Handeln der Kooperationspartner wiederfinden muss, sozusagen »eingeklagt« werden könnte.

Das Leitbild der Ringhotels: Mit Trend und Tradition in die Zukunft

- **Unser Gast**

  Ringhoteliers sind aufmerksame und familiäre Gastgeber, die ihren Gästen ein individuelles Ambiente mit hohem Standard bieten. Wir setzen auf Tradition, Regionalität und Vertrauen. Trends und Gästewünsche bestimmen unser inhaltliches Profil.

- **Dienstleistungs-Verständnis**

  Der Wert unserer Dienstleistung ist messbar an der Erfüllung aktueller Qualitätsmaßstäbe. Unsere Werbeaussagen sind ehrlich und werden in unseren Leistungen gelebt. Ringhoteliers sind überzeugt, dass hohe Qualität, familiäre Führung, persönliche Atmosphäre und traditionelle Gastlichkeit Werte sind, die es zu pflegen gilt. Herzlichkeit ist ein Grundverständnis aller Mitarbeiter in unseren Betrieben. Der Mix aus Trend und Tradition macht das schlüssige harmonische Gesamtkonzept der Ringhotels aus. Durch traditionelle Werte und zukunftsweisende Akzente begeistern wir unsere Gäste. Jedes Ringhotel hat seine eigene Geschichte und einen individuellen Charakter. Diese Vielfalt spiegelt sich in den Angeboten der einzelnen Ringhotels wider. Durch unsere professionelle Dienstleistung schaffen wir unseren Gästen einen Mehrwert und binden sie emotional an uns.

- **Positionierung und Erwartung des Ringhotels e.V. gegenüber Mitgliedern**

  Als eine der führenden privaten Hotelkooperationen Deutschlands verfügen wir über exzellentes Know-how in der Hotellerie. Mit der Durchführung und Koordination von gemeinsamen Maßnahmen in den Bereichen Marketing, Verkauf und Reservierung positionieren wir die Marke Ringhotels. Durch die Zugehörigkeit zu dieser renommierten Marke stärken Privathoteliers, bei unternehmerischer Freiheit, ihre eigene Marktposition und erreichen dadurch mehr Gäste, mehr Umsatz und einen Image-Gewinn gegenüber ihren Mitbewerbern.

  Der hohe wirtschaftliche Nutzen für den einzelnen Betrieb entsteht durch Leistungen, die nur durch die Bündelung der Kräfte der gesamten Kooperation möglich werden.

  Unsere Häuser verfügen mindestens über einen gehobenen 3-Sterne-Standard, sind mehrheitlich mit 4 Sternen oder auch höher bewertet. Wir erwarten einen hohen Qualitätsstandard und Disziplin in der Realisierung unserer Marken-Werte und in der schlüssigen Umsetzung des eigenen Konzeptes. Ringhoteliers pflegen den Erfahrungsaustausch und Zusammenhalt auf professioneller, freundschaftlicher Ebene mit Kollegen.

- **Erwartung und Positionierung zu unseren Geschäftspartnern**

  Wir pflegen zu unseren Lieferanten, Agenturen und anderen Partnern eine partnerschaftliche und zukunftsweisende, dauerhafte Beziehung zum beiderseitigen Nutzen. Wir garantieren Zusagen und erwarten das auch wechselseitig.

  Wir erwarten einen persönlichen Ansprechpartner, eine offene und ehrliche Kommunikation und gute Beratung hinsichtlich neuer Ideen und der Entwicklung gemeinsamer Projekte. Die von uns eingebrachte Fachkompetenz erwarten wir auch von unseren Partnern.

  (Quelle: www.ringhotels.de)

Corporate Identity

An der Schnittstelle zwischen den übergeordneten Zielen und den Handlungszielen eines Unternehmens steht die Corporate Identity, die »Unternehmenspersönlichkeit«. Entwickelt aus der Unternehmensphilosophie und den daraus abgeleiteten Unternehmensgrundsätzen, ist sie praktisch der Kristallisationspunkt, an dem deutlich wird, wie sich das Unternehmen selbst sieht und wie es von seinen Mitarbeitern, seinen Gästen und in der Öffentlichkeit insgesamt wahrgenommen werden will.

Im wahrsten Sinne sichtbar und erlebbar wird diese Unternehmenspersönlichkeit durch ein einheitliches optisches Erscheinungsbild (Corporate Design), einen abgestimmten Einsatz der Kommunikationsinstrumente (Corporate Communication) und ein in sich schlüssiges Verhalten der Mitarbeiter (Corporate Behavior).

Von wiederkehrenden Farben, Schriftzügen, Grafiken, Logos im Haus oder auf Drucksachen und Prospekten über einheitliche Uniformen der Mitarbeiter im Hotel oder Restaurant bis zum abgestimmten Verhalten gegenüber den Gästen soll die Identität des Unternehmens, sein Charakter, glaubwürdig und widerspruchsfrei, sozusagen »aus einem Guss« vermittelt werden. Unter Corporate Identity wird deshalb ein ganzheitliches Konzept verstanden, das alle nach innen bzw. außen gerichteten Interaktionsprozesse steuert und unter einem einheitlichen Dach integriert. Dabei soll nach innen die Leistung der Mitarbeiter durch verbesserte Motivation gesteigert werden: Ein entsprechender Führungsstil, die Entwicklung eines Wir-Gefühls, tragen dazu bei, dass sich Mitarbeiter mit »ihrem« Unternehmen identifizieren können. Sie sollen spüren, dass alle »im selben Boot sitzen« bzw. »an einem Strang ziehen«. Nach außen stehen vor allem die Profilierung gegenüber dem Wettbewerb und die Vertrauensbildung gegenüber Gästen und Öffentlichkeit im Vordergrund.

Umsetzung des Unternehmenszwecks: Handlungsziele

Der Unternehmenszweck muss nun in konkrete Handlungsziele umgesetzt werden. Dabei ist zu berücksichtigen, dass auch auf der Unternehmensebene eine Vielzahl möglicher Ziele verfolgt werden kann. Das Gewinnstreben ist zwar von zentraler Bedeutung in marktwirtschaftlichen Systemen, steht aber keineswegs isoliert an der Spitze – schon gar nicht im Sinne der klassischen Gewinnmaximierung. Typisch für unternehmerisches Handeln ist vielmehr das Verfolgen sehr komplexer Zielsetzungen. Es herrscht weitgehend Übereinstimmung darin, dass die vielfältigen Unternehmensziele, die in der Regel gleichzeitig verfolgt werden, in fünf Basiskategorien zusammengefasst werden können:

1 Marktstellungsziele
- Marktanteil
- Umsatz
- Marktgeltung
- Neue Märkte

2 Rentabilitätsziele
- Gewinn
- Umsatzrentabilität
- Rentabilität des Gesamtkapitals
- Rentabilität des Eigenkapitals

3 Finanzielle Ziele
- Kreditwürdigkeit
- Liquidität
- Selbstfinanzierungsgrad
- Kapitalstruktur

4 Soziale Ziele (in Bezug auf die Mitarbeiter)
- Arbeitszufriedenheit
- Einkommen und soziale Sicherheit
- Soziale Integration
- Persönliche Entwicklung

5 Macht- und Prestigeziele
- Unabhängigkeit
- Image und Prestige
- Politischer Einfluss
- Gesellschaftlicher Einfluss

Diese Kategorien sind nicht getrennt zu betrachten, sondern stehen in Beziehungen zueinander: Die Marktstellungsziele bilden die Grundlage für die Erreichung der Rentabilitätsziele. Die finanziellen Ziele stecken Bedingungen ab, unter denen die Realisierung von Rentabilitäts- bzw. Marktstellungszielen überhaupt erst möglich wird. Die sozialen Ziele sind ein nicht unerheblicher Faktor für die Erreichung ökonomischer Ziele, während Macht- und Prestigeziele sich sowohl verstärkend als auch begrenzend auf finanzielle Ziele auswirken können. (Vgl. Becker, Marketingkonzeption, S. 16 f.)
Welche Ziele mit welcher Priorität angestrebt werden, also jeweils im Vordergrund stehen, hängt von der konkreten Situation des Unternehmens ab, insbesondere davon, welches Gewinnniveau bisher erreicht worden ist.
Außerdem sind die Beziehungen zwischen den unterschiedlichen Zielen zu berücksichtigen:

- Von komplementären Beziehungen (Ziel-Harmonien) spricht man, wenn die Realisierung des einen Zieles zugleich die Realisierung eines anderen Zieles fördert, z. B. Gewinn und Rentabilität.
- Konkurrierende Beziehungen (Ziel-Konflikte) liegen vor, wenn die Verfolgung eines Zieles zu einem geringeren Erfüllungsgrad eines anderen Zieles führt, z. B. Rentabilität und Liquidität.
- Indifferente Beziehungen (Ziel-Neutralitäten) sind dadurch gekennzeichnet, dass die Realisierung eines Zieles keinen erkennbaren Einfluss auf die Erreichung eines anderen Zieles hat, z. B. bestimmte soziale Ziele und Marktanteil.

Unternehmensziele können nur realisiert werden, wenn den einzelnen Funktionsbereichen (Beschaffung, Produktion, Marketing, Finanzierung) detaillierte Teilziele vorgegeben werden. Die Funktionsbereichsziele des Marketings sind dann weiter aufzugliedern in Zwischenziele der einzelnen strategischen Geschäftseinheiten, sowie schließlich in Unterziele für die einzelnen Marketinginstrumente.

Zielebenen im Marketingbereich

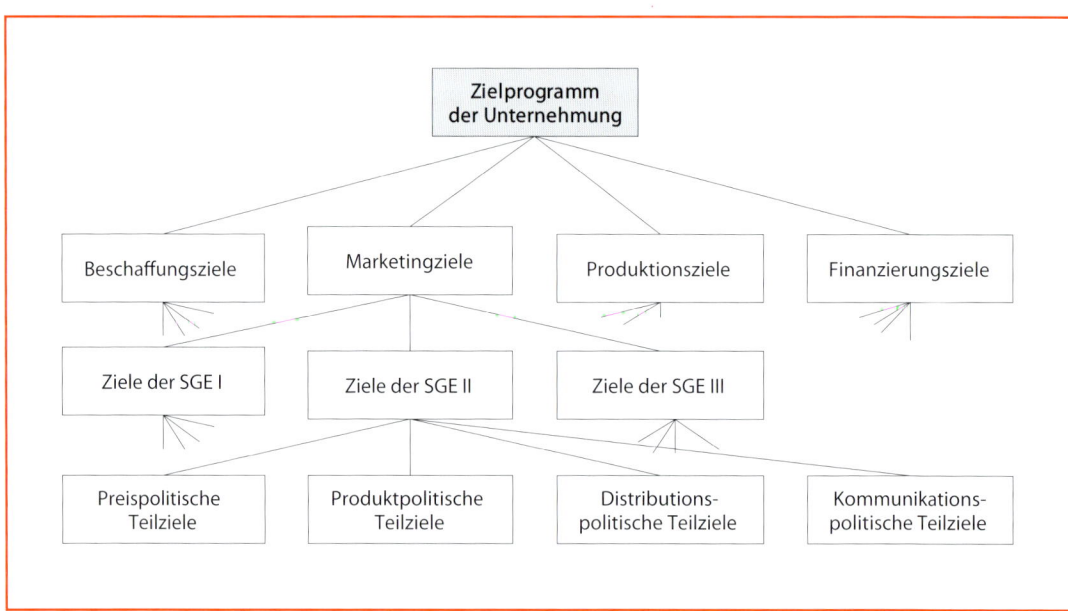

(Quelle: Meffert, Marketing, S. 75)

Ziele können jedoch nur dann Vorgabe und Maßstab für konkretes Handeln darstellen, wenn sie eindeutig festgelegt werden: Dazu müssen sie operationalisiert werden, das heißt es muss bestimmt werden, wie die Zielerreichung »gemessen« werden soll. Messen bedeutet dabei nicht, dass alle Ziele zwingend quantifizierbar sein müssen; sie müssen aber überprüfbar sein.

Bei der Konkretisierung von Zielen können mindestens drei verschiedene Dimensionen unterschieden werden:

- Zielinhalt (WAS soll erreicht werden?)
- Zielausmaß (WIE VIEL davon soll erreicht werden?)
- Zielperiode (WANN soll es erreicht werden?)

Gerade bei Marketing-Zielen ist meist noch eine vierte Größe notwendig, die angibt, bei welcher Zielgruppe und/oder in welchem Marktsegment das Ziel erreicht werden soll:

- Marktsegment (BEI WEM soll es erreicht werden?)

Ein in diesem umfassenden Sinn operationalisiertes Ziel für einen Hotelbetrieb könnte dann also beispielsweise lauten:

»Steigerung der Gästezufriedenheit durch Verbesserung der »Durchschnittsnote« im Gästefragebogen um 0,5 im kommenden Geschäftsjahr bei Geschäftsreisenden aus Japan.«

»Die Auslastung unseres Hotels in der Nebensaison soll vom kommenden Kalenderjahr an durch Gewinnung weiterer Wellnessurlauber um fünf Prozent jährlich gesteigert werden.«

»Die durchschnittliche Aufenthaltsdauer unserer Feriengäste soll dauerhaft mindestens sieben Tage betragen.«

»In unserem Restaurant soll der Umsatz pro Gast innerhalb von sechs Monaten durch Mehrverkauf um zehn Prozent gesteigert werden.«

EINSATZMÖGLICHKEITEN VON BASISSTRATEGIEN IM GASTGEWERBE

Mit der Festlegung der Ziele ist das »Was« für das Unternehmen beschrieben, ist klar, wohin die Reise gehen soll, sind also die Wunschorte bestimmt. Jetzt geht es darum, das »Wie« im Sinne der einzuschlagenden Route, der großen Linie oder des roten Fadens festzulegen, indem zielführende Strategien ausgewählt und angewendet werden. Erst danach stellt sich die Frage nach den geeigneten Beförderungsmitteln, nämlich dem angemessenen Marketing-Mix. Dieses Reise-Bild von Wunschort (= Ziel), Route (= Strategie) und Beförderungsmittel (= Marketing-Mix) von Jochen Becker findet sich vielfach wieder: Strategien wirken demnach wie Leitplanken, die verhindern, dass die einmal gewählte Route verlassen wird, was zu typischen Um- oder Irrwegen nicht-strategiegebundenen Handelns führen würde.

Zielführend ist unternehmerisches Handeln also erst, wenn es durch Strategien gelenkt wird. Es ist nachgewiesen, dass Unternehmen, die auf diese Weise eine strategische Marschrichtung wählen und diese dann konsequent einhalten, auf lange Sicht erfolgreicher sind als andere, die darauf verzichten, ihr Handeln strategisch auszurichten.

Typische Formen nicht strategiegebundenen Handelns

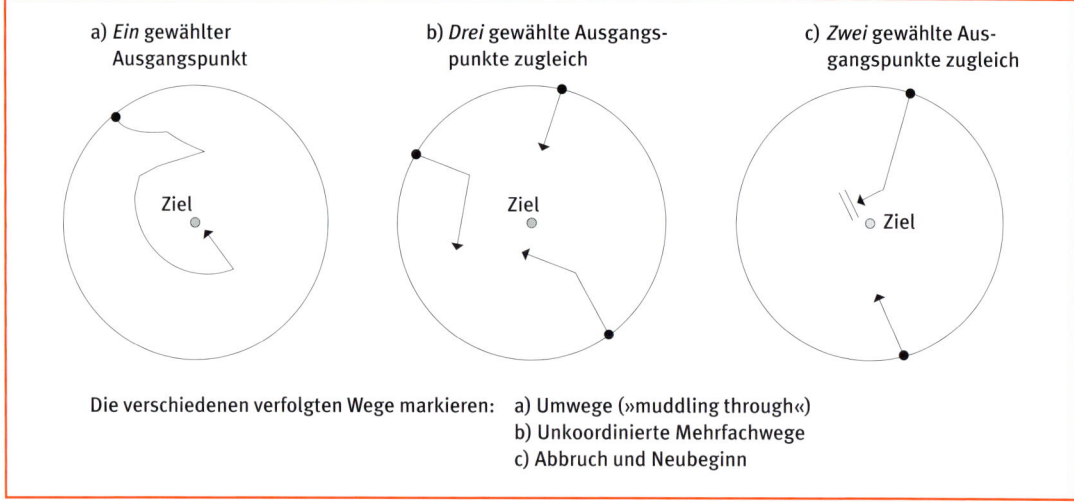

a) *Ein* gewählter Ausgangspunkt

b) *Drei* gewählte Ausgangspunkte zugleich

c) *Zwei* gewählte Ausgangspunkte zugleich

Ziel

Ziel

Ziel

Die verschiedenen verfolgten Wege markieren: a) Umwege (»muddling through«)
b) Unkoordinierte Mehrfachwege
c) Abbruch und Neubeginn

(Quelle: Becker, Marketingkonzeption, S. 141)

Bindung an eine Strategie bedeutet jedoch nicht, dass dadurch die erforderliche Flexibilität des Handelns verloren geht – Strategien stecken nämlich Suchfelder (Kanäle) ab, in denen dann sinnvolle Alternativen auch für situatives Handeln des Unternehmens gefunden werden können. Um im Bild zu bleiben: Die Kenntnis der Reiseroute verlangt nicht, dass von vorneherein festgelegt wird, wann und wo unterwegs gerastet bzw. nachgetankt werden muss. Selbstverständlich werden solche taktischen Entscheidungen je nach Situation getroffen. Auch der Kreativität sind durch strategiegebundenes Handeln keine Grenzen gesetzt: Gelenkte Kreativität stellt sicher, dass gefundene Lösungen zielstrategisch sinnvoll und realisierbar sind.

Lenkungsleistung von Strategien

Ziel

»Oszillierender« Instrumenteneinsatz in der Bahn des als optimal erkannten Strategiekanals 3

Die Abschnitte 1, 2 und 3 markieren drei verschiedene Strategien, die jeweils innerhalb eines bestimmten strategischen Abschnittes realisierbar sind, um ein vorgegebenes Ziel zu erreichen.

(Quelle: Becker, Marketingkonzeption, S. 142)

Strategien haben charakteristischerweise folgende Merkmale:

- Strategien sind zielgerichtet.
- Sie umfassen ein Bündel von Maßnahmen.
- Sie enthalten eine klare Stoßrichtung.
- Sie legen Grundsätze für das Verhalten aller Beteiligten fest.
- Sie haben überwiegend langfristigen Charakter.
- Sie haben neben dem Zielbezug eine klare Ausrichtung an Nachfrage und Konkurrenz.

Unter Strategie wird daher »ein bedingter, langfristiger, globaler Verhaltensplan zur Erreichung der Unternehmens- und Marketingziele« verstanden (vgl. Meffert, Marketing, S. 62). Aus diesem Strategieverständnis ergibt sich, dass die übergeordneten Ziele als Voraussetzung für die Bildung und Auswahl von Strategien anzusehen sind, während konkrete inhaltliche Handlungsziele erst im Anschluss an die gewählte Strategie formuliert werden.

Zentrale strategische Fragestellungen und Strategieoptionen

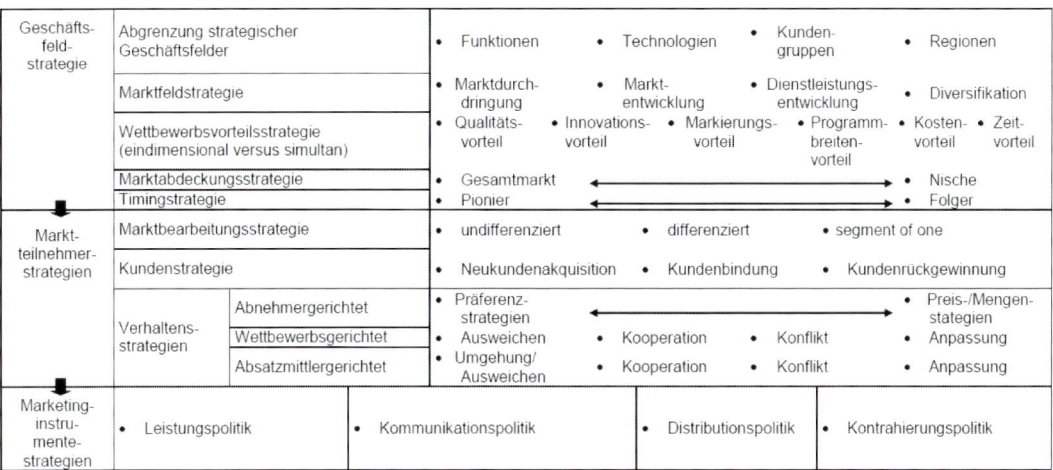

(Quelle: Meffert/Bruhn, Dienstleistungsmarketing, S. 210)

Aus dieser Gesamtschau sollen nun die Alternativen ausführlich behandelt werden, die für das Hotel- und Gaststättengewerbe von besonderer Bedeutung sind.

Strategische Unternehmensplanung

Strategische Entscheidungen auf der Ebene des Gesamtunternehmens legen vor allem fest, in welchen Bereichen das Unternehmen überhaupt tätig werden soll. Es werden also Geschäftsfelder definiert, indem – ähnlich wie bei der Marktsegmentierung – bestimmt wird, für welche Abnehmergruppe welche Bedürfnisse mit welchem Leistungsangebot in welcher Region befriedigt werden sollen.

Abgrenzung der Geschäftsfelder und Bildung strategischer Geschäftseinheiten

Ein strategisches Geschäftsfeld wird nur nach marktorientierten, unternehmensexternen Gesichtspunkten gebildet. Dabei werden vier Dimensionen betrachtet:

- Funktion – Welche Marktleistung?
- Kundengruppe – Welcher Gästekreis?
- Technologie – Auf welche Art und Weise?
- Region – In welchem Marktraum?

So zielt z. B. das 25hours-Hotelkonzept (Seite 117) auf junge (und »jung gebliebene«), weltoffene, unkomplizierte Städte- und Geschäftsreisende (= Zielgruppe), deren Wunsch nach abwechslungsreichem, preiswerten, aber stilvollem Aufenthalt (= Funktion) mit dem Angebot von »Hotelwelten« in Großstadtlagen (= Region) bei budgetorientierten Preisen, lustvollem Design und moderner, kommunikationsfördernder Ausstattung (= Technologie) erfüllt wird. Der Technologiebegriff ist in diesem Zusammenhang weit auszulegen und umfasst sowohl alternative Möglichkeiten der Funktionserfüllung wie auch Hilfsmittel zum rationellen Bereitstellen von Dienstleistungen.

Bei einer strategischen Geschäftseinheit (SGE) steht im Gegensatz dazu die unternehmensinterne, organisatorische Verankerung im Mittelpunkt der Betrachtung. Demnach kann ein Geschäftsfeld auch von mehreren Geschäftseinheiten bearbeitet werden und umgekehrt.
Diese Unterscheidung ist deshalb von Bedeutung, weil die Abgrenzung und Wahl der Geschäftsfelder und die Bildung strategischer Geschäftseinheiten Entscheidungen auf der Ebene des Gesamtunternehmens sind, während marketingstrategische Entscheidungen erst auf der Ebene der strategischen Geschäftseinheiten getroffen werden können.

Strategische Geschäftseinheiten sind also Unternehmensbereiche, die
- eine, von anderen Geschäftseinheiten unabhängige Marktaufgabe haben,
- sich am Markt gegenüber Konkurrenzunternehmen behaupten müssen,
- einen eigenständigen Beitrag zum Erfolg des Gesamtunternehmens leisten und
- die Festlegung einer weitgehend eigenständigen Strategie erlauben.

Damit stellen aus Sicht eines großen Hotelkonzerns beispielsweise seine Häuser an den unterschiedlichen Standorten strategische Geschäftseinheiten dar oder seine unterschiedlichen Hotelkategorien – vom Luxushotel bis zum Low-Budget-Hotel, die er gleichzeitig in seinem Programm hat. So muss ein Konzern wie *Accor* beispielsweise auf Unternehmensebene festlegen, welche Geschäftsfelder zu bearbeiten sind und welche Mittel für die einzelnen strategischen Geschäftseinheiten wie *Formule 1, Etap, Ibis, Mercure, Novotel, Sofitel* usw. bereitgestellt werden. Auf der Ebene dieser Hotelkonzepte sind dann die jeweils angemessenen Marketingstrategien zu bestimmen. Aber auch bei einem Individualhotel fallen die Strategieformulierungen auf der Unternehmensebene und auf der Ebene der Geschäftseinheiten nicht in jedem Fall zusammen, weil es eben nicht zwangsläufig das klassische »Ein-Produkt-Unternehmen« darstellt, das nur auf einem Markt konkurriert. Selbst der typische, traditionelle Landgasthof kann in der beschriebenen Weise verschiedene SGEs definieren: Wenn neben das ursprüngliche Restaurant ein wachsender Beherbergungsbereich tritt, große Veranstaltungsräume für Tagungen und Feste geschaffen werden, die eigene Metzgerei in Verbindung mit der Restaurantküche einen florierenden Party-Service aufbaut, dann liegen offensichtlich verschiedene Geschäftseinheiten im Sinne der oben beschriebenen vier Kriterien vor.

Bereits mit Gründung des Unternehmens, mit der Wahl eines bestimmten Betriebstyps, ist das zu bearbeitende Geschäftsfeld definiert. Gleichzeitig ist damit für Betriebe des Hotel- und Gaststättengewerbes wegen der Standortgebundenheit und der Dienstleistungseigenschaften des Leistungsangebotes regelmäßig die Entscheidung für eine Spezialisierung auf bestimmte Teilmärkte verbunden und damit auch die Marktabdeckungsstrategie festgelegt. Diese grundlegenden Entscheidungen werden in späteren Phasen des Unternehmens allenfalls modifiziert und selten – bei wesentlichen Veränderungen bzw. Erweiterungen der Unternehmensaktivitäten – im Kern verändert.

Geschäftsfeldstrategien

Sind die strategischen Geschäftsfelder abgesteckt und die entsprechenden Geschäftseinheiten bestimmt, ist in mehreren Stufen die Geschäftsfeldstra-

Produkt-Markt-Matrix
nach Ansoff

Märkte	gegenwärtig	neu
Produkte/Dienstleistungen		
gegenwärtig	Markt-durchdringung	Marktentwicklung
neu	Produkt-/DL-entwicklung	Diversifikation

tegie festzulegen. Im Rahmen der Marktfeldstrategie geht es in einem ersten Schritt zunächst darum, die grobe strategische Entwicklungsrichtung der einzelnen Geschäftseinheiten festzulegen. Dafür zeigt die sogenannte Produkt-Markt-Matrix nach Ansoff (Seite 128) grundsätzliche Handlungsalternativen auf.

Die Strategie der Marktdurchdringung (auch als Intensivierungsstrategie oder Minimumstrategie bezeichnet) zielt darauf ab, das vorhandene Potenzial mit dem bestehenden Leistungsangebot im bisherigen Markt besser auszuschöpfen.
Dies kann beispielsweise geschehen durch

- Erhöhung (Intensivierung) der Inanspruchnahme: Geschäftsreisende, die bisher innerhalb der Woche im Hotel abgestiegen sind, sollen dafür gewonnen werden, das Hotel – mit ihren Familien – auch am Wochenende zu nutzen; Restaurantbesucher, die bisher eher sporadisch zum Essen gekommen sind, sollen durch gezielte Information über saisonale Spezialitäten zum häufigeren Besuch angeregt werden usw.
- Gewinnung von Gästen, die bisher Konkurrenzbetriebe bevorzugt haben: Werbekampagne, die »Appetit« darauf macht, »etwas Neues« auszuprobieren; Verkaufsförderungsaktionen oder preispolitische Maßnahmen usw.
- Gewinnung bisheriger »Nichtverwender«: Theaterbesucher sollen dafür gewonnen werden, den Abend im Hotel ausklingen zu lassen, statt – wie bisher – mit dem Taxi nach Hause zu fahren; das Hotel-Restaurant bietet einen Mittagstisch an und schafft einen separaten Eingang, um Schwellenangst abzubauen und vermehrt Ortsansässige als Gäste zu gewinnen usw.

Es liegt auf der Hand, dass versucht wird, die Geschäftsentwicklung durch solche Maßnahmen voranzutreiben, deshalb wird die Strategie der Marktdurchdringung zu Recht auch als »natürlichste Strategie« bezeichnet.

Bei der Strategie der Marktentwicklung (Arrondierungsstrategie) wird angestrebt, für das bestehende Dienstleistungsangebot einen oder mehrere neue Märkte zu finden. Ansatzpunkte für diese Strategie können beispielsweise sein:

- Erschließung neuer Absatzmärkte durch regionale, nationale oder internationale Ausdehnung: Ein erfolgreiches Restaurantkonzept wird im Filial- oder Franchisesystem »multipliziert«; eine Hotelkette eröffnet zusätzliche Häuser in weiteren Ländern bzw. Kontinenten usw.
- Gewinnung neuer Marktsegmente: Hotels bieten Appartements, »Residences« für den Aufenthalt über mehrere Monate an; Hotels bieten ihre Leistungen in Verbindung mit Seniorenresidenzen und Krankenhäusern an usw.

Das bestehende Leistungsangebot wird also in bisher nicht genutzten – vielleicht auch einfach bisher nicht erkannten – Märkten eingesetzt; daher wird die Strategie der Marktentwicklung auch als Arrondierungsstrategie (Abrundungsstrategie) bezeichnet.

Die Strategie der Produktentwicklung (Innovationsstrategie) besteht darin, für den gegenwärtigen Markt neue bzw. veränderte Leistungsangebote zu entwickeln. Es sollen also Innovationen im Sinne von Markt- oder Betriebsneuheiten bzw. Programmerweiterung durch Entwicklung zusätzlicher Produktvarianten geschaffen werden.

Beispiele für solche Neuheiten im Gastgewerbe gibt es viele:

- *25hours-Hotels* bieten im noch jungen budgetorientierten Hotelmarkt eine Neuerung an, weil sie Budget und neue Schlichtheit mit Kunst und Lebensstil zu verbinden suchen: Sie propagieren einen »affordable style«.
- Die *Slow-Food*-Bewegung ist »neu« in ihrer ausdrücklichen Ausrichtung als Gegenentwurf zum sich immer weiter ausdehnenden Fastfood-Trend: Genießen mit, traditionellen Produkten und Rezepten aus der Region.
- Das Konzept der *Cruise-Café*-Restaurants ist »neu« in seiner namensgebenden Kooperation mit Kreuzfahrtunternehmen einerseits und dem *World Wide Fund For Nature* (WWF) andererseits.
- »Neu« und erfolgreich waren auch die Bemühungen der Brauereien, den Bierabsatz durch immer andere Bier-Mix-Getränke anzukurbeln; »neu« in diesem Sinne ist auch *Karla*, ein Wellness-Getränk auf Bierbasis, das von der saarländischen *Karlsberg*-Brauerei folgerichtig über Apotheken vermarktet wird.
- »Neu« ist schließlich auch die molekulare Küche, die Lebensmittel auf ihre Essenz reduziert und für Geschmackserlebnisse und Diskussionsstoff gleichermaßen sorgt.

Die Beispiele zeigen, dass Neuheiten selbstverständlich nicht nur dann als solche betrachtet werden dürfen, wenn es mehr oder weniger gelingt, mit bahnbrechenden Innovationen das Rad neu zu erfinden, sondern dass auch Varianten des bestehenden Produkt- bzw. Leistungsangebotes als »neu« vermarktet werden können. Die Strategie der Produktentwicklung wird auch als wettbewerbsinduzierte Strategie bezeichnet, weil gerade der zunehmende Wettbewerb in stagnierenden Märkten systematische Weiterentwicklung des Leistungsprogramms erforderlich macht.

Die Strategie der Diversifikation ist dadurch gekennzeichnet, dass neue Leistungsangebote für neue Märkte entwickelt werden sollen. Diese Strategie dient im Kern der Risikostreuung (»zusätzliches Standbein«) und ist in drei verschiedenen Ausprägungen zu finden:

- Horizontale Diversifikation: Die neu aufzunehmende Dienstleistung steht mit dem bestehenden Programm noch in sachlichem Zusammenhang. Beispiel: Die Werkskantine eines Unternehmens übernimmt zusätzlich die Belieferung umliegender Kindergärten und Ganztagesschulen mit Pausen- und Mittagsverpflegung.
- Vertikale Diversifikation: Hier wird das bisherige Programm in Richtung Absatz der Erzeugnisse (Vorwärtsintegration) bzw. in Richtung Herkunft der Rohstoffe und Betriebsmittel (Rückwärtsintegration) erweitert. Beispiele: Ein Hotelkonzern beteiligt sich gezielt an Reisebüros und Reiseveranstaltern; eine Brauerei baut in Eigenregie Hopfen an usw.
- Laterale Diversifikation: Ein Unternehmen stößt mit neuem Leistungsangebot in völlig neue Märkte vor, die in keinem Zusammenhang mit dem bisherigen Leistungsprogramm stehen. Beispiele: Ein gemütlichesCafé in Innenstadtlage siedelt in eigenen Räumlichkeiten ein Antiquariat an; ein Bauunternehmer übernimmt ein Luxushotel usw.

Die Strategie der Diversifikation wird mit Blick auf die meist angestrebte Risikostreuung auch als Absicherungsstrategie bezeichnet.

Selbstverständlich kann ein bestehendes Unternehmen einzelne, aber auch mehrere dieser Marktfelder besetzen – gleichzeitig oder in einer bestimmten Reihenfolge. Wichtig dabei ist vor allem der Grad der Synergienutzung im Laufe der Entwicklung.

Je mehr Synergien genutzt werden können, desto naheliegender ist die Wahl dieser Strategie. Daraus ergeben sich verschiedene Strategiemuster, wobei als quasi natürliche Reihenfolge der Verlauf von Marktdurchdringung über Marktentwicklung und Produktentwicklung zur Diversifikation betrachtet wird. Daraus ergibt sich die sogenannte Z-Strategie als idealtypischer Verlauf.

Die Z-Strategie bei der Entwicklung von Geschäftsfeldern

Märkte	gegenwärtig	neu
Produkte/ Dienstleistungen		
gegenwärtig	Marktdurchdringung	Marktentwicklung
neu	Produktentwicklung	Diversifikation

Betrachtet man das Kerngeschäft eines Betriebes als den Bereich, in dem dieser Betrieb sowohl seine höchste Kompetenz als auch seine beste Markt- und Kundenkenntnis hat, so kann aufgezeigt werden, welche Synergien bei der Verfolgung von Marktfeldstrategien vorrangig genutzt werden.

Synergien bei der Verfolgung von Marktfeldstrategien

Kundengruppen- synergien	hoch	niedrig
Bezug zur Kernkompetenz		
eng	Kerngeschäft Marktdurchdrin- gungs-, Verteidi- gungsstrategien	Know-how-Multipli- kationsstrategie
gering	Cross-Selling- Strategien	Reine Wertschöp- fungsstrategien

(Vgl. Meffert/Bruhn, Dienstleistungsmarketing, S. 225)

Während die Marktdurchdringungsstrategie das höchste Synergiepotenzial aufweist, lassen sich im Falle der Diversifikation kaum noch Synergien zum bestehenden Geschäft und Kundenkreis nutzen.

Im nächsten Schritt zur Ausgestaltung der Geschäftsfeldstrategie geht es darum, festzulegen, welcher Wettbewerbsvorteil angestrebt werden soll. Im Rahmen der Wettbewerbsvorteilsstrategie ist zu entscheiden, wie sich das Unternehmen von seinen Konkurrenten abheben will, ob es also Differenzierungsvorteile (Qualität, Innovation, Leistungsprogramm, Markenbildung) anstrebt, auf Kostenvorteile durch Rationalisierung und Standardisierung setzen will oder aber durch Zeitvorteile, wie etwa besondere Schnelligkeit in der Reaktion auf Gästewünsche, im wahrsten Sinne des Wortes »Boden gutmachen« will. Gerade in Zeiten starken Wettbewerbs können sich Situationen ergeben, in denen mehrere Wettbewerbsvorteile gleichzeitig verfolgt werden müssen, um die eigene Position am Markt zu sichern. Die folgende Abbildung vereint daher drei Dimensionen zu Umsetzung von Wettbewerbsvorteilsstrategien (Grafik Seite 132).

Im Rahmen der Marktabdeckungsstrategie geht es um die Frage, welchen Grad der Abdeckung und Bearbeitung des relevanten Marktes ein gastgewerblicher Betrieb sinnvollerweise anstreben soll: Die Entscheidung liegt zwischen den Positionen Gesamtmarkt- und Teilmarktstrategie (siehe auch Kapitel Marktbearbeitungsstrategien, ab Seite 138).

Abschließende Überlegungen zur Gestaltung der Geschäftsfeldstrategie betreffen die Timingstrategie, die Frage also, ob ein Unternehmen als »Pionier« (der Erste, der eine Dienstleistungsinnovation vermarktet), als »früher Folger« (Anbieter, der kurze Zeit nach dem Pionier auftaucht) oder aber vergleichsweise abwartend als »später Folger« auftreten will. Diese Frage stellt

Wettbewerbsvorteilsstrategien

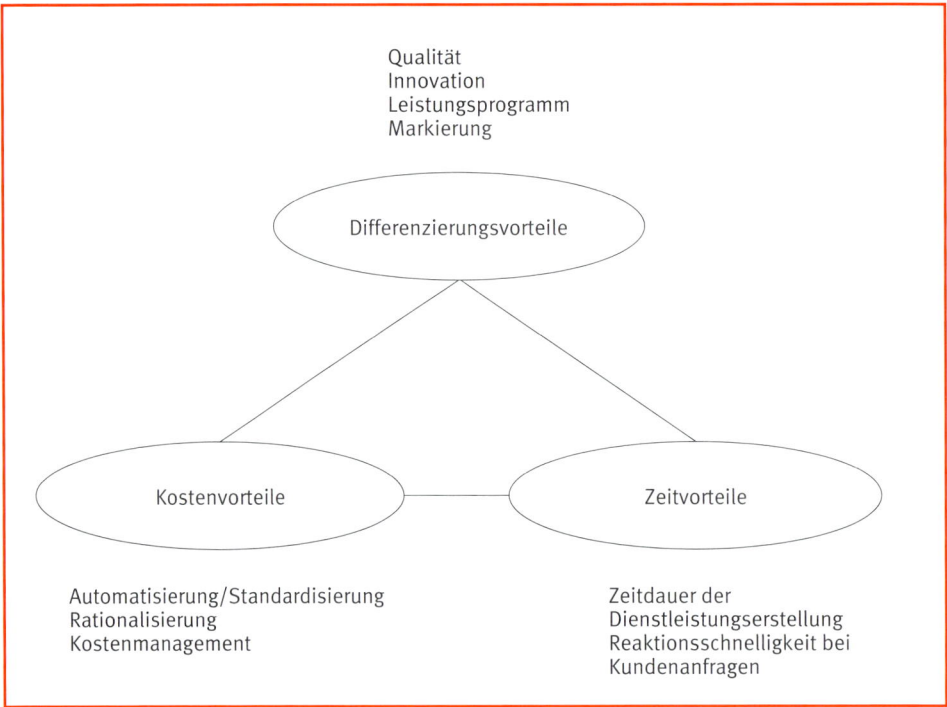

(Quelle: Meffert/Bruhn, Dienstleistungsmarketing, S. 228)

sich für einen gastgewerblichen Betrieb nur bei seiner Gründung oder bei der Erschließung neuer Märkte durch den Aufbau weiterer Hotels oder Restaurants – hier wären dann auch die sogenannten Marktarealstrategien zu diskutieren. Im Rahmen der Leistungspolitik kommt es jedoch immer wieder darauf an, mit neuen Konzepten und Variationen zum richtigen Zeitpunkt am Markt präsent zu sein.

Portfolio-Analyse zur Ableitung von Normstrategien

Das gastgewerbliche Unternehmen in seiner Gesamtheit ist als ein Portfolio zu betrachten, für das zu entscheiden ist, welche Geschäftseinheiten gebildet, aufgebaut, gefördert, erhalten, reduziert oder aufgegeben werden sollen. Verfügbare Mittel sind so auf strategische Geschäftseinheiten zu verteilen, sodass dauerhafte Wettbewerbsvorteile geschaffen bzw. erhalten werden können. Deshalb ist aus Sicht der Gesamtunternehmung jetzt festzulegen, welche strategischen Geschäftseinheiten Finanzmittel benötigen, wo also investiert werden muss, und welche Bereiche die entsprechenden Mittel erwirtschaften können. Zu bestimmen ist die richtige Mischung, damit insgesamt die angestrebten Ziele – z. B. angemessene Rentabilität bei Sicherung der erforderlichen Liquidität – erreicht werden können.

Als Entscheidungshilfen werden dazu verschiedene strategische Analyseinstrumente herangezogen: SWOT-Analyse, Positionierungs- und Lebenszyklusanalysen, Erfahrungskurvenanalyse, Wertkettenanalyse und die Portfolio-Analyse (siehe auch Kapitel Situationsanalyse, ab Seite 35).

Aus diesen Instrumenten können sogenannte Normstrategien für die fraglichen strategischen Geschäftseinheiten entwickelt werden. Diese Vorgehensweise soll im Folgenden am Beispiel der Portfolio-Analyse näher beleuchtet werden, weil dieses Instrument in der Praxis am weitesten verbreitet ist und es damit gelingt, die Faktoren, die für die strategische Ausrichtung des Unternehmens entscheidend sind, in einem Höchstmaß zu verdichten und zu veranschaulichen.

Grundsätzlich werden bei der Portfolio-Analyse die strategischen Geschäftseinheiten eines Unternehmens im zweidimensionalen Raum positioniert. Die erste Dimension (y-Achse) dient zur Darstellung derjenigen Faktoren, die von der Unternehmensleitung kaum oder gar nicht beeinflusst werden können, weil sie weitestgehend am Markt orientiert sind, wie Marktvolumen und Marktwachstum (z. B. gemessen als prozentuale Zunahme des Volumens

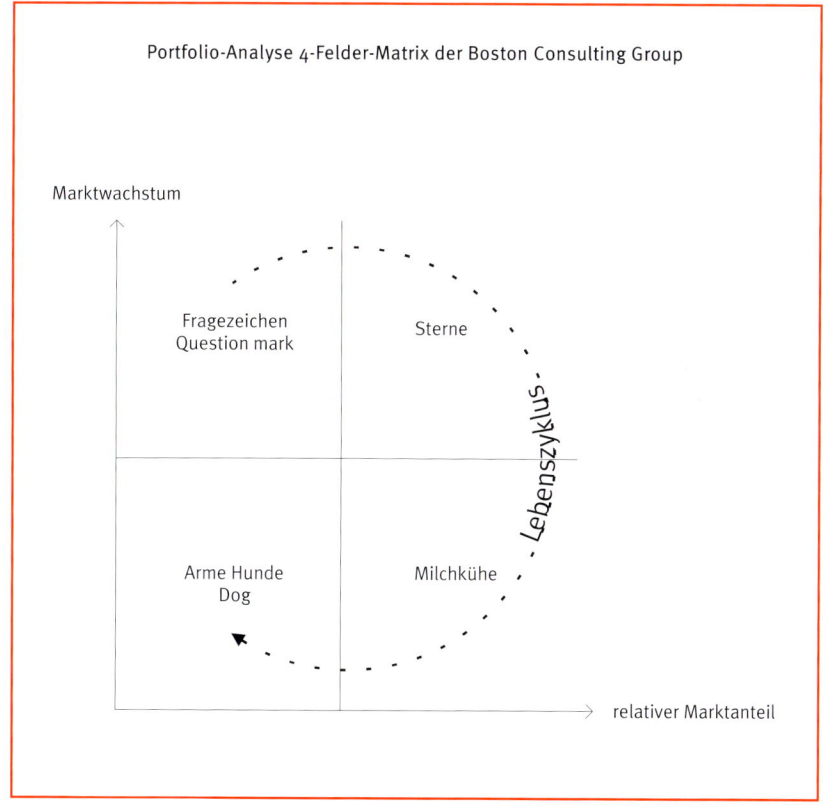

gegenüber dem Vorjahr). Die x-Achse wird dagegen von Faktoren wie Marktanteil (z. B. gemessen in Prozent des eigenen Anteils vom Anteil des Marktführers) und relativer Wettbewerbsvorteil bestimmt, die von der Unternehmensleitung direkt beeinflussbar sind. Insofern werden Überlegungen aufgenommen, die schon in der SWOT-Analyse Verwendung fanden: Eher extern bestimmte Chancen und Risiken werden eher intern bestimmten Stärken und Schwächen gegenübergestellt. Die einzelnen Geschäftseinheiten werden in der so gebildeten Matrix positioniert, um die Ausgangslage zu beschreiben. Die Vier-Felder-Matrix – ursprünglich eine Entwicklung der Boston Consulting Group – kann dann wie auf Seite 133 zu sehen dargestellt werden.

Die strategischen Geschäftseinheiten (SGE) werden in die vier Matrixfelder eingeordnet und finden sich dadurch in einer Kombination von hohem oder niedrigem Marktwachstum mit hohen oder niedrigen Marktanteilen wieder. Aus ihrer jeweiligen Charakterisierung lassen sich Normstrategien entwickeln.

- **Fragezeichen**

  So werden die SGE in der Einführungsphase bzw. frühen Wachstumsphase genannt; bei insgesamt hohem Marktwachstum haben sie einen niedrigen Marktanteil; ihr Finanzmittelbedarf ist hoch; möglicherweise sind sie jedoch als Nachwuchsprodukte die »Verdiener von übermorgen«.
  Normstrategie: entweder Marktanteil kräftig steigern, oder – bei negativer Einschätzung der Situation – SGE wieder vom Markt nehmen (Selektivstrategie)
  Beispiel: Der Lieferservice/Bringdienst, mit dem ein Spitzenrestaurant die Chefetagen der umliegenden Banken zur Mittagszeit versorgen will, ist gerade angelaufen und erwirtschaftet noch ein hohes Defizit. Die Rückmeldung der ersten Teilnehmer ist jedoch derart positiv, dass mit stark wachsender Nachfrage gerechnet werden kann, zumal die Entscheidungsträger der potenziellen Geschäftspartner an den Wochenenden häufig Gast im Restaurant sind, dessen Angebot sie sehr schätzen.

- **Sterne**

  Das sind SGE in der Wachstumsphase mit hohem Wachstum und starker Marktstellung, die gerade beginnen, ihren Finanzmittelbedarf selbst zu erwirtschaften; sie sind deshalb die »Verdiener von morgen«.
  Normstrategie: Marktanteil halten bzw. erhöhen (Investitionsstrategie)
  Beispiel: Ein vor Monaten eröffnetes Schnellrestaurant, das vor allem kreative Vollwertgerichte und kleine Snacks zum Mitnehmen anbietet, kommt bei den Angestellten der umliegenden Unternehmen, die es meist in der Mittagspause nutzen, ebenso gut an wie bei den Studenten der nahe gelegenen Universität; die Gewinnschwelle ist in greifbarer Nähe.

- **Milchkühe**

  So nennt man SGE in der späten Wachstums bzw. Reifephase: Bei relativ starker Marktstellung erwirtschaften sie einen hohen Cash flow. Als »Zahlmeister« des Unternehmens sorgen sie für die Mittel, die für die Entwicklung der nachwachsenden Geschäftseinheiten/Produkte in der Fragezeichen- bzw. Sternposition erforderlich sind.

  Normstrategie: Marktanteil so gut wie möglich halten oder leicht senken (Abschöpfungsstrategie)

  Beispiel: Die Hauptattraktion eines großen Landgasthofes ist seit Jahren die sogenannte »Festscheuer«, eine nur wenig veränderte ehemalige Scheune, die für große Feste, Vereins- und Firmenveranstaltungen genutzt wird. Die besondere rustikale Atmosphäre wird so geschätzt, dass die »Festscheuer« durch regelmäßig wiederkehrende Veranstaltungen der Stammkunden ausgelastet ist und gute Gewinne abwirft.

- **Arme Hunde**

  Das sind SGE mit relativ schwacher Marktstellung, die sich in der späten Reifephase oder schon in der Rückgangsphase befinden; ihr Cashflow ist gerade noch ausgeglichen oder schon negativ; eine Wiederbelebung ist zu prüfen, in diesem Stadium aber meist ohne große Erfolgsaussichten.

  Normstrategie: Rückzug wegen schlechter Zukunftsaussichten – Marktanteil senken oder Verkauf (Desinvestitionsstrategie)

  Beispiel: Ein ehemaliger Brauereigasthof verfügt aus dieser Zeit über einen angegliederten Saalbetrieb, der jedoch aufgrund seiner Größe und baulicher, ästhetischer und technischer Überalterung kaum für Veranstaltungen nachgefragt wird. (Vgl. Hänssler, Management in der Hotellerie und Gastronomie, S. 243 ff.)

Eine Weiterentwicklung dieser Grundkonzeption der Portfolio-Analyse stellt die Neun-Felder-Matrix dar, die von der weltweit operierenden Unternehmensberatung McKinsey entwickelt wurde. Hauptunterschied zur Vier-Felder-Matrix ist die differenziertere Betrachtung der Schlüsselfaktoren, durch die die beiden Achsen bestimmt werden.

Die y-Achse beschreibt die Marktattraktivität über die Bewertung der folgenden Faktoren:
- Marktwachstum,
- Marktvolumen,
- Marktstruktur und Wettbewerbssituation,
- Markteintrittskosten und Investitionsintensität,
- Konjunkturabhängigkeit und Preiselastizität,
- Energie- und Rohstoffversorgung,
- Risiko staatlicher Intervention.

Die zweite Dimension stellt eine umfassende Einordnung der eigenen Markt-stellung dar:

- Relativer Marktanteil,
- Innovations- und Marketingpotenzial,
- Vertriebsorganisation,
- Kostenvorteile,
- Finanzkraft,
- Relative Qualifikation der Führungskräfte und der Mitarbeiter,
- Produktqualität und technisches Know-how.

Aber auch bei dieser Betrachtung werden Investitions- und Wachstumsstra-tegien einerseits und Abschöpfungs- oder Desinvestitionsstrategien ande-rerseits als Normstrategien vorgeschlagen. Für Geschäftseinheiten, die in den Feldern der Diagonalen liegen ergibt sich das Entweder-Oder der Selek-tivstrategie: In der folgenden Darstellung (Seite 137) werden die einzelnen Geschäftseinheiten durch Kreise dargestellt, deren unterschiedlichen Um-sätze (möglich auch: Deckungsbeiträge, Cashflow) durch die Größe der Krei-se wiedergegeben werden. Die Darstellung kann weiter verfeinert werden, indem man Kreisausschnitte hinzufügt, die den Marktanteil des eigenen Unternehmens im jeweiligen Geschäftsfeld angeben.
In der grundsätzlichen Vorgehensweise unterscheiden sich die beiden Port-folio-Modelle nicht. Dieses Vorgehen kann in vier Schritte zerlegt werden:

• Schritt 1
Festlegung der Analyseobjekte: Das können Produkte, Produktgruppen, Kundengruppen, Märkte oder entsprechende Kombinationen (SGE).

• Schritt 2
Gewinnung der relevanten Informationen je SGE, um diese positionieren zu können: Das sind Informationen entsprechend der oben beschriebenen Schlüsselfaktoren.

• Schritt 3
Positionierung der SGE gemäß ihrer derzeitigen Situation: Ist-Portfolio, in der folgenden Darstellung (Seite 137) durch die nummerierten Kreise wie-dergegeben.

• Schritt 4
Ableitung der Normstrategien, d.h. Festlegung strategischer Stoßrichtun-gen (im Soll-Portfolio, in der folgenden Darstellung mit Pfeilen und gestri-chelten Linien wiedergegeben), durch die die Ausgewogenheit des Portfo-lios und damit die (Ober-) Zielerreichung des Gesamtunternehmens verbessert werden soll.

Neun-Felder-Matrix

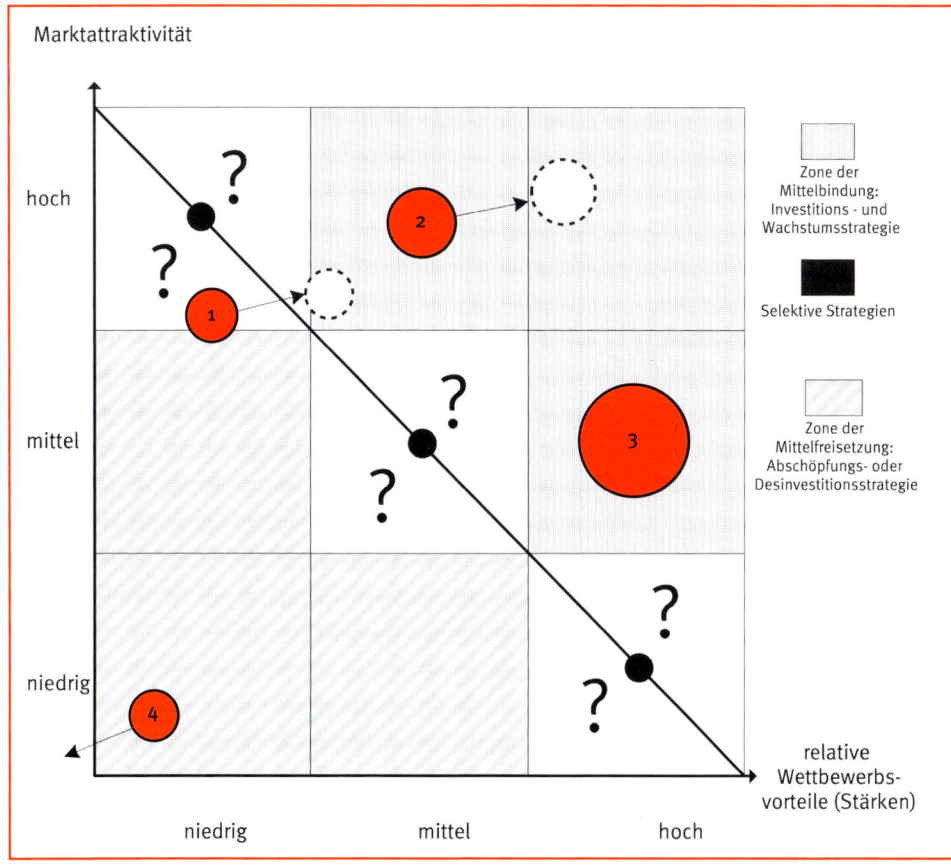

Im obigen Fall soll also in die Geschäftseinheiten 1 und 2 investiert werden, um ihre Wettbewerbsposition weiter zu verbessern. Benötigte Mittel dafür können teilweise aus der Desinvestition bei Geschäftseinheit 4 gewonnen werden, bei der ein Rückzug aus wenig aussichtsreicher Position angestrebt wird. Geschäftsfeld 3 soll in der gegenwärtigen Lage konsolidiert werden; eine weitere Verbesserung der Wettbewerbsposition wäre nur mit unverhältnismäßig hohem Aufwand möglich.

Die Bestimmung von strategischen Stoßrichtungen und die Ableitung von Normstrategien auf Basis der Portfolio-Analyse stellen die Verbindung zwischen der Unternehmensstrategie und den Marketingstrategien auf der Ebene der strategischen Geschäftseinheiten dar.

Strategische Marketingplanung

Für jeden einzelnen Unternehmensbereich ist nun festzulegen, welche Marketingstrategien zu verfolgen sind, wie also langfristig ein Vorsprung gegenüber der Konkurrenz aufgebaut oder erhalten werden soll. Für ein einzelnes Hotel oder Restaurant, aber auch für eine eigenständige Geschäftseinheit innerhalb eines größeren Unternehmens stellt sich dabei unter anderem die Frage nach der Marktbearbeitungsstrategie (Marktparzellierung).

Marktbearbeitungsstrategien

Grundsätzlich lassen sich drei Alternativen der Marktbearbeitung bzw. Marktparzellierung unterscheiden:

- Undifferenzierte Marktbearbeitung
- Differenzierte Marktbearbeitung
- Konzentrierte Marktbearbeitung

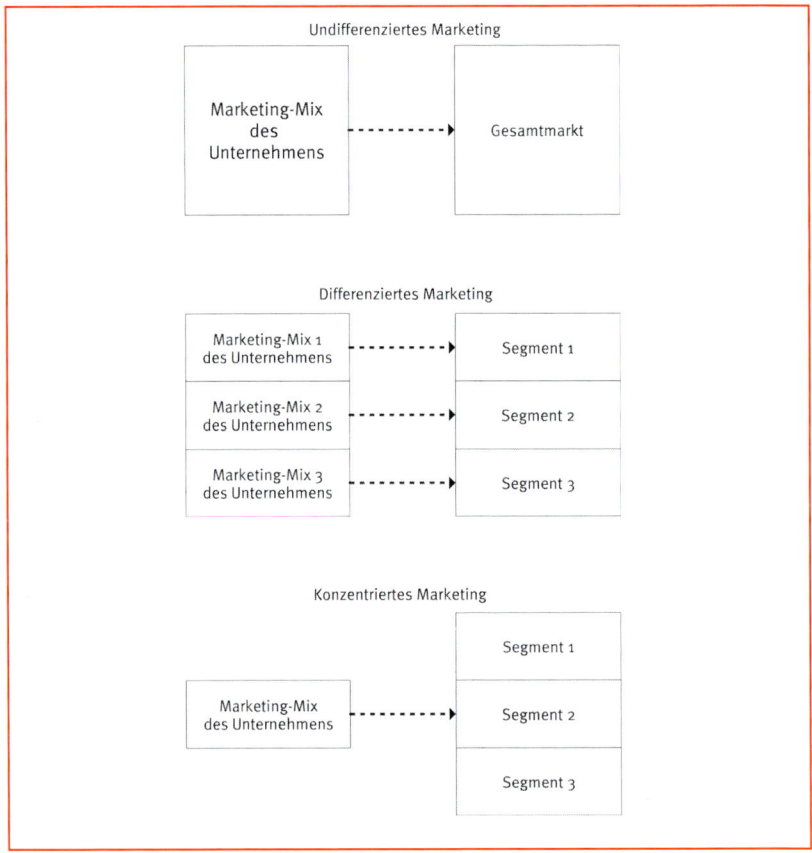

(Quelle: Kotler/Bliemel, Marketing-Management, S. 457)

Undifferenzierte Marktbearbeitung im Sinne des Massenmarketings bedeutet, vereinfacht ausgedrückt, dass versucht wird, Standardprodukte anzubieten, die den durchschnittlichen Erwartungen möglichst weit gefasster Zielgruppen entsprechen. Geeignet ist diese Strategie, wenn eine weitgehend homogene Nachfrage gegeben ist und die Leistungserstellung weitgehend standardisiert werden kann. Das erfolgreiche Fastfoodkonzept von *McDonald's* kann hier ebenso als Beispiel angeführt werden wie die Strategie von *Coca Cola*.

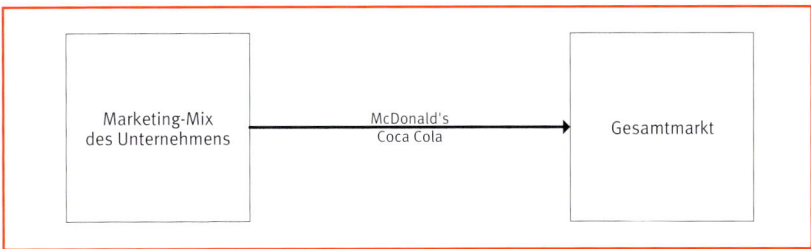

Schon bei der Diskussion der Zielgruppen- bzw. Marktsegmentierung ist jedoch deutlich geworden, dass im Hotel- und Gaststättengewerbe eine undifferenzierte Bearbeitung des Marktes schon aus Kapazitäts- und Imagegründen in der Regel nicht infrage kommt. Dazu unterscheiden sich die Ansprüche und Bedürfnisse der verschiedensten Gästegruppen zu sehr und stehen teilweise im Widerspruch zueinander, wie beispielsweise der Wunsch nach Ruhe und Erholung der einen und der Wunsch nach Erlebnis und Unterhaltung der anderen Gästegruppe.

Von differenzierter Marktbearbeitung spricht man dagegen, wenn mit speziell abgestimmtem Marketing-Mix für die jeweils angestrebte Zielgruppe maßgeschneiderte Angebote entwickelt werden.

Diese Orientierung an den unterschiedlichen Gästebedürfnissen entspricht dem Grundgedanken des Marketings und erscheint für Unternehmen des Hotel- und Gaststättengewerbes geradezu zwingend. Gleichwohl kann auf der Ebene eines Gesamtunternehmens oder -konzerns die Abdeckung des gesamten Marktes angestrebt werden – nur eben mit jeweils maßgeschneiderten Angeboten: So deckt beispielsweise der *Accor*-Konzern mit seinen Hotels der unterschiedlichsten Kategorien den Markt in der Breite ab.

Differenzierte Marktbearbeitung durch die ACCOR-Gruppe

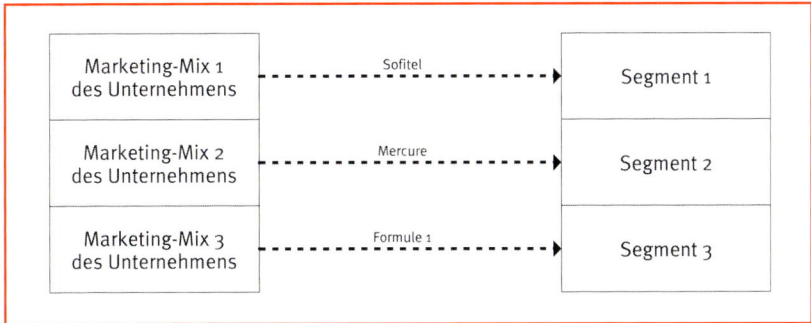

Steht hingegen ein einzelnes ausgewähltes Marktsegment im Vordergrund, so handelt es sich um die Form der konzentrierten Marktbearbeitung. Bei bestimmten Dienstleistungen, wie etwa bei der Unternehmens- und Steuerberatung, aber auch bei der anwaltlichen Vertretung und den Gesundheitsleistungen liegt es in der Natur der Sache, dass die Konzentration bis zum »Segment-of-one-approach« geht.

Konzentrierte Marktbearbeitung in der Gastronomie liegt beispielsweise vor, wenn ein Spezialitätenrestaurant betrieben wird: Wer ein Steakhaus führt, konzentriert sich ebenso auf eine bestimmte Zielgruppe wie der Betreiber eines Fischrestaurants oder eines vegetarische Restaurants. Diese Strategieoption ist deshalb auch die nahe liegende Form für ein Individualhotel, z. B. Sporthotel, Kurhotel, Tagungshotel, Familienhotel, Ökohotel. Hierher gehört auch die sogenannte Nischenstrategie, bei der eine ganz spezielle Zielgruppe ausgewählt wird, deren Bedürfnisse von anderen nicht oder nicht zufrieden stellend genug aufgegriffen werden.

Marktteilnehmerstrategien

Schließlich ist von der Unternehmensleitung für jede Geschäftseinheit festzulegen, welches Verhalten gegenüber den Marktteilnehmern als vorteilhaft betrachtet wird, wie man sich also gegenüber den Abnehmern, den Konkurrenten und den Absatzmittlern grundsätzlich positionieren will.

Die größte Bedeutung hat dabei zweifellos die abnehmergerichtete Verhaltensstrategie (Marktstimulierung), bei der zu klären ist, welche Art der gezielten Beeinflussung des Abnehmerverhaltens, d. h. welche Art und Weise der Marktstimulierung die größten Erfolgsaussichten verspricht.

Marketingstrategisch können grundsätzlich zwei alternative Ansätze unterschieden werden, durch die wesentliche Stärken einer strategischen Geschäftseinheit besonders herausgestellt werden können:

- Präferenzstrategie
- Preis-Mengen-Strategie

Bei der Präferenzstrategie, wird das Ziel verfolgt, eine »Vorzugsstellung« (= Präferenz) beim Gast zu erreichen, die sich auf zahlreiche Merkmale stützt, mit denen sich der eigene Betrieb von der Konkurrenz unterscheidet. Dazu gehören beispielsweise ein höheres Serviceniveau, bessere Qualität der Dienstleistung, breiteres Leistungsspektrum, Design und atmosphärische Gestaltung – Wettbewerbvorteile also –, die beim Gast eine größere Preisbereitschaft erreichen sollen. Dazu werden im Rahmen dieser Strategie in erster Linie Maßnahmen geplant, die *nicht* auf den Preis abzielen: Der Einsatz aller wesentlichen präferenzorientierten Marketinginstrumente soll einen überdurchschnittlich hohen Abgabepreis ermöglichen, wie umgekehrt ein überdurchschnittlicher Preis auch ein wichtiges präferenzbildendes Mittel ist, das heißt: Diese Strategie führt zu einer mehrdimensionalen und damit echten Präferenzbildung, weil auf diese Weise profilierte Marken (relativ) schwer austauschbar sind. Wer wie folgt wirbt, handelt offensichtlich nach dem Motto: »Über den Preis reden wir später!«

Beispiel für Präferenzorientierung

Bei der Preis-Mengen-Strategie steht dagegen der aggressive Einsatz preis- und konditionenpolitischer Mittel im Vordergrund. Der Einsatz der übrigen Marketinginstrumente erfolgt nur soweit, als er zwingend notwendig ist. Der Gast soll das Leistungsangebot im Wesentlichen aufgrund des sehr niedrigen Preises kaufen. Diese Strategie führt im Prinzip lediglich zu einer eindimensionalen und damit unechten Präferenzbildung, weil reine Preispräferenzen instabil sind. (Vgl. Becker, Marketingkonzeption, S. 214) Hauptsächlich über den Preis vermarktete Produkte sind nämlich stark austauschgefährdet, wenn am Markt eine noch billigere Alternative auftritt.

Ein Beispiel für diese Betonung des Preises gibt das folgende Foto, aufgenommen auf einem Rastplatz an einer französischen Autobahn. Frei nach dem Mott: »Hier spricht der Preis – sonst nichts!«

Dieses Beispiel zeigt auch, dass Budget-Hotels der 1 und 2-Sterne-Kategorie im Zuge einer Marktpolarisierung in Hoch- und Niedrigpreissegment bei gleichzeitigem »Verlust der Mitte« gute Entwicklungsmöglichkeiten haben. (Vgl. Hänssler, Managmenet in der Hotellerie und Gastronomie, S. 230)

Grundlegende Merkmale der Präferenz- und Preis-Mengen-Strategie im Vergleich

Merkmale	Präferenzstrategie	Preis-Mengen-Strategie
Prinzip	Qualitätswettbewerb (mehrdimensional)	Preiswettbewerb (eindimensional)
Ziel	Gewinn <u>vor</u> Umsatz/Marktanteil	Umsatz/Marktanteil <u>vor</u> Gewinn
Zielgruppe	»Marken-Käufer«	»Preis-Käufer«
Charakteristik	Hochpreiskonzept→Aufbau von Präferenzen (Vorlieben) durch klares Markenimage→ Herausstellung von Leistungsvorteilen →Immunisierung gegenüber Konkurrenten→ differenzierter Marketing-Mix	Niedrigpreiskonzept→ Verzicht auf Aufbau von echten Präferenzen und Markenimage→ Kundenfindung/-bindung durch aggressive Preispolitik→Minimum-Marketing-Mix
Wirkungsweise	»Langsam-Strategie«→ mehrjähriger Profilierungsprozess →Chancen dauerhafter Wirkung	»Schnell-Strategie«→ angestrebtes Preisimage schnell erreichbar→ Gefahr schnellen Verschleißes
Dominanter Bereich	Marketing→ Ertragsorientierung	Einkauf, Fertigung→ Kostenorientierung

(Quelle: Becker, Marketingkonzeption, S. 204)

Es geht bei den Alternativen Präferenz- oder Preis-Mengen-Strategie immer darum, eine Vorstellung in der Psyche des Verbrauchers zu erzeugen, die er mit der angebotenen Leistung verbinden soll. Deshalb werden diese Strategien auch als abnehmergerichtete Verhaltensstrategien (Meffert/Bruhn, Dienstleistungsmarketing, S. 210) bzw. als Marktstimulierungsstrategien (Becker, Marketingkonzeption, S. 179 ff.) bezeichnet.

Auch die Überlegungen von Porter gehen in diese Richtung, obwohl er von »Wettbewerbsstrategien« spricht (Seite 143). Porter zeigt darin auf, dass sich ein Unternehmen auf dem Gesamtmarkt profilieren kann, indem es auf Kostenvorteile setzt, die eine aggressive Preisstrategie ermöglichen, oder aber über Leistungsvorteile die Qualitätsführerschaft anstreben kann. Eine strategische Erfolgsposition kann in diesem Modell aber auch durch Konzentration auf attraktive Marktnischen angestrebt werden.

Wieder wird eine klare Entscheidung vom Unternehmen gefordert: entweder überlegener Leistungsvorteil oder Preisvorteil. Wer diese Profilierung nicht anstrebt, bleibt im Niemandsland stecken. (Porter nennt das anschaulich »stuck-in-the-middle«.) Zwar sind viele Märkte – auch im Bereich von Hotellerie und Gastronomie und deren Zulieferern – tatsächlich durch eine Polarisierung gekennzeichnet (Premiummarke oder Billiganbieter), aber eine zweidimensionale Sicht gibt die realen Marktbedingungen nur verkürzt wieder.

Wettbewerbsstrategien nach Porter

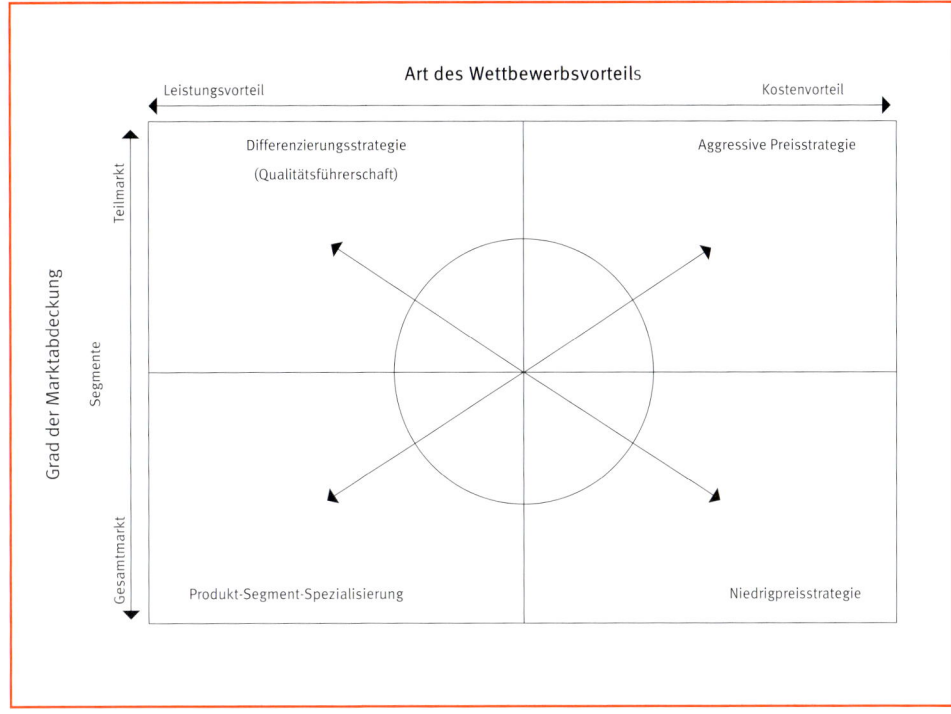

(Quelle: Meffert, Marketing, S. 270)

Zum einen treten neben die Dimension »Qualität« weitere Profilierungs-
möglichkeiten wie Innovationsorientierung, Markierungsorientierung,
Programmbreite; zum anderen ergeben sich gerade im Hotel- und Gaststättengewerbe, zu dem viele Klein- und Mittelbetriebe gehören, durch die Konzentration auf ganz spezifische Zielgruppen neue Möglichkeiten: Nicht weil
es die beste Leistung oder den günstigsten Preis anbietet, sondern weil es
die Bedürfnisse seiner Zielgruppe am treffsichersten aufgreift, ist das Hotel
X oder das Restaurant Y besonders erfolgreich. Das Preis-Leistungs-Verhältnis, wie es sich für den Gast darstellt, ist kein reines Entweder-Oder. Damit
aber ergibt sich ein strategisches Suchfeld zwischen den Extrempositionen
der Low-Budget-Hotellerie einerseits und der Luxushotellerie andererseits
(Grafik Seite 144).

Das einzelne Hotelunternehmen bzw. die einzelnen Geschäftseinheiten
müssen sich innerhalb des gekennzeichneten Bereiches über ihre Kernkom-
petenzen profilieren, die durchaus in einem mehrdimensionalen Problemlö-
sungspotenzial für spezifische Kosten-Nutzen-Kombinationen der Gäste
bestehen können. Definiert man eine umfassende Marktführerschaft in diesem Sinne, so wird klar, dass sie sich auch über die optimale Erfüllung der
Kosten-Nutzen-Kombination der Gäste erreichen lässt und dabei sowohl-

Strategisches Suchfeld in der Hotellerie

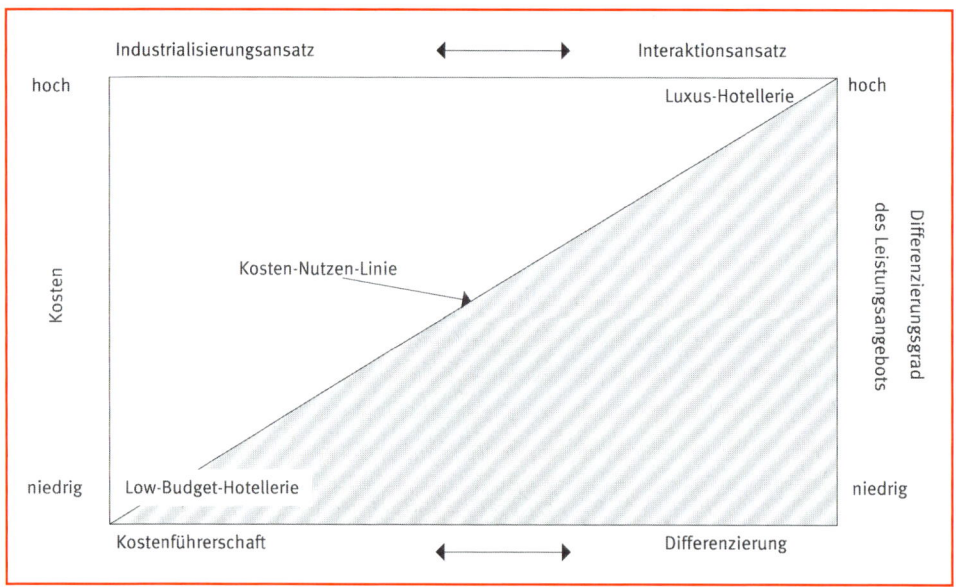

(Quelle: Gardini, Marketing-Management in der Hotellerie, S. 159)

stärker an der relativen Kostenposition (value for money) als auch an der Differenziertheit des Leistungsangebots anknüpfen kann.

Die Optionen, die sich für einen Hotelbetrieb anbieten, um seinen Schwerpunkt eher auf Kostenführerschaft oder eher auf Leistungsdifferenzierung zu legen, können anhand dieser Überlegungen wie folgt zusammengefasst werden:

Kostenführerschaft = Industrialisierungsansatz	Leistungsdifferenzierung = Interaktionsansatz
Standardisierung	Individualisierung
Technisierung	Humanisierung
Externalisierung	Internalisierung

Der Standardisierung der Leistungserbringung sind in Hotellerie und Gastronomie naturgemäß enge Grenzen gesetzt, aber zumindest einzelne Teilprozesse lassen sich durchaus standardisieren, etwa im Back-Office-Bereich oder in der Bankettabteilung. Technisierung, wie etwa der Einsatz von Check-in-Terminals und Selbstbedienungsautomaten, kann dazu beitragen, kostenintensiven Personaleinsatz zu verringern. Die Externalisierung, also die Verlagerung von Tätigkeiten auf den Gast (Selbermachen statt Bedienenlassen) schließlich ist ein weiterer Schritt in Richtung Kostenführerschaft. Die Einbeziehung des Gastes – in vielen Fällen von diesem durchaus gewünscht – hat zu Wortschöpfungen wie »Servunction« (von engl. service und production) bzw. »Prosumer« (von engl. producer und consumer) geführt.

Wer dagegen auf Qualitätsführerschaft setzt, wird versuchen, Leistungen zu individualisieren, die menschlichen Beziehungen zwischen bestens geschultem Personal und den Gästen zu betonen, den Gast durch perfekte Bedienung von eigener Mitarbeit zu entlasten – im Zweifel ohne Rücksicht auf die dabei anfallenden Kosten.

Beide Positionen versprechen Erfolg. Aber auch eine Kombination der einzelnen Elemente bedeutet nicht zwangsläufig, dass man »zwischen den Stühlen« sitzt, sondern kann Gästebedürfnisse unter gewissen Umständen optimal befriedigen.

Alternativen strategischer Ausrichtung in Dienstleistungsunternehmen
- Zielgruppenspezifisches Produkt-/Dienstleistungsangebot durch Konzentration auf Kundennutzen und spezifische Marktsegmente
- Identifikation und Konzentration des persönlichen Dienstleistungselements auf erfolgskritische Dienstleistungsphasen
- Optimierung der Kombination aus persönlichen und unpersönlichen Leistungskomponenten
- Optimierung der Kosten-Nutzen-Kombination der Kunden
- Differenzierte Externalisierungs-/Internalisierungsmaßnahmen
- Gezielte Nutzung von Kunden-/Marktdaten (Data Base Marketing)
- Aufbau und Pflege von Kundenbeziehungen (Club-Card, Memberships)
- Gezielte Steuerung der Kundenerwartungen
- Gezielte Personalauswahl und Intensivierung von Personalentwicklungs- und Schulungsmaßnahmen

(Quelle: Gardini, Marketing-Management in der Hotellerie, S. 161)

Neben der Frage, wie gegenüber den Kunden aufgetreten werden soll, sind aber auch Strategien für das grundsätzliche Verhalten gegenüber Konkurrenten und Absatzmittlern festzulegen. Auch hier müssen unternehmensweit gültige Leitlinien gefunden werden, die nicht täglich zu Disposition stehen dürfen.

Wettbewerbsgerichtete Verhaltensstrategien sind entweder durch eher innovatives (aktives) oder eher imitatives (passives) Verhalten gekennzeichnet. Es kann versucht werden, die Auseinandersetzung im Wettbewerb eher zu meiden oder sich ihr zu stellen (Tabelle Seite 146).

Wettbewerbsgerichtete Verhaltensstrategien

Verhaltensdimensionen	innovativ	imitativ
Wettbewerbsvermeidend	Ausweichung	Anpassung
Wettbewerbsstellend	Konflikt	Kooperation

(Quelle: Meffert, Marketing, S. 284)

Wer also mit einem neuen Fastfoodkonzept Fuß fassen will, muss sich nicht zwingend auf Konfrontationskurs mit den etablierten Branchenriesen begeben, sondern kann durch Ausweichen – in »seiner« Nische – erfolgreich sein. Ein einzelnes Familienhotel hat oft nicht die entscheidenden Wettbewerbsvorteile gegenüber seinen Konkurrenten oder nicht die finanziellen Mittel für zermürbende Auseinandersetzungen mit ihnen: Es kann sich dann den großen Konkurrenten anpassen, also in einer Art »Me-too«-Haltung in deren Windschatten den Erfolg suchen oder sich mit anderen zusammenschließen – Motto: »Gemeinsam sind wir stark!«, um so seine Marktposition zu festigen und auszubauen.

Schließlich ist auch darüber zu befinden, wie sich das Unternehmen im sogenannten vertikalen Marketing gegenüber den Absatzvermittlern verhalten will. Absatzmittlergerichtete Strategien zielen daher darauf ab, die eigene Position gegenüber Reisebüros, Reiseveranstaltern, Hotelbuchungsagenturen, Computerreservierungssystemen u.a. zu stärken, die (Groß-) Handelsfunktionen wahrnehmen.

Absatzmittlergerichtete Verhaltensstrategien

Marketing des Herstellers	Passiv in der Gestaltung der Absatzwege	Aktiv in der Gestaltung der Absatzwege
Passiv in der Reaktion auf Marketingaktivitäten des Handels	Anpassung (Machtduldung)	Konflikt (Machtkampf)
Aktiv in der Reaktion auf Marketingaktivitäten des Handels	Kooperation (Machterwerb)	Umgehung/Ausweichung (Machtumgehung)

(Quelle: Meffert, Marketing, S. 291)

Ein Hotel, das seine Leistungen ausschließlich direkt vertreibt, hätte demzufolge eine Umgehungsstrategie gewählt. Wer die Vermarktung seiner Leistungen dagegen mehr oder weniger vollständig einem Absatzmittler überlässt, hätte sich in diesem Sinne für eine Anpassungsstrategie entschieden. Tatsächlich gilt für viele Hotels, dass sie Instrumente des direkten und indirekten Vertriebs gleichzeitig einsetzen.
Die Verhaltensstrategien bezüglich der Wettbewerber und der Absatzmittler – von Becker als »Strategiestile« im Sinne von Umgangsformen bezeichnet – komplettieren die Überlegungen zu den Marktteilnehmerstrategien.

Die Marketinginstrumente-Strategien werden nicht hier, sondern bei der Besprechung dieser Instrumente aufgegriffen (ab Seite 180).

Bleibt abschließend festzuhalten, dass die strategische Ausrichtung, die das Unternehmen mittel- und langfristig auf dem Weg zur Zielerreichung »in der Spur« halten soll, natürlich nicht in der Weise wirkt, dass die oben beschriebenen Strategiebausteine isoliert voneinander verfolgt werden. Die isolierte Betrachtung ist nur erforderlich, um die jeweiligen Besonderheiten herauszuarbeiten.

Erfolgreiche strategische Konzepte von Unternehmen sind in der Regel Resultat einer konsequenten Bündelung mehrerer strategischer Komponenten. Ein entsprechendes Strategieprofil könnte wie folgt aussehen:

Strategieprofil einer Hotelgesellschaft

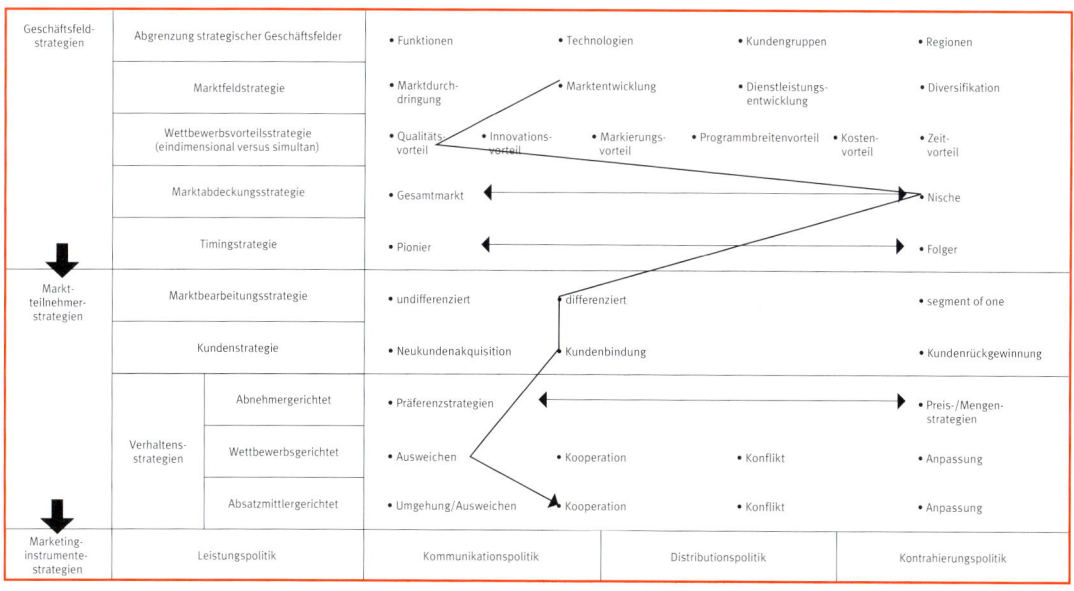

Balanced Scorecard als Hilfsmittel zur Strategieverwirklichung

Unternehmensstrategien und Marketingstrategien auf der Ebene der strategischen Geschäftseinheiten müssen durch entsprechendes Handeln der Beteiligten umgesetzt werden.

Wenn Strategien scheitern, so kann das zum einen daran liegen, dass sie vom Markt nicht angenommen werden – das heißt, es ist eine falsche Strategie gewählt worden. Strategien können aber zum anderen auch dann scheitern, wenn sie im Hinblick auf den Markt zwar angemessen sind, aber

Integration der Elemente als Schlüssel zur erfolgreichen Strategieumsetzung

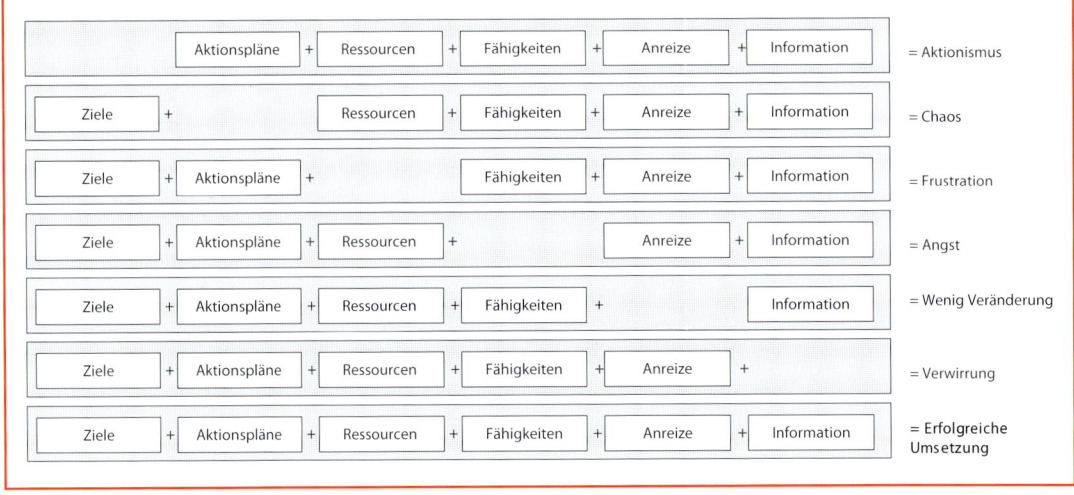

(Quelle: Gaiser, Bernd/Horváth AG)

keine ausreichende Finanzierung sichergestellt werden kann. Am häufigsten jedoch scheitern richtige und ausreichend budgetierte Strategien, weil es nicht gelingt, sie durch Integration sämtlicher in der Abbildung unten dargestellter Elemente in konkretes Handeln aller beteiligten Mitarbeiter und Abteilungen im Unternehmen konsequent umzusetzen.

Ein vieldiskutiertes Instrument der Strategieumsetzung, das gerade für das

Vernetztes Balanced-Scorecard-Modell

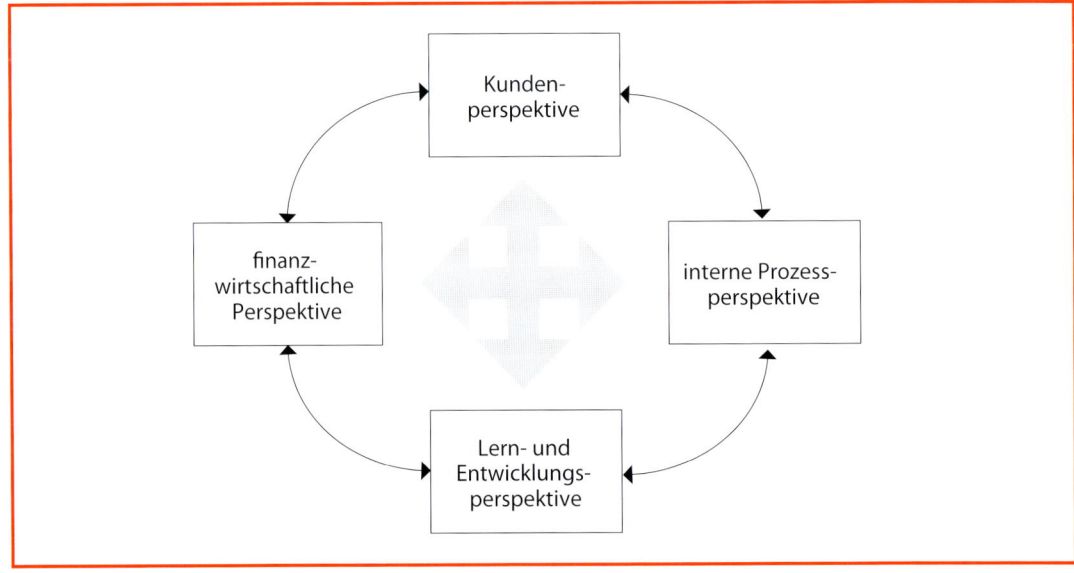

(Quelle: Preißner, Andreas, Balanced Scorecard anwenden, S. 23)

marktorientierte Denken besonders hilfreich sein kann, ist die sogenannte Balanced Scorecard(BSC). So wie das Portfoliodenken beispielhaft aus den Instrumenten der strategischen Analyse herausgegriffen worden ist, wird nun die Balanced Scorecard stellvertretend für die Führungsinstrumente bei der Strategieimplementierung näher beleuchtet werden.

Das Konzept der BSC geht auf David P. Norton und Robert S. Kaplan von der Harvard Business School zurück, die es als Instrument mit dem Anspruch entwickelt haben, Strategien in konkretes Handeln zu überführen (»translating strategies into action«). Sie haben darauf hingewiesen, dass bei der Unternehmenssteuerung häufig auf eine Fülle unübersichtlicher Kennzahlen zurückgegriffen wird, die zudem einseitig an Umsatz- und Gewinngrößen orientiert sind. Mit der Balanced Scorecard soll dieser Blickwinkel durch die Aufnahme zusätzlicher Perspektiven erweitert werden. Vier Kernbereiche des Unternehmens werden deshalb in einer ausgewogenen (= balanced) Weise dargestellt und Kennzahlen oder Beurteilungskriterien für deren Entwicklung abgeleitet.

Die vier Standardperspektiven der Balanced Scorecard

Perspektiven der Balanced Scorecard	Zentrale Fragestellung	Mögliche Messgrößen
1. Die Finanzperspektive:	Wie sollen wir gegenüber Geldgebern auftreten, um finanziellen Erfolg zu haben?	Umsatz, Gewinn, Cashflow, Kapitalrentabilität, Belegungsgrad
2. Die Kundenperspektive:	Wie sollen wir gegenüber den Kunden auftreten, um unsere Vision zu verwirklichen?	Marktanteil, Kundenzufriedenheit, Neukundengewinnung, Stammkundenloyalität
3. Die interne Prozessperspektive:	In welchen Prozessen müssen wir die Besten sein, um sowohl unsere Geldgeber als auch unsere Kunden zu befriedigen?	Servicequalität (TQM), Kosten, Bearbeitungszeiten, Ablauforganisation, Beschwerdemanagement
4. Die Lern- und Entwicklungsperspektive:	Wie können wir unsere Potenziale fördern, um unsere Ziele zu verwirklichen?	Fähigkeiten, Einstellungen, Schulung und Weiterbildung, Mitarbeiterzufriedenheit, Fluktuationsrate

Für den Finanzbereich sind an dieser Stelle die Anforderungen der Investoren (Gesellschafter und Fremdkapitalgeber) zu berücksichtigen. Darüber hinaus bleibt der langfristige ökonomische Erfolg Voraussetzung für das Überleben des Unternehmens. Die finanziellen Ziele können aber nur erreicht werden, wenn den Kunden ein entsprechendes Angebot gemacht wird. Für diese Kundenperspektive können als strategische Ziele z. B. Kundenzufriedenheit und Kundenbindung genannt werden. Das wiederum setzt eine stetige Verbesserung der internen Abläufe und Geschäftsprozesse voraus. Schließlich sind Lernprozesse (Ausbildung und Motivation der Mitarbeiter, Zugang zu wichtigen Informationen) als Grundlage für eine erfolgreiche Prozessgestaltung erforderlich.

Auf diese Weise sind die Perspektiven der Balanced Scorecard zur Sicherung der zukünftigen Entwicklungsfähigkeit des Unternehmens kausal miteinander verknüpft. Das folgende Schaubild stellt diese kausalen Verknüpfungen in vereinfachter Form dar.

Ursache-Wirkungs-Kette der Balanced Scorecard

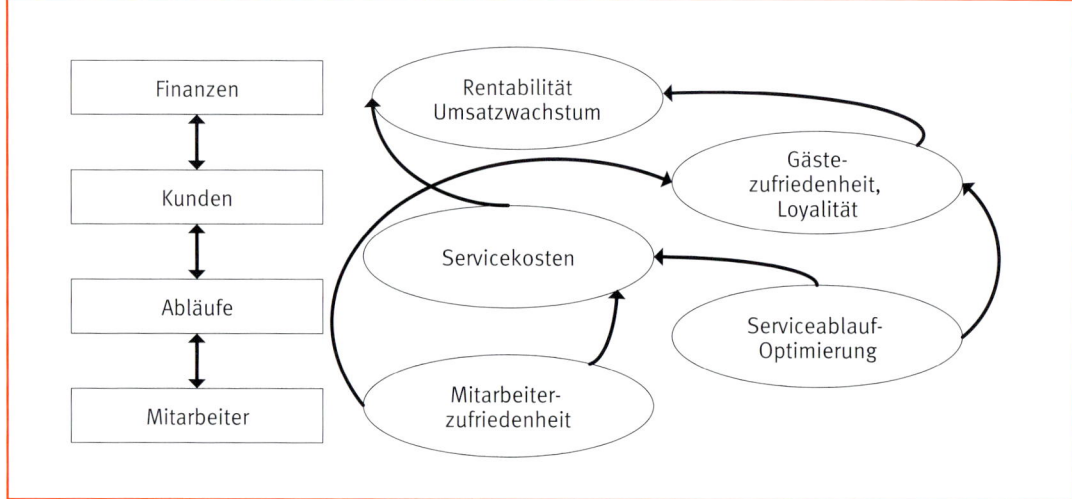

Aus der übergeordneten BSC des Gesamtunternehmens können dann Balanced Scorecards für die einzelnen Geschäftseinheiten und Abteilungen abgeleitet werden. Auf jeder Stufe entsteht so eine jeweils eigene, mit der Gesamtstrategie verknüpfte Scorecard: Das gesamte Unternehmen bis hin zum einzelnen Mitarbeiter wird damit nach der Strategie ausgerichtet, die Grundlagen für einheitliches Vorgehen sind geschaffen. Dabei muss man nicht in jedem Fall mit aufwendigen Computerprogrammen arbeiten, die für die Anwendung des BSC-Konzeptes von verschiedenen Softwareunternehmen angeboten werden. Schon die Erarbeitung einer BSC legt nicht nur die unterschiedlichen Perspektiven des Unternehmens offen; sie führt in der Regel zu einer konsequenteren Abstimmung der operativen Ziele und Maßnahmen und verbessert dadurch die Chancen, dass Strategien tatsächlich in schlüssiges Handeln umgesetzt werden können.

So arbeiten auch große Hotelkonzerne, wie z. B. *Marriott* oder *Hilton*, mit diesem Grundkonzept. Die Scorecard wurde dort eingeführt, um alle Aktivitäten zu integrieren und jeden einzelnen Mitarbeiter auf gemeinsames Handeln hin auszurichten. Das geht so weit, dass diese Scorecard-Perspektiven in den Stellenbeschreibungen aufgegriffen werden, indem die Aufgaben ganz bewusst unter die Überschriften »Dienst am Gast« – »Mitarbeiter und Vorgesetzte« – »Qualität und Standards« – »Gewinn und Wirtschaftlichkeit« gestellt werden.

Im Hotelbereich bietet es sich im Übrigen an – und ist vom Konzept der Balanced Scorecard durchaus abgedeckt – über die vier Standardperspektiven hinauszugehen. So könnte wegen der zentralen Bedeutung der Gästegewinnung über vielfältige Kommunikations- und Distributionskanäle eine »Ver-

Balanced Scorecard im Prozess der Unternehmensplanung

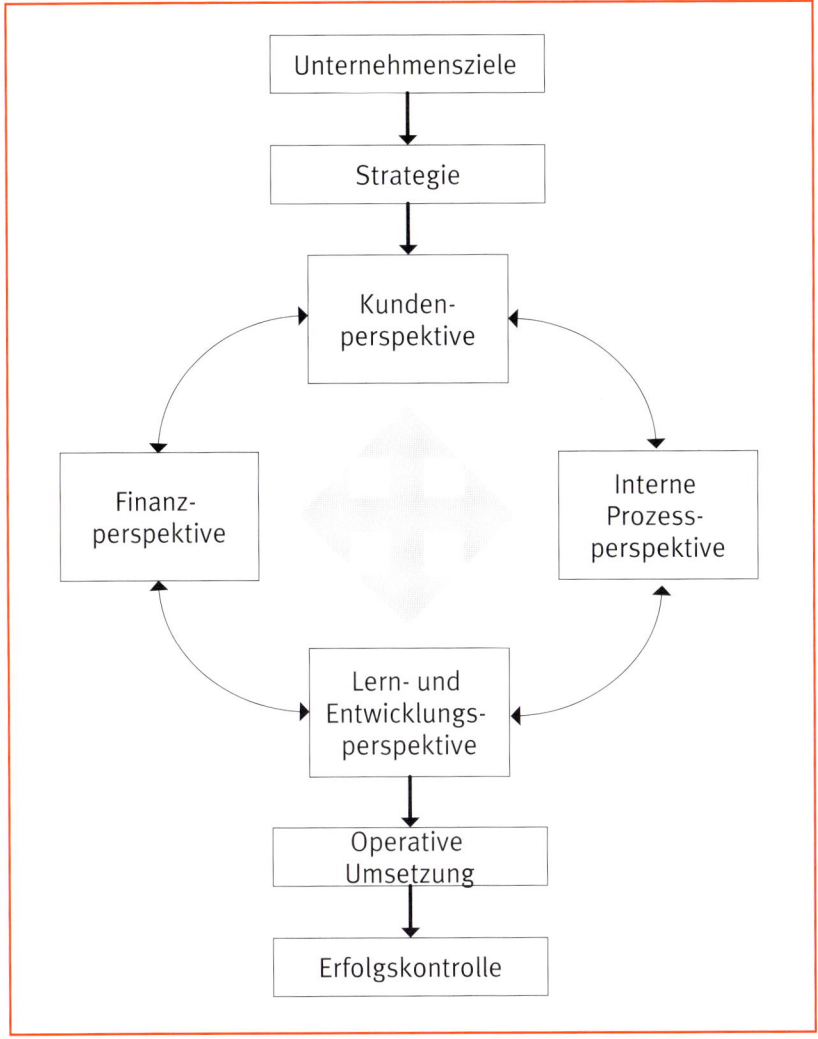

(Quelle: Preißner, Balanced Scorecard anwenden, S. 59)

mittlerperspektive« in die Betrachtung aufgenommen werden, die die Beziehungen zu den unterschiedlichen Absatzmittlern über entsprechende Kosten- und Erlöskennzahlen steuert.

Auch im Bereich der Systemgastronomie hat die Balanced Scorecard längst Einzug gehalten. So berichtet die Schnellrestaurantkette *Wendy's*, dass die BSC dort in Schlüsselbereichen zur Messung des Erfolgs genutzt wird, z. B. bei der Bindung der Mitarbeiter in den einzelnen Restaurants und bei der Bewertung der Restaurants, der Geschäftsprozesse und der Umsatzentwicklung. Man weiß, dass diese Bereiche (über-)lebenswichtig sind und nicht allein die finanziellen Kennzahlen. Interessant ist, dass es – nach eigener Aussage – bei *Wendy's* gelungen ist, das Instrument der BSC im Bewusstsein aller Beteiligten zu verankern, und dass alle sich für das Erreichen der angestrebten Ergebnisse verantwortlich fühlen. Arbeiten mit der Balanced Scorecard, so heißt es, ist einfach und gelingt durch die Feinabstimmung der Scorecard für jeden Unternehmensbereich und jede einzelne Abteilung. Von der Unternehmensleitung bis zu den Abteilungsleitern weiß dort jeder, welchen Beitrag er im Sinne der Gesamtstrategie leisten muss. (Vgl. dazu www.thepalladiumgroup.com)

Damit schließt sich der Kreis von der Zielfestlegung über die entsprechende Strategieentwicklung und deren Umsetzung in konkretes Handeln in den verschiedenen Marketing-Mix-Bereichen.

QUALITÄTS-
MANAGEMENT

ZIELE DES QUALITÄTSMANAGEMENTS IM GASTGEWERBE

Die überragende Stellung der Ziele Gästezufriedenheit und Gästebindung für das gastgewerbliche Unternehmen wurde bereits herausgestellt. Die Ziele des Qualitätsmanagements sind in der Hierarchie der Unternehmensziele von übergeordneten Unternehmenszielen wie Gewinn, Rentabilität und Sicherung von Wettbewerbsvorteilen abzuleiten. Demnach lassen sich Qualitätsmanagementziele den Marketingzielen unterordnen.

Innerhalb des Qualitätsmanagements können sowohl marktgerichtete als auch unternehmensgerichtete Ziele festgestellt werden. Das Erreichen marktgerichteter Ziele, wie die Steigerung von Gästezufriedenheit und Gästebindung, wirkt sich positiv auf die Zielerreichung aus. Unternehmensgerichtete Ziele eines Qualitätsmanagements sind die Verankerung von Gästeorientierung und die Schaffung eines Qualitätsbewusstseins bei den Mitarbeitern.

BEGRIFF UND EIGENSCHAFTEN VON QUALITÄT

Zur Realisierung der marktgerichteten Ziele ist es erforderlich, dass dem Hotel/Restaurant Informationen über die gästerelevanten Kriterien der Dienstleistungsqualität und ihrer Beurteilung vorliegen. Die zentrale marktgerichtete Aufgabe des Qualitätsmanagements ist es, die Gästeanforderungen durch die Marketingforschung (interne und externe Informationen) zu ermitteln und in Anforderungen an die Qualität der gastgewerblichen Dienstleistung umzusetzen.

> Unter Qualität verstehen wir die Gesamtheit von Eigenschaften und Merkmalen einer Dienstleistung, die sich auf deren Eignung zur Erfüllung von Bedürfnissen der Gäste bezieht.

Dabei handelt es sich um einen wertorientierten Qualitätsbegriff. Wir unterscheiden in diesem Zusammenhang zwischen absoluter, herstellerorientierter und wertorientierter Qualität.

- **Absolute Qualität:** Maß für die objektive Güte eines Produktes oder einer Dienstleistung (gut, mittel, schlecht)
- **Herstellerorientierte Qualität:** Vorgabe von betrieblichen Standards zur Qualitätssicherung (objektive oder subjektive Indikatoren)
- **Wertorientierte Qualität:** subjektive Wahrnehmung von Produkt- oder Dienstleistungseigenschaften durch den Gast (Preis-Leistungs-Verhältnis).

Die Wahrnehmung unterschiedlicher Qualitätseigenschaften durch die Gäste auf der einen und die Mitarbeiter eines gastgewerblichen Unternehmens auf der anderen Seite macht die Formulierung der Anforderungen an die Qualität eines Dienstleistungsunternehmens schwierig. In der Marketingliteratur wird dabei grundsätzlich zwischen Potenzial-, Prozess- und Ergebnisdimension unterschieden. Die Potenzialdimension beinhaltet die sachlichen, organisatorischen und persönlichen Leistungsvoraussetzungen des Dienstleistungsanbieters. Die Prozessdimension bezieht sich auf alle Prozesse während der Leistungserstellung. In der Ergebnisdimension erfolgt die Beurteilung der erbrachten Leistung am Ende des Dienstleistungsprozesses.

Für Hotellerie und Gastronomie kann die Qualität dieser Dimensionen in fünf prüfbare Kategorien aufgefächert werden, denen konkrete gastgewerbliche Dienstleistungsbereiche zugeordnet sind (nach Parasuraman/Zeithaml/Berry).

Die fünf Dimensionen von Qualität

Annehmlichkeiten des tangiblen Umfelds »tangibles«	Zuverlässigkeit »reliability«	Reaktionsfähigkeit »responsiveness«	Leistungskompetenz »assurance«	Einfühlungsvermögen »empathy«
• Raumausstattung • Erscheinungsbild des Personals	• Versprechungen erfüllen • Niveau halten	• Bereitschaft spezifische Gästewünsche umzusetzen • Schnelligkeit spezifische Gästewünsche umzusetzen	• Auftreten • Fachkompetenz • Höflichkeit • Vertrauenswürdigkeit	• Individuelle Gästewünsche erfüllen • Reklamationsbehandlung

PLANUNG UND EINFÜHRUNG EINES QUALITÄTSMANAGEMENTS

Das Planen und Erreichen einer aus Kundensicht überlegenen Qualitäts-position ist in der Dienstleistungspraxis ein komplexes und mehrdimen-sionales Optimierungsproblem. Zunächst müssen die Qualitätsmerkmale ausgewählt, klassifiziert und gewichtet werden. Hierzu kann auf die fünf Qualitätsdimensionen von Parasuraman/Zeithaml/Berry (Seite 155) zurück-gegriffen werden. Schwieriger ist die Konkretisierung der Einzelforderun-gen, z. B. für die Raumausstattung, oder die Bereitschaft, spezifische Gäste-wünsche umzusetzen.

Dienstleistungsqualität messen

Die Anforderungen an Leistungen des Unternehmers hängen natürlich von der Zielgruppe ab und lassen sich deshalb nicht allgemein formulieren. Vo-rausschauend sollte es immer um die Fehlervorbeugung gehen, denn sie ist der beste Weg zur Qualitätsverbesserung (Devise: »zero defects«, keine Mängel). Trotzdem werden Instrumente zur Qualitätsmessung benötigt, die gut geplant werden müssen.

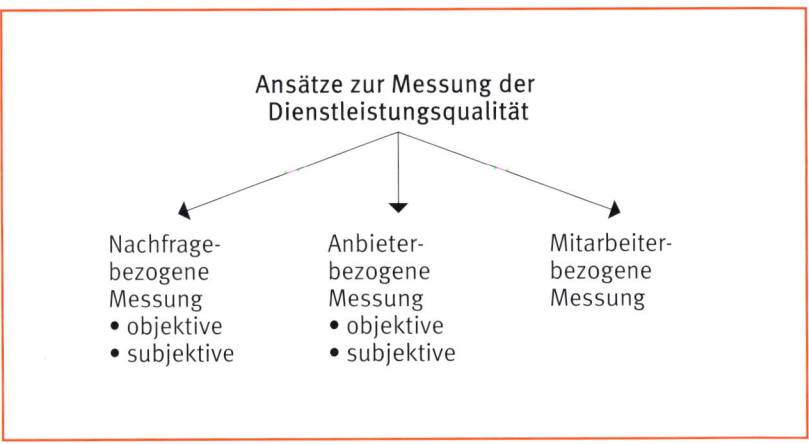

Die nachfragebezogenen Messansätze sehen das Qualitätsproblem aus der Sicht des Gastes. Diese Verfahren sind aufgrund der Definition des Quali-tätsbegriffes die wichtigsten Ansatzpunkte. Nur der Gast entscheidet letzt-lich, was für ihn Qualität ist.
Die anbieterbezogenen Messansätze sehen die Qualität aus der Sicht des Managements, während bei den mitarbeiterbezogenen Ansätzen die Sicht-weise der Mitarbeiter zugrunde gelegt wird.

Nachfragebezogene Messung von Dienstleistungsqualität

Kundenorientierte Dienstleistungsqualität ist die vom Gast empfundene Übereinstimmung des Leistungsprozesses oder -ergebnisses mit dem anvisierten Nutzen.

Diese Empfindung ist überlagert von den Erwartungen des Gastes sowie vom Geschick des gastgewerblichen Unternehmers, den Prozess und das Arbeitsergebnis positiv zu verkaufen. Um festzustellen, inwieweit eine Leistung die Qualitätsanforderungen erfüllt, können objektive und subjektive Verfahren angewendet werden.

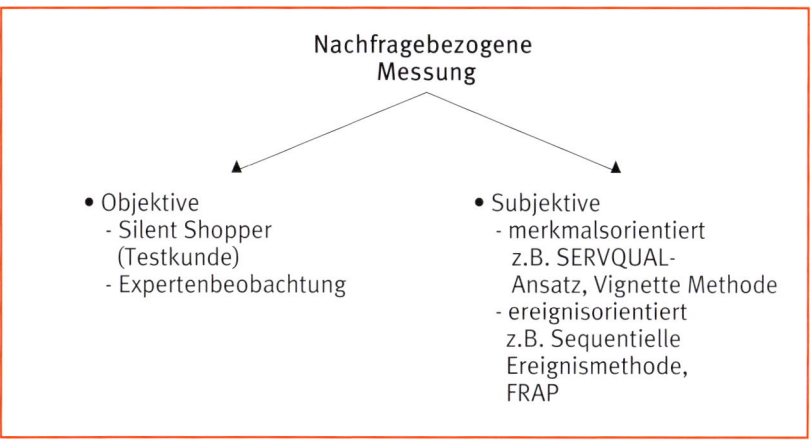

Das nachfrageorientierte und objektive Verfahren des Silent Shoppers besteht darin, dass ein Testkunde die Dienstleistung inkognito in Anspruch nimmt. Anschließend werden seine Eindrücke ausgewertet und mit den Betroffenen besprochen. Dies ist ein sehr beliebtes Verfahren in Gastronomie und Hotellerie. Allerdings hängt alles von den Fähigkeiten des Silent Shoppers ab, da er Gästeempfindungen nachvollziehen können muss. So ist er z. B. beim Bestellen einer Bankettveranstaltung nicht wirtschaftlich oder emotional vom Ergebnis abhängig wie ein echter Kunde.

Die Expertenbeobachtung besteht darin, dass Fachleute z. B. Empfangs- oder Restaurantmitarbeiter beobachten. Das Verhalten der Mitarbeiter wird also von einem Außenstehenden objektiv bewertet. Die Experten beurteilen dann die Ergebnisse der Beobachtung aufgrund ihres Expertenwissens. Da die Mitarbeiter über die Beobachtungen Bescheid wissen, ist von einem Beobachtungseffekt auszugehen, das heißt die Mitarbeiter verhalten sich nicht »normal«.

Der merkmalsorientierte und subjektive SERVQUAL-Ansatz besteht aus einem einheitlich strukturierten Fragebogen

- mit fünf Qualitätsdimensionen nach Parasuraman/Zeithaml/Berry:
  - Annehmlichkeiten des tangiblen Umfelds
  - Zuverlässigkeit
  - Reaktionsfähigkeit
  - Leistungskompetenz
  - Einfühlungsvermögen
- 22 Aussagen (Items) zu den Qualitätsmerkmalen
- Zwei Statements für jedes Item (Doppelskala):
  - Wichtigkeit einer Eigenschaft im Allgemeinen
  - Ausprägung dieser Eigenschaft im konkreten Fall
- Bewertung jeder Frage anhand einer Sieben-Punkte-Skala mit Zustimmung oder Ablehnung

Bei einem Beispiel aus dem Bereich Leistungskompetenz und Höflichkeit sieht dieses Verfahren so aus:

Doppelskala beim SERVQUAL-Ansatz

	Lehne ich vollkommen ab						Stimme ich vollkommen zu	
	1	2	3	4	5	6	7	8
Mitarbeiter eines hervorragenden Hotelbetriebes sind stets gleichbleibend höflich zu den Gästen.								
Mitarbeiter des Hotels Holzer sind stets gleichbleibend höflich zu den Gästen.								

Zur Auswertung werden die Differenzen zwischen dem Leistungswert (Tatsache, Beispielfrage 2) und dem Erwartungswert (Ideal, Beispielfrage 1) errechnet. Bei einer geringen Differenz kann von einer hohen Qualität ausgegangen werden.

Ein globales Qualitätsurteil wird durch eine Durchschnittsbildung aller zu einer Dimension gehörenden Aussagen (Ideal) berechnet. Dies wird mit dem Mittelwert der Leistungswerte (Realität) verglichen.

Die Doppelskala verlangt vom Gast, dass er objektiv zwischen idealem und tatsächlichem Wert unterscheiden kann. Problematisch ist, dass bei positiven Qualitätseigenschaften im Erwartungsfall meistens die volle Zustimmung erteilt wird, das heißt eine Art Anspruchsinflation hervorgerufen wird. Unterschiedliche Anforderungen von Gästen an die Dienstleistungsqualität können das Ergebnis stark beeinflussen (z. B. Gäste mit geringen Erwartungen schätzen die Qualität höher ein als andere mit hohen Anforderungen). Das Statement »hervorragender Hotelbetrieb« kann unterschiedlich interpretiert werden: »Voraussicht der Leistung (forecasted performance) oder gewünschtes Niveau oder angemessenes Niveau oder Mindestniveau oder Idealniveau oder individueller Ausdruck der Wichtigkeit aus Sicht des Kunden.« (Heim, Vorlesung Dienstleistungsmarketing, S. 25)

Die Vignette-Methode geht davon aus, dass Qualitätsurteile auf einer geringen Zahl von Faktoren basieren, den sogenannten Critical Quality Characteristics, die in der Wahrnehmung der Kunden relevant sind. Die Vignette ist eine Kombination verschiedener Charakteristika bei denen die Ausprägungen mit je zwei gegensätzlichen Werturteilen beschrieben werden.

Critical Quality Characteristics	Werturteile
Annehmlichkeit des tangiblen Umfeldes z. B. Ausstattung des Hotelzimmers	Ansprechend
	Nicht ansprechend
Zuverlässigkeit z. B. 4-Sterne-Niveau gehalten	Hoch
	Niedrig
Reaktionsfähigkeit z. B. Reaktion auf Gästewünsche	Flexibel
	Unflexibel
Leistungskompetenz z. B. Beratungskompetenz im Restaurant	Kompetent
	Nicht kompetent
Einfühlungsvermögen z. B. besondere Leistungen für Stammgäste	Zuvorkommend
	Nicht zuvorkommend

Der Befragte beurteilt die definierten fiktiven Situationen mit einer Skala von »sehr gut« bis »sehr schlecht« (Seite 160). Das Ziel dieser Methode ist die Analyse der Rangfolge und die Bewertung einzelner Qualitätsfaktoren von Dienstleistung. Es können aber auch globale Qualitätsurteile ermittelt werden. Da die Dienstleistungsqualität auf wenige Merkmale reduziert wird, besteht die Gefahr des Informationsverlustes und der Ungenauigkeit. Da außerdem viele Befragungen notwendig sind, wird eine hohe Anzahl von Vignetten benötigt.

Die ereignisorientierten Verfahren der Qualitätsmessung gehen davon aus, dass während des Dienstleistungsprozesses der Gast Standard- oder Schlüsselerlebnisse hat, die er als besonders qualitätsrelevant wahrnimmt.

Ein typisches Instrument der sequentiellen Ereignismethode (ereignisorientiert, subjektiv) ist das Blueprinting (deutsch: Blaupause). Dazu wird ein

Aus der Tabelle Seite 159 wird nun eine Vignette gebildet, die eine fiktive Situation abbildet.

Critical Quality Characteristics	Werturteile	Frage:
Annehmlichkeit des tangiblen Umfeldes z. B. Ausstattung des Hotelzimmers	**Ansprechend**	Wie beurteilen Sie das Hotel-Restaurant, das dieser Beschreibung entspricht?
Zuverlässigkeit z. B. 4-Sterne-Niveau gehalten	**Hoch**	
Reaktionsfähigkeit z. B. Reaktion auf Gästewünsche	**Unflexibel**	☐ Sehr gut ☐ Gut
Leistungskompetenz z. B. Beratungskompetenz im Restaurant	**Nicht kompetent**	☐ Befriedigend ☐ Ausreichend
Einfühlungsvermögen z. B. besondere Leistungen für Stammgäste	**Zuvorkommend**	☐ Schlecht ☐ Sehr schlecht

Diagramm erstellt, das den »Durchlauf« des Gastes durch das Hotel oder Restaurant darstellt. Hierfür wird mit dem Kunden in einem Interview der gesamte Dienstleistungsablauf im konkreten Betrieb durchgegangen. Der Gast muss seine Dienstleistungserlebnisse gedanklich-emotional rekonstruieren und seine Eindrücke schildern. Dabei muss auf jede Gästekontaktsituation eingegangen werden.

Blueprint-Beispiel

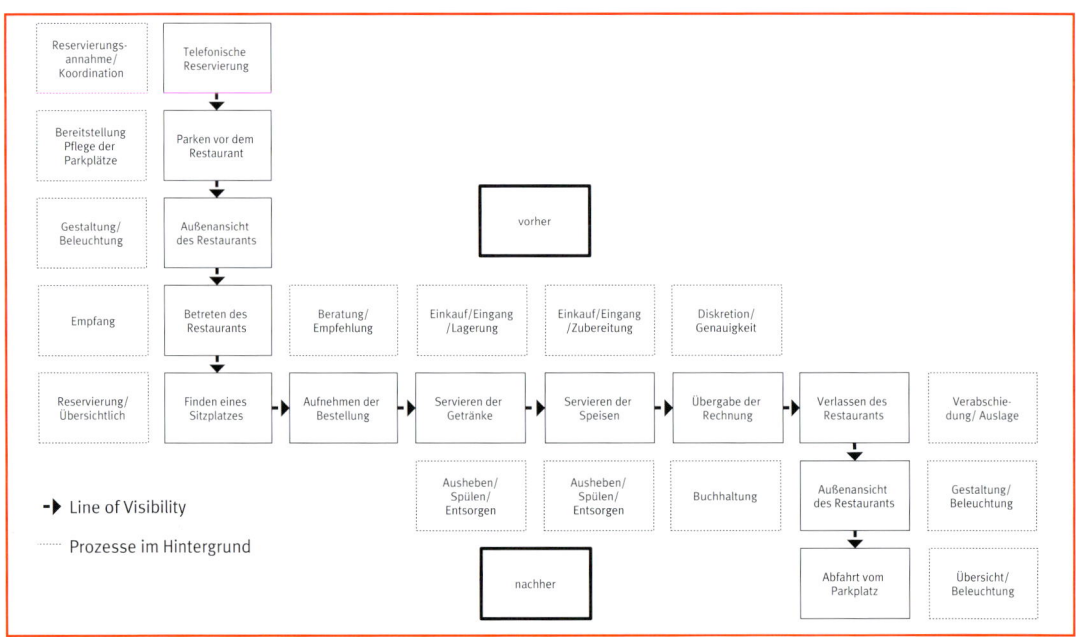

Das Blueprint-Diagramm vollzieht den Dienstleistungsprozess nach, der aus einzelnen, nacheinander auszuführenden Schritten besteht. Es muss dabei zwischen den Tätigkeiten der Gäste und denen des Unternehmens unterschieden werden. Eine korrekte Zuordnung der Tätigkeiten ist durch die steigende Komplexität der Prozesse schwierig.

Aus diesem Grund werden die Arbeitsschritte bei der Erstellung eines Blueprints in zwei Handlungsbereiche aufgeteilt. Zunächst wird eine Sichtbarkeitslinie erstellt, die sogenannte Line of Visibility, welche alle Kontaktpunkte aufzeigt, die vom Gast bewusst erlebt werden. Erst wenn diese Linie vollständig den gesamten Serviceablauf wiedergibt, werden zu jedem einzelnen Punkt die entsprechenden unternehmensinternen Prozesse erfasst und analysiert. Um die Hintergrundaktivitäten chronologisch anzuordnen, werden häufig zeitliche Abgrenzungen vorgenommen.

Die Machbarkeit, das heißt die Umsetzung der theoretischen Überlegungen in die Praxis, steht hierbei immer im Vordergrund. Das Blueprinting selbst resultiert aus der Verbindung beider Arbeitsschritte und visualisiert somit sämtliche Aktivitäten, die den Serviceablauf beeinflussen. Mit Hilfe des erstellten Blueprints kann anschließend jeder Punkt individuell betrachtet, auf seine positive Auswirkung im Hinblick auf das Qualitätsmanagement überprüft und gegebenenfalls korrigiert werden.

Positiv zu bewerten ist, dass gegenüber dem Silent-Shopper-Verfahren ein realer Gast die Erlebnisse dokumentiert. Durch die systematische Analyse des Serviceprozesses werden alle Prozessschritte aktuell und aus subjektiver Kundensicht bewertet. Die Anzahl der Bewertungskriterien ist nicht beschränkt und ermöglicht somit eine individuelle Betrachtungsweise. Weiterhin werden bereits bei der Durchführung des Interviews Probleme sichtbar, die sofort in das Qualitätsmanagement eingebracht werden können. Nach der Erstellung eines Blueprints brauchen lediglich regelmäßig Überprüfungen durchgeführt werden. Auch bei zeitkritischen Dienstleistungen können durch Einfügen einer Zeitachse chronologische Relationen der Arbeitsschritte dargestellt werden. Dadurch kann eine Abschätzung der benötigten Arbeitszeit, des benötigten Personals sowie der anfallenden Kosten erfolgen. Ein Blueprinting eignet sich darüber hinaus für die Einarbeitung neuer Mitarbeiter. Schnell und ohne Anleitung lernen sie damit die Struktur des Unternehmens und der Serviceabläufe kennen.

Problematisch ist der relativ hohe Erfassungsaufwand bei der Erstellung eines Blueprints, da die Aussagefähigkeit eine lückenlose Aufzeichnung des Serviceablaufes erfordert. Ein hoher Erhebungs- und Auswertungsaufwand entsteht bei der Ermittlung signifikanter Schlüsselsituationen und verursacht dadurch hohe Durchführungskosten. Kunden, verschiedene Mitarbeiter – unter Umständen aus unterschiedlichen Abteilungen – müssen zusammenarbeiten, um sämtliche Verknüpfungen zwischen internen und externen Aktivitäten zu ermitteln.

Die Frequenz-Relevanz-Analyse für Probleme (FRAP) kommt zum Zug, wenn das Qualitätsproblem bereits aufgetreten ist. Es wird dann gefragt, wie verärgert der Gast ist und welche Konsequenzen dies für den gastgewerblichen Betrieb hat. So wird die Problemhäufigkeit festgestellt und die Problemrelevanz (= geplante Reaktion des Gastes mal Relevanzwert) gemessen. Anhand dieses Werts kann dann in einem zweidimensionalen Raum das Qualitätsproblem positioniert werden. Dadurch sollen Anhaltspunkte für die Dringlichkeit der Problembehebung ermittelt werden.

Die Daten für die FRAP-Analyse können aus einer Befragung oder aus einer Beschwerdenanalyse gewonnen werden. Dafür müssen qualitative Informationen in einer Problemliste erfasst werden. Diese wird dann nach Relevanz- und Redundanzkriterien komprimiert. Daraus wird der Fragebogen erstellt, der den Grad der Kundenverärgerung und das faktische oder geplante Reaktionsverhalten ermitteln soll.

Beispiel für Problemrelevanz im Servicebereich

(Quelle: Meffert /Bruhn: Dienstleistungsmarketing, S. 232)

Die Abbildung drückt aus, dass der Gast auf Dauer keine langen Wartezeiten bei der Bestellung von Getränken hinnehmen wird. Dagegen sind für ihn die schlechten Parkmöglichkeiten kein Grund, den gastronomischen Betrieb zu wechseln.

Die Einordnung der Probleme in das Koordinatensystem ist nicht einfach, aber die Diskussion über diese Punkte könnte in vielen Betrieben zu einer spürbaren Qualitätsverbesserung führen. Die FRAP-Analyse liefert auf jeden Fall Ansatzpunkte zur Fehler-Ursachen-Ermittlung.

Anbieterbezogene Messung von Dienstleistungsqualität

Auch für die anbieterbezogene Messung der Dienstleistungsqualität gibt es verschiedene Ansätze, die in objektive (von außerhalb des Unternehmens betrachtet) und subjektive (von innerhalb des Unternehmens betrachtet) Verfahren aufgegliedert werden können.

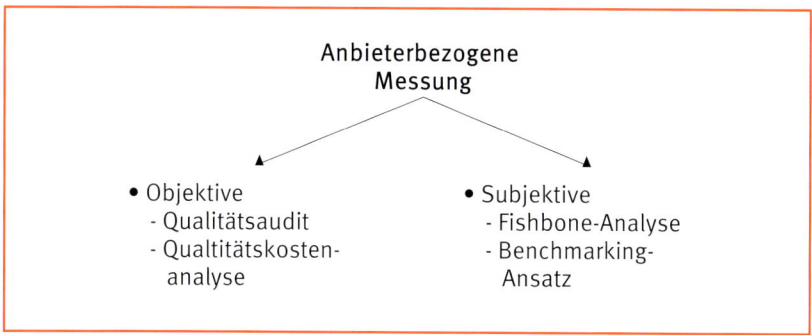

Ein Qualitätsaudit ist eine systematische unabhängige Expertenuntersuchung interner Dienstleistungsprozesse, um festzustellen, ob die Qualitätsvorstellungen in einem gastgewerblichen Unternehmen tatsächlich erreichbar sind und ob die Umsetzung geeignet ist, die Qualitätsziele zu erreichen. Ziel ist das Aufdecken von Schwachstellen, das Einführen von Verbesserungsmaßnahmen und das Überwachen von deren Wirkung. Allerdings wird mit einem Qualitätsaudit nicht die Dienstleistungsqualität direkt untersucht, sondern Ziele, Strukturen und Prozesse, die im Zusammenhang damit stehen. Damit ist das Audit auch ein Führungsinstrument, mit dem die Unternehmensleitung Informationen über das Qualitätsmanagement erhält. Folgende Teilbereiche des Qualitätsaudits werden nach Nieschlag/Dichtl/Hörschgen unterschieden:

- Prämissen-Audit
- Ziel- und Strategie-Audit
- Maßnahmen-Audit
- Prozess- und Organisations-Audit

Das Prämissen-Audit überprüft Sinn und Zweck sämtlicher Marketingplanungen und der zugrunde liegenden Annahmen. Weiterhin wird die Vollständigkeit der Informationen für die strategische Planung kontrolliert, weil darauf die Prognosen über die zukünftig zu erwartenden Entwicklungen beruhen. Diese Planungsprämissen sind ausschlaggebend für die Bestimmung des Marketing-Mixes. Dazu ist eine Analyse der rechtlichen, politischen, kulturellen und wirtschaftlichen Umweltbedingungen notwendig. Gastgewerblich interessant ist in diesem Zusammenhang z. B. die Untersuchung des Nachfrageverhaltens von Gästen.

Zwei Beispiele sollen die Bedeutung des Prämissen-Audits darlegen. Lange Zeit galt der Hotelmarkt in Frankfurt als gesättigt. Als die Stadt jedoch Standort der Europäischen Zentralbank wurde, änderte sich diese Situation schlagartig. Die Prämissen hatten sich verändert, worauf die Hotels reagieren mussten. Ein weiteres Beispiel sind die Veränderungen in der staatlichen Gesundheitsvorsorge. Traditionelle Kurhotels konnten in der Folge der Kürzungen für Kuren zum Beispiel feststellen, dass die bisherigen Gäste ausblieben und sich eine Entwicklung in Richtung Wellnessaufenthalt abzeichnete. Darauf mussten sie sich einstellen – interne und externe Einflussfaktoren hatten sich verändert.

Das Ziel- und Strategie-Audit versucht, die Veränderungen im Prämissen-Audit auf die langfristigen unternehmerischen Aktivitäten zu überprüfen. So kann ein Hotelbetrieb wie im oben angeführten Fall gezwungen werden, wegen der neuen Regelungen im Gesundheitswesen von der bisherigen Strategie der Marktnischenpositionierung als Kurhotel abzuweichen. Ein Wechsel zur Strategie der Marktdifferenzierung im Bereich des Wellnesssegments ist dann nötig, um langfristig den Fortbestand des Hotels zu gewährleisten.

Das Maßnahmen-Audit versucht festzustellen, ob geforderte Maßnahmen auch tatsächlich durchgeführt wurden. Dabei wird auch die Zweckmäßigkeit der Maßnahmen selbst überprüft, einschließlich der Kontrolle des Marketing-Mixes. Daraus kann sich für ein Hotel zum Beispiel die Frage ergeben, ob es nicht besser wäre, eine schlechte Belegungssituation am Wochenende statt über niedrige Zimmerpreise durch preisgünstige Pauschalangebote zu verbessern. Die Entscheidung für ein solches Umschwenken hätte dann eine Veränderung in der Kommunikationspolitik des Unternehmens zur Folge, z. B. eine zielgruppengerechte Anzeigenkampagne zur Gewinnung von Privatreisenden.

Das Prozess- und Organisationsaudit versucht dagegen, die Schwachstellen in der Ablauf- und Aufbauorganisation eines gastgewerblichen Betriebs aufzudecken. Es wird geprüft, ob die organisatorischen Strukturen den tatsächlichen Markterfordernissen entsprechen. Zu den eingesetzten Mitteln gehört z. B. die Einführung einer Marketingorganisation oder die Informationsbeschaffung über sogenannte ERFA-Gruppen (Erfahrungsgruppen).

Die Vorteile eines regelmäßig durchgeführten Marketing-Audits liegen auf der Hand: Eine frühzeitige Anpassung der Marketingaktivitäten an veränderte Umweltbedingungen sichert den unternehmerischen Erfolg. Ziele und Prämissen lassen sich aber nur dann analysieren, wenn sie bereits vorher formuliert und präzisiert wurden. Dadurch lassen sich keine übertragbaren und allgemein gültigen Aussagen, sondern nur Vorschläge für die jeweilig untersuchte Situation machen. Auch müssen stets die Rahmenbedingungen beachtet werden, unter denen das Audit durchgeführt wurde.

Die Qualitätskostenanalyse versucht Anhaltspunkte für zukünftige Qualitätsverbesserungen zu ermitteln, indem die entstehenden Kosten erkannt und bestimmten Betriebsbereichen zugeordnet werden. Dabei werden drei Kostenarten unterschieden:

- Zu den Qualitätskosten gehören alle Kosten, die aufgewendet werden, um Fehler zu vermeiden, sowie die Kosten, die durch Maßnahmen der Qualitätssicherung entstehen, wie z.B. Kosten für die Aus-, Fort- und Weiterbildung von Mitarbeitern.
- Qualitätsprüfkosten sind alle Personal- und Sachkosten, die für Prüfvorgänge entstehen, wie z.B. Sicherheitsmaßnahmen im Hotel (Brandschutz) oder Eichdienste.
- Fehlerkosten sind jene Kosten, die für die Beseitigung oder Wiedergutmachung von entstandenen Fehlern aufgewendet werden, wie Preisminderungen und Gewährleistungen.

Die Fishbone-Analyse beruht auf einem Ishikawa-Diagramm (nach dem japanischen Prof. Kaoru Ishikawa, 1915-1989), einem Ursache-Wirkungs-Dia-

Beispiel Fishbone-Analyse »Reklamation: Kaltes Essen«

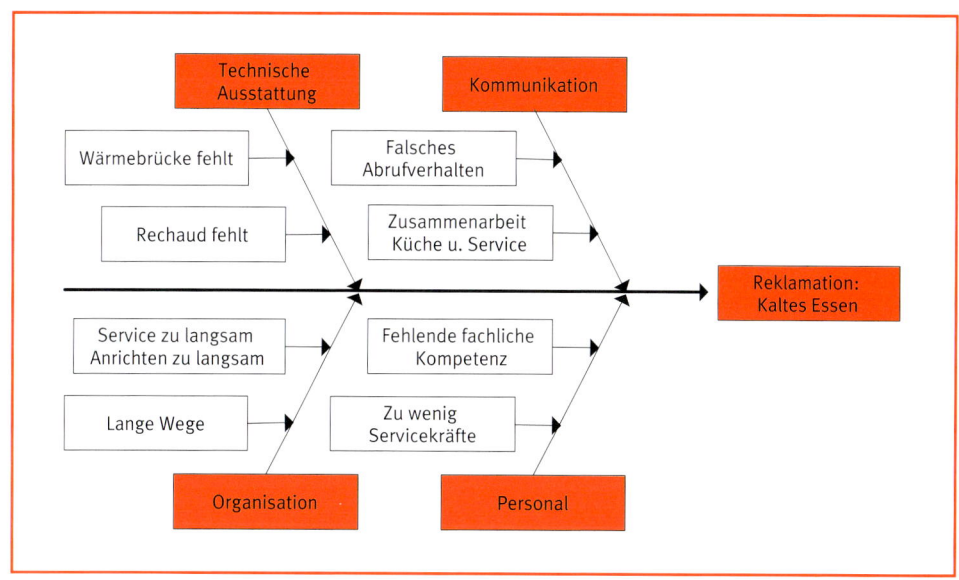

gramm, das ähnlich aufgebaut ist wie ein Fischskelett. Das Fishbone-Diagramm stellt eine Problemlösung stufenweise dar und sucht dabei nach den primären Ursachen. Darüberhinaus ist es damit möglich, Abhängigkeiten zwischen den Ursachen zu erkennen. Betrachten wir ein Beispiel aus dem Bereich Reklamation: Das Essen ist kalt. Ausgangspunkt der Analyse ist der horizontale Pfeil rechts in der Abbildung, an dessen Ende das Problem steht. Alle anderen Pfeile (Hauptursache/Nebenursachen) zielen nun von oben und von unten auf den Mittelpfeil. Dabei wird davon ausgegangen, dass man in der Regel fünfmal eine Warum-Frage stellen muss, um auf den Ursprung des Problems zu kommen.

Die Ursachen für das Qualitätsproblem werden in den Bereichen technische Ausstattung, Kommunikation, Organisation und Personal gesucht. Es wird aufgelistet, worauf das kalte Essen zurückgeführt werden könnte, um damit die Schwachstellen zu erkennen.

Der Vorteil der Fishbone-Analyse liegt in der einfachen und systematischen Sammlung aller denkbaren Ursachen für das Qualitätsproblem. Die einzelnen Ursachen werden dabei nicht empirisch ermittelt, sondern im Rahmen von Problemfindungs- und –lösungstechniken (Brainstorming) erarbeitet und können dann in der Praxis überprüft werden.

Benchmarking dagegen ist der Vergleich von Prozessen, Standards, Dienstleistungen des eigenen Unternehmens mit denen anderer Partner. Das Instrument Benchmarking zielt darauf, diese Vergleiche systematisch vorzunehmen und überprüft die Übertragbarkeit der identifizierten Lösungen auf das eigene Unternehmen. Benchmarking dient nicht nur dem Erkenntnisgewinn, sondern der Verbesserung und Veränderung von Strukturen und Prozessen im Unternehmen: »Benchmarking ist ein externer Blick auf interne Aktivitäten, Funktionen oder Verfahren, um eine ständige Verbesserung zu erreichen. Ausgehend von einer Analyse der existierenden Aktivitäten und Praktiken im Unternehmen will man existierende Prozesse oder Aktivitäten verstehen und dann einen externen Bezugspunkt identifizieren, einen Maßstab, an dem die eigene Aktivität gemessen oder beurteilt werden kann. Ein solches Benchmark lässt sich auf jeder Ebene der Organisation, in jedem funktionellen Bereich ermitteln. Das Endziel ist ganz einfach – besser zu werden als die Besten, einen Wettbewerbsvorteil zu gewinnen.« (Leibfried/McNair, Benchmarking, S. 13)

Nach der Wahl der Vergleichspartner werden drei Möglichkeiten des Benchmarking unterschieden:

- **Internes Benchmarking** Beim internen Benchmarking kommt es zu einem Vergleich innerhalb der Abteilungen oder Filialen eines Unternehmens/ einer Unternehmenskette. Ein sehr gutes Einsatzfeld liegt z. B. bei Franchiseunternehmen (z. B. Fastfoodketten) oder Vertragshändlersystemen (z. B. Markenautohändler). Es existiert ein gleiches Grundprinzip, aber die einzelnen Filialen/Betriebe erreichen unterschiedliche Ergebnisse. Nun stellt sich die Frage: Warum?

Beispiel: Es gibt Probleme bei der Behandlung von Beschwerden im Restaurant. Es dauert zu lange, bis ein Entscheidungsträger gefunden wird. Als Vergleich wird die Rezeption herangezogen. Dabei wird festgestellt, dass jeder Mitarbeiter an der Rezeption eine größere Entscheidungsbefugnis hat. Dies führt dazu, dass auf die Beschwerde meist sofort reagiert werden kann. Nach jeder Reklamation wird vom Mitarbeiter ein Beschwerdereport ausgefertigt. Dieses Handlungssystem wird auf das Restaurant übertragen und führt dort nachweisbar zu einem besseren Beschwerdemanagement.

- **Wettbewerbsbenchmarking** Wettbewerbsbenchmarking wird mit Konkurrenzunternehmen oder -abteilungen der gleichen Branche durchgeführt. Ziel ist es zu sehen, was die Konkurrenz macht und wie gut die eigenen Prozesse/Produkte im Vergleich sind. Schwierigkeiten können sich beim Finden des Vergleichspartners ergeben. Direkte Konkurrenten befürchten in der Regel »Werksspionage«. Am besten ist es daher, sich auf grundlegende Verfahren, Abläufe oder Prozesse zu konzentrieren, wie zum Beispiel auf den Umgang mit Verbesserungsvorschlägen der Mitarbeiter. Weitere Einsatzgebiete für die Hotellerie wären beispielsweise ein Kostenvergleich zwischen Housekeeping und externer Reinigungsfirma mit Zielrichtung Kostensenkung oder die Klärung der Frage, welchen Extraservice Hotels am Ort für Geschäftsreisende bieten.

- **Funktionsbenchmarking** Der Vergleich erfolgt mit Unternehmen, unabhängig von der zugehörigen Branche, die im Untersuchungsbereich die beste Leistung erbringen (best-in-class). Es lassen sich damit z. B. Prozesse wie Vertrieb und Lagerhaltung, Auftragsannahme, -bearbeitung oder die Serviceorganisation untersuchen. Diese Form des Benchmarkings eröffnet häufig die Möglichkeit von einschneidenden Veränderungen in den Betriebsabläufen.

  Beispiel: In einem Hotel wird ein Bonusprogramm für treue Kunden eingeführt. Völlig unerwartet findet es nicht den gewünschten Anklang bei den Gästen. Die entscheidende Fragestellung lautet in diesem Fall: Welche Treueprogramme bieten andere Dienstleister (z. B. Mietwagenfirmen oder Fluggesellschaften) an? Warum werden diese besser von den Kunden angenommen? Abschließend erfolgt die Übertragung der Pluspunkte auf das eigene Programm.

Die Vorteile des Benchmarkings sind vielfältig. Das Unternehmen kann damit feststellen, wo es steht (Analyse), und Probleme bzw. Engpässe in der Dienstleistungsstruktur erkennen. Festgefahrene Strukturen können durch das ständige Lernen aufgebrochen und neue Lösungswege gefunden werden. In der Folge kommt es häufig zu neuen Zielsetzungen und neuen Unternehmensleitbildern. Schließlich wird am Ende die eigene Marktstellung verbessert. Und bei den Mitarbeitern fördern die ständigen Herausforderungen die Motivation.

Die Nachteile des Benchmarkings liegen vor allem auf der Kostenseite. Durch die Sammlung der vielen Daten ist ein sehr hoher Personal- und Zeitaufwand erforderlich. Wenn bei der Auswahl der Benchmarking-Partner nicht sorgfältig recherchiert wird, kann es zu irreführenden Ergebnissen kommen. Außerdem wird häufig das Ergebnis eines Benchmarkings als finale Lösung für Probleme in einem Bereich empfunden und nicht als erster Schritt auf dem Weg zu weiteren Verbesserungen – das kann zur Stagnation führen.

Das GAP-Modell zur Erfassung der Dienstleistungsqualität

Dieses Modell beschäftigt sich mit den Gaps (Lücken) an Schnittstellen zwischen den Vorstellungen und Wahrnehmungen des Gastes, zwischen dem Gast und dem gastgewerblichen Unternehmen und innerhalb der Organisation des Betriebes. Von einem Gap wird dann gesprochen, wenn an den Schnittstellen Konflikte durch kommunikative, wahrnehmungsspezifische oder tatsächliche Differenzen auftreten.

Das Modell beruht auf empirischen Studien zur Servicequalität und ist deshalb für das Gastgewerbe praxisnah. Die Gaps beschreiben typische Lücken, welche letztendlich – in GAP 5 – zur Diskrepanz zwischen der vom Gast erwarteten und der tatsächlich von ihm wahrgenommenen Dienstleistung führen. Die folgende Abbildung zeigt das Modell:

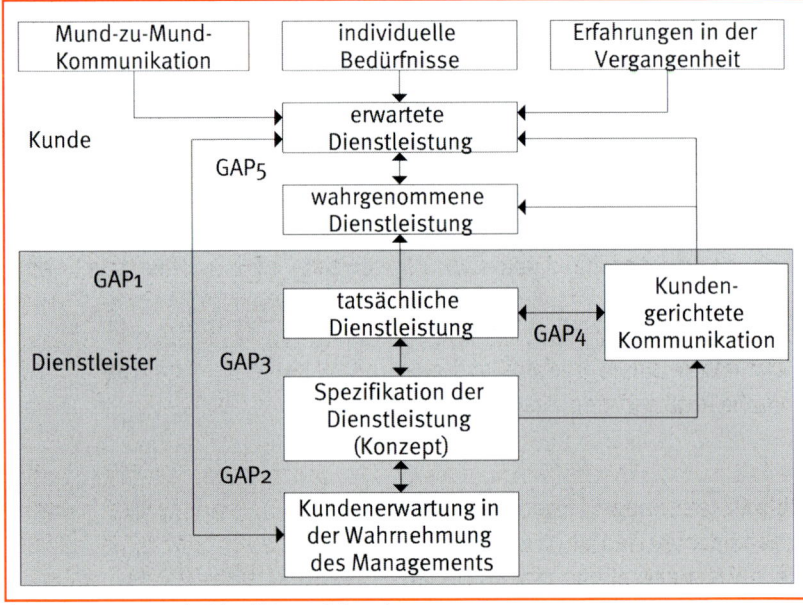

(Quelle: Parasuraman/Zeithaml/Berry, Seite 44)

Zeithaml, Parasuraman und Berry stellten fest, dass eine besonders gute Servicequalität gegeben ist, wenn die Erwartungen der Gäste übererfüllt werden. Die Servicequalität definiert sich also sozusagen durch die »positive Lücke« zwischen erwarteter Leistung und erlebter Leistung beim Gast. Die Hauptfaktoren, die die Kundenerwartungen beeinflussen, sind:
- Mund-zu-Mund-Propaganda der Gäste untereinander
- Persönliche Bedürfnisse der Gäste
- Bereits gesammelte Erfahrungen mit dem Hotel oder Restaurant
- Kommunikation des Hotels oder Restaurants nach außen.

Die Haupt-Gaps können wie folgt definiert werden:
- **Gap 1** zwischen Kunden und Dienstleister: Diskrepanz zwischen den tatsächlichen Kundenerwartungen und deren Wahrnehmung durch das Management, z. B. Fehleinschätzung der Kundenerwartungen
- **Gap 2** zwischen Management und Planung: Diskrepanz zwischen den vom Management wahrgenommenen Kundenerwartungen und deren Umsetzung in Spezifikationen der Dienstleistungsqualität, z. B. durch die Nichtbearbeitung von Lob und Beschwerden
- **Gap 3** zwischen Ausführung und Planung: Diskrepanz zwischen den Spezifikationen der Dienstleistungsqualität und der tatsächlich erbrachten Leistung, z. B. Mitarbeiter besitzt geforderte Fähigkeiten nicht
- **Gap 4** zwischen Marktkommunikation und Ausführung: Diskrepanz zwischen tatsächlich erbrachter Dienstleistung und der an den Kunden gerichteten Kommunikation über diese Dienstleistung, z. B. Wecken zu hoher Kundenerwartungen durch Werbung
- **Gap 5** zwischen Kundenerwartung und Kundenwahrnehmung: Diskrepanz zwischen durch den Kunden erwarteter Dienstleistung und wahrgenommener Dienstleistung (zentrale Lücke!)

Die fünfte Lücke kann durch eine Verringerung der Gaps 1 bis 4 minimiert werden. Gibt es dort Probleme, dann wird sich diese Lücke nur durch kompetentes Personal und ein angemessenes Beschwerdemanagement verringern.

ZERTIFIZIERUNG ALS MERKMAL DER QUALITÄTSFÄHIGKEIT

Ein ISO-Zertifikat ist ein Prüfsiegel, das von einer autorisierten Zertifizierungsstelle (in Deutschland das Deutsche Institut für Normung e.V.) verliehen wird. Das Zertifizierungsaudit wird vor Ort von Auditoren dieser Stelle durchgeführt. Das Zertifikat bescheinigt, dass die individuellen Vorgehensweisen einer Organisation (z. B. eines gastgewerblichen Unternehmens) den Normforderungen (ISO-Normen) an eine qualitätsfähige Organisation entsprechen. Das ISO-Zertifikat bescheinigt also nur die Qualitätsfähigkeit einer Organisation, nicht die Qualität an sich.

Im Gegensatz zum ISO-Modell hebt das EFQM-Modell für Business Excellence der European Foundation for Quality Management (bisher European Quality Award EQA) nicht nur auf die beherrschten Unternehmensprozesse ab, sondern rückt vielmehr die Qualität der gesamten Organisation, ihre Fähigkeit, »Business Excellence« auch wirklich zu erreichen, in den Mittelpunkt.

Die ISO-Zertifizierung

Nach ISO zertifizieren lassen kann sich ein gastgewerbliches Unternehmen nach den Normen EN ISO 9001, 9002 oder 9003. Diese ISO-Normen machen Vorgaben für ein Qualitätsmanagementsystem. EN ISO 9001 enthält 20 Normkapitel mit Anforderungen für die Erlangung des Prüfsiegels, EN ISO 9002 und 9003 umfassen Teilmengen davon. Es gibt grundsätzlich keinen Unterschied in der Güte zwischen EN ISO 9001, 9002 und 9003.

Der Grundgedanke einer ISO-Norm ist die Standardisierung aller Unternehmensprozesse, um Dienstleistungsergebnisse zu liefern, die den Qualitätserwartungen der Zielgruppen entsprechen.

Die Einführung eines ISO-Qualitätsmanagementsystems ist ein umfassendes Projekt mit ein bis zwei Jahren Laufzeit, das ein professionelles Projektmanagement erfordert. Dies ist auch der Grund, warum viele Unternehmen am Aufbau eines solchen Systems scheitern, bei Hotels sind es angeblich sogar zehn von zwölf Startern. Sehen wir uns also zuerst die Voraussetzungen für ein erfolgreiches Projektmanagement an. Gebraucht werden:

- Klare Verantwortlichkeiten, d. h. ein Projektleiter als Qualitätsbeauftragter
- Ausreichend Zeit und Personal für das Unternehmen
- Klarer Projektplan mit verbindlicher Zeit- und Ressourcenplanung
- Aktive Unterstützung der Geschäftsleitung, die dem Projekt auf lange Zeit Priorität einräumt

Ziele der Zertifizierung

Externe Zielsetzungen	Interne Zielsetzungen
• Nachweis der Erfüllung der Qualitätsanforderung	• Optimierung der Unternehmensabläufe
• Transparenz für den Kunden	• Dokumentation der Geschäftsprozesse
• Förderung und Erleichterung der Geschäftsprozesse	• Steigerung der Produktivität
• Aufbau effizienter Kunden-Lieferanten-Beziehungen	• Motivation der Mitarbeiter
• Festigung und Verbesserung des Images	• Reduzierung der Kosten
• Erweiterung des potenziellen Kundenkreises	• Abbau von Schwachstellen
• Verbesserung der Wettbewerbssituation	• Schnellere Einweisung neuer Mitarbeiter

(Quelle: Bruhn, Qualitätsmanagement für Dienstleistungen, S. 250)

Der Ablauf eines ISO-Projekts durchläuft acht Phasen:

1 Schulung aller Mitarbeiter
2 Prozessanalyse: Informationssammlung und Schwachstellenanalyse (einzelne Mitarbeiter entscheiden über die Qualität des Gesamtprozesses)
3 Erarbeiten der Verfahrensanweisungen: Einigung auf Prozessziele und Qualitätskriterien mit schriftlicher Niederlegung, Verfahrensanweisungen festlegen
4 Erarbeiten der Arbeitsanweisungen: Vorgabedokumente und Qualitätsaufzeichnungen anlegen
5 Internes Audit: Verfahrensanweisungen auf Zweckmäßigkeit prüfen
6 Voraudit: Hilfestellung geben und Probelauf durchführen, Dokumentation prüfen
7 Zertifizierungsaudit: Prüfung des QM-Systems durch die Zertifizierungsstelle, Zertifizierungsdokumentation erstellen
8 Überwachungsaudit und Wiederholungsaudit: nach 1 Jahr bzw. 3 Jahren (Re-Zertifizierung)

Bei der Zertifizierung können natürlich auch Probleme auftreten, die ihre Ursachen in der Zertifizierungsnorm, dem Prozess, dem eigenen Unternehmen oder der Branchen haben. So wird der Ablauf der Zertifizierung (Prozess) durch mangelnde Objektivität und unterschiedliche Auffassungen von Qualität durch die Zertifizierungsstelle beeinflusst. Ein großes Problem stellt für das Unternehmen auch oft das Einhalten der Normen nach der Zertifizierung dar. Häufig fehlt die Motivation der Mitarbeiter, und organisatorische Probleme erschweren die Qualitätssicherung. Die Zertifizierung bringt trotzdem Wettbewerbsvorteile, weil die Normen Qualität bei der Leistungserbringung erleichtern.

Probleme der Zertifizierung

Zertifizierungsnorm-bezogene Probleme	Zertifizierungsprozess-bezogene Probleme	Unternehmensbezogene Probleme	Branchenbezogene Probleme

• Starre Rahmenbedingungen
• Qualitätsbegriff
• Mangelnde Vollständigkeit, insbesondere
  – Berücksichtigte Unternehmensbereiche
  – Einbezug der Mitarbeiter
	• Kosten
	• Mangel an Objektivität und Qualität
	• Keine Trennung von Beratung und Zertifizierung
	• Ermessensspielräume
		• Mangel an Mitarbeitermotivation
		• Organisatorische Probleme
		• Gefahr der Demotivation
			• Druck der Zertifizierung
			• Externe Zertifizierungsmotivation

(Quelle: Bruhn, Qualitätsmanagement für Dienstleistungen, S. 276)

Das EFQM-Modell

Das EFQM-Modell bietet gastgewerblichen Unternehmen einen Kriterienkatalog, mit dessen Hilfe die Qualität einzelner Dienstleistungen gemessen werden kann und Spitzenleistungen erreicht werden sollen. Konkret geht es dabei um neun Bereiche, die eine Reihe von Unterpunkten beinhalten, die hier nicht alle im Einzelnen behandelt werden können:

• Führung
• Mitarbeiterorientierung
• Politik und Strategie
• Ressourcen(management)
• Prozesse (und ihr Management)
• Mitarbeiterzufriedenheit
• Kundenzufriedenheit
• Gesellschaftliche Verantwortung
• Geschäftsergebnisse

Diese Kriterien kann man in zwei Gruppen zusammenfassen. Die ersten fünf Kriterien (Führung bis Prozesse) bilden Management Approaches (Managementmethoden) ab, d. h. sie beschreiben die Vorgehensweise des Managements. Durch die Anwendung dieser Methoden wird die Organisation erst zur Business Excellence fähig. Das sind die sogenannten Befähigerkriterien.

Die zweite Gruppe – die vier Kriterien von Mitarbeiterzufriedenheit bis Geschäftsergebnisse – umfasst die Ergebniskriterien. Sie bilden ab, welche konkreten Ergebnisse eine Organisation erzielt, z. B. in punkto Kundenzufriedenheit, Geschäftsergebnisse usw.

Die Kriterien des EFQM-Modells

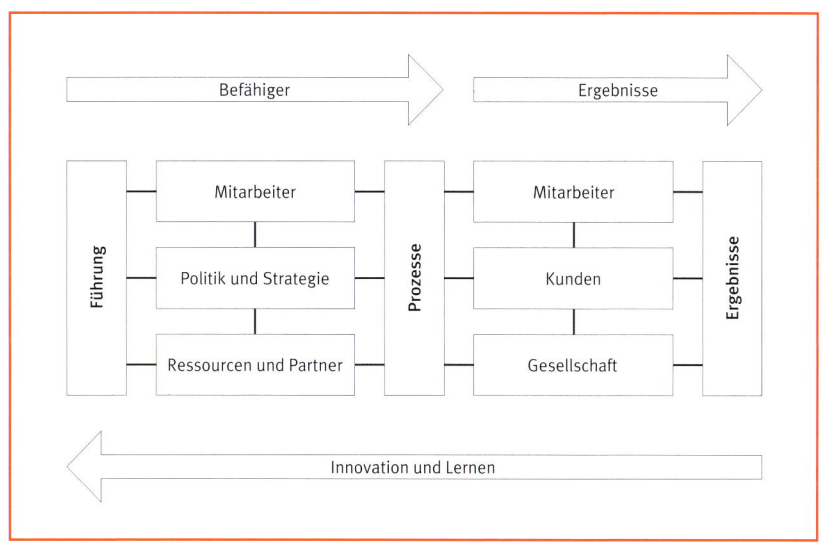

(Quelle: http://de.wikipedia.org/wiki/EFQM-Modell#Kriterien)

Die Fähigkeit einer Organisation, Spitzenleistungen zu erreichen, wird also gemessen an

- der konkreten Vorgehensweise des Managements (bei der Strategiearbeit und Politik, bei der Führung, Mitarbeiterorientierung und im Management der Ressourcen und Prozesse) und an
- den Ergebnissen, die eine Organisation vorweisen kann (bezüglich Kundenzufriedenheit, Mitarbeiterzufriedenheit, gesellschaftliche Anerkennung, Geschäftsergebnisse).

Die Idee des Modells ist, dass es einen Wirkungszusammenhang zwischen den Vorgehensweisen des Managements und den erzielten Ergebnissen gibt: Gute Managementmethoden führen zu guten Ergebnissen des Gesamtunternehmens. In gewisser Weise ist das Modell damit auch ein Modell für eine lernende Organisation.

Vergleich der ISO-Normen 9000 ff. und des europäischen EFQM-Modells

	ISO 9000ff	Europäisches EFQM-Modell
Kernidee	Beherrschung von Unternehmensprozessen	Business Excellence erreichen, zu den Besten gehören (Befähiger- und Ergebniskriterien)
Systemlogik	Beherrschte Prozesse ····⟩ qualitätsfähige Organisation ····⟩ Qualität der Produkte und Dienstleistungen	Ständige Verbesserung der Managementmethoden ····⟩ ständige Verbesserung der Organisation und ihrer Ergebnisse (total quality management = total management quality) ····⟩ umfassende Qualität und Zukunftssicherung der Organisation

	ISO 9000ff	Europäisches EFQM-Modell
Schlüsselmethoden	Interne Audits, Korrekturmaßnahmen, Managementreviews	Selbstbewertung der Organisation durch eigenes Management nach erprobten Kriterien wie Benchmarking (Vergleich mit den Besten), ständiger Verbesserungsprozess mit Soll-Ist-Vergleich
Tragweite des Modells	Modell führt zum Zertifikat = Momentaufnahme; Aussage darüber, ob Normforderungen zu einem Zeitpunkt erreicht sind oder nicht (ja/nein, binäres Modell)	Modell führt zu einem Verbesserungsprozess, Vergleich zwischen verschiedenen Jahresergebnissen und Vergleich zwischen Organisation und den Besten zu einem Zeitpunkt (relatives Modell)
Ausrichtung auf die Anspruchsgruppen	Organisation soll sich auf die Erwartungen der Interessengruppen, Kunden, Mitarbeiter, Lieferanten, Eigentümer und Gesellschaft ausrichten; beispielhafte Benennung einiger (weniger) Erwartungen	Abbild der Erwartungen der Interessengruppen in den Kriterien des EFQM, d.h. inhaltlich (normativ nach dem Stand des Wissens) genauere Annahmen über die Erwartungen der Interessengruppen
Unterstützung hauptsächlich durch	Mittelmanagement, entlastet von den Funktionen der Koordination und Kontrolle	Topmanagement, gibt Kriterien für gute Managementmethoden in Führung, Politik und Strategie, Mitarbeiterorientierung, Ressourcen- und Prozessmanagement vor
Verständlichkeit, Akzeptanz für MitarbeiterInnen	Für breite Basis verständlich; der Beitrag des Einzelnen steht fest (schwarz auf weiß), ständige Nachschulung durch interne Audits	Abgehobenes Modell, auf die Rolle des Managements zugeschnitten und für die breite Basis kaum verständlich; muss kommuniziert und durch Bottom-up-Instrumente ergänzt werden (z.B. Qualitätszirkel), um bei den Mitarbeitern Akzeptanz zu finden
Einbettung des Systems in die »normale« Geschäftstätigkeit	ISO ist ein System ähnlich wie Controlling, dessen sich das Management unter anderem bedient; konkrete strategische Ausrichtungen oder Entscheidungen werden davon kaum berührt.	Das Modell hat durch den normativen Charakter eine zentralere Stellung; um es ernsthaft zu verfolgen (und systematisch mit der Zeit bessere Ergebnisse zu erzielen) müssen sich strategische Zielsetzungen und Prioritäten an den Modellkriterien orientieren.

MEHR KUNDENORIENTIERUNG DURCH INTERNES MARKETING

Das interne Marketing versucht die Mitarbeiter des gastgewerblichen Unternehmens bestmöglich zur Service- und Kundenorientierung zu motivieren. Dafür wird ein aktiver Ansatz verfolgt, bei dem die Marketinginstrumente auch innerhalb des Betriebs genutzt werden.

Im Dienstleistungsbereich kann eine Differenzierung gegenüber den Wettbewerbern oft nicht mehr allein durch das Produkt erreicht werden. Zu leicht können Leistungen von Konkurrenten kopiert werden. Der Ansatzpunkt für

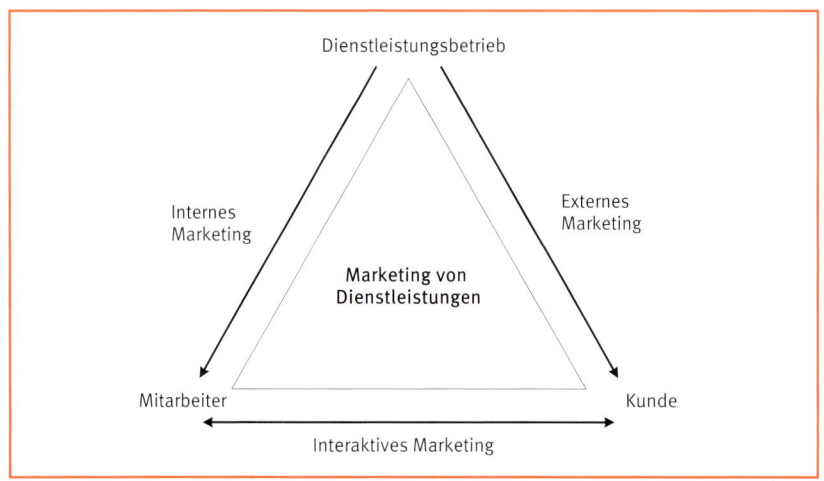

die Schaffung von Wettbewerbsvorteilen besteht daher zunehmend in der Art der Serviceleistung: Kundenorientierung ist das Zauberwort.

Internes Marketing (IM) ist eine Führungsphilosophie des Personalmanagements (human ressource management) eines Unternehmens, die Marketing als Denkhaltung im gesamten Unternehmen verankern möchte. Dreh- und Angelpunkt des IM ist dabei immer der Kunde, dessen Zufriedenheit mit der Dienstleistung oberstes Gebot ist. Die generelle Idee des IM ist die Anwendung von Denkweisen und Methoden des externen Marketing auf interne Abläufe.

IM ist Bestandteil des strategischen Managements und bildet neben dem CRM (Customer Relationship Management = Kundenbeziehungsmanagement) und dem interaktiven Marketing (Einbeziehung der Zielgruppe in den Dienstleistungserstellungsprozess zur Individualisierung der Leistungen) die dritte Säulen der Kundenorientierung. Es ist daher als Teil eines ganzheitlichen Managementprozesses zu verstehen und mit den systematischen Planungs- und Entscheidungsprozessen im Unternehmen eng verbunden. Oberstes Ziel ist die Schaffung einer kundenbewussten Atmosphäre in allen Unternehmensbereichen. Dieses Ziel soll durch eine zweifache Fokussierung erreicht werden.

Den Mitarbeitern im Hotel oder Restaurant kommt höchste Priorität zu. Sie sollen durch die Maßnahmen des IM zu servicebewusstem Verhalten motiviert werden. Dadurch wird die Marketingphilosophie im gastgewerblichen Unternehmen als Denkhaltung verankert. Mitarbeiterzufriedenheit und Kundenzufriedenheit sind die zwei Seiten einer Medaille. Ein zufriedener Mitarbeiter wird nicht nur eine größere Bereitschaft zeigen, auf den Kunden zuzugehen, er wird sich auch stärker und über einen längeren Zeitraum an das Unternehmen binden, was seinerseits die Kundenzufriedenheit und die Kundenbindung positiv beeinflusst.

Ausdruck dieser Ausrichtung auf den Mitarbeiter ist die starke Betonung der Kommunikation, die das IM wie ein roter Faden durchzieht. Kommunikation findet zum einen zwischen den einzelnen Mitarbeitern und Abteilungen mit dem Ziel statt, die Leistungserbringung zu optimieren. Zum anderen kommuniziert das Topmanagement die unternehmerischen Zielvorstellungen und Strategien nach innen wie nach außen.

Im Sinne der internen Verwendung externer Marketingmethoden unterzieht IM die verschiedenen Austauschbeziehungen innerhalb eines Unternehmens einer Überprüfung. Nur durch ein effektives Kommunizieren zwischen der Unternehmensführung und den Mitarbeitern können die Unternehmensziele erfolgreich auf den externen Märkten umgesetzt werden.

Das Spektrum der Optimierung reicht von individuellen Austauschbeziehungen zwischen Mitarbeitern bis hin zu Kunden- und Lieferantenbeziehungen. Im Mittelpunkt stehen die Themenbereiche interner Kundenorientierung sowie die Sicherstellung der internen Dienstleistungsqualität.

SERVICEMANAGEMENT UND KUNDENBINDUNG

In der Hotellerie und Gastronomie spielen neben der hohen Produktqualität alle Serviceleistungen eine bedeutende Rolle. Die Umsetzung einer angemessen hohen Servicequalität ist ein bedeutsamer Beitrag zur Gästeorientierung und -bindung. Dies wurde in den letzten Jahren insbesondere von der Hotellerie umgesetzt, weil das eigentliche Produktprogramm in einer Hotelkategorie nur wenig Spielraum zur Verbesserung lässt. Es wird versucht durch innovative Serviceleistungen die Servicequalität (value added services) zu verbessern, um damit die Gästezufriedenheit zu steigern und die aktuellen Gäste an das Unternehmen zu binden.

Die Bedeutung von Serviceleistungen zur Erfüllung der Gästeerwartungen ist unumstritten, bereitet aber in der Praxis häufig Umsetzungsprobleme. Wenn die Gäste wegen Servicedefiziten nicht mehr in das Hotel oder Restaurant zurückkehren und sich der Hotelier oder Gastronom die Folgen von »verlorenen« Gästen vor Augen führt, dann wird die Bedeutung des Servicemanagements besonders deutlich.

»Services (Dienstleistungen) sind selbständige, marktfähige Leistungen, die mit der Bereitstellung (z. B. Hotelgebäude) und/oder dem Einsatz von Leistungsfähigkeiten (z. B. Zimmerreinigung) verbunden sind (Potenzialorientierung). Interne (z. B. Geschäftsräume, Personal, Ausstattung) und externe Faktoren (also solche, die nicht im Einflussbereich des Unternehmens liegen) werden im Rahmen des Erstellungsprozesses kombiniert (Prozessorientierung). Die Faktorenkombination des Serviceanbieters wird mit dem Ziel eingesetzt, an den externen Faktoren, an Menschen (z. B. Gästen) oder deren Objekten (z. B. Auto des Gastes) nutzenstiftende Wirkungen (z. B. Waschen des Autos) zu erzielen (Ergebnisorientierung).« (Meffert/Bruhn, Dienstleistungsmarketing)

Serviceleistungen sind verschiedenartige und komplexe Vorgänge. In der Regel handelt es sich um immaterielle Leistungen, die nicht real fassbar und damit nicht lager- und transportfähig sind. Die Serviceleistung kann nicht ohne spezifische Leistungsfähigkeiten des entsprechenden Hotel/Restaurants (z. B. Know-how oder körperliche Fähigkeiten) bereitgestellt werden. Bei der Erbringung der Serviceleistung muss in den meisten Fällen zwangsläufig der Gast selbst oder ein bestimmtes Objekt, wie zum Beispiel ein Auto, in den Leistungserstellungsprozess einbezogen werden.

Deshalb muss das Servicemanagement genau analysiert, geplant, durchgeführt, koordiniert und kontrolliert werden. Dabei soll durch eine Erfüllung der Serviceerwartungen der Gäste eine Wettbewerbsprofilierung im Markt erreicht werden. Aufgrund dieser Erwartungshaltung der Gäste können drei Arten der Serviceleistung unterschieden werden.

Die drei Arten der Serviceleistungen

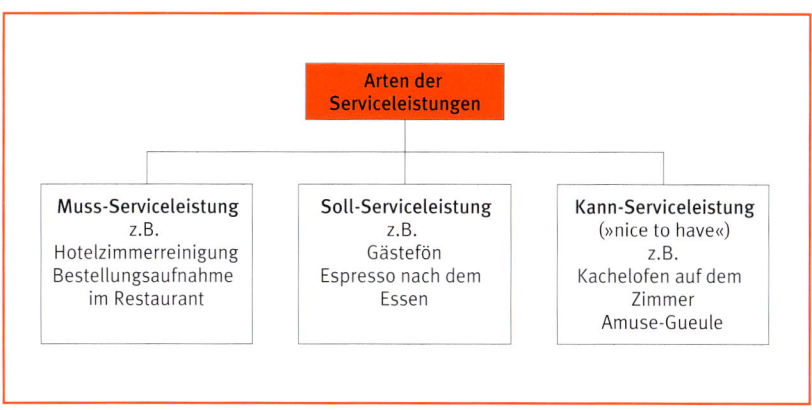

»Zu den <u>Muss-Serviceleistungen</u> zählen sämtliche Serviceleistungen des Anbieters, die aus Kundensicht unabdingbar erbracht werden müssen. Ferner können diejenigen Leistungen zu der Kategorie der Muss-Serviceleistungen gezählt werden, die bereits von sämtlichen Unternehmen der Branche als Standardleistung erbracht werden, sodass der Kunde das Vorhandensein dieser Leistung voraussetzt. Werden Muss-Serviceleistungen von einem Unternehmen nur unzureichend oder gar nicht erbracht, so wird das Unternehmen vermutlich nicht nur eine schlechte Beurteilung hinsichtlich der Kundenorientierung erhalten, sondern zudem sehr hohe Migrationsraten aufweisen.

Die Soll-Serviceleistungen hingegen werden vom Kunden nicht zwingend erwartet und stellen somit in der Regel kein Ausschlusskriterium zur Inanspruchnahme der übrigen Leistungen des Anbieters dar. Zu dieser Kategorie zählen folglich sämtliche Serviceleistungen, die ergänzend zur Kern- oder Primärleistung erbracht werden und deren Vorhandensein aus Kundensicht angenehm und komfortabel ist. Es bieten sich somit bereits gute Ansatzpunkte, die Kundenorientierung des Unternehmens zu verbessern. Allerdings verändern sich die Serviceerwartungen von Kunden im Zeitablauf. Daher muss das eigene Serviceangebot kontinuierlich analysiert und modifiziert werden.

Kann-Serviceleistungen erhöhen demgegenüber vor allem die Attraktivität des Leistungsangebotes. Insofern haben diese Serviceleistungen immer dann eine besonders hohe Auswirkung auf die Kundenorientierung, wenn die neuen Serviceleistungen einen hohen Kundennutzen stiften und von den übrigen Anbietern der Branche noch nicht erbracht werden. Je höher die Affinität dieser Serviceleistungen zum Kernprodukt ist, desto leichter kann eine Profilierung am Markt realisiert werden.« (Bruhn, Kundenorientierung, München 1999, S. 70 ff.)

OPERATIVES
MARKETING

GRUNDLAGEN DES OPERATIVEN MARKETINGS

Gegenstand des operativen Marketings sind taktische Entscheidungen, der Planungshorizont ist kurz- bis mittelfristig. Ausgehend von der strategischen Marketingplanung werden operationale Subziele abgeleitet, die den Einsatz der einzelnen Marketing-Mix-Instrumente bedingen.

Dem Hotel/Restaurant steht im Rahmen seiner operativen Marketingplanung eine Anzahl von marktbeeinflussenden Instrumenten zur Verfügung. Der Marketing-Mix unterteilt sich in die »4 Ps«: product, price, place, promotion – auf gut deutsch handelt es sich dabei um die Produkt-, Preis- (Kontrahierungs-), Distributions- und Kommunikationspolitik. Diese Aufteilung wurde erstmals von Jerome McCarthy vorgeschlagen. Zwischenzeitlich werden weitere »Ps« zu dieser Definition hinzugefügt. Die Autoren sehen darin keine grundlegend neuen Instrumente, sondern lediglich eine stärkere Differenzierung der bisherigen. Aus diesem Grund werden diese Punkte nicht separat behandelt, sondern den klassischen »Ps« zugeordnet und dort besprochen. An dieser Stelle wollen wir die absatzpolitischen Instrumente zunächst gegeneinander abgrenzen und systematisieren.

Im Einzelnen gibt es also im operativen Marketing vier Teilbereiche, die für das Gastgewerbe durch folgende Fragestellungen charakterisiert werden können:

1 **Welche Leistungen bzw. Problemlösungen sollen den Gästen angeboten werden?**

Die Produktpolitik beschäftigt sich mit

- der *Gestaltung einer Leistung* durch Variation der Leistungsmerkmale (Betriebsgröße, Betriebstyp, Betriebsbereitschaft, Produktinnovation, Produkteliminierung, Gästebetreuung, Kulanzpolitik). Dazu gehören auch Faktoren, die außerhalb des Hauses liegen, wie natürliche Umwelt (Geographie, Topographie, Klima, Vegetation, Tierwelt), menschliche Faktoren (Sprache, Mentalität, Gastfreundlichkeit, Sitten, Bräuche, Kultur, Kunst usw.) und die Infrastruktur (Verkehrsanbindung, Sportanlagen, Unterhaltung, Skilift);
- der *Gestaltung des Leistungsprogrammes*, wie z.B. der Zusammenstellung der Speise- und Getränkekarte oder dem touristischen Programm für Gäste.

2 **Zu welchen Bedingungen sollen die Leistungen am Markt angeboten werden?**

Die Preispolitik umfasst die Preisstrukturpolitik und die Preisablaufpolitik.

- Bei der *Preisstrukturpolitik* geht es um die Festlegung des Preisniveaus bzw. der Preislage. Dieses Instrument wird beim Hotel/Restaurant nur selten eingesetzt.
- Bei der *Preisablaufpolitik* geht es um die Preisfindung und um die Durchsetzung alternativer Preisforderungen gegenüber den Gästen (kosten-, nachfrage- und konkurrenzorientierte Preisfindung) oder die zeitliche, räumliche, zielgruppenspezifische Preisdifferenzierung und die Kommerzialisierung freier Güter.

3 An wen und auf welchem Weg sollen die Leistungen verkauft bzw. an die Gäste herangetragen werden?

Die Distributionspolitik beschäftigt sich mit der Auswahl der richtigen Absatzorganisationen und Vertriebswege.

- *Absatzorganisationen*: Sales Office, Verkaufsrepräsentant, Reiseveranstalter, Fremdenverkehrsorganisationen, Absatzhelfer
- *Vertriebswege*: direkte und indirekte Distributionswege, z.B. Reservierungssysteme, Hotelvereinigungen

4 Welche Informations- und Beeinflussungsmaßnahmen sollen ergriffen werden?

Zur den Maßnahmen der Kommunikationspolitik gehören

- die *Werbung* (advertising): eine absichtliche Form der Beeinflussung, um Gäste zu einem bestimmten Verhalten zu bewegen, z.B. Prospekte, Plakate, Inserate, Ansichtskarten, Kofferaufkleber, Bierdeckel. Die Durchführung einer Werbemaßnahme erfordert vom Hotelier oder Restaurantinhaber eine sorgfältige Planung.
- die *Verkaufsförderung* (sales promotion): Maßnahmen und Methoden im Hotel/Restaurant, um einen Gast direkt anzusprechen, z.B. Sonderaktionen (Schweizer Woche), Displays auf dem Tisch (Beaujolais Primeur), Speise- und Getränkekarten.
- Die *Öffentlichkeitsarbeit* (public relations: Werbung um öffentliches Vertrauen, z.B. durch Gästezeitschriften, Tag der offenen Tür, Durchführung von Betriebsbesichtigungen für Gäste, Kunstausstellungen, Weinproben.
- Der *persönliche Verkauf* (personal selling) mit dem Ziel, durch ein Verkaufsgespräch mit dem Gast einen höheren mengenmäßigen Umsatz zu bewirken und Informationen zu gewinnen.

Diese vier Punkte bestimmen die Aktions- bzw. Handlungsalternative des Marketings, um die Marktbeziehungen zu gestalten und die Umsetzung des gastgewerblichen Leistungsangebots zu ermöglichen. Der Erfolg der Marketingaktivitäten hängt nicht unbedingt vom einzelnen Instrument, sondern vielmehr von einem optimal aufeinander abgestimmten Einsatz der verschiedenen Marketinginstrumente ab.

PRODUKTPOLITISCHE MASSNAHMEN

Zur Produktpolitik zählen alle Entscheidungen, die in unmittelbarem Zusammenhang mit einem gastgewerblichen Produkt oder einer gastgewerblichen Leistung getroffen werden. Dabei kann allgemein ein Produkt oder eine Leistung als eine Menge materieller und immaterieller Eigenschaften definiert werden, die einzeln oder in ihrer Kombination Gästebedürfnisse befriedigen.

Der Produkt- oder Leistungsbegriff hat sich im Laufe der Zeit gewandelt vom substanziellen Produktbegriff (Produkt als stofflich definiertes Objekt, z.B. Speisen, Getränke, Hotelzimmer) über den erweiterten Produktbegriff (Produkt als Problemlösung, z.B. Hunger und Durst stillen, Erholung) hin zum marketingorientierten Produktbegriff (Produkt als Nutzenbündel, z.B. Leistungen, die während eines Gästeurlaubes erbracht werden). (Vgl. Hannig, Vorlesung Marketing)

Die Produktpolitik kann wie jedes andere absatzpolitische Instrument in einen Managementkreis eingeordnet werden. Die Produktpolitik muss dabei im Verbund mit anderen Unternehmenspolitiken gesehen werden.

Stellung der Produktpolitik im Produktmanagement

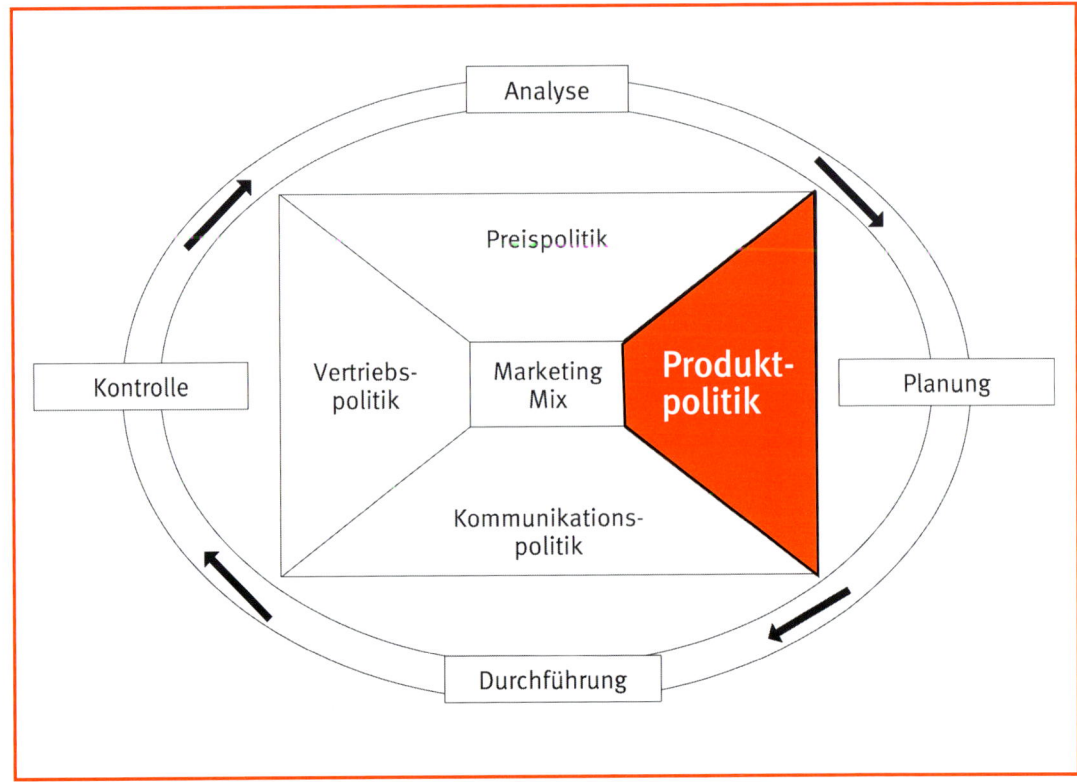

Die Möglichkeiten der Produktpolitik als Marketinginstrument zeigt uns folgende Einteilung:

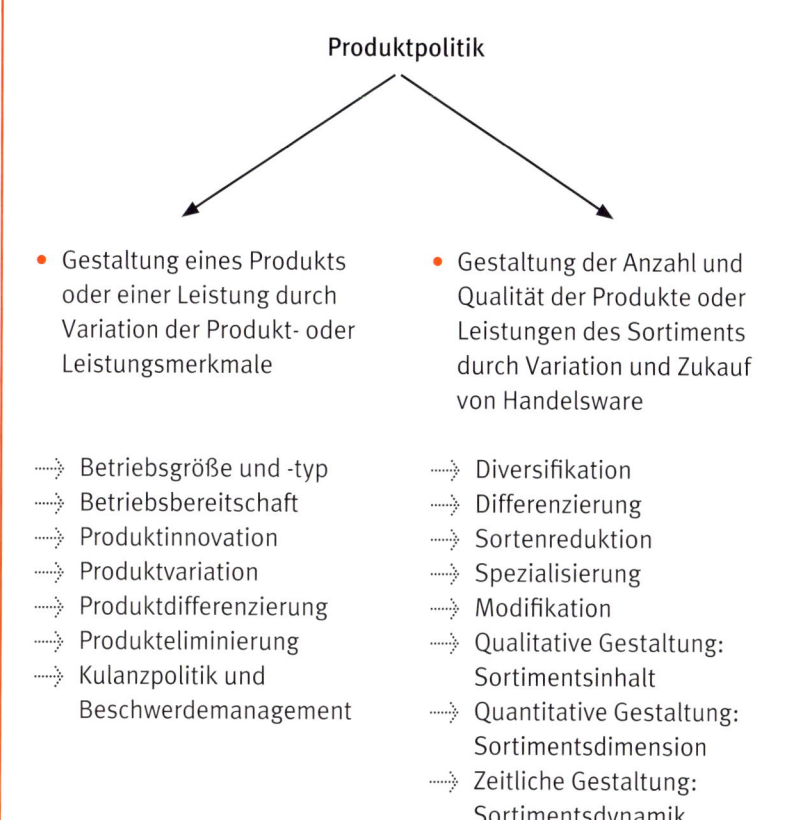

Produktpolitik

- Gestaltung eines Produkts oder einer Leistung durch Variation der Produkt- oder Leistungsmerkmale

- Gestaltung der Anzahl und Qualität der Produkte oder Leistungen des Sortiments durch Variation und Zukauf von Handelsware

⟶ Betriebsgröße und -typ
⟶ Betriebsbereitschaft
⟶ Produktinnovation
⟶ Produktvariation
⟶ Produktdifferenzierung
⟶ Produkteliminierung
⟶ Kulanzpolitik und Beschwerdemanagement

⟶ Diversifikation
⟶ Differenzierung
⟶ Sortenreduktion
⟶ Spezialisierung
⟶ Modifikation
⟶ Qualitative Gestaltung: Sortimentsinhalt
⟶ Quantitative Gestaltung: Sortimentsdimension
⟶ Zeitliche Gestaltung: Sortimentsdynamik

Inhalt der Produktpolitik und damit des Produktmanagements sind Produktentscheidungen über das einzelne Produkt und die einzelne Leistung (unterste Ebene) und Programmentscheidungen über die Zusammenstellung und Veränderungen des Leistungsprogramms (höchste Ebene).
Es geht zunächst darum, die Einzelprodukte oder –leistungen darzustellen und Handlungsmöglichkeiten aufzuzeigen. Dazu gehören insbesondere die Entwicklung, Veränderung und Eliminierung von gastgewerblichen Produkten und Leistungen.
In einem zweiten Schritt erfolgt die Zusammenstellung verschiedener Produkte und Leistungen zu einem in den Augen des Gastes attraktiven Produkt- und Leistungsprogramm. Denn erst die Gesamtheit des Verkaufsprogrammes stellt das Nutzenbündel dar, das letztendlich über den Erfolg eines gastgewerblichen Unternehmens entscheidet.

Produkte und Leistungen im Gastgewerbe

Für einen Hotel- und/oder Restaurantbetrieb lassen sich Produkte/Leistungen aus folgenden Bereichen definieren:

- Materielle Leistungen (also der Gegenstand): Essen und Trinken
- Immaterielle Leistungen: Nutzung von Hotelzimmern, Banketträumen und dem Wellnessbereich
- Dienstleistung: Serviceleistungen im Restaurant oder am Empfang, Wäschereileistungen etc.
- Ausstattung: Hotelzimmer, Restaurant, Hotelhalle, Freizeitbereich
- Standort: Gebäude, Lage, Infrastruktur
- Idee: Hotelkonzeption, Image, Stil
- Qualität: Nutzen für den Gast, Eignung zur Erfüllung von Gästeanforderungen
- Personal: Qualifikation, Erscheinung, Freundlichkeit

Die Gästeerwartungen an ein Produkt oder eine Leistung können sich auf den Grund-, Zusatz- und Überraschungsnutzen beziehen. Der Grundnutzen basiert dabei auf den objektiv-technischen Gebrauchseigenschaften eines Produktes oder einer Leistung, d. h. die Funktionalität beispielsweise eines Zimmers muss in Ordnung sein (Räumlichkeit, Matratzen, Dusche, Safe).

Dagegen geht der Zusatznutzen über die reine Funktionserfüllung hinaus:

- Persönlicher Zusatznutzen: Erwartungen und Vorstellungen zum Hotel oder Restaurant gehen über das normale Maß hinaus, z.B. Tee- und Kaffeebereiter in den Zimmern; ganztags ein Erfrischungsbuffet in der Hotelhalle mit Mineralwasser, Kaffee, Tee und Kuchen; täglich frisches Obst aufs Zimmer; nationale und internationale Tageszeitungen und Magazine
- Soziologischer Zusatznutzen: Anerkennung der in Anspruch genommenen Leistung durch das persönliche Umfeld, z.B. meine Bekannten bewundern mich, dass ich in so einem Hotel übernachten kann.
- Magischer Zusatznutzen: Inanspruchnahme von Produkt oder Leistung trägt irrationale Züge, wie: Immer, wenn ich in diesem Hotel bin, ist schönes Wetter.

Der Überraschungsnutzen geht über die vorstellbaren Leistungserwartungen hinaus. Das sind Leistungen und Produkte, die das gewisse Aha- oder Oho-Erlebnis auslösen. So bieten beispielsweise Hotels in Frankfurt kostenlos an: Getränke aus der Minibar; Telefonate ins deutsche Festnetz; Bügelzimmer, in dem Gäste ihre Kleidung selbst plätten können; Shuttleservice zum Messegelände.
Der Übergang zwischen Zusatz- und Überraschungsnutzen ist fließend. Der Überraschungseffekt ist nur bei der erstmaligen Inanspruchnahme der zu-

sätzlichen Leistung gegeben. Für Stammgäste müssten immer wieder neue Überraschungen eingebaut werden. Achtung: Es kann eine Anspruchsinflation entstehen, die letztendlich dem Hotelier mehr schadet als nützt.

Betriebsmerkmale und Produktpolitik

Bei Entscheidungen über Betriebsgröße und Betriebstyp im Hotel- und Restaurantmanagement handelt es sich um langfristige Grundentscheidungen, die in der Regel nur bei der Gründung oder Übernahme eines gastgewerblichen Betriebes entstehen, dann aber von entscheidender Bedeutung sind.

Gestaltungsmerkmale in Bezug auf Betriebsgröße und Betriebstyp

Festgelegt werden müssen die grundlegenden Eigenschaften des gastgewerblichen Unternehmens wie Verwendungszweck (Betriebsart), Unternehmensform, Standort und Standard.

Als Standard kann die Klassifikation eines Übernachtungs- oder Gastronomiebetriebs dienen. Die Hotelklassifikation in Deutschland beispielsweise basiert auf freiwilliger Basis und wird auf einer Skala von einem bis zu fünf Hotelsternen vergeben. Dabei werden bestimmte Mindestanforderungen an die angebotenen Leistungen gestellt.

Ein Stern   * Tourist
Zwei Sterne   ** Standard
Drei Sterne   *** Komfort
Vier Sterne   **** First Class
Fünf Sterne   ***** Luxus

Ein Hotel kann zusätzlich das Prädikat »Superior« erhalten, wenn die Leistungen weit über den geforderten Kriterien seiner Klasse liegen.

Der *Deutsche Hotel- und Gaststättenverband* (DEHOGA) ist für die Klassifikation der Hotels zuständig und stellt im Vergleich zu anderen europäischen Ländern relativ hohe Anforderungen.

Es gibt auch für Ferienwohnungen, -häuser sowie Privatzimmer eine Klassifizierung. Dabei steht das F für Ferienhäuser und -wohnungen (z. B. F* für einfache und zweckmäßige Unterkunft), P für Privatzimmer (z. B. P* für einfache, zweckmäßige Gesamtausstattung des Objekts mit einfachem Komfort) und G für Gästehäuser, Gasthöfe und Pensionen (Übersicht Seite 187).

Standardanforderungen für 3- und 4-Sterne-Hotels

KOMFORT
Unterkunft für gehobene Ansprüche ★ ★ ★

- Einzelzimmer 14 m², Doppelzimmer 18 m²
- 10 Prozent Nichtraucherzimmer
- 14 Stunden besetzte separate Rezeption, 24 Stunden erreichbar
- Zweisprachige Mitarbeiter, Sitzgruppe am Empfang, Gepäckservice
- Getränkeangebot auf dem Zimmer
- Telefon auf dem Zimmer, Internetzugang
- Heizmöglichkeit im Bad, Haartrockner, Papiergesichtstücher
- Ankleidespiegel, Kofferablage, Safe
- Nähzeug, Schuhputzutensilien, Waschen und Bügeln der Gästewäsche
- Zusatzkissen und -decke auf Wunsch
- Systematischer Umgang mit Gästebeschwerden

First Class
Unterkunft für hohe Ansprüche ★ ★ ★ ★

- Einzelzimmer 16 m², Doppelzimmer 22 m²
- 18 Stunden besetzte separate Rezeption, 24 Stunden erreichbar
- Lobby mit Sitzgelegenheiten und Getränkeservice, Hotelbar
- Frühstücksbuffet mit Roomservice
- Minibar oder 24 Stunden Getränke im Roomservice
- Sessel/Couch mit Beistelltisch
- Bademantel, Hausschuhe auf Wunsch
- Kosmetikartikel (z. B. Duschhaube, Nagelfeile, Wattestäbchen), Kosmetikspiegel, großzügige Ablagefläche im Bad
- Internet-PC / Internet-Terminal
- Á la carte-Restaurant

(Quelle: www.hotelsterne.de/)

Für Restaurants gibt es, anders als bei Hotels, keine verbindlichen Qualitätsstandards. Hier übernehmen verschiedene Restaurantführer und deren Kritiker die Klassifizierung, die in der Regel jährlich erfolgt. Als Beispiele für solche Publikationen im deutschsprachigen Raum seien hier der *Michelin-Führer* (1–3 Sterne), *Gault Millau* (1–20 Punkte), *Schlemmer Atlas* (1–5 Kochlöffel) und *Varta-Führer* (1–5 Sterne) genannt.

So weisen die *Michelin*-Sterne auf eine überdurchschnittlich gute Küche hin. Bewertungskriterien sind die gleichbleibende Qualität und Frische der Zutaten, ihre Zubereitung, die Harmonie der geschmacklichen Verbindung sowie Innovationkraft und Einzigartigkeit der Gerichte:
- Ein Stern: »Eine sehr gute Küche, welche die Beachtung des Lesers verdient.«
- Zwei Sterne: »Eine hervorragende Küche – verdient einen Umweg.«
- Drei Sterne: »Eine der besten Küchen – eine Reise wert.«

Der *Michelin-Führer* empfiehlt neben gehobenen Häusern verstärkt auch solche gastronomischen Einrichtungen, die gute Qualität zu moderaten Prei-

Standardanforderungen für Gästehäuser, Gasthöfe und Pensionen

Deutsche Klassifizierung für Gästehäuser, Gasthöfe und Pensionen (www.klassifizierung.de)

G ★ Unterkunft für einfache Ansprüche

Zimmer: Mindestgröße EZ 8 m², DZ 12 m² (exkl. Bad/WC) • tägliche Reinigung • Farb-TV im Aufenthaltsraum • Getränke erhältlich • Telefon und Telefax • Frühstück • Empfang • telefonisch erreichbar • Depotmöglichkeit • ausgewiesener Nichtraucherbereich

G ★★ Unterkunft für mittlere Ansprüche

Zimmer: Mindestgröße EZ 12 m², DZ 16 m² (jeweils inkl. Bad/WC) • Farb-TV • Radioprogramme • Gesellschaftsspiele • Zeitschriften • Bücher • erweitertes Frühstück • Haartrockner • Bügeleisen • Badetücher • bargeldloses Zahlen

G ★★★ Unterkunft für gehobene Ansprüche

Zimmer: Mindestgröße EZ 14 m², DZ 18 m² (jeweils inkl. Bad/WC) • Empfang morgens und abends besetzt • Sitzgruppe und Safe im Haus • abends kleines Speisenangebot • Getränke im Zimmer • täglicher Handtuchwechsel • Waschmaschine und Trockenmöglichkeit

G ★★★★ Unterkunft für hohe Ansprüche

Zimmer: Mindestgröße EZ 16 m², DZ 22 m² (jeweils inkl. Bad/WC) • Sessel oder Couch mit Beistelltisch • Empfang morgens und abends besetzt • Sitzgelegenheit • abends kleines (warmes und kaltes) Speisenangebot • alkoholische Getränke und Snacks • Kühlschrank • Kaffee- und Teekocher • zusätzlicher Aufenthaltsraum • Frühstücksbuffet • Telefon und Stereoanlage • Badezimmer: Kosmetikspiegel, Kosmetikartikel und Bademäntel • Akzeptanz von Kreditkarten, ec-Cash oder ELV.

sen bieten. So steht die Auszeichnung *Bib Gourmand* für sorgfältig zubereitete, preiswerte Mahlzeiten.

Den Standards für Hotellerie und Restaurants liegen jedoch unterschiedliche Bewertungsmechanismen zugrunde: Die Hotel- und Gästehäuserklassifizierung ist ein objektiver Maßstab, der für seine Sterne eine festgelegte Ausstattung und ein definiertes Dienstleistungsangebot fordert. Welche dieser Forderungen ein Unternehmen erfüllen kann oder will, ist bereits bei der Gründung abschätzbar. Dagegen ist die Bewertung eines Restaurants durch einen Restaurantkritiker ein subjektiver Vorgang, dessen Kriterien für ein Unternehmen wenig Planungssicherheit bieten.

Die Standortwahl zählt zu den wichtigsten Entscheidungen eines gastgewerblichen Betriebes. Die Entscheidung für einen bestimmten Standort wird in der Regel von verschiedenen Faktoren beeinflusst. Hierzu zählt insbesondere bei kleineren Dienstleistungsbetrieben die relative Nähe zum gastgewerblichen Markt. Das Vorhandensein von Roh-, Hilfs- und Betriebsstoffen spielt in unserer Branche eine eher untergeordnete Rolle. Die Verfügbarkeit von Arbeitskräften (Arbeitsmarkt), die Arbeitskosten, die Anbindung an Verkehrswege (insgesamt Infrastruktur) und steuerliche Überlegungen (Steuerpolitik) wiederum können je nach Objekt einen größeren oder kleineren Einfluss ausüben. Welche Faktoren den Ausschlag für eine Standortwahl gegen, ist im Gastgewerbe sehr stark von der Betriebsart abhängig. So planen z. B. große Fastfoodketten ihre Standorte ganz exakt, indem sie von Unternehmensberatungen Analysen u.a. bezüglich der Lage und ihrer möglichen Gästefrequenz durchführen lassen.

Die Unternehmensform und die Art der Betriebsführung hängen in der Gastronomie und Hotellerie besonders eng zusammen. Dabei kommt es weniger auf die eigentliche Rechtsform (also eKfm, oHG oder GmbH) an, sondern vielmehr darauf, ob es sich um ein Privathotel (von der Familie geführt), eine Einzelgaststätte oder ein Hotel- oder Restaurantkettenbetrieb handelt. Privathotels und –gaststätten zeichnen sich durch eine familiäre Atmosphäre, einen persönlichen Führungsstil, persönlichen Service und individuelle Betreuung aus. Eine Zwischenform sind Franchisebetriebe. Sie haben das Konzept einer Kette, werden aber von einem Privatunternehmer geführt.

Der Verwendungszweck (oder die Betriebsart) eines Hotel- oder Restaurantbetriebes ist ebenfalls mit Sicht auf den Gast sehr wichtig. Verschiedene Betriebsarten müssen bestimmte zusätzliche Einrichtungen bieten, die der Gast dort erwartet. Die Anforderungen an Tagungshotels, Kurhotels, Wellnesshotels, Alpenhotels, Businesshotels, Clubhotels und Ferienhotels (Golf-, Sport-, Wintersporthotel) sind naturgemäß sehr unterschiedlich. Zusätzlich spielt die angebotene Verpflegung für den Gast eine wichtige Rolle (z. B. Voll- oder Halbpension, nur Frühstück). Sonderformen in Sachen Betriebsart sind z. B. Kreuzfahrtschiffe oder Motels für Autoreisende.

Zu den produktpolitischen Grundentscheidungen gehört neben der Festlegung der Betriebsmerkmale nicht zuletzt auch die Entscheidung über die Betriebsbereitschaft, die im Dienstleistungsbereich ein wichtiger Faktor der Unternehmensorganisation ist. Je nach den ins Auge gefassten Zielgruppen müssen Bereitschaftsstunden der Rezeption und des Restaurantservices, Ruhetage, Essenzeiten für Frühstück, Mittag- und Abendessen geplant werden. Es muss z. B. auch festgelegt werden, ob das Frühstück mit Service oder in Büfetform angeboten werden soll. Die Betriebsbereitschaft hängt immer mit der Personalplanung zusammen, da eine Ausweitung der Betriebszeiten mit zusätzlichem Personal und zusätzlichen Kosten verbunden ist.

Produktinnovation

Unter Produktinnovation verstehen wir die Entwicklung von neuen Produkten oder Leistungen. Dabei kann es sich um eine Neuheit für den gastgewerblichen Betrieb oder für die angesprochene Zielgruppe des Hotels oder Restaurants handeln. In seltenen Fällen werden tatsächliche Marktneuheiten entwickelt. Für die Entwicklung von Neuprodukten und Produktverbesserungen hat sich in der Praxis ein schrittweises Vorgehen als sinnvoll herausgestellt. Der gesamte Prozess umfasst fünf Stufen:

Stufe 1: Suche nach Produktideen
Stufe 2: Grobauswahl von Produktideen
Stufe 3: Produktentwicklung
Stufe 4: Produktprüfung und Markttest
Stufe 5: Einführung des neuen Produkts

Von der Idee zur Markteinführung

Die Suche nach Produktideen beginnt mit der Ideensammlung. Dazu können unternehmensinterne und unternehmensexterne Quellen verwendet werden. Externe Quellen sind z. B. Analysen von Gästefragebögen, Gästeanfragen oder auch von Reklamationen. Interne Quellen sind das betriebliche Vorschlagswesen, die Mitarbeiterbefragung und die Ergebnisse der Versuchsküche.

Für die Ideensammlung gibt es auch im Gastgewerbe verschiedene intuitive oder diskursive (von Begriff zu Begriff logisch fortschreitende) Verfahren.

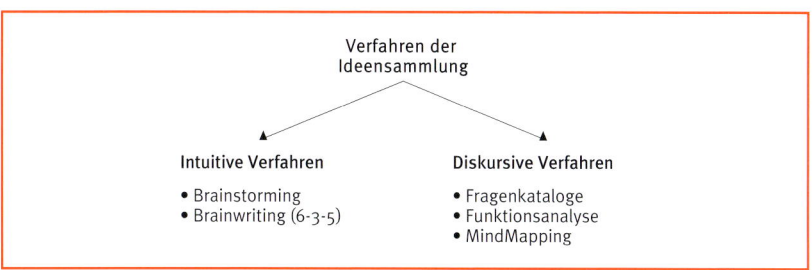

Das Brainstorming zählt zu den intuitiven (spontan-kreativen) Verfahren. Hier bilden etwa drei bis acht Personen aus möglichst unterschiedlichen Abteilungen, wie z. B. aus der Empfangsabteilung, dem Marketing, der Versuchsküche und dem Restaurant, eine Gruppe und entwickeln Vorschläge für ein neues Produkt. Wichtig dabei ist, dass diese Vorschläge zwar verbessert und mit anderen Ideen kombiniert werden können, jedoch keine Bewertung oder Kritik zu einzelnen Ideen geäußert werden darf.

Neben dem Brainstorming zählt die Methode 6-3-5 zu den intuitiven (spontan-kreativen) Verfahren. Dies ist ein Verfahren des Brainwriting. Dabei finden sich sechs Personen aus verschiedenen Abteilungen zusammen, die jeweils drei Produktideen auf einem Formular notieren. Dieses wird in der Runde fünfmal an das nächste Gruppenmitglied weitergereicht, das die drei ihm vorliegenden Ideen dann jeweils weiterentwickelt.

Neben den intuitiven Verfahren gibt es diskursive (systematisch-analytische) Verfahren. Im Hotel z. B. werden Fragenkataloge bzw. Checklisten für die Suche nach neuen Produktideen verwendet. So ein Fragenkatalog könnte wie folgt aussehen:

- Lässt sich ein bisheriges Produkt des Hotels/Restaurants verkleinern oder vergrößern?
- Gibt es andere Verwendungsmöglichkeiten mit den gleichen Funktionen?
- Gibt es für die gleichen Funktionen andere Verwendungsmöglichkeiten?
- Können bestehende Produkte mit anderen Produkten kombiniert werden?
- Gibt es ein Optimierungspotenzial der vorhandenen Produkte?

Ein weiteres diskursives Verfahren ist die Funktionsanalyse. Dabei werden jene Funktionen beschrieben, die die vorhandenen Produkte bereits erfüllen. Aus der Kombination verschiedener Funktionen sollen Anregungen für neue Produkte entstehen. Beispielsweise gibt es die Produkte Speisen, Getränke und Busausflüge und die Funktionen Warmhalten, Kochen und Auftauen. Durch die Kombination dieser Funktionen entstehen neue Produkte, z. B. für die Verpflegung der Gäste im Bus.

Das Mind-Mapping ist eine relativ neue Form der Ideengewinnung. Die Mind-Map entsteht grundsätzlich aus der Mitte eines Papierbogens, auf den ein Leitmotiv/Thema geschrieben wird, dazu werden Schlüsselwörter gesucht, die als Grundlage freier Assoziationen dienen. Im Mittelpunkt steht die zentrale Fragestellung. Von diesem Punkt gehen viele Verzweigungen ab, die dieses Thema in seine einzelnen Bereiche sowie Unterthemen aufgliedern. Dabei werden nur klare Stichworte bzw. Schlüsselworte notiert. Jedes dieser einzelnen Stichworte/Schlüsselworte ist wiederum Ausgangspunkt für weitere Gedanken. Thema, Schlüsselwörter und Assoziationen bilden ein Netzwerk.

Bei der Erstellung einer Mind-Map sollten ausschließlich klar verständliche Substantive verwendet werden. Diese sollten, um das Geschriebene leicht entziffern zu können, in großen und deutlichen Blockbuchstaben geschrieben werden.

Ähnlich verfährt die Metaplan-Technik, die bei Problemlösungssitzungen eingesetzt wird und der Visualisierung aller Arbeitsschritte (durch White Board, Stifte, Kärtchen) dient. Dazu werden Ideen durch Gruppenfragen erzeugt, die Beiträge auf Kärtchen geschrieben und auf einer Pinwand strukturiert angebracht.

Es gibt eine Vielzahl weiterer Verfahren zur Ideensammlung, wie Synektik, Reizwortanalyse, Morphologischer Kasten, Systematische Reizobjektermittlung, Progressive Abstraktion usw., die an dieser Stelle nicht weiter besprochen werden können.

Die gefundenen Produktideen müssen nun in einem nächsten Schritt grob ausgewählt werden. Zuerst muss ein Screening, d. h. die Ideensichtung, vorgenommen werden. Die Ideen werden auf ihre Realisierbarkeit geprüft, was unrealistisch erscheint, wird ausgesondert. Dabei besteht auch immer die Gefahr, dass gute Ideen zu früh aussortiert werden.

Danach können sogenannte Punktbewertungsverfahren (Scoringmodelle) herangezogen werden, die mittels der Vergabe von Punktwerten die für den Erfolg relevanten Einflussgrößen herausarbeiten. Die Faktoren werden nach ihrer Wichtigkeit für den Erfolg des Produkts gewichtet. Dazu wird wie folgt vorgegangen:
- Festlegung der Beurteilungskriterien
- Festlegung der Gewichtsfaktoren
- Vergabe von Punktwerten
- Errechnung der gewichteten Punkte
- Bewertung: Die Summe der gewichteten Punkte ist der Maßstab für eine Entscheidung.

An einem Beispiel soll das Verfahren erläutert werden: Im Rahmen einer Kreativsitzung hat ein Hotel-Restaurant am Bodensee eine Reihe von Ideen für neue Produkte gesammelt. Neben einigen anderen Produktideen werden ein alter Londoner Doppeldeckerbus für Ausflüge und ein altes, motorisiertes Fischerboot (Größe: 30 Personen) für Fahrten auf dem Bodensee vorgeschlagen. Im Boot sollen Kleinigkeiten serviert und die Gäste mit Musik unterhalten werden. Im Oldtimerbus werden den Gästen ebenfalls Verpflegung und eine Reiseführung angeboten. Nun wird die Grobauswahl der Produktideen mit Hilfe eines Produktbewertungsverfahrens getroffen. Die verwendeten Kriterien und Gewichtungsfaktoren wurden zuvor in einer Gruppensitzung festgelegt.
Eine Produktidee wird nach diesem Verfahren dann weiterverfolgt, wenn ein Minimum von 600 Punkten erreicht wird. In diesem Fall ist das die Idee mit dem Fischerboot (siehe Tabelle Seite 192).
Der Vorteil dieses Bewertungsmodells ist, dass die Beurteilungskriterien individuell angepasst werden können. Weiterhin ist die Bewertung aufgrund qualitativer und quantitativer Kriterien transparent und nachvollziehbar. Nachteilig ist, dass die Beurteilungskriterien und Gewichtsfaktoren subjektiven Einschätzungen unterliegen. Daher ist ein relativ hoher Aufwand für die Handhabung notwendig. Das Modell erweckt durch die Quantifizierbarkeit den Anschein der Objektivität. Tatsächlich aber können dadurch qualitative Erwägungen verloren gehen. Die Diskussion im Unternehmen über die

Produktbewertungsmodell

		Gewich-tung	Fischerboot		Doppeldeckerbus	
			Punkte 1–10	gewichtete Punktwerte	Punkte 1–10	gewichtete Punktwerte
Unternehmens-bezogene Kriterien	Realisierbarkeit	10	10	100	10	100
	Notwendiges Investitionsvolumen	1	2	2	4	4
	Steigerung des Marktanteils	12	5	60	5	60
Gästebezogene Kriterien	Sichtbarkeit des Gästenutzens	9	8	72	8	72
	Erschließung neuer Gästegruppen	10	10	100	2	20
	Verbesserung des Freizeitbereichs	6	9	54	7	42
Konkurrenz-bezogene Kriterien	Erlangung von Wettbewerbsvorteilen	2	8	16	2	4
	Nachahmungsgefahr durch Konkurrenz	4	8	32	10	40
	Gegenaktionen der Konkurrenz	10	10	100	10	100
Gastgewerbliche Kriterien	Zusätzlich Profilierung in der Branche	12	10	120	5	60
	Sortimentserweiterung	10	10	100	5	50
	Kooperationsbereitschaft der Kollegen	5	0	0	2	10
Umfeldbezogene Kriterien	Rechtliche Beschränkungen	6	10	60	2	12
	Umweltfreundlichkeit	3	9	27	4	12
		100		843		586

Kriterien bringt aber in jedem Fall die Grobauswahl der Ideen auf eine sachliche Ebene und allein deshalb ist dieses Verfahren zu empfehlen.

Sind die aussichtsreichsten Ideen für neue Produkte ausgesucht, dann geht
es an die Produktentwicklung, die an die Marktentwicklung angepasst werden muss. Zunächst müssen daher die Anforderungen an ein neues Produkt
formuliert werden (Lastenheft). Danach ist zu klären, womit diese Anforderungen zu realisieren sind (Pflichtenheft).
Auf Basis der entwickelten Produktkonzepte werden dann z. B. Rezepturen
für Speisen oder Getränke zusammengestellt oder Zeichnungen und Modelle von neuen Zimmern angefertigt. Dann müssen diese Konzepte in der
Praxis getestet werden, z. B. in der Versuchsküche oder durch ein Muster-
zimmer. Es ist dabei unter anderem zu prüfen, ob der Gästenutzen berücksichtigt, die wichtigsten Mitbewerberprodukte ausreichend analysiert und
Konsum-/Kaufbarrieren wahrgenommen wurden. Zu beantworten sind die
Fragen nach Präferenzen und Kaufabsichten der Kunden bezüglich des neu-
en Produkts und nach dem Preis-Leistungs-Verhältnis. Bedacht werden
muss auch, was passiert, wenn durch das neue Produkt andere Produkte
ersetzt werden.
Die genaue Produktprüfung bestimmt die Weiterentwicklung und letztlich
die Markteinführung. Dazu gehören Wirtschaftlichkeitsanalysen, eine Inves-

titionsrechnung, die Umsatzprognose und eine Kostenschätzung. Danach sollte ein Markttest durchgeführt werden, der den Verkauf des neuen Produkts unter Einsatz aller Marketinginstrumente in einem Testgebiet prüft. Bei Speisen könnten z. B. die neuen Produkte zunächst auf der Tageskarte eingeführt werden, vorstellbar wäre auch ein Test durch Stammkunden. Dieser Markttest verringert die Risiken einer Produkteinführung, kann allerdings auch sehr kostenintensiv sein.

Wenn alles gut läuft, wird das Produkt in den Markt eingeführt, d. h. es wird vom Unternehmen bereitgestellt und angeboten. Letztendlich entscheiden dann die Verkaufszahlen über den Erfolg eines neuen Produktes oder einer neuen Leistung.

Produktvariation

Die Produktvariation bedeutet eine Veränderung der Produkteigenschaften im Zeitablauf. Im Mittelpunkt steht die Erhöhung des Nutzens für den Gast. Neben dem Grundnutzen, der erhalten bleibt oder verbessert wird, werden einige Eigenschaften des Produktes verändert, wodurch weitere Vorteile für den Gast entstehen. Damit sollen die Produkte an die sich wandelnden Verbraucherbedürfnisse angepasst und gegenüber den seit der Markteinführung neu aufgetretenen Konkurrenzprodukten in der Wahrnehmung der Gastes wieder positiv hervorgehoben werden. Produktvariationen können wesentlich zur Verlängerung des Produktlebenszyklus beitragen.

Grundnutzen und variable Eigenschaften eines Produkts / einer Leistung

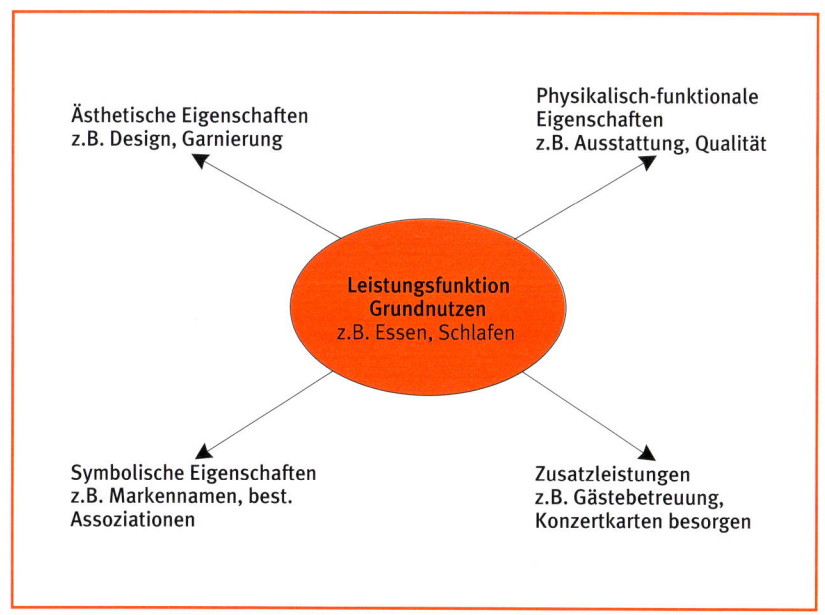

Die Variation kann an verschiedenen Eigenschaften eines Produktes oder einer Leistung vorgenommen werden. Bei den ästhetischen Eigenschaften geht es darum, wie Menschen Gegenstände wahrnehmen, d. h. wie die Gäste die Leistungen und Produkte des gastgewerblichen Betriebes sinnlich bewerten. Eine Variation in diesem Bereich verändert das Produkt hinsichtlich Design, Stil, Farbe usw. So ist z. B. das kreative und farblich abgestimmte Anrichten von Speisen auf dem Teller wichtig, da das Essen nicht nur gut schmecken muss, sondern auch gut aussehen soll: »Das Auge isst mit!« Für solche ästhetische Veränderungen lassen sich in Hotels oder Restaurants genügend Beispiele (Gestaltung der Zimmer, des Restaurants) finden.

Bei der Variation der funktionellen und physischen Eigenschaften eines Produkts oder einer Leistung geht es um die Ausstattung (z. B. Zimmer mit Schreibtisch oder Internetanschluss), aber auch um die Qualität des Produktes (z. B. Verwendung frischer Rohstoffe für das Menü).
So muss sich beispielsweise ein Hotelier bei der Gestaltung der Hotelzimmer fragen, wie seine Gäste in Zukunft übernachten möchten. Mit diesen Fragen hat sich die Forschungsgesellschaft *Krems Research* auseinandergesetzt und in einem Projekt den »Smart Hotelroom« entwickelt, der die zukünftigen Möglichkeiten der Gästeunterbringung bereits berücksichtigt. Am Beispiel eines 5-Sterne-Hotelzimmers sähe das wie folgt aus:

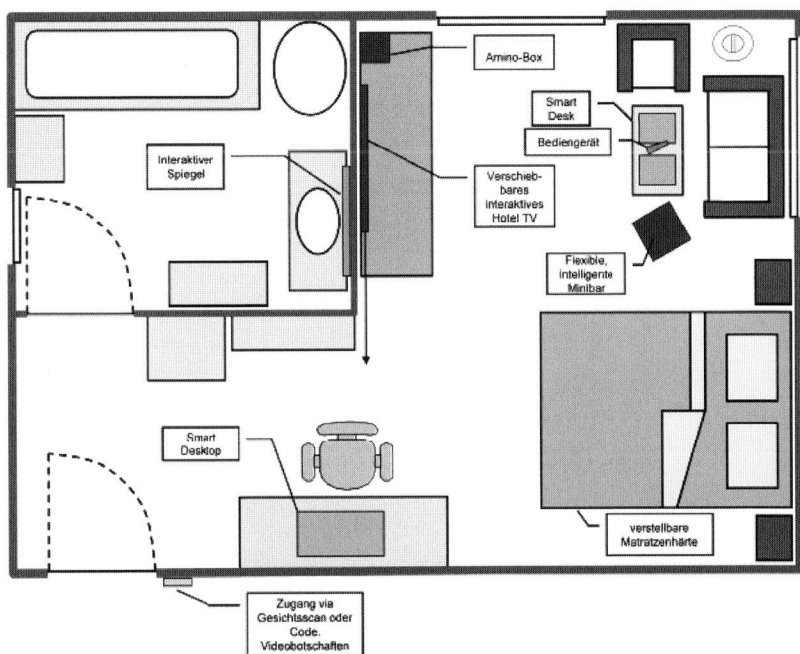

(Quelle:www.smarthotelroom.info/)

In einem solchen Hotelzimmer in der gehobenen Kategorie finden folgende Punkte Berücksichtigung:

- **Individualisierte Innenausstattung**
  - Anpassung der Lichtatmosphäre, Temperatur etc.
  - Multifunktionale Möbel

- **Breites Infotainmentangebot**
  - Interaktives Fernsehen (VOD = Video on Demand, AOD = Audio on Demand)
  - Hotelinformationen
  - Reservierungen
  - Internet, Kommunikation etc.

- **Vernetzung und Kommunikationsmöglichkeiten**
  - Intelligente Vernetzung des Hotelzimmers mit der übrigen Hotelinfrastruktur
  - Telefonanlage
  - Gästeoptimierte IT-Infrastruktur

- **Identifikation und Sicherheit**
  - Elektronische Zutrittssysteme
  - Biometrischer Zutrittsschutz
  - Diebstahlschutz

- **Softwareintegration**
  - Integration der Hotelzimmersoftware in die Hotelsoftwarelandschaft
  - Spracherkennungssysteme
  - Buchungs- und CRM-Systeme
  - Elektronischer Reiseführer

Die Variation des Images und des Namens eines Produkts bzw. einer Leistung sind den symbolischen Eigenschaften zuzuordnen. Ein Image im Sinne des Marketings ist das innere Gesamtbild, das sich ein Gast von dem gastgewerblichen Betrieb macht. Das Image wird als Einflussfaktor für Kaufentscheidungen betrachtet. Deshalb wird es durch die Messung (Befragung) des Bekanntheitsgrades oder der Beliebtheit erfasst. Damit können Dienstleistungen im Markt besser positioniert werden. Maßnahmen zur Verbesserung des Images werden als Imagepflege bzw. Imagekampagne bezeichnet. Charakteristisch für das Image ist, dass es sich beim Gast im Laufe der Zeit stabilisiert und verfestigt, obwohl es eigentlich dynamisch ist. Das Image ist also ein Stimmungsbild bei dem ein assoziiertes Gefühl im Vordergrund steht und nicht der Meinungsgegenstand. Ein Image kann sowohl positive als auch negative Assoziationen umfassen.

Ein besonderer Bereich der symbolischen Eigenschaften, die auch Einfluss auf das Image eines Hotels haben, ist die Benennung der Zimmer. Statt einer Durchnummerierung können durch Personennamen (z. B. historische oder berühmte Persönlichkeiten), Ausflugsziele in der Umgebung, Städtenamen, Zechennamen im Ruhrgebiet, Burgen- und Schlössernamen, maritime Namen (z. B. Krabbe, Seestern, Muschel, Leuchtturm), kindliche Namen (z. B. Morgensonne, Dünental, Froschteich, Distelkuhle) oder die Namen von Partnerbetrieben (z. B. Winzereibetriebe) besondere Assoziationen geweckt werden. Der Phantasie sind keine Grenzen gesetzt.

Im Arte Luise Kunsthotel in Berlin sind z. B. die beinahe 50 Zimmer jeweils von einem anderen Künstler individuell gestaltet worden und haben so verheißungsvolle Zimmernamen erhalten wie »Dreams that money can buy«, »Belle de Jour«, »Heartbeat«. Und im Hotel Rosental in Südtirol tragen die Räume die Namen seltener Vogelarten, die im Lüsnertal ihr Nistplätzchen gefunden haben (Alpensegler, Goldammer, Turmfalke und Zaunkönig).

Die folgende Abbildung zeigt eine weitere interessant gestaltete Auflistung der Zimmernamen von einem österreichischen Hotel:

2

Die Zimmernamen im zweiten Stock:

211	Kastanie	215	Voglauer
212	Erdbeere	216	Basilikum
213	Brombeere	217	Kirsche
214	Kürbis		

Die Zimmer 214 und 215 sind Himmelbettzimmer.

Die Zimmer 215, 216, 217 sind für Gäste mit besonderen Bedürfnissen geeignet.

1

Die Zimmernamen im ersten Stock:

111	Rose	115	Stiefmütterchen
112	Veilchen	116	Maiglöckchen
113	Lavendel	117	Sonnenblume
114	Löwenzahn		

Die Zimmer 114 und 115 sind Himmelbettzimmer.

E

Im Erdgeschoss finden Sie:

• Saal Talblick
• Restaurant Bergstüberl
• Seminarraum Felsblick
• Schank und Behinderten-WC

Das Haus Talblick hat einen Lift, der alle Geschosse erschließt.

(Quelle: www.steinschaler.at)

Ein anderes 4-Sterne-Hotel hat sich dem italienischen Stil verschrieben und seine Zimmer auch dementsprechend eingerichtet. Die Zimmernamen spiegeln sich in einem zarten Wandgemälde wieder und die Farbtöne der Einrichtung sind nach farbpsychologischen Kriterien für maximales Wohlfühlen ausgewählt. Die Ausstattung der Zimmer lässt keine Wünsche offen, sie reichen von der Klimaanlage bis zum Wireless-LAN-Anschluss. (Quelle: www.tiscover.ch)

Der Grundnutzen eines Produktes oder einer Leistung soll heute durch Gewährung von Zusatzleistungen (z. B. Gästebetreuung, Konzertkarten besorgen) verbessert werden, den sogenannten Value Added Services (VAS). Durch die zunehmende Austauschbarkeit von gastronomischen Leistungen oder Hotelprodukten kommt den VAS eine immer höhere Bedeutung zu. Diesen Sekundärleistungen sollen bestimmten Gästegruppen einen höheren Wert vermitteln als Mitbewerberprodukte mit gleicher Primärleistung. Der Wert der Dienstleistung wird bestimmt durch das Verhältnis zwischen gefordertem Preis und dem vom Gast wahrgenommenen Zusatznutzen.

Bei der Variation von Produkten oder Leistungen werden häufig Begriffe wie Upgrading, Downgrading, Sidegrading und Downsizing verwendet. Dabei findet bei einem Upgrading eine Produkt- oder Leistungsaufwertung durch eine Qualitätsverbesserung statt. Gleichzeitig wird der Preis entsprechend erhöht. Beispielsweise wird die Zimmerausstattung verbessert und die Zimmerpreise werden erhöht. Beim Downgrading soll das Preis-Leistungs-Verhältnis verbessert werden. In der Regel wird dadurch von einem Hochpreissegment in ein Niedrigpreissegment gewechselt. Dieser Segmentwechsel führt meistens auch zu einer Qualitätsverschlechterung. Das Sidegrading löst ein bestehendes durch ein aktualisiertes Angebot auf gleichem Leistungsniveau ab. Wenn das Produkt oder die Leistung in seiner Qualität leicht verringert wird, der Preis jedoch konstant bleibt, spricht man von Downsizing.

Die Produktvariation hat eine zentrale Stellung im Rahmen der Produktpolitik inne. Sie wird am häufigsten in der Praxis eingesetzt. Mit ihrer Hilfe wird versucht, Dienstleistung an die geänderten Gästeanforderungen anzupassen. Falls dies gelingt, wird die Lebensdauer des Produktes oder der Leistung nach dem Produktlebenszykluskonzept verlängert.

Produktdifferenzierung

Um die Bedürfnisse unterschiedlicher Zielgruppen zu befriedigen, können gastgewerbliche Betriebe Produktdifferenzierung betreiben, d. h. ein Produkt oder eine Leistung in verschiedenen Ausführungsvarianten anbieten.

Ein Beispiel dafür ist ein Hotel, das für Geschäftsleute auf der einen Seite und Golfspieler auf der anderen jeweils ein besonderes Paket (Package) anbietet.

Produktdifferenzierung setzt also Marktsegmentierung voraus und hat das Ziel, möglichst viele Zielgruppen zu bedienen. Diese Vorgehensweise birgt die Gefahr in sich, dass das Unternehmen sich verzettelt und zum Schluss keiner Zielgruppe eine optimale Leistung bietet.

Wie bereits angedeutet, ist der Ansatzpunkt zur Umsetzung der Produktdifferenzierung im Hotel oder Restaurant die Bildung von Packages: Dem Gast wird ein bestimmtes Paket von Dienstleistungen zu einem festgelegten Preis angeboten. Möglich ist auch der modulare Aufbau der Produkte oder Leistungen (der Gast kann sich selbst unterschiedliche Produktvarianten aus Modulen zusammenstellen) und das Angebot von produktergänzenden Leistungen (der Gast kann seinen Grundnutzen durch den Erwerb weiterer Leistungen steigern). Letzteres haben wir weiter oben bereits als Value Added Services (VAS) bezeichnet.

Beispiele für produktergänzende Leistungen

Angebot 1: **7 Tage Schroth & Vital**
Begrüßungsdrink
Einführung in die Schrothkur
7 Übernachtungen mit Kurdiät, -getränken und
Aufbaukost im Rahmen der Kurverordnung sowie
Frühstück vom Büffet am Abreisemorgen
5 Original Schroth'sche Packungen
3 Großmassagen
3 Fango- oder Naturmoorpackungen
1 geführte Halbtagswanderung
1 x Vitasun-Sonnenbank
1 Stunde Erlebnisbad Aquaria

Angebot 2: **Aktiv Package**
Begrüßungssekt
7 Übernachtungen mit Frühstücksbüffet
und Halbpension (Abendessen)
2 Großmassagen
1 Ganzkörpermassage
3 Fango- oder Naturmoorpackungen
1 geführte Halbtagswanderung
1 x Vitasun-Sonnenbank
1 Stunde Erlebnisbad Aquaria

(Quelle: www.hotel-haser.de)

Wir können zwischen horizontaler und vertikaler Produktdifferenzierung unterscheiden. Bei der horizontalen Produktdifferenzierung bewegen sich die Produktvarianten auf dem gleichen Qualitätsniveau. Die Produkte oder Leistungen haben gleiche oder ähnlichen Produkteigenschaften. Es gibt nur wenige Unterschiede. Beispiele für horizontale Produktdifferenzierung in einem Beherbergungsbetrieb:

- nach der Bettenzahl: Einzelzimmer, Doppelzimmer, Familienzimmer
- nach der Art der Betten: Einzelbetten, Doppelbett
- nach der Lage des Zimmers: Bergblick, Seeblick

Die vertikale Produktdifferenzierung geht bei den Produkten von unterschiedlichen Qualitäten aus, was sich dann auch auf die Preise auswirkt. Beispiele für vertikale Produktdifferenzierung in einem Beherbergungsbetrieb:

- nach der Zimmergröße: Standard, Komfort, Deluxe
- nach der Ausstattung: Doppelzimmer, Studios, Suiten, Businesszimmer
- nach der Leistung: Hotelzimmer, Apartement, Ferienwohnung, Dependance

Zusammenfassend kann festgehalten werden, dass Produktdifferenzierung eine Marketingtechnik ist, die den Unterschied eines Produktes zu anderen Produkten hervorhebt. Dadurch können neue Gästeschichten gewonnen werden.

Produktelimination

Bei der Produktelimination wird aus dem Angebotsprogramm eines gastgewerblichen Unternehmens eine Produkt-/Leistungsvariante oder eine Produkt-/Leistungsgruppe entfernt, d. h. nicht mehr angeboten. Ohne diese Maßnahme würde das Sortiment immer umfangreicher und könnte Folgen für die Wettbewerbsfähigkeit und den Gewinn eines Hotels oder Restaurants haben.
Folgende Kriterien geben Hinweise auf eliminierungsverdächtige Produkte oder Produktgruppen:

- **Quantitative Eliminierungskriterien**
  - Sinkender Umsatz und Marktanteil
  - Abnehmender Anteil am Gesamtumsatz
  - Sinkender Gewinn, Deckungsbeitrag
  - Umschlagshäufigkeit des Lagerbestandes
  - Störungen im Produktionsablauf
  - Sinkende Wirtschaftlichkeit (Kosteneffizienz)
  - Sinkende Rentabilität (Verhältnis des erwirtschafteten Gewinns zum eingesetzten Kapital)

- **Qualitative Eliminierungskriterien**
  - Negatives Produktimage
  - Sinkender Bekanntheitsgrad
  - Änderungen des Gästeverhaltens (Bedarfstruktur)
  - Änderungen gesetzlicher Vorschriften
  - Auswirkungen des Produktes auf die Umwelt
  - Kein Kauf-/Verkaufsverbund mit anderen Produkten (Sortiments-ergänzung)
  - Veraltetes Produkt
  - Abhängigkeiten von Produkten untereinander

Eliminationskandidaten können u. a. mittels Lebenszyklus-, Portfolio-, ABC-, Deckungsbeitrags- und ROI-Analyse herausgefunden werden. Die Verfahren wurden bereits in anderen Zusammenhängen beschrieben.

Unüberlegte Eliminierungsentscheidungen können hohe Kosten verursachen, wohingegen ein zu langes Festhalten an Produkten und Leistungen sehr schnell zu einem Imageverlust des Unternehmens führt und eine gewisse Unbeweglichkeit zum Ausdruck bringt. Der permanente Wunsch nach Veränderung kann im schlechtesten Fall zu einer regelrechten »Eliminierungswut« führen, die sich negativ auf das Betriebsklima und das Unternehmensimage auswirkt. Daher sollte die Produkteliminierung grundsätzlich wohlüberlegt sein und einem bestimmten Prüfraster unterzogen werden, das innerhalb seines Prozesses ständig beobachtet und bewertet werden muss.

In jedem Fall eröffnet aber jede Produkteliminierung Chancen, die entstandene Lücke wieder sinnvoll und erfolgreich zu schließen. Dies wiederum ist eine Herausforderung, die den Mut eines Unternehmens zum Fortschritt widerspiegelt.

Beschwerdemanagement

Unter Beschwerdemanagement verstehen wir den aktiven Umgang mit Kundenbeschwerden und Reklamationen. Ziel ist eine Verbesserung und systematische Gestaltung der Geschäftsbeziehungen zu einem Gast. Die Begriffe Reklamation und Kundenbeschwerde sind dabei zu unterschieden. Reklamationen haben einen rechtlichen Hintergrund und können zu kaufrechtlichen Ansprüchen (Gewährleistungsansprüchen bei Mängelhaftung) des Gastes führen. Es handelt sich also um eine spezielle Form der Beschwerde.

Dagegen werden Kundenbeschwerden als schriftliche oder mündliche Unzufriedenheitsäußerungen verstanden, die keine kaufrechtliche Konsequenz haben. Hier greift die Kulanzpolitik (von kulant = gefällig, entgegenkommend, großzügig). Unter Kulanzpolitik verstehen wir das Entgegenkommen des gastgewerblichen Betriebes in Richtung auf die Wünsche des

Formular für Beschwerdeannahme

Entgegennehmender:_____ Eingangsdatum:_____

Beschwerdeweg:

Telefon: O   Brief: O   persönlicher Kontakt: O

Adressat der Beschwerde:

Kundenbetreuung O   Verkauf O   Geschäftsführung O

Beschwerdeführer

Stammdaten   **Interner / externer Kunde**

Anrede:_____   interner: O   externer: O

Vorname:_____   **Betroffener**

Firma/Name:_____   Beschwerdeführer selbst O

Ansprechpartner:_____ Angestellter des Reklamierers O

Straße/Postfach:_____ Vorgesetzter des Reklamierers O

PLZ / Ort:_____   Verwandter des Reklamierers O

Verärgerung: gering O   O   O   O   O sehr groß

Beschwerdeobjekt

Produkt:_____

Dienstleistung:_____

Beschwerdeproblem

Fallschilderung:_____

Ort des Problemauftritts:_____

Zeitpunkt des Problemauftritts:_____

Erstbeschwerde: O   Folgebeschwerde: O

Vom Kunden gewünschte Falllösung:_____

Reaktionsdringlichkeit:

Stufe 1: O   Stufe 2: O   normale Bearbeitung: O

Gewährleistung / Kulanz:

Gewährleistung: O   Kulanz: O

Beschwerdelösung

Dem Kunden gegenüber gemachte Zusagen:_____

Tatsächlich realisierte Problemlösung:_____

Terminzusagen

Sofort gelöst: O   Zwischenbescheid bis zum:_____

Problemlösung / Wiedergutmachung bis zum:_____

Beschwerdebearbeitung

Name:_____   Vorname:_____

Unterschrift:_____

Gastes. Ziel der Kulanzgewährung ist, dass der Unternehmer den Gast zufrieden stellt und damit an den Betrieb bindet. Hoteliers und Gastronomen, die diesen Service bieten, erzeugen beim Gast ein Sicherheits- und Vertrauensgefühl, das für einen nochmaligen Aufenthalt/Besuch unabdingbar ist. Der Schwerpunkt des Beschwerdemanagements liegt also in der Phase nach dem Erwerb des Produkts/der Leistung durch den Gast. Die Ziele des Beschwerdemanagements sind die Wiederherstellung von Kundenzufriedenheit und damit eine Erhöhung der Kundenbindung. Weiterhin soll eine positive Mund-zu-Mund-Werbung erreicht werden. Für das gastgewerbliche Unternehmen tragen die Informationen aus dem Beschwerdeprozess bei richtiger Handhabung zur Steigerung der Leistungsqualität bei.

Zentrale Aufgabenfelder des Beschwerdemanagements sind die Stimulierung der Beschwerde, die Beschwerdeannahme, die Beschwerdebearbeitung, die Problemlösung und die Beschwerdeauswertung.

Beschwerdestimulierung ist deshalb so wichtig, weil mehr als 70 Prozent der Gäste ihre Unzufriedenheit nicht artikulieren. Sie bleiben einfach weg. Das ist für den gastgewerblichen Unternehmer die schlimmste Konsequenz, weil er den Grund nicht kennt. Ziel ist es, die unzufriedenen Gäste zu einer Beschwerde zu animieren und nicht die Anzahl der Probleme zu erhöhen. Ausgangspunkt sollte ein gezielt geführtes Gespräch am Ende des Aufenthaltes sein. Die obligatorischen Fragen: »Hat es Ihnen geschmeckt?« oder »Waren Sie zufrieden?« reichen nicht aus. Da viele Kunden den Konflikt scheuen, muss gezielter vorgegangen werden.

Auf den folgenden Seiten finden Sie positive Beispiele dafür, wie mit einer Beschwerde umgegangen werden sollte (Grundsätze), welche Regeln bei der Beschwerdebehandlung eingehalten werden müssen und wie ein Fragebogen zum Thema Gästebeschwerde aussehen könnte.

Die »5 Ich-Grundsätze der Behandlung von Beschwerden«
- Ich will den Gast behalten.
- Ich will, dass der Gast ein Multiplikator wird.
- Ich will, dass das Image unseres Unternehmens erhalten bleibt.
- Ich muss abwägen, inwieweit Aufwand und Ertrag bei der Reklamationserledigung im richtigen Verhältnis stehen.
- Ich bin bereit, aus Fehlern, die ich gemacht habe, zu lernen.

(Quelle: Seidel/Stauss: Beschwerdemanagement, S. 136–137)

Das Reklamationsmanagement ist Teil der Öffentlichkeitsarbeit des Unternehmens. Reklamationen sind als Chance und nicht als »notwendiges Übel« zu betrachten. Sie geben Gelegenheit, Praxisinformationen zur Qualität eines Produktes oder einer Dienstleistung zu erhalten und den Gästekontakt

Beschwerdebehandlung

- Können Sie zuhören?
- Haben Sie eine positive innere Einstellung?
- Ist Ihre Körperhaltung positiv?
- Schreiben Sie viel?
- Denken Sie positiv?
- Formulieren Sie kurz und präzise!
- Stellen Sie öfters Fragen!
- Überprüfen Sie selbst die Behauptungen Ihres Gastes?

- Identifizieren Sie sich mit Ihrem Betrieb?
- Sprechen Sie von Dank und Entschuldigung?
- Betonen Sie die Einmaligkeit dieser Reklamation?
- Kommen Sie zu einem akzeptablen Ergebnis?

(Quelle: Seidel/Stauss: Beschwerdemanagement, S. 136–137)

zu vertiefen. Die Mitarbeiter im Verkauf, an der Rezeption oder im Restaurant müssen deshalb für Reklamationen sensibilisiert werden. Es ist ferner zu bedenken, dass ein unzufriedener Gast die schlechten Erfahrungen mehrfach weiterträgt und so eine negative Spirale auslösen kann.

Durch ein systematisches Beschwerdemanagement wird eine hohe Gästebindung erzielt – zwischen 54 und 70 Prozent, wenn der Beschwerdegrund abgestellt wird. Wenn das Problem umgehend beseitigt wird, erhöht sich die Treuequote sogar auf 95 Prozent. Alarmierend hingegen sind die Kundenreaktionen bei mangelndem Beschwerdemanagement. 20 bis 70 Prozent der Beschwerdeführer bleiben dem Unternehmen in Zukunft fern, wenn sie mit der Reaktion auf die Beschwerde nicht zufrieden sind. 70 bis 90 Prozent der Kunden, die ein Problem mit einem Anbieter hatten und sich deswegen nicht aus Eigeninitiative mit ihm in Verbindung setzten, kaufen dort nicht wieder. (Vgl. Erlbeck: Beschwerdemanagement, S. 11–12)

Diese Zahlen sind erschreckend, und deshalb sollten drei Grundsätze im Mittelpunkt des Beschwerdemanagements stehen, damit der Verkäufer oder der Gastwirt auch in Zukunft seine Stammkunden mit seinen Produkten oder Dienstleistungen verwöhnen kann:

- Ein Kunde, der reklamiert, hält dem Unternehmen die Treue und sollte nicht als Störenfried betrachtet werden. Er vertraut darauf, dass die Angelegenheit auf eine für beide Parteien annehmbare Weise aus der Welt geschaffen wird.
- Wenn es dem Unternehmen gelingt, den reklamierenden Gast in dieser für ihn schwierigen Phase freundlich und kompetent zu beraten und eine akzeptable Lösung zu finden, so wird der Kunde noch enger an das Unternehmen gebunden. Er weiß, auch wenn es einmal nicht so läuft, wie es eigentlich laufen sollte, ist er »gut aufgehoben«.

- Der reklamierende Gast ermöglicht es dem gastgewerblichen Unternehmen, Schwachstellen auszumachen, die Qualität der Waren und Dienstleistungen systematisch zu verbessern und damit erfolgreicher zu werden. Schließlich ist der Gast der beste Botschafter nach außen.

Strategien für das Leistungsangebot

Das Leistungsangebot eines Hotels oder eines Restaurants besteht aus den eigentlichen gastgewerblichen Produkten und den produktbegleitenden Serviceleistungen.

Bei der Festlegung des Angebots sollte auf die Einzigartigkeit des Produktes, den einzigartigen Gästenutzen, also auf das sogenannte »unique selling proposition« (USP = Alleinstellungsmerkmal) geachtet werden. Das USP stellt hervorstechende Eigenschaften bei der Positionierung einer (neuen) Leistung heraus. Sie sollen den Konsumenten beeindrucken und zum Kauf anregen. Denn nur so kann sich das Unternehmen von Mitbewerbern unterscheiden.

Ein gutes Beispiel dafür ist das Konzept von *The Victorian House* in München und Kötzting. An allen Standorten wird versucht ein einzigartiges Gastro-Tee-Konzept zu präsentieren. Es beruht auf drei USPs:

- Tea to go – wobei der Tee in erlesener Qualität und großer Auswahl geboten wird: 38 Sorten können für 1,70 (small) bis 2 Euro (large) im Becher mitgenommen werden.
- Scones in acht Geschmacksrichtungen: Traditionelles englisches Gebäck, das täglich nach Originalrezepten in der eigenen Patisserie frisch gebacken wird.
- Original Cornish Clotted Cream: Die dicke, cremige Milchspezialität aus Cornwall gehört auch zum Angebot.

Gliederung des Leistungsangebots

Das Leistungsangebot kann nach Möhlenbruch (Sortimentspolitik, S. 214) nach vier Gesichtspunkten gegliedert werden:

- Qualitative Dimension: Sortimentsinhalt und -niveau
- Quantitative Dimension: Sortimentsbreite, -tiefe und –höhe bzw. -mächtigkeit
- Zeitliche Dimension: Sortimentsdynamik
- Räumliche Dimension: Sortimentspräsentation

Sortimentsinhalt und –niveau werden nach den Gestaltungsmerkmalen des Hotels oder Restaurants bestimmt (siehe oben). Letztendlich geht es um die Frage, woran sich das Unternehmen orientiert. Konzentriert sich der Gastronom z. B. mehr auf den Lieferanten (z. B. Argentinisches Steakhaus), auf die Materialien (z. B. Nudelhaus), auf den Bedarf (z. B. Vegetarisches Restaurant) oder auf die Mitbewerber? Dazu müssen Entscheidungen über Qualität, Marken, Ausstattung und Präsentation getroffen werden.

Bei der Sortimentsbreite geht es darum, wie viele unterschiedliche Produkte geführt werden, d. h. welche verschiedenen Produkte und Leistungen der Gast bei einem Restaurant- oder Hotelbesuch in Anspruch nehmen kann. Ein Beispiel für das sehr breit angelegte Sortiment einer Gaststätte:
- »normaler« Gaststättenbetrieb
- Kaffee-Ausschank/Brötchendienst
- Toto-/Lotto-Annahme
- Tabakwaren
- Schreib- und Papierwaren
- Kartenvorverkauf

Bei einem tief angelegten Sortiment sind die Produkte oder Leistungen einander sehr ähnlich. Sie können aus vielen Qualitäten und Ausführungen bestehen, aber unterschiedliche Preislagen haben. Ein gutes Beispiel dafür ist die *Schnitzelkarte* von Ralf Schäpers in Castrop-Rauxel (Dingen) Seite 206.
Die Sortimentshöhe bzw. -mächtigkeit wird durch den Vorrat, d. h. der Verfügbarkeit des Produkts, bestimmt. Hier geht es um die Frage: Was passiert, wenn ich die angebotene Leistung nicht zur Verfügung habe? Wie reagiert der Gast? Steigt er auf ein anderes Produkt um oder verlässt er den Betrieb? Je nach Konsequenzen muss entsprechende Vorratspolitik betrieben werden.

Bei der zeitlichen Dimension geht es um die Sortimentsdynamik, d. h. ob der gastgewerbliche Unternehmer sein Angebot kontinuierlich aufrecht erhält oder ob sein Programm saisonaler Schwankungen unterliegt.

Die räumliche Dimension ist die Sortimentspräsentation. Die Leistungen müssen dem Gast an der Stelle angeboten werden, wo er sie auch vermutet. Langes Suchen und Herumirren geht zu Lasten der wahrgenommenen Leistungsfähigkeit des Sortiments. Die Sortimentspräsentation muss das Entscheidungsverhalten des Gastes auch immer unterstützen (z. B. Dessertkarten mit Bildern, Käsewagen, Digestifwagen). Dicht gedrängte Sortimente, wie beispielsweise die Weinkarte, erschweren die Auswahl. In diesem Fall ist eine gute Beratung notwendig.
Werden dagegen weniger, dafür aber aus Gästesicht einzigartige und nutzbringende Artikel angeboten, z. B. Weinempfehlungen zu einem Menü, so erhöht sich die Wahrnehmung einzelner Artikel. Die Folge sind höhere Abverkaufszahlen und weniger Ladenhüter.
Der Grundnutzen des Gastes durch das Programm muss durch zusätzliche Leistungsmerkmale und Serviceleistungen (VAS) unterstrichen werden.

Schäpers Schnitzelkarte

VOM SCHWEIN

SPARGELTOAST Kleines Schweineschnitzel auf Toast, mit Stangenspargel belegt, dazu Sauce Hollandaise

KRÜSTCHENTELLER Kleines Schweineschnitzel auf Toast, belegt mit Spiegelei, dazu Salate und Röstkartoffeln

SCHWEINESCHNITZEL »WIENER ART« mit Pommes frites und gemischtem Salat

SCHNITZEL »HAWAII« Schweineschnitzel mit Kochschinken, Ananas und Käse überbacken, dazu Kroketten

SCHNITZEL »GÄRTNERIN« Schweineschnitzel mit verschiedenen Gemüsen, dazu Sauce Hollandaise und Kroketten

ZIGEUNERSCHNITZEL Schweineschnitzel mit einer pikanten Zigeunersauce, dazu Pommes frites und gemischter Salat

JÄGERSCHNITZEL Schweineschnitzel mit einer pikanten Champignonsauce, dazu Pommes frites und gemischter Salat

»GUTSHERREN«-SCHNITZEL Schweineschnitzel mit Champignon-Rührei belegt, dazu Röstkartoffeln und Salat

WESTFALENSCHNITZEL Schweineschnitzel mit Speckchampignons und Spiegelei, dazu Röstkartoffeln und gemischter Salat

SPARGELSCHNITZEL Schweineschnitzel mit Stangenspargel und Sauce Hollandaise, dazu Kroketten

»WILLIS« SCHNITZEL Schweineschnitzel mit Williams-Christ-Birne und Käse überbacken, dazu Kroketten

ZWIEBELSCHNITZEL Schweineschnitzel mit einer pikanten Zwiebelsauce, dazu Pommes frites und gemischter Salat

VON DER PUTE

PUTENSCHNITZEL »WIENER ART« mit Kroketten und gemischtem Salat

PUTENSCHNITZEL »HAWAII« mit Kochschinken, Ananas und Käse überbacken, dazu Kroketten

PUTENSCHNITZEL »SPARGEL« mit Stangenspargel und Sauce Hollandaise, dazu Kroketten

Programmstrategien

Beim Verkauf eines bestehenden Sortiments kann das Unternehmen sein Leistungsangebot mit verschiedenen Strategien verkaufen, die wir uns anhand eines Beispiels nun näher ansehen werden.

Gehen wir von einer Getränkekarte aus, auf der der Einfachheit halber nur drei Rotweine (R1–R3) und zwei Weißweine (W1, W2) angeboten werden. Als

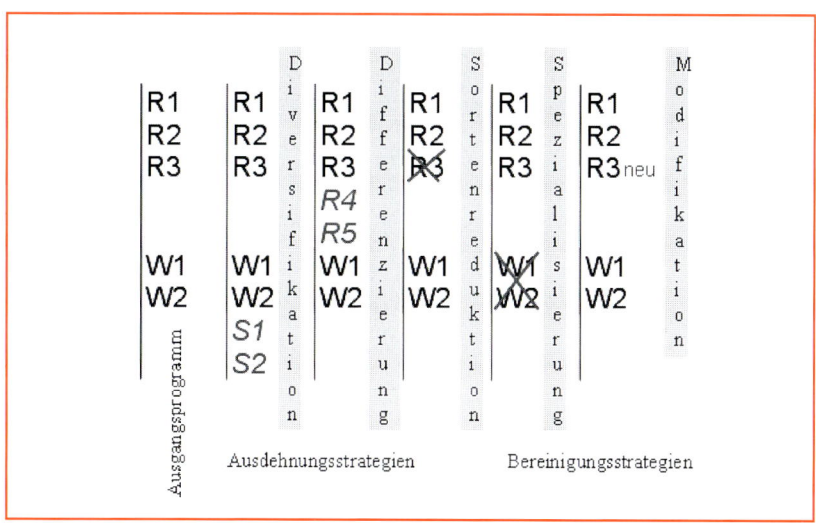

Erstes soll eine Diversifikation durchgeführt werden, d. h. eine bewusste Ausweitung des Produkt- oder Leistungsprogrammes eines gastgewerblichen Betriebes mit dem Ziel einer qualifizierten Steigerung der Leistungsfähigkeit (langfristiges Wachstum und Risikostreuung). Dies würde bedeuten, dass ein neues Produkt in die Karte aufgenommen wird, in unserem Beispiel sind das zwei Sekte (S_1, S_2). Dabei handelt es sich um eine vertikale Diversifikation.

Markt / Produkt	vorhandener Markt	verwandter Markt	neuer Markt
vorhandenes Produkt			Horizontale Diversifikation
verwandtes Produkt			
neues Produkt	Vertikale Diversifikation		Laterale Diversifikation

Eine horizontale Diversifikation liegt dagegen vor, wenn der Unternehmer mit seinem Konzept auf einen neuen Markt geht. Bei der lateralen Diversifikation sind sowohl der Markt als auch das Produkt neu. Dies ist die schwierigste Form, da der Unternehmer weder die Zielgruppe noch das Produkt genau kennt. Bei der Ausweitung der Sortimentsbreite durch neue Produkte auf einem neuen Markt ist vor allem die Risikostreuung wichtig. Sie bietet auch die Möglichkeit, vorhandene Ressourcen anders zu nutzen. Beispielsweise kann ein Gastronom saisonale Schwankungen des Geschäfts durch einen Partyservice ausgleichen und dadurch seine Küchen- und Servicekapazitäten besser auslasten.

Die laterale Diversifikation bietet auch die Möglichkeit, von stagnierenden auf Erfolg versprechende Zukunftsmärkte zu wechseln. Auch hier geht es um das Unternehmenswachstum, die Stärkung der Wettbewerbsfähigkeit und der Machtposition. Ein Beispiel hierfür ist die Entwicklung von neuartigen Gastronomiekonzepten.

Bei der medialen Diversifikation eines Produkts (kann in dem Schaubild Seite 207 nicht dargestellt werden) besteht zwar ein Zusammenhang zu den bisherigen Produkten, das Produkt selbst ist aber für eine andere Zielgruppe bestimmt und neu, z. B. der Hotelier hält Vorträge über sein Qualitätssystem im eigenen Betrieb.
Bei der Diversifikation können vom Unternehmen verschiedene Konzepte verfolgt werden:

- **Konvergenz-Konzept**: Gesucht werden Produkte, die eine möglichst hohe Konvergenz (Gleichgerichtetheit) zu den bisherigen aufweist, z. B. beim zusätzlichen Partyservice kann auf vorhandene Kücheneinrichtungen zurückgegriffen werden.
- **Synergie-Konzept**: Das ist der sogenannte »2+2=5«-Effekt, d. h. eine Leistung kann auf verschiedenen Märkten gleichzeitig verkauft werden. So ergeben sich erhebliche Vorteile für das Unternehmen.
- **Marktnischen-Konzept**: Lücken im Markt werden erschlossen, z. B. die Weinmarkte »Viala« soll Kundengruppen ansprechen, für die Wein eine Alternative zu anderen alkoholhaltigen Getränken ist, die jedoch relativ geringe Produktkenntnisse haben (z. B. wegen des Alters).
- **Nachahmungs-Konzept**: Überlegungen des Marktführers werden für den eigenen Betrieb übernommen (»follow-the-leader«-Empfehlung).

Bei der Differenzierung des Leistungsangebots werden z. B. weitere Rotweinsorten in das Programm aufgenommen, während bei der Sortenreduktion z. B. ein Rotwein aus dem Programm genommen wird. Die Spezialisierung führt zu einer Sortimentsbereinigung, es werden dann z. B. nur noch Rotweine angeboten. Spezialisierung ist in der Gastronomie sehr häufig, wie man an den Konzepten Pizzeria, Nudelhaus, Steakhaus, Hamburger-Restaurant sehen kann. Die Modifikation ist eine kleinere (Facelift) oder grundlegende Änderung (Relaunch) eines Produktes oder einer Leistung. In unserem Beispiel würde dabei ein Rotwein aus dem Programm genommen und der neue Jahrgang aufgenommen.

Make or buy?

Die sinnvolle und wirtschaftliche Gestaltung des gastgewerblichen Sortiments stellt für den Hotelier und Restaurantinhaber eine der wichtigsten betrieblichen Aufgaben dar. Die qualitative, quantitative und zeitliche Gestaltung des Sortiments bestimmt über den wirtschaftlichen Erfolg des Hotels/Restaurants. In diesem Zusammenhang stellt sich immer die Frage, ob bestimmte Produkte des Sortiments im eigenen Betrieb hergestellt oder von einer darauf spezialisierten Firma zugekauft werden sollen.

Einige Beispiele sollen dies verdeutlichen: Kaufe ich das Speiseeis, die Kuchen und Torten oder macht das meine Küchencrew? Wasche ich meine Wäsche selbst oder gebe ich sie an einen anderen Dienstleister weiter? Reinige ich meine Küche selbst oder lasse ich sie durch eine Reinigungsfirma putzen?

Die Gründe für eine Make-or-buy-Entscheidung sind sehr unterschiedlich. In einem Fall gehen es um die Qualitätsfrage, z. B. bei Torten und Bäckereiprodukten, in einem anderen geht es um Personalkosten, z. B. bei der Wäscherei. Manchmal besteht das Problem darin, dass für die Leistung keine Mitarbeiter auf dem Arbeitsmarkt zu finden sind. Eine der wichtigen Randbedingungen ist allerdings, dass das zugekaufte Produkt dem eigenen Qualitätsstandard und dem Stil des Hauses entsprechen muss.

Für die Entscheidung: »Make or buy?« gilt daher folgende Vorgehensweise:

- **Problemerkennung**
  - Welche gastgewerblichen Leistungen eignen sich für solche Entscheidungen?
  - Welche Gründe (qualitative, quantitative, kostenrelevante, personelle) machen eine solche Entscheidung notwendig?
- **Problemanalyse**
  - Welche Unterschiede bestehen zwischen Eigenfertigung und Fremdbezug?
  - Welche Probleme wirft die Eigenfertigung auf?
  - Welche Probleme wirft die Fremdfertigung auf?
  - Spielt der Zeitfaktor (Verfügbarkeit) eine Rolle?
  - Gibt es Teillösungen zwischen Eigen- und Fremdfertigung?
- **Wirtschaftlichkeitsanalyse**
  - Wie viel kostet die Eigenfertigung?
  - Wie viel kostet die Fremdfertigung?
  - Ist mit Zusatzkosten zu rechnen?
  - Welche finanziellen Konsequenzen hat der Fremdbezug?
  - Wie sieht die Rentabilität bei steigender oder fallender Gästenachfrage aus?
  - Wie sind die potenziellen Lieferanten zu bewerten?
- **Make-or-buy-Entscheidungsfindung**
  - Bewertung der quantitativen Größen
  - Bewertung der qualitativen Größen
  - Welche Konsequenzen hat die Entscheidung?
  - Gibt es Risiken?
  - Kann ich die Entscheidung problemlos wieder umkehren?

Nur eine genaue Analyse unter Berücksichtigung aller relevanten Faktoren und Variablen führt zu einer sinnvollen und ökonomisch richtigen Entscheidung.

Der Zeithorizont ist für eine Make-or-buy-Entscheidung besonders zu beachten. Handelt es sich um eine kurzfristige Disposition oder ist es eine Entscheidung auf mittlere oder längere Sicht? Diese Frage hat wesentlichen Einfluss auf die direkt zurechenbaren Kosten, die bei der Realisierung einer betreffenden Alternative hinzukommen oder wegfallen. Bei langfristigen Entscheidungen können eventuell auch Fixkostenteile (sprungfixe Kosten) abgebaut werden. Es ist dabei allerdings die Kostenremanenz zu beachten.

Eine große Bedeutung hat auch die Frage, ob die von der Entscheidung betroffenen Betriebsteile unterbeschäftigt sind oder ob Engpässe existieren, die dadurch abgebaut werden können. Hier müssen Leerlaufkosten/Bereitschaftskosten oder Überstundenlöhne berücksichtigt werden.

In vielen Bereichen der Gastronomie und Hotellerie setzt sich mittlerweile der Zukauf von Produkten durch. Dies gilt besonders bei Convenience- und Patisserie-Artikeln. Diese Produkte haben in vielen Fällen eine höhere Qualität als das, was im Betrieb selbst gefertigt werden könnte. Neben halbfertigen und fertigen Waren werden auch immer mehr Dienstleistungen eingekauft. Das betrifft besonders die Wäscherei, Gartenpflege und Gebäudereinigung. Dahinter steckt der Gedanke, dass der gastgewerbliche Unternehmer sich verstärkt auf seine eigentlichen Aufgaben konzentrieren sollte – den Gast zu beherbergen und/oder zu bewirten – und das Drumherum von Spezialisten erledigen lässt. Selbst wenn die Gesamtkosten steigen sollten, wird das Hotel/Restaurant bei wechselnder Beschäftigung dadurch unter Umständen flexibler.

Die generellen Vor- und Nachteile bei Selbstfertigung und Fremdbezug (Make or buy?) sehen wie folgt aus:

- **Selbstfertigung**
  - Stärkerer Einfluss auf Art und Qualität des Endprodukts
  - Bessere Ausnutzung vorhandener Kapazitäten
  - Bessere Auslastung vorhandenen Personals
  - Unabhängigkeit von Lieferanten
  - Notwendige Investitionen für Maschinen und Geräte
  - Geringere Elastizität des Hotels/Restaurants
  - Hohe Fixkostenbelastung
  - Größere Lagerhaltung

- **Fremdbezug**
  - Vermeidung der Produktionsrisiken
  - Garantieansprüche an Lieferanten

- Preisgünstiger Bezug bei Massen- oder Serienfertigung des Zuliefe-
  rers gegenüber relativ hohen Selbstkosten bei mengenmäßig gerin-
  ger eigener Herstellung
- Einfache Kalkulation
- Geringe Fixkosten bei schlechter Kapazitätsauslastung
- Hohe Elastizität
- Keine zusätzlichen Investitionen, dadurch Liquiditätsvorteile
- Abhängigkeit von Lieferanten
- Dispositionsschwierigkeiten bei langen Lieferzeiten
- Terminschwierigkeiten bei Eilaufträgen
- Probleme mit der Zuverlässigkeit des Lieferanten

Markenmanagement

Marken sind ein wichtiger Bestandteil sowohl der gesamten Branche als auch des Sortiments im Gastgewerbe geworden. Das lässt sich insbesondere auf das veränderte Kaufverhalten der Gäste zurückführen: Der Kunde erwartet heutzutage Dienstleistungen und Waren mit unterschiedlicher Qualität zu differenzierten Preisen, verbunden mit einem bestimmten Image.
Um die Präferenzen der Zielgruppe erfolgreich bedienen zu können, ist es erforderlich, die angebotenen Leistungen zu kennzeichnen und damit ein-deutig unterscheidbar zu machen. Durch die Kennzeichnung bzw. Markie-rung wird eine Leistung oder ein Artikel zur Marke und dient dem Gast als Orientierungshilfe für seine Entscheidungen.

Definition des Markenbegriffs

Die Marke ist nach Meffert ein in der Psyche des Konsumenten verankertes, unverwechselbares Vorstellungsbild von einem Objekt (Produkt, Dienstleis-tung) oder einem Subjekt (Person, Institution). Die angebotene Leistung soll in dem betreffenden gastgewerblichen Markt über einen längeren Zeitraum in gleicher Form auftreten und in gleich bleibender Qualität angeboten wer-den. Die Marke kann sich auf ein Produkt/Leistung (Produktmarke oder In-dividualmarke) oder einen Betriebstyp (Store Brand) beziehen.

Eine Dienstleistungsmarke ist charakterisiert durch:
- Einheitliches Auftreten durch eindeutige Kennzeichnung
- Gleichbleibende Quantität
- Verlässliche Preispolitik
- Individuelle Bedarfsbefriedigung
- Eigenschaftszusage über systematische Kommunikationsmaßnahmen
- Überallerhältlichkeit
- Wiedererkennbarkeit und Wiederholungskaufchance
- Hohe Bekanntheit und Anerkennung im Markt

Deshalb können nach Werner Pepels (Lexikon des Marketing, S. 549 f.) folgende Anforderungen an die Markenpersönlichkeit gestellt werden:

- Markenprägnanz (klar und unverwechselbar profilierte Markeneigenschaften
- Markenrelevanz (problemlösungs- und nutzenbezogene Markenaussagen)
- Markenintegrität (aufeinander abgestimmte Markenauftritte)
- Markenkontinuität (harmonische und logische Markenentwicklung)
- Markenautorität (Kompetenz und Leistungsfähigkeit der Marke)

Der § 3 des Markengesetzes beschreibt, was als schutzfähige Zeichen für Marken verwendet werden darf. Danach können als Marke alle Zeichen und sonstige Aufmachungen einschließlich Farben und Farbzusammenstellungen geschützt werden. Allerdings müssen die Markierungen geeignet sein, Waren oder Dienstleistungen eines Unternehmens von denjenigen anderer Unternehmen zu unterscheiden.
Nicht geeignet sind laut § 3, 2 MarkenG Zeichen, die ausschließlich in einer Form bestehen,
»die durch die Art der Ware selbst bedingt ist,
die zur Erreichung einer technischen Wirkung erforderlich ist oder
die der Ware einen wesentlichen Wert verleiht.«

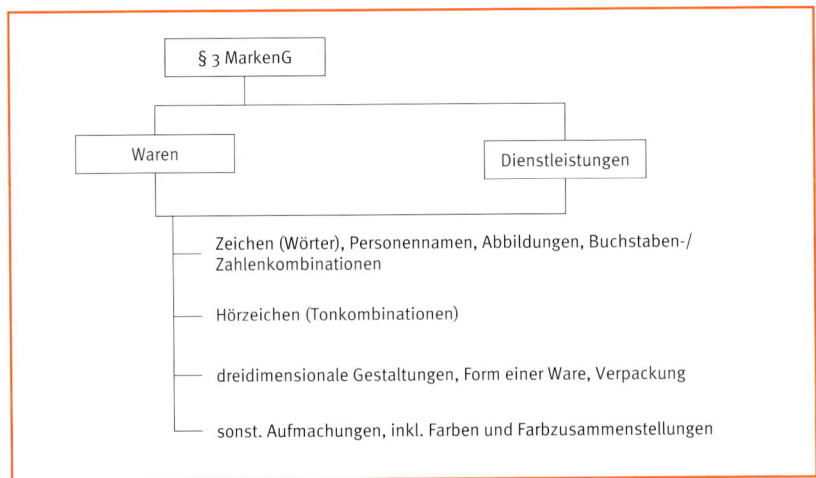

(Quelle: Pechtl, Vorlesung Produktpolitik)

Markenpolitik im Gastgewerbe

Strategien zur Profilierung über Marken gehören mit zu den wichtigsten Marketingentscheidungen eines Unternehmens. Das Gastgewerbe ist dabei in zweifacher Weise tangiert: zum einen im Sinne der Eigenmarke als Akteur (z. B. in Form der Betriebstypenmarken wie *Accor, Steigenberger* und

McDonald´s). Zum anderen reagiert es passiv auf die Strategien von Markenlieferanten (z. B. in Form von Produktmarken wie *Red Bull, Coca Cola* oder *Bacardi*). Da das Gastgewerbe teilweise von den Herstellermarken abhängig ist, muss es die Lieferantenstrategien kennen und in der eigenen Sortimentsplanung berücksichtigen.

Im Dienstleistungsbereich ergeben sich für die Markenpolitik zwei Besonderheiten im Vergleich zu den Konsumgütern. Dienstleistungen können erst nach der Inanspruchnahme beurteilt werden, d. h. die Gäste empfinden ein höheres subjektives Kaufrisiko, da sie darauf vertrauen müssen, dass die Dienstleistungsversprechen eingehalten werden. Starke Dienstleistungsmarken können dem entgegenwirken. Trotzdem besteht weiterhin das Problem, dass die Qualität bei Dienstleistungen nicht immer gehalten werden kann, da eine Endkontrolle wie bei Waren nicht möglich ist.

Außerdem sind Dienstleistungen nur sehr schwer von Nachahmern zu schützen. Dienstleistungsmarken bieten da eine gewisse Sicherheit. Da aber Dienstleistungen in der Regel nicht greifbar sind, ist eine Visualisierung mittels Markenzeichens nicht oder kaum möglich. So kann eine Serviceleistung im Restaurant zwar benannt und am Markt als Leistung durchgesetzt werden, jedoch eine Markierung (z. B. Aufkleber) ist nicht möglich. Denkbar ist jedoch z. B. eine einheitliche Bekleidung des Servicepersonals als Kennzeichen.

Bei einem Hotelaufenthalt beispielsweise handelt es sich um eine komplexe Dienstleistung, deren Nutzen für den Gast nur sehr schwer darstellbar ist. Die Visualisierung der Marke z. B. bei Lindner-Hotels zeigt im Logo den Pagen als Key-Visual und Sinnbild für die Serviceorientierung. Wegen dieses Problems des »Sichtbar-Machens« wird im Gastgewerbe häufig der Umweg über das Wort gewählt und dem Gast ein Versprechen abgegeben. Die Abbildung unten zeigt das »15-Minuten-Versprechen« der *Ibis*-Hotelkette. Dieses Versprechen soll dem Gast garantieren, dass alle Beanstandungen, für die das Hotel verantwortlich ist, innerhalb von 15 Minuten behoben werden. Andernfalls lädt das Hotel den Gast ein.

Phantasiemarken wie im Produktmarketing scheinen im Dienstleistungsbereich nur schwer zu realisieren. Im gastronomischen Bereich gibt es allerdings ein paar Ausnahmen (z. B. *McDonald´s* mit *Big Mac*). Vor allem in der Hotellerie sind deshalb vor allem die Betriebstypenmarken anzutreffen. Damit wird ein Imagetransfer leichter möglich.

Grundlegende Strategien zur Markenprofilierung sind die Einzelmarken-, Markenfamilien-, Dachmarken- und die Mehrmarkenstrategie. (Vgl. Meffert, Strategien zur Profilierung von Marken, S. 137 f.).

Strategien zur Markenprofilierung

Bei der Einzelmarkenstrategie wird für ein bzw. jedes Produkt/Leistung oder einen bzw. jeden Betriebstyp eine eigene Marke geschaffen. Eine typische Einzelmarkenstrategie (für Einzelbetriebe) sind z. B. die bekannten Hotels *Brenner's Park-Hotel & Spa* in Baden-Baden, *Schlosshotel Bühlerhöhe* im Schwarzwald, *Schlosshotel Kronberg*, *Bayerischer Hof* in München. Als Hotelkette zählt *Best Western* zu den stärksten Einzelmarken in Europa.

In Reinform ist die Einzelmarkenstrategie kaum noch anzutreffen. Das liegt daran, dass der Aufbau einer Einzelmarke hohe Kosten verursacht. Die Märkte werden immer mehr segmentiert, um auf die Bedürfnisse einer speziellen Zielgruppe einzugehen. Für eine Einzelmarkenstrategie spricht jedoch die Konzentration auf das Wesentliche, weil die Marken tendenziell nur für ein einziges Produkt verwendet werden. Vorteilhaft ist auch, dass es keine Ausstrahlungseffekte gibt, wenn ein Unternehmen mehrere Einzelmarken innehat.

Die Markenfamilienstrategie nutzt den Namen einer Marke für mehrere verwandte Produkte/Leistungen oder Betriebstypen und dehnt sein Angebotsprogramm in der Breite aus. Die Marke steht dann für eine Waren- oder Firmengruppe mit mehreren Produktgruppen, z. B. Hotels, Catering, Weinhandel und Wellness.

In der Regel werden die Markenprodukte eines gastgewerblichen Betriebes mit mehreren Marken in unterschiedlichen Märkten vertrieben. Diese Strategie kommt insbesondere im Zusammenhang mit der Diversifikation vor.

Bei der Dachmarkenstrategie werden alle Produkte/Leistungen oder Betriebstypen eines Unternehmens unter einem gemeinsamen Markennamen geführt, d. h. das Markensortiment geht in die Tiefe. Die Marke des Unternehmens ist die Oberbezeichnung (z. B. Kempinski), aber mehrere Produkte haben jeweils eigene Marken, die im Zusammenhang mit der Dachmarke stehen (z. B. Hotel Adlon Kempinski Berlin, Hotel Atlantic Kempinski Hamburg, Hotel Taschenbergpalais Kempinski Dresden, Hotel Vier Jahreszeiten Kempinski München, Hotel Schloss Reinhartshausen Kempinski Eltville Frankfurt). Die Dachmarken- und die Markenfamilienstrategie sind häufig schwer zu unterscheiden. Die Produkte/Leistungen oder Betriebstypen in der Dachmarkenstrategie haben die gleiche Zweckbestimmung, also ein vergleichsweise eher tiefes Sortiment, wie am Beispiel Kempinski zu sehen ist. Dagegen betreffen die Produkte/Leistungen und Betriebstypen in der Markenfamilie eher unterschiedliche Zielmärkte, also z. B. Übernachtung, Verpflegung, Weinhandel.

Bei der Mehrmarkenstrategie werden statt einer mindestens zwei Marken in einem Segment angeboten, wobei bewusst Konkurrenzeffekte genutzt werden sollen, z. B. zwei Hotels in einem Markt. Das heißt der Gast hat mehrere Markenhotels zur Wahl, er weiß aber nicht, dass sich dasselbe Unternehmen dahinter verbirgt. Die v bleibt im eigenen Haus. Dadurch kann der Markt besser ausgeschöpft werden. Die Ausrichtung der Marken erfolgt auf einen gemeinsamen Gesamtmarkt hin.
Neben den Eigenmarken ist es für das Gastgewerbe besonders wichtig, Waren von Markenlieferanten (Herstellermarken) anzubieten, die bei den Gästen hinreichend bekannt, vertraut und beliebt sind, um das Verkaufsrisiko zu minimieren bzw. das Risiko falsch eingekaufter Ware zu reduzieren.

Als weitere marktstrategische Möglichkeiten können der Markentransfer und die Tandemmarke genannt werden.
Beim Markentransfer werden das Markenimage und die Markenbekanntheit genutzt und auf neue Dienstleistungen übertragen. Damit sollten vorhandene Kundenpräferenzen ausgebaut und Kosten- und Zeitvorteile erzielt werden. Allerdings sind auch positive bzw. negative Rückkopplungseffekte zu berücksichtigen (Spill-Over-Effekt).
Grundsätzlich sind zwei Formen des Markentransfers möglich. Einmal die Produktlinienerweiterungen innerhalb der gleichen Produktkategorie (Line Extensions) und die Markenerweiterungen in eine neue Produktkategorie (Brand/Franchise Extensions; Brand Stretching).

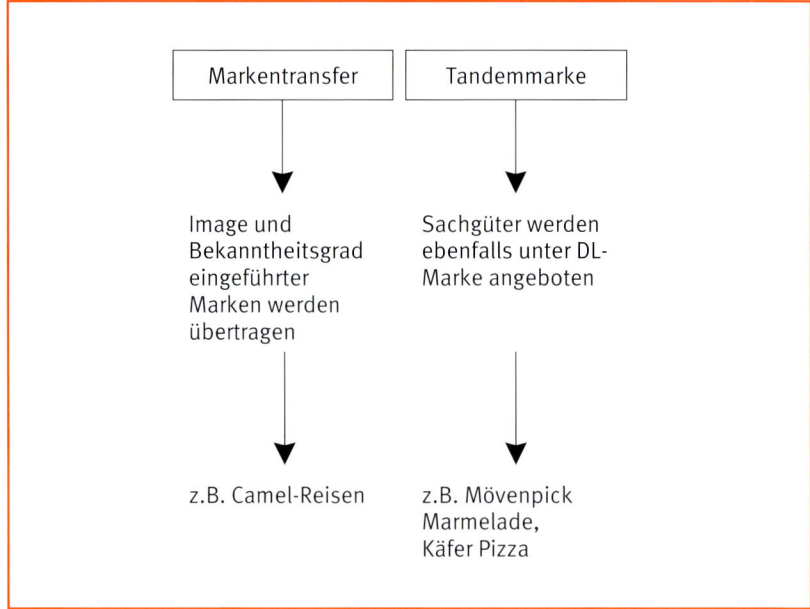

Markentransfer	Tandemmarke
↓	↓
Image und Bekanntheitsgrad eingeführter Marken werden übertragen	Sachgüter werden ebenfalls unter DL-Marke angeboten
↓	↓
z.B. Camel-Reisen	z.B. Mövenpick Marmelade, Käfer Pizza

(Quelle: Meffert, Strategien zur Profilierung von Marken, S. 137 ff.)

Vom Markentransfer sind Lizenzmarken zu unterscheiden. Dabei wird das Nutzungsrecht von einem Unternehmer auf einen anderen übertragen (z.B. Franchisebetrieb in der Hotellerie und Gastronomie, wie *Holiday Inn* oder *McDonald's*).

Der klassische Markentransfer bezeichnet den Transfer einer Marke von einem Hersteller zu einem anderen Hersteller mittels Übertragung des Stammnamens auf ein völlig anderes Produkt (z.B. Porsche Brillen, Cartier Zigaretten, Boss Parfüm). Voraussetzung dafür ist eine starke Stammmarke sowie eine enge Klammer durch die technisch-objektive (denotative) Beschaffenheit, oder, besser noch, die emotional-subjektive (konnotative) Assoziation.

Bei der Dienstleistungsentwicklung kann für eine neue Dienstleistung eine eigene Marke entwickelt oder eine Tandemmarke benutzt werden. Ziel der Einführung der Tandemmarke (Co-Branding) ist die Nutzung des bestehenden Markenimages zur effizienteren Einführung neuer Dienstleistungen. Der gastgewerbliche Unternehmer vermarktet damit lediglich ein Leistungsversprechen, während dem Gast bei einem höheren Kaufrisiko die Kaufentscheidung erleichtert wird.

Zusammenfassend kann man sagen, dass Marken einem Hotel/Restaurant die Chance bieten, sich in besonderer Weise gegenüber der Konkurrenz zu profilieren. Bei entsprechender Bekanntheit können Marken das Vertrauen der Gäste in die Leistungen des Hoteliers oder Gastronomen erhöhen. Dies gilt insbesondere dann, wenn die Kunden bestimmte Erwartungen und Emotionen mit der Marke verbinden, die sich dann als zutreffend herausstellen. Andernfalls sinkt die Wahrscheinlichkeit, dass aus Gästen Stammgäste werden und das Image leidet darunter. Bei einer zu einseitigen Festlegung auf Markenlieferanten entsteht aber auch für das Gastgewerbe die Gefahr, dass die Umsätze sinken, wenn die Nachfrage nach vormals erfolgreichen Markenartikeln zurückgeht.

PREISPOLITISCHE MASSNAHMEN

Seit einiger Zeit und vor allem im Einzelhandel ist der Preis eines Produktes oder einer Dienstleistung unter dem Motto: »Geiz ist geil!« so sehr in den Vordergrund gerückt worden, dass Dumpingpreise und ruinöse Preiskämpfe viele Unternehmen an den Rand ihrer Existenz gebracht haben. Auch in der Hotelbranche muss ein gewisser Mut aufgebracht werden, um sich dieser Entwicklung erfolgreich zu widersetzen. Der preisbewusste Schnäppchenjäger, so wird kolportiert, fragt schon nach dem Rabatt, den ein Hotel zu gewähren denkt, bevor der Zimmerpreis überhaupt erwähnt wurde.
Die Preispolitik ist also der Bereich, in dem ein Betrieb zwischen den Möglichkeiten des Marktes, dem Zahlungswillen des Kunden und seinen wirtschaftlichen Bedürfnissen eine Balance finden muss.

Theoretische Grundlagen

Grundlage von preispolitischen Maßnahmen im Marketing ist die Analyse der Absatzmarktsituation (z. B. Polypol, Oligopol, Monopol) und die Frage, welche Folgen Preisveränderungen bei einem Produkt bzw. einer Dienstleistung nach sich ziehen. Die Preistheorie geht zwar teilweise von modellhaften Annahmen »idealer« Verhältnisse (z. B. vollkommener Markt, Markttransparenz, keine Präferenzen) aus, kann aber trotzdem grundlegende Verhaltensweisen der Gäste erklären. Letztendlich muss der vom Gast wahrgenommene Preis mit seiner Wertschätzung für die Leistung übereinstimmen.

Preiselastizität der Nachfrage
Der Konzentration auf den Preis als entscheidendes Verhandlungselement liegt ein eigentlich sehr einfacher Sachverhalt zu Grunde: Unterschiedliche Preise führen zu unterschiedlichen Absatzmengen. Im Normalfall verhalten sich Nachfrage und Preis gegenläufig zueinander.

Daher gilt: je höher der Preis, desto geringer die Nachfrage; daraus ergibt sich die Preis-Absatz-Funktion.

Preis-Absatz-Funktion

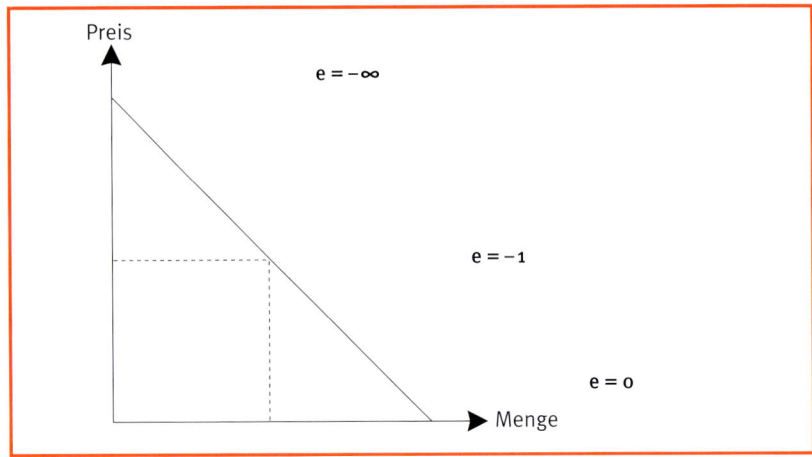

Keine Regel ohne Ausnahme: Bei Gütern mit hohem Symbol- oder Prestige-wert ist die Beziehung zwischen Preis und Nachfrage manchmal gleichläufig. Die Nachfrage nach einem Gut steigt dann, weil es mehr statt weniger kostet (Veblen-Effekt: »Weil ich es mir wert bin!«). Auch sogenannte Mitläufer-Ef-fekte (die Nachfrage nach einem Gut steigt, weil auch andere Nachfrager dieses Gut konsumieren) und Snob-Effekte (die Nachfrage nach einem Gut sinkt, weil es auch von anderen konsumiert wird) sind zu beobachten.

Diese Effekte sind sicher auch in der Hotellerie und Gastronomie nicht von der Hand zu weisen. Zum einen, weil der Preis häufig als Qualitätsindikator betrachtet wird: »Bei dem Preis kann ich sicher sein, erstklassigen Service zu erhalten!«. Zum anderen, weil Mitläufer-Verhalten (»Wo die Reichen, die Mächtigen, die Schönen absteigen, möchte ich auch wohnen!«) ebenso vor-stellbar ist, wie das Sich-Abwenden des Snobs (»Wenn sich das jetzt jeder leisten kann, ist es wohl nichts mehr für mich!«). Insofern stellen diese Ef-fekte keineswegs ein absonderliches Nachfrageverhalten dar.

Die oben beschriebene Preis-Absatz-Funktion stellt jedoch zweifellos den Normalfall der Nachfrage dar. Mit Blick auf seine Gäste wäre es für den Gast-gewerbler außerordentlich hilfreich, wenn er diese Funktion exakt ermitteln könnte. Dann wäre es nämlich möglich, bereits bei der Planung von Preisän-derungen die zu erwartende Reaktion der Gäste vorauszusagen. Gemessen wird dieses Verhältnis durch die Preiselastizität der Nachfrage (e).

Man verwendet dabei die relativen Änderungen (in Prozent), um Ursache (z. B. Preisänderung) und Wirkung (z. B. Mengennachfrage) vergleichbar zu machen:

$$e = \frac{\text{prozentuale Mengenänderung}}{\text{prozentuale Preisänderung}} = \frac{\frac{dx}{x}}{\frac{dp}{p}}$$

Wird beispielsweise der Preis um zehn Prozent erhöht und geht dadurch die Nachfrage um fünf Prozent zurück, so ist die Preiselastizität -0,5 und die Nachfrage wird als unelastisch bezeichnet. Je unelastischer die Nachfrage, desto lohnender ist demzufolge die Preiserhöhung.

Entspricht die Nachfragereaktion mit zehn Prozent genau der prozentualen Preiserhöhung, so ist die Elastizität -1, der Umsatz bleibt konstant.

Fällt die Nachfrageraktion mit einem Rückgang von 15 Prozent dagegen höher aus als die Preiserhöhung (Elastizität = – 1,5), so spricht man von elastischer Nachfrage. Gäste sind also preissensibel, die vorgesehene Preiserhöhung hätte einen Umsatzrückgang zur Folge. Es muss dann genau geprüft werden, wie dieser sich auf die erzielbaren Deckungsbeiträge auswirkt.

Geringe und hohe Preiselastizität der Nachfrage

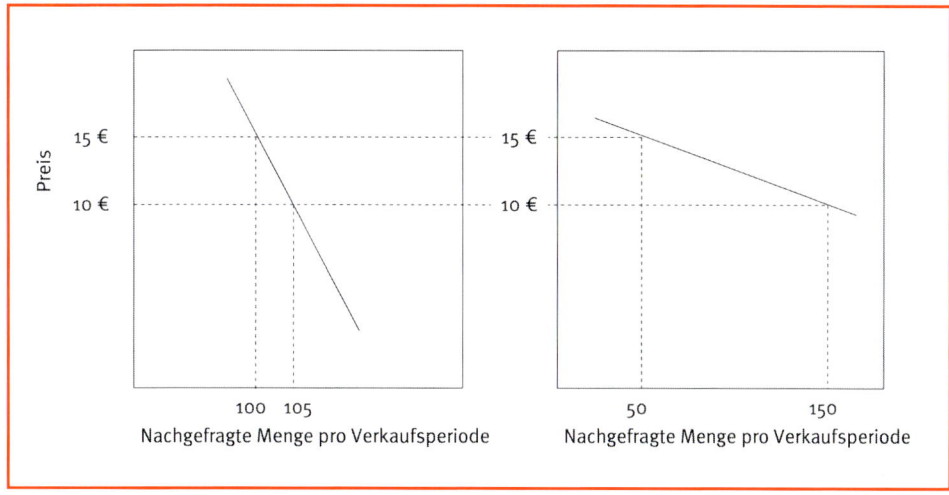

(Quelle: Bliemel/Kotler, Marketing-Management, S. 827)

Die Wirkung von Preisänderungen auf den Umsatz lässt sich dann also in Abhängigkeit von der jeweiligen Preiselastizität darstellen.

Elastizität und Preisänderung

Elastizität Preisänderung	e > −1 (zwischen −1 und 0) unelastische Nachfrage	e = −1	e < −1 (zwischen −∞ und −1) elastische Nachfrage
Preiserhöhung	Umsatz steigt	Umsatz konstant	Umsatz sinkt
Preissenkung	Umsatz sinkt	Umsatz konstant	Umsatz steigt

(Quelle: Meffert, Marketing, S. 492)

Während die variablen Kosten eines Unternehmens die Preisuntergrenze bestimmen, ist die Preisobergrenze durch die absolute Zahlungsbereitschaft seiner Kunden, also durch den höchsten vom Markt noch akzeptierten Preis, festgelegt. Zwischen diesen Extrempositionen liegt der für das einzelne Hotel oder Restaurant gegebene Preisspielraum.

In Wirklichkeit kennt der Unternehmer die Elastizität jedoch nicht; er kann daher die Preistoleranz seiner Gäste nur abschätzen oder aus den Daten der Vergangenheit ermitteln. Er kann auch versuchen, die Elastizität durch Preisexperimente zu testen, indem er ein Produkt herausgreift, das konstant nachgefragt wird. Dieses Produkt setzt er auf die Tageskarte, verändert den Preis und beobachtet die Nachfragereaktion.

Bei allen Überlegungen zur Preis-Absatz-Funktion und zur Preiselastizität der Nachfrage ist zu beachten, dass sowohl wirtschaftliche als auch psychologische Einflussgrößen die Preissensibilität der Gäste und damit ihre Preisreaktionen beeinflussen. Solche Faktoren sind beispielsweise:

- **Einzigartigkeit der Leistung** Je besser es gelingt, sich über den Aufbau einer USP (Unique Selling Proposition) Wettbewerbsvorteile zu verschaffen, desto weniger reagieren die Gäste auf Preisänderungen.
- **Verfügbarkeit von Substitutionsgütern** Je weniger Ersatzalternativen den Gästen bekannt sind, desto weniger preisempfindlich reagieren sie. So kann mangelndes Wissen um Alternativen dazu führen, dass Gäste Hotelrestaurants nutzen, obwohl diese vielleicht kein angemessenes Preis-Leistungs-Verhältnis bieten.
- **Dringlichkeit der Bedürfnisse** Hohe Dringlichkeit macht die Nachfrage weitgehend preisunelastisch. Wer mitten in der Nacht nach mehreren vergeblichen Versuchen ein freies Zimmer gefunden hat, wird nicht lange über den Hotelzimmerpreis diskutieren wollen.
- **»Leichtigkeit« der Bedürfnisbefriedigung** Ist ein Bedürfnis leicht zu befriedigen, ist die Nachfrage danach unelastisch. So ist der Geschäftsrei-

sende, der seine Reisekosten erstattet bekommt, in der Regel weniger preissensibel als der Privatgast, der seine Kosten nicht absetzen kann. Aber auch die einfache Bedürfnisbefriedigung im Sinne von Bequemlichkeit lässt sich der Kunde etwas kosten – wenn er beispielsweise One-Stop-Shopping an der Tankstelle betreibt.

- **Dauer der Kundenbeziehung** Die Preissensibilität wird auch von der Dauer der Kundenbeziehung und der Markentreue des Gastes bestimmt. Die vom Gast empfundene Risikoreduktion – er weiß ja genau, worauf er sich »einlässt« – führt zu einer sinkenden Preiselastizität der Nachfrage.
- **Preisniveau des Angebots** Ist der Hotelzimmerpreis oder der Preis auf der Speisekarte äußerst niedrig, so wird seine Veränderung nur wenig Auswirkungen auf die Nachfrage haben. Im Gegensatz dazu können spürbare Preissenkungen im exklusiven Luxussegment starke Nachfragezuwächse auslösen. Ob der dadurch ansprechbare Kundenkreis jedoch der strategischen Positionierung des Unternehmens entspricht, bedarf einer gründlichen Prüfung.
- **Preisbewusstsein der Gäste** Je nach Preisinteresse und Preiskenntnis entwickeln die Konsumenten sogenannte Preisschwellen, die den von ihnen als akzeptabel empfundenen Preisbereich für ein bestimmtes Angebot nach oben und/oder unten begrenzen: Preise unterhalb der unteren Preisschwelle führen zu Zweifeln an der Qualität des Angebotes, Preise oberhalb der oberen Preisschwelle werden z. B. aufgrund fehlender Kaufkraft nicht mehr akzeptiert. Auch dazwischen gibt es Abstufungen, je nachdem ob eine Preisforderung als »sehr teuer«, »teuer«, »normal«, »billig« oder »sehr billig« empfunden wird.

Hier wird deutlich, dass das theoretische Modell der Preis-Absatz-Funktion und der Elastizitäten nur die wahrscheinliche Gesamtreaktion des Marktes auf unterschiedliche Preisforderungen wiedergibt. Das Modell stellt die Summe der Reaktionen vieler einzelner Nachfrager mit unterschiedlich starker Preissensibilität dar. (Vgl. zum ganzen Abschnitt: Gardini, Marketing-Management in der Hotellerie, S. 325 f.)

Markt und Preisbildung

Die Markt- und Wettbewerbssituation, in der sich ein Unternehmen befindet, hat entscheidenden Einfluss auf seine Preisgestaltungsmöglichkeiten: Ein Hotel, das über einen überragenden Standortvorteil verfügt oder in seiner Region sogar eine Monopolstellung hat, verfügt über andere Spielräume bei der Preisbildung als beispielsweise ein kleines Restaurant, das in der Fußgängerzone einer Großstadt von unzähligen Konkurrenzbetrieben mit vergleichbarem Angebot umgeben ist.

In der klassischen Preistheorie werden Marktformen nach verschiedenen Kriterien abgegrenzt:

- Vollkommenheitsgrad
- Anzahl und Größe der Marktteilnehmer
- Intensität der Wettbewerbsbeziehungen
- Verhalten der Marktteilnehmer

Ein Markt wird als vollkommen bezeichnet, wenn alle Marktteilnehmer Nutzen- und Gewinnmaximierung betreiben, keine zeitlichen Verzögerungen bei Preisanpassungen auftreten, weder bei Anbietern noch bei Nachfragen örtliche, persönliche, sachliche und zeitliche Präferenzen bestehen und schließlich vollkommene Markttransparenz herrscht. Damit ist klar, dass der »vollkommene Markt« nicht wirklich existiert, da in der Realität immer zumindest ein Merkmal nicht gegeben ist. Es ist ja gerade das Ergebnis von Marketingaktivitäten, dass alle Märkte mehr oder weniger unvollkommen sind. Der Grad der Unvollkommenheit und insbesondere die Kriterien, in denen sich diese Unvollkommenheit äußert, lassen allerdings Rückschlüsse auf die Erfolgswahrscheinlichkeit unterschiedlicher Preisstrategien zu. (Vgl. Meffert, Marketing, S. 504)

Nach Anzahl und Größe der Marktteilnehmer können Märkte abgegrenzt werden, je nachdem ob auf es auf Angebots- und auf Nachfrageseite viele kleine, wenige mittelgroße oder einen einzigen Marktteilnehmer gibt, was die folgende Tabelle zusammenfasst.

Märkte nach Marktteilnehmern

Angebot / Nachfrage	viele Kleine	wenige Mittelgroße	ein Großer
viele Kleine	Polypolistische Konkurrenz	Angebots-oligopol	Angebots-monopol
wenige Mittelgroße	Nachfrage-oligopol	Bilaterales Oligopol	Beschränktes Angebotsmonopol
ein Großer	Nachfrage-monopol	Beschränktes Nachfragemonopol	Bilaterales Monopol

Je größer und intensiver der Wettbewerb, desto stärker wirken preispolitische Maßnahmen der Konkurrenzunternehmen auf den eigenen Absatz. Die Intensität der Konkurrenzbeziehungen kommt in der sogenannten Kreuzpreiselastizität zum Ausdruck, die die relative Preisänderung des Anbieters A und die daraus resultierende relative Mengenänderung des Anbieters B in Beziehung setzt:

$$e = \frac{\text{prozentuale Mengenänderung von B}}{\text{prozentuale Preisänderung von A}} = \frac{\dfrac{dx\,(B)}{x\,(B)}}{\dfrac{dp\,(A)}{p\,(A)}}$$

Bewirkt die Preiserhöhung beim Anbieter A eine Mehrnachfrage bei Angebot B – weil beispielsweise, Gäste wegen dieser Erhöhung von Restaurant A zu Restaurant B wechseln –, so ist der Wert der Kreuzpreiselastizität positiv (Substitutionsbeziehung). Bewirkt dagegen eine Preiserhöhung des einen Guts eine Nachfragerückgang beim anderen Gut – beispielsweise, wenn sich die Erhöhung der Preise für Flugreisen negativ auf Buchungszahlen von Ferieninseln auswirkt –, so ist der Wert negativ (Komplementaritätsbeziehung).

Nach dem Verhalten der Marktteilnehmer kann schließlich ihre Preispolitik aufgrund der Marktformen Monopol, Oligopol und Polypol unterschieden werden: Im Monopol muss der Anbieter ausschließlich die Reaktion der Konsumenten berücksichtigen – schließlich gibt es keine (nennenswerte) Konkurrenz. Im Oligopol muss neben den Abnehmern auch das Verhalten der Konkurrenten beachtet werden. Im Polypol bleibt dem Anbieter dagegen kein Preisgestaltungsspielraum, der Marktpreis ist ihm vorgegeben.
Für Betriebe aus Hotellerie und Gastronomie ist zwar eine Quasi-Monopolstellung am Standort oder in der Region durchaus denkbar, in der Regel bewegen sie sich jedoch in polypolistischen oder oligopolistischen Märkten. Um dem reinen »Sich-Anpassen-Müssen« im Polypol zu entgehen, wird angestrebt, sich einen »Firmenmarkt« zu schaffen. Dabei wird mit Hilfe des Marketinginstrumentariums versucht, Gäste zu werben, auf Dauer zu binden und sich so ein akquisitorisches Potenzial aufzubauen, das in Präferenzen der Gäste für das Unternehmen zum Ausdruck kommt. Je größer diese Präferenzen sind, umso größer ist auch der preispolitische Spielraum. Daher können solche Unternehmen innerhalb eines bestimmten Preisintervalls die Preise erhöhen oder senken, ohne dass die Gäste darauf spürbar reagieren. Dies gilt umso mehr im Oligopol und der reaktionsfreie Bereich ist umso größer, je geringer die Austauschbarkeit des Leistungsangebotes, je undurchschaubarer der Markt und je höher die Präferenz bei den Gästen ist.

Konzeptionelle Überlegungen der Preispolitik

Im Mittelpunkt der folgenden Überlegungen steht die Frage der Preisgestaltung für angebotene Güter und Dienstleistungen in Hotellerie und Gastronomie – also die Bestimmung des Hotelzimmerpreises, die Ermittlung der Preise für die Speisekarte im Restaurant usw.

Die Preispolitik im engeren Sinne muss ergänzt werden um Entscheidungen über die Konditionenpolitik (Zahlungsbedingungen, Rabatte, Bonusprogramme usw.) Wir sprechen dann von Preispolitik im weiteren Sinne oder Kontrahierungspolitik.

Die Preispolitik im Marketing-Mix

Stellung der Preispolitik im Marketing-Mix

Preispolitische Entscheidungen spielen eine besondere Rolle im Marketing-Mix: Der Preis beeinflusst als einziges Marketinginstrument die Erlöse (= Absatzmenge x Preis) direkt. Maßnahmen der Leistungs-, Kommunikations-, und Distributionspolitik verursachen dagegen zunächst Kosten und wirken nur indirekt über die Absatzmenge auf die Erlöse.

Es gibt nur drei »Gewinntreiber«: Wer seinen Gewinn erhöhen will, muss ihn über die Kosten, die Absatzmenge oder den Preis beeinflussen, wie die folgende Darstellung zeigt:

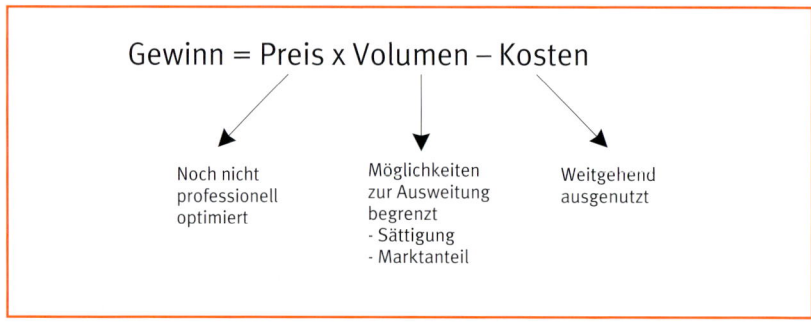

(Quelle: Simon, Ertragssteigerung durch effektive Pricing-Prozesse)

Da man weder die Absatzmenge beliebig erhöhen noch die Kosten immer weiter gegen Null fahren kann, kommt es in besonderem Maße auf das richtige »Pricing« an. Hinzu kommt, dass Preisänderungen in ihrer Wirkung auf den Gewinn die anderen »Stellschrauben« bei Weitem übertreffen.

Diese grundlegenden Zusammenhänge sind vom Bildungszentrum für das Gastgewerbe des DEHOGA Baden-Württemberg in seiner Schrift »Herausforderung Kalkulation« an einem konkreten Zahlenbeispiel aus der Branche veranschaulicht worden. Dabei lagen folgende Ausgangswerte zu Grunde:

Einflussfaktoren	alt	neu	Differenz in %
Sitzplätze	80	80	
Umsatz je Gedeck (netto)	12,50 €	12,63 €	1,00
Öffnungstage pro Jahr	300	300	
Belegungsfaktor Sitzplätze	1,00	1,00	
Anteil Speisen	70 %	70 %	
Anteil Getränke	30 %	30 %	
Reduzierung Warenkosten Speisen			
Reduzierung Warenkosten Getränke			
Reduzierung Personalkosten			
Gewinn	13 700 €	16 700 €	21,90

Es zeigt sich, dass eine einprozentige Preissteigerung den Gewinn um 21,9 Prozent steigert! Preisoptimierung ist damit ungleich wirkungsvoller als höhere Auslastung oder Kostensenkung. Dies wird an den zusammengefassten Ergebnissen des obigen Beispiels deutlich:

Veränderung (1%)	Mehr-gewinn in €	Mehr-gewinn in %
Erhöhung der Auslastung (Belegungsfaktor)	1932,00 €	14,10
Erhöhung Preis	3000,00 €	21,90
Senkung Warenkosten Speisen	298,00 €	5,82
Senkung Warenkosten Getränke	270,00 €	1,97
Senkung Personalkosten	900,00 €	6,57

(Quelle: Herausforderung Kalkulation, DEHOGA Baden-Württemberg, Kapitel 1.4)

Die Bedeutung des Preises ergibt sich auch aus der Tatsache, dass der Preis das flexibelste Element im Marketing-Mix ist. Preispolitik ist schneller umzusetzen als Maßnahmen in den anderen Bereichen – vereinfacht gesagt: Man muss nur den alten Preis durchstreichen und einen neuen daneben schreiben! Ebenso schnell aber sind die Reaktionen spürbar, die dadurch ausgelöst werden. Sowohl die Gäste als auch die Mitbewerber reagieren häufig unverzüglich auf Preisänderungen, zumal im Zeitalter des Internets die Preistransparenz ständig zunimmt.

Das Angebot von Hotellerie und Gastronomie umfasst sowohl Sachgüter als auch Dienstleistungen, wobei sich der Dienstleistungscharakter auch auf die Preispolitik prägend auswirkt:

- Die Immaterialität der Dienstleistung führt dazu, dass der Preis in ganz besonderem Maße als Indikator für den Wert der Leistung betrachtet wird. Er wird damit praktisch Ersatzkriterium zur Qualitätsbeurteilung. Der Gast, der die Leistung im Regelfall nicht vorher testen kann, schließt von einem gegebenen Preis auf die Qualität.
- Die Aufrechterhaltung der Leistungsbereitschaft ist in dieser Branche mit einer hohen Fixkostenbelastung bei schwankender Auslastung verbunden. Dies erschwert die verursachungsgerechte Kostenzurechnung und die Preiskalkulation der einzelnen Leistungen.

Preis als Element der Aufwand-Nutzen-Relation

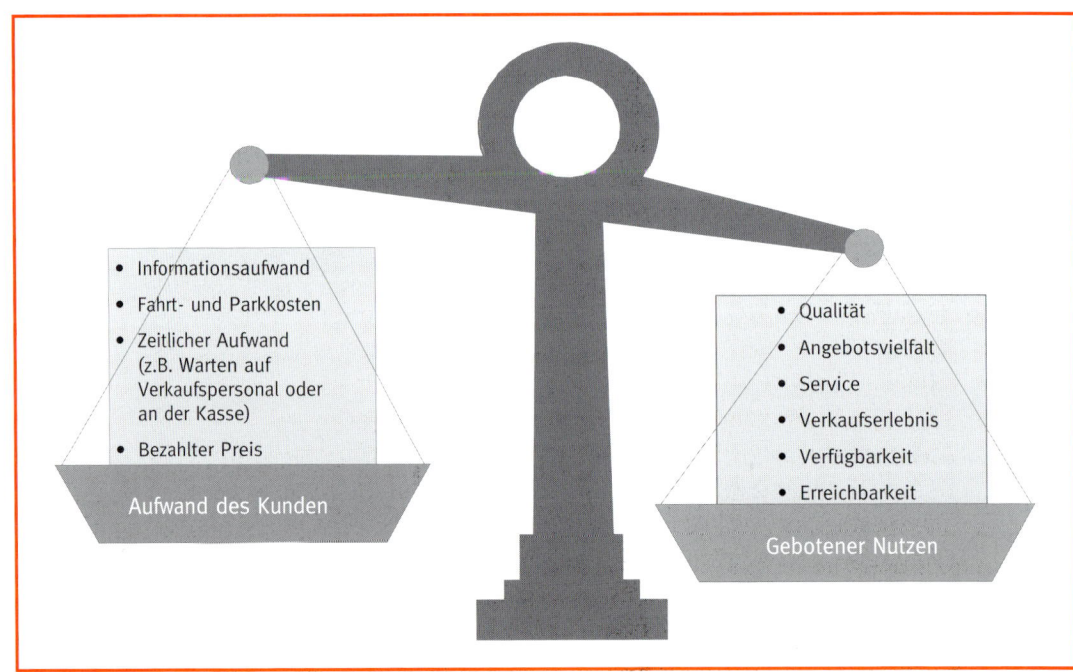

(Quelle: www.4managers.de)

Schließlich unterscheidet sich die Preispolitik von den anderen Aktionsfeldern im Marketing-Mix dadurch, dass dort die positiven Komponenten des Kaufs oder der Geschäftsbeziehung (= der Nutzen für den Gast) gestaltet werden, während der Preis als negative Komponente wahrgenommen wird (= Opfer, das vom Gast erbracht werden muss). Das Schaubild auf Seite 226 zeigt diesen Zusammenhang.

Ein Kauf erfolgt also dann, wenn der dem Produkt vom potenziellen Käufer zugeschriebene subjektive Nutzen größer ist als der für die Realisierung dieses Produkt- oder Dienstleistungsnutzens aufzubringende Aufwand. Der Nettonutzen, das ist die Differenz aus Produktnutzen (Bruttonutzen) und Produktpreis, muss also positiv sein – und außerdem größer als bei den Konkurrenzangeboten. (Vgl. Meffert, Marketing, S. 482 ff.)

Diese subjektive Wahrnehmung ist entscheidend, sodass ein Gast das Preis-Leistungs-Verhältnis eines Restaurants möglicherweise als besonders gut, ein anderer als angemessen empfindet, während ein dritter die Preise als völlig überzogen wahrnimmt.

> Wie schwierig und problembehaftet eine starke Preisorientierung allerdings aus Kundensicht sein kann, hat der englische Sozialreformer John Ruskin (1819–1900) schon vor über 100 Jahren beschrieben: »Das Gesetz der Wirtschaft verbietet es, für wenig Geld viel Wert zu erhalten. Es ist gewiss unklug, zu viel zu bezahlen, aber es ist unter Umständen noch schlechter, zu wenig zu bezahlen. Denn wenn man zu viel bezahlt, verliert man etwas Geld – das ist alles. Wenn man dagegen das günstigste Angebot annimmt, verliert man manchmal alles, da die erwünschte Leistung nicht erbracht wird. Es gibt kaum etwas auf dieser Welt, das nicht irgendjemand ein wenig schlechter machen und etwas billiger verkaufen könnte. Und die Menschen, die sich nur am Preis orientieren, werden die gerechte Beute solcher Machenschaften. So gesehen müsste man für das Risiko, das man im Falle günstiger Angebote eingeht, immer etwas zum Angebotspreis hinzurechnen. Wenn man das jedoch tut, dann kann man diesen Betrag gleich für etwas Besseres ausgeben.«

Ziele und Anlässe preispolitischer Maßnahmen

Preispolitik muss sich im Rahmen der unternehmerischen Zielsetzung und der gewählten Strategien für die einzelnen Geschäftseinheiten bewegen und einen Beitrag zu deren Verwirklichung leisten.

Im Rahmen der so genannten Preisstrukturpolitik sind dabei grundlegende Entscheidungen mit einmaliger oder zumindest längerfristiger Struktur zu treffen: So sind z. B. Preisniveau bzw. Preislage eines Hotels bzw. Restaurants festzulegen. Der Rahmen ist dabei vorgezeichnet, wenn ein Hotelbetrieb nach den Kriterien des Deutschen Hotel- und Gaststättenverbandes

(DEHOGA) mit den entsprechenden Sternen klassifiziert ist. Auch ein Restaurant wird eine bestimmte Preislage anstreben, die längerfristig Gültigkeit hat und nicht Tag für Tag zur Disposition steht.

Entscheidungen, die im Gegensatz dazu kurzfristig sind und die Durchsetzung alternativer Preise gegenüber den Gästen zum Gegenstand haben, erfolgen im Rahmen der Preisablaufpolitik.

Zu den eher unternehmensgerichteten Zielsetzungen der Preispolitik gehören:

- Hohe und gleichmäßige Auslastung der vorhandenen Kapazitäten
- Erhöhung der Gästezufriedenheit
- Bindung von Stammgästen
- Gewinnung neuer Gästegruppen
- Schaffung, Erhaltung und Steigerung von Marktanteil und Gewinn

Marktgerichtete Ziele der Preispolitik sind beispielsweise:

- Förderung der Markteinführung neuer Leistungsangebote
- Aufbau und Pflege des angestrebten Images
- Beeinflussung von Gästewahrnehmung und -erwartung

Die Preisablaufpolitik bezieht sich auf die erstmalige Festlegung eines Preises bzw. auf Preisänderungen. Typische Anlässe für preispolitische Aktionen sind daher:

- Leistungsinnovation, -variation und -differenzierung
- Erschließung neuer Märkte
- Kostenveränderungen bei den eingesetzten Produktionsfaktoren
- Maßnahmen der Mitbewerber

Jede preispolitische Maßnahme muss unter Beachtung der entscheidungsrelevanten Einflussgrößen erfolgen. Dazu gehören in erster Linie:

- Kapazitätsplanung
- Kosten der Leistungserstellung
- Zahlungsbereitschaft aktueller und potenzieller Gäste
- Durchsetzbarkeit der Preisforderung bei den Gästen
- Verfügbarkeit von Substitutionsgütern
- Aktions- und Reaktionsverhalten der Mitbewerber

Preisstrategien

Der Strategiebegriff wird im Rahmen der Preispolitik sehr unterschiedlich verwendet, teilweise wird fast jede Preisfestsetzung, die nach bestimmten Regeln erfolgt, bereits als Strategie bezeichnet.

Deshalb sollen an dieser Stelle nur die grundlegenden strategischen Optionen herausgegriffen werden:

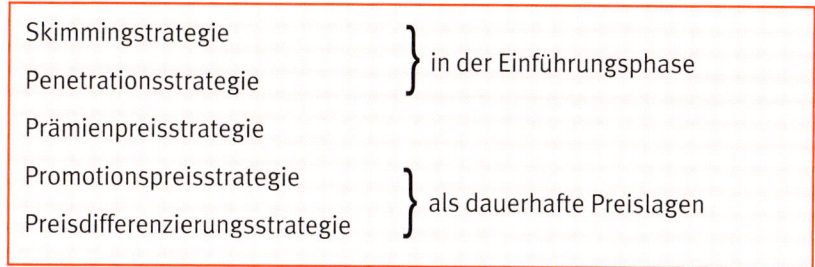

Skimmingstrategie
Penetrationsstrategie } in der Einführungsphase

Prämienpreisstrategie

Promotionspreisstrategie
Preisdifferenzierungsstrategie } als dauerhafte Preislagen

Bei der Neueinführung eines Produktes oder einer Dienstleistung – aber auch bei der Erschließung neuer Märkte für ein bestehendes Leistungsangebot – stehen sich mit der Skimmingstrategie und der Penetrationsstrategie zwei Extrempunkte möglicher preispolitischer Optionen gegenüber.

Bei der Skimmingstrategie wird zu Beginn ein relativ hoher Preis (Abschöpfungspreis) gefordert, der dann mit zunehmender Markterschließung und aufkommendem Konkurrenzdruck allmählich gesenkt werden kann.

Skimmingstrategie

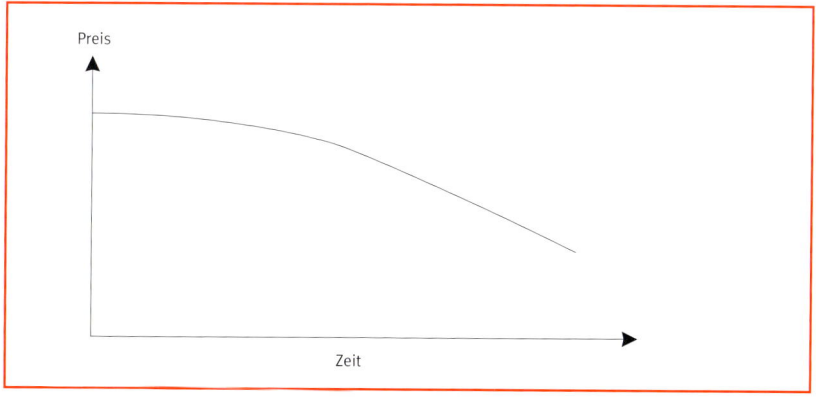

Ziel ist es, die Preisbereitschaft der Konsumenten »abzuschöpfen« und die Investitionen der Markterschließung rasch zu amortisieren, wie es etwa in Betrieben der Trendgastronomie versucht wird. Im Idealfall führt diese Strategie bereits kurzfristig zu (hohen) Gewinnen, vermeidet die Notwendigkeit frühzeitiger Preissenkungen und schafft im Gegenteil einen längerfristigen Preisspielraum nach unten.
Bedingungen für den Erfolg dieser Strategie:
- Ausreichend hohe Nachfrage bei den »frühen« Käufern (Innovatoren, die wenig preissensitiv sind)
- Rasches »Veralten« der Produkte
- Schwere Vergleichbarkeit mit bisherigen Angeboten

Deshalb ist diese Strategie unter kurzfristigen Gesichtspunkten vorteilhaft und sollte zum Einsatz kommen, wenn die längerfristigen Ertragsperspektiven eher niedrig eingeschätzt werden.

Für Hotellerie und Gastronomie gilt aber einschränkend: Die angebotenen Leistungen können relativ schnell von Folgern nachgeahmt werden, die durch das Hochpreisniveau und die damit verbundenen Gewinnchancen angelockt werden. Außerdem ist gerade in dieser Branche der Preis mit bestimmten Qualitätserwartungen eng verbunden, sodass – sozusagen von vornherein geplante – Preissenkungen die Vermutung nachlassender Qualität hervorrufen.

Im Gegensatz dazu sollen bei der Penetrationstrategie mit anfänglich sehr niedrigen Preisen möglichst schnell Massenmärkte erschlossen werden. Je nach Geschäftsentwicklung sollen diese Preise in der Folgezeit erhöht werden, aber auch unveränderte Beibehaltung und sogar weitere Preissenkungen sind denkbar.

Penetrationsstrategie

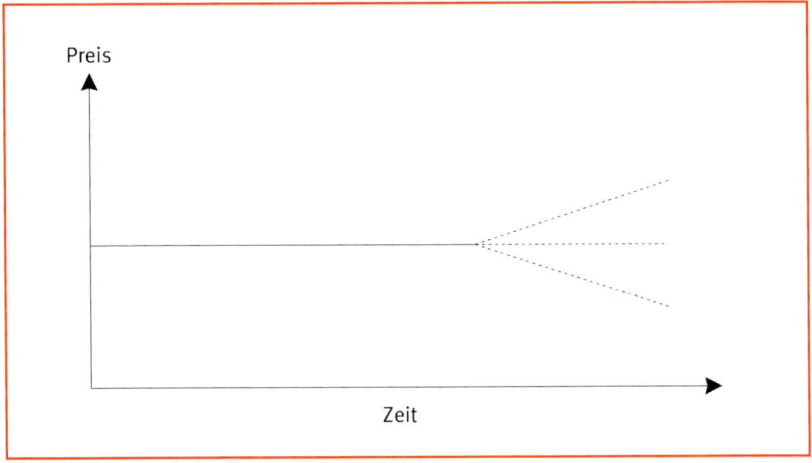

Die Zielsetzung dieser Strategie ist eher langfristiger Natur: Durch die Schaffung einer überlegenen Marktposition – ermöglicht durch die rasche Ausbreitung im Markt – sollen Kostenvorteile und damit Gewinne erzielt werden. Deshalb wird diese Strategie für sogenannte Newcomer empfohlen, bietet sich aber auch an, wenn z. B. ein bestehender Restaurantbetrieb übernommen wird und in der gehobenen Gastronomie neu positioniert werden soll. Voraussetzungen für den Erfolg sind folgende Faktoren:

- Die Preisvorteile werden von den Gästen erkannt und als wichtig betrachtet.
- Es gibt bereits vergleichbare Angebote zu höheren Preisen.

So kann es gelingen, die Gäste anderer Anbieter zu gewinnen und schnell die erforderlichen Marktanteile zu erreichen. Es besteht jedoch die Gefahr, dass Konkurrenten mit verbesserten Angeboten zu noch günstigeren Preisen nachziehen. Der Preis für das eigene Produkt müsste dann möglicherweise allzu früh noch weiter gesenkt werden.

Auch wenn die Idee, sich durch zunehmende Qualität, wachsenden Bekanntheitsgrad und gelingende Kundenbindung allmählich Preisspielraum nach oben zu verschaffen, keineswegs abwegig ist, so muss doch festgehalten werden: In Hotellerie und Gastronomie sind weder die schnelle Erschließung von Massenmärkten noch die damit verbundenen Kostensenkungsspielräume typisch. Wer sich im 5-Sterne-Hotel-Bereich etablieren will, wird in den seltensten Fällen mit Penetrationspreisen beginnen wollen.

Preisstrategien in Hotels und Restaurants leiten sich daher im Wesentlichen aus der bereits festgelegten Positionierung ab, das heißt, sie sind schon in der Einführungsphase durch ihre wettbewerbsstrategischen Grundpositionen bestimmt. Je nach Art der Marktstimulierung wird ein Unternehmen eher Prämienpreise (Präferenzstrategie) oder Promotionspreise (Preis-Mengen-Strategie) verlangen – und zwar von Anfang an und möglichst dauerhaft.

Prämien- bzw. Promotionspreise unterscheiden sich damit von Skimming- bzw. Penetrationspreisen also dadurch, dass sie eine dauerhafte Preislagenstrategie beschreiben und nicht auf die Markteintrittsphase beschränkt sind. Insofern werden im Prinzip dauerhaft Hoch- oder Niedrigpreise verlangt, je nachdem, ob sich ein Unternehmen dem Qualitäts- oder dem Preiswettbewerb verschrieben hat. Deshalb wird in diesem Zusammenhang gelegentlich auch von sogenannten Festpreisstrategien gesprochen.

Preispositionierung (dauerhafte Preislagenstrategien)

Auch eine Mittelpreisstrategie ist am Markt realisierbar, bleibt aber immer in der Gefahr, dass die Gäste ein entsprechendes Angebot als weder qualitativ hochwertig noch als besonders preisgünstig ansehen. Es zeigt sich in vielen Bereichen, dass sich die Nachfrager in zunehmendem Maße von den Mittellagen weg hin zu Billiganbietern (Economy) einerseits und Qualitätsführern (Premium) andererseits orientieren.

Preislagen

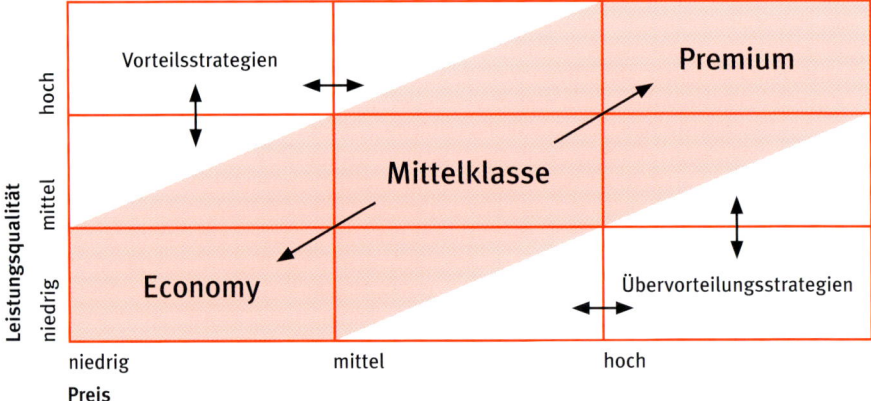

(Quelle: Bliemel/Kotler, Marketing-Management, S. 814)

Die Felder der »Vorteilsstrategien« stellen aus Kundensicht ein besonders günstiges Preis-Leistungs-Verhältnis dar, die Felder unterhalb der Diagonalen beinhalten im Verhältnis zur Qualität überteuerte Angebote. Ein Kunde, der die unterschiedlichen Angebote kennt, wird hier nicht zugreifen. Kauft er aus Zeitnot oder Unkenntnis doch, wird er sich hinterher übervorteilt fühlen und sich wahrscheinlich beschweren oder schlecht über das Unternehmen reden. Aus seiner Sicht handelt es sich hier daher um »Übervorteilungsstrategien«. (Kotler/Bliemel, Marketing-Management, S. 813 ff.)

Strategien der Preisdifferenzierung im engeren Sinn umfassen:
- Zeitliche Preisdifferenzierung
- Räumliche Preisdifferenzierung
- Personelle Preisdifferenzierung
- Quantitative Preisdifferenzierung

Im weiteren Sinne gehören zur Preisdifferenzierung auch Preisbündelung und Yield Management. Auf die verschiedenen Ausprägungen der Differenzierungsstrategien wird im folgenden Abschnitt näher eingegangen.

Preisgestaltung in der Praxis

Welchen Preis sollte ich für mein Produkt oder meine Dienstleistung verlangen? Nur auf den ersten Blick scheint diese Frage einfach zu beantworten. Tatsächlich – und das haben die bisherigen Erläuterungen zu den Grundlagen und Konzepten der Preispolitik gezeigt – birgt diese Frage eine der wichtigsten und schwierigsten unternehmerischen Entscheidungen: Die Antwort darauf entscheidet, wie gut oder wie schlecht sich Produkte oder Dienstleistungen verkaufen lassen. Davon hängt der wirtschaftliche Erfolg des Unternehmens ab.

Eine Umfrage zum Thema »Pricing in der Hotellerie«, an der sich Hotelinhaber, Direktoren, Revenue Manager und Verkäufer mit Einfluss auf die Preisgestaltung ihres Unternehmens beteiligt haben, zeigt unter anderem, welche Einflussfaktoren auf die Preisbildung als »am wichtigsten« eingeschätzt werden. Am häufigsten wurden dabei die »Fixkosten« genannt, danach die »Orientierung am Wettbewerb«, die »Erfahrungswerte des Vorjahrs«, die »aktuelle Auslastung«, der »Hotelstandort«, die »variablen Kosten«, »Ausstattung und Service«. Erst an letzter Stelle in dieser Aufzählung folgte schließlich mit »Zahlungsbereitschaft der Kunden« der Blick auf die Nachfrageseite. (Vgl. Keppeler/Schleusener, Trends und Herausforderungen im Hotel-Pricing, S. 39)

So ist es wenig erstaunlich, dass sich in der Praxis sehr viele verschiedene Preisbildungsverfahren finden lassen, die vor allem auf der Kostenseite sehr weit entwickelt und differenziert sind. Das gilt nicht nur für den Hotelbereich, sondern – in noch stärkerem Ausmaß – für den Food-Beverage-Bereich, wie die folgende Grafik zeigt:

Preisfindungsverfahren

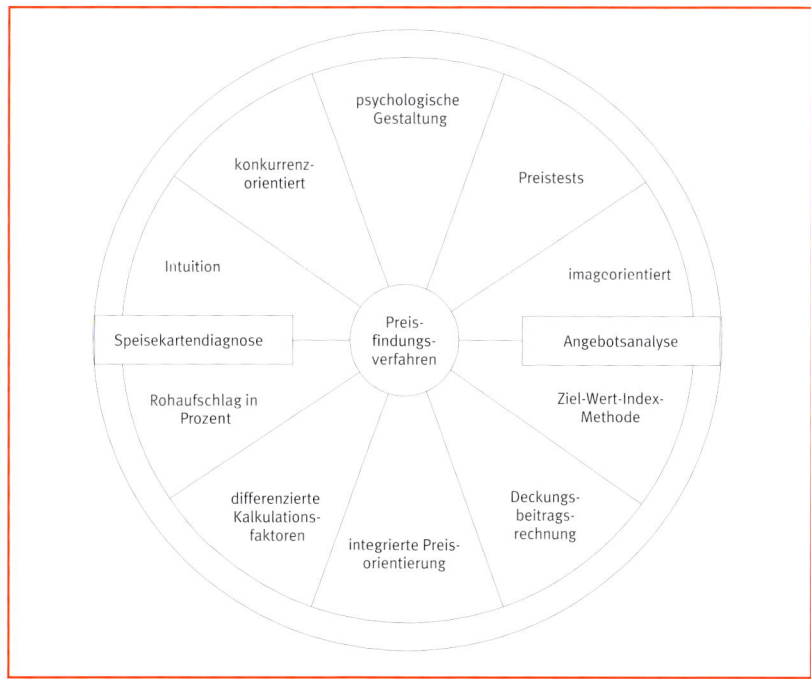

(Quelle: Schaetzing, Das Preiskarussell im Food-Bereich, S. 101)

Die Verfahren reichen vom intuitiven Schätzpreis, der »aus dem Bauch heraus« oder »über den Daumen gepeilt« gesetzt wird, bis zur Ermittlung differenzierter Zuschlagsfaktoren, die unter dem Stichwort »prime cost« neben der Höhe des Wareneinsatzes auch die Arbeitsintensität unterschiedlicher Gerichte einbeziehen.

Ohne hier auf jedes Verfahren näher einzugehen, ist festzuhalten, dass sich der richtige Preis in den Grenzen des sogenannten preispolitischen Spielraums bewegen muss.

Preispolitischer Spielraum

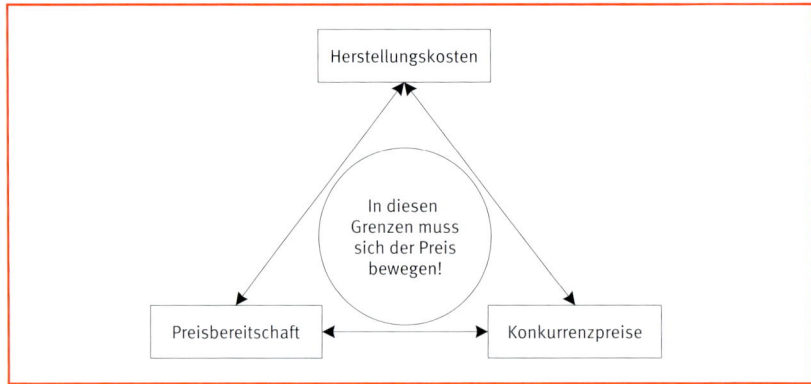

(Quelle: Gemünden u.a., Vorlesung Operatives Marketing, Chart 23)

Preispolitische Maßnahmen werden daher immer an den drei Ks – Kosten, Kunden und Konkurrenz – zugleich zu orientieren sein.

Einflussgrößen der Preisbestimmung

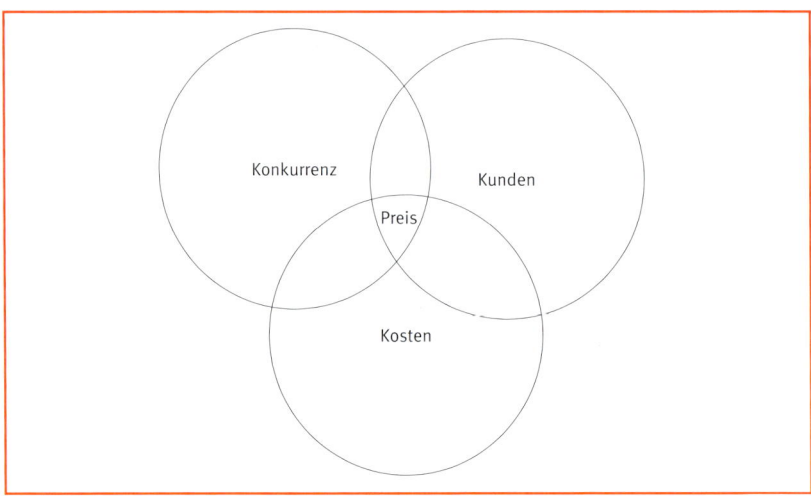

(Quelle: Herausforderung Kalkulation, DEHOGA Baden-Württemberg, Kapitel 1.2)

Eine zu starke Betonung eines Aspektes führt nur in Ausnahmefällen zu richtigen Ergebnissen. Um einen langfristigen Erfolg zu erzielen, müssen alle drei Einflussfaktoren berücksichtigt werden. Der Preis muss die entstandenen Kosten decken und dennoch konkurrenzfähig sein. Nur so kann die gewünschte Nachfrage erreicht werden. Entscheidend ist, dass der Gast die verlangten Preise akzeptiert. Nur wenn aus seiner Sicht das Preis-Leistungs-Verhältnis überzeugt, kann sich ein Unternehmen vor der Konkurrenz behaupten und die angestrebten Gewinnziele erreichen.

Die Schwierigkeit liegt deshalb meist nicht in der Beherrschung bestimmter Rechenverfahren und Kalkulationsmethoden, sondern darin, jederzeit über verwertbare Informationen im Bereich der Nachfrage und der Konkurrenzsituation zu verfügen. Solche Informationen auch für die Preispolitik verfügbar zu machen, ist aber eine der zentralen Aufgaben des Marketings. Es gilt, ein Radarsystem aufzubauen, das ständig zeigt, wo der Betrieb steht und den richtigen Weg bei der Gestaltung seiner Preise zu finden.

Preisradar

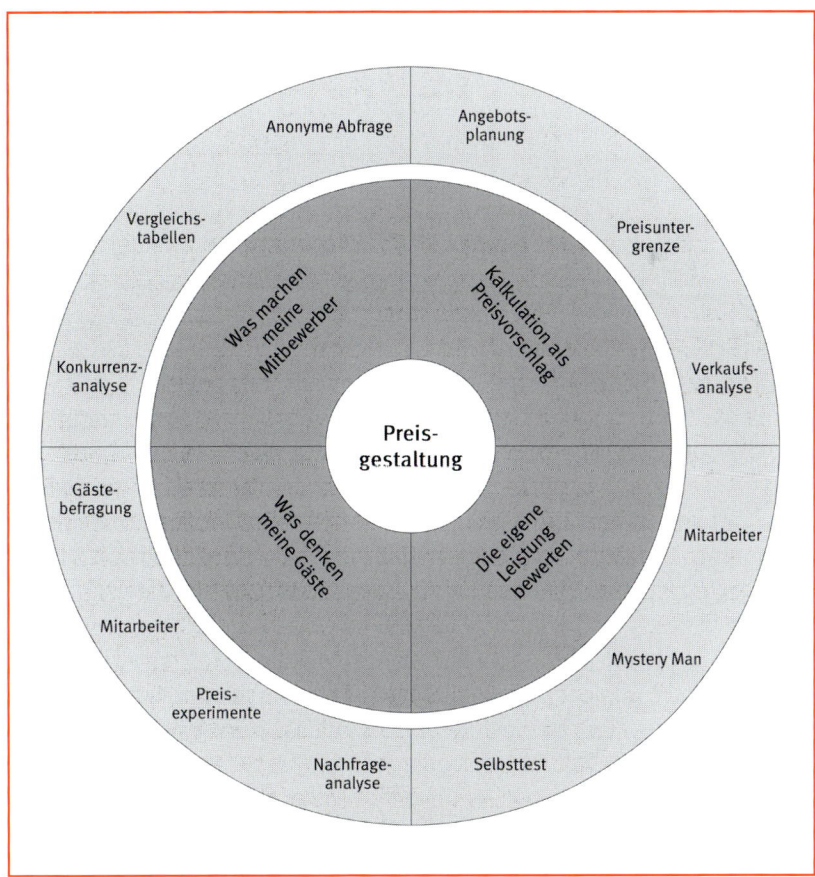

(Quelle: Herausforderung Kalkulation, DEHOGA Baden-Württemberg, Kapitel 3.1)

Das Kostenprinzip – kostenorientierte Preisbildung

Zahlreiche Unternehmen gehen bei der Preisbestimmung nahezu ausschließlich von den Daten der Kostenrechnung aus, obwohl zwischen Kosten und marktfähigem Preis kein direkter Zusammenhang besteht. Dennoch bleibt richtig und wichtig, dass die Kosten eines Hotels oder Restaurants durch den Verkauf der verschiedenen Güter und Dienstleistungen gedeckt werden müssen. Hauptaufgabe einer kostenorientierten Preisbestimmung ist daher die Ermittlung von Preisempfehlungen oder Preisuntergrenzen, also die Feststellung, bei welchem Preis ein Produkt oder eine Dienstleistung gerade noch angeboten werden kann. Dies ist langfristig der Fall, wenn alle Kosten gedeckt sind (Vollkostenrechnung). Kurzfristige Preisuntergrenze sind die variablen Kosten eines Produkts: Sobald der Erlös über diesen variablen Kosten liegt, wird ein Beitrag zur Deckung der kurzfristig nicht abbaubaren Fixkosten erzielt (Teilkostenrechnung). Die Kenntnis der kurz- und langfristigen Preisuntergrenzen ist sowohl bei der Gestaltung von Sonderaktionen, Zusatzaufträgen, Bonusprogrammen, Pauschalarrangements oder individuellen Bankettvereinbarungen bedeutsam als auch bei preispolitischen Reaktionen auf Aktivitäten der Konkurrenz.

Auf Vollkostenbasis wurden verschiedene Kalkulationsverfahren entwickelt, denen gemeinsam ist, dass die Preisbildung durch einen Aufschlag auf die ermittelten (vollen) Selbstkosten erfolgt. Man spricht daher von einer Kosten-plus-Preisbildung. Die Vollkostenrechnung verzichtet auf eine Trennung von fixen und variablen Kosten und rechnet alle Kosten dem einzelnen Produkt zu. Das gilt für die sogenannte einfache ebenso wie für die differenzierte Zuschlagskalkulation und daher auch für die gerade in der Gastronomie so beliebte Verkürzung auf das Rechnen mit Kalkulationsfaktoren. Auch verbesserte Verfahren wie die Prime-Cost-Kalkulation folgen grundsätzlich diesem Ansatz. Richtig daran ist, dass langfristig alle Kosten zu decken sind und darüber hinaus ein Gewinn erzielt werden muss. Das muss jedoch im Verbund aller angebotenen Güter und Dienstleistungen erfolgen; einen schlüssigen Preis für das einzelne Produkt kann man auf diesem Weg jedoch nicht ableiten, allenfalls eine Orientierungsgröße, deren Eignung als Preisforderung dann nach den Nachfrage- bzw. Konkurrenzverhältnissen zu prüfen ist. Denn: Einen optimalen Preis gibt es immer (Schaubild Seite 237).
Ein kostenorientierter Preis wird jedoch eher zufällig in dieser optimalen Spanne liegen. Weil die Kosten alleine betrachtet werden, wird möglicherweise »übersehen«, dass die Abnehmer auch einen höheren als den kalkulierten Preis akzeptiert hätten, oder es wird ein Preis ermittelt, zu dem sich das Produkt nicht in den erforderlichen Mengen verkaufen lässt.
Mehr als eine Empfehlung kann die Vollkostenrechnung daher nicht liefern, da sie für preispolitische Entscheidungen aus mehreren Gründen wenig geeignet ist:

Die optimale Preisspanne

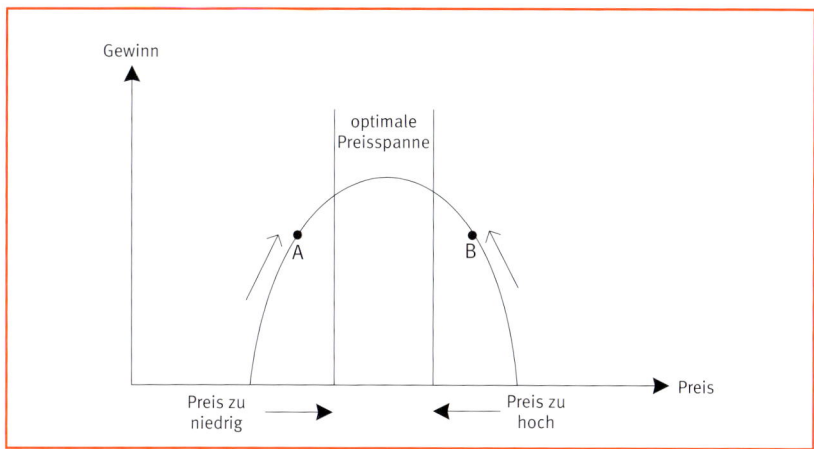

(Quelle: Simon, Intelligente Pricing-Strategien für das Euro-Zeitalter)

- Die Zurechnung der Fixkosten auf die Kostenträger (= Produkte und Dienstleistungen) erfolgt nicht verursachungsgerecht, sondern nach einem mehr oder weniger willkürlichen Verteilungsschlüssel.
- Eine konsequente Vollkostenorientierung hieße, unter günstigen Wettbewerbsbedingungen auf mögliche Gewinne zu verzichten, während man sich unter ungünstigen Bedingungen völlig aus dem Markt kalkulieren würde.
- Volle Stückkosten – und in der Folge entsprechende Preise – können nur unter der Annahme einer bestimmten Auslastung ermittelt werden, während die Auslastung ihrerseits vom geforderten Preis abhängt: Es kommt zum Zirkelschluss!

In der Hotellerie mit hohen Fixkostenanteilen und zeitweisen Überkapazitäten werden Verhaltensweisen anderer Branchen inhaltlich umgekehrt: Bei hoher Auslastung steigen die Preise, obwohl aus Kostensicht niedrigere Preise zu erwarten wären, da ja die Stückkosten aufgrund der Fixkostendegression mit zunehmender Auslastung sinken. Messepreise oder Saisonpreise eines Hotelunternehmens stehen also in der Realität in keinem Zusammenhang mit den kostenorientiert kalkulierten Stückkosten.
Diesen Mangel der Vollkostenrechnung vermeidet die Teilkostenrechnung durch konsequente Trennung von fixen und variablen Kosten. Nur die variablen Kosten werden (verursachungsgerecht) den einzelnen Leistungen zugerechnet. Vereinfacht, aber praktikabel ausgedrückt heißt das, dass ein Menü, das im Restaurant angeboten wird, nur den aufgrund der entsprechenden Rezeptur für seine Herstellung angefallenen Wareneinsatz »tragen« muss. Liegt der Nettoverkaufspreis für dieses Menü höher als die variablen Kosten, so erwirtschaftet es einen Deckungsbeitrag. Die Deckungsbeiträge aller Pro-

dukte und Dienstleistungen müssen dann insgesamt eine Höhe erreichen, die zur Deckung der Fixkosten des Betriebes und darüber hinaus zur Gewinnerzielung ausreicht.

Stück für Stück

Die variablen Kosten sind also der Ausgangspunkt der Preisüberlegungen. Ermittelt nach dem Verursacherprinzip und ohne willkürliche Kostenschlüsselung, sind sie in der Stückbetrachtung unabhängig von Beschäftigungsschwankungen, sodass die Flexibilität des kalkulatorischen Ausgleichs und damit eine bewegliche Preispolitik erhalten bleibt. Häufig wird die Deckungsbeitragsrechnung nur zur Bestimmung der kurzfristigen Preisuntergrenze – zum Beispiel für Zusatzaufträge – herangezogen. Dann ist damit aber die Gefahr verbunden, dass die Notwendigkeit der Fixkostendeckung aus den Augen verloren wird. Das kann zu ruinösen Preiskämpfen führen oder aber dazu, dass einmal angebotene Niedrigpreise von den Gästen dauerhaft verlangt werden und die Rückkehr zum normalen – langfristig erforderlichen – Preisniveau sich als schwierig gestaltet. Diese Gefahr lässt sich dadurch vermeiden, dass man die kurzfristige Preisuntergrenze nicht bei den theoretisch möglichen variablen Kosten ansetzt, sondern Solldeckungsbeiträge addiert, die auf den Deckungsbedarf des Unternehmens abgestimmt sind. Damit wird die Teilkostenrechnung zu einem Instrument, das den Erfordernissen der Preisfindung eher gerecht wird als die Vollkostenrechnung.

Das Leitprinzip – konkurrenzorientierte Preisbildung

Von »Taschenlampenpreisen« oder »Mondscheinpreisen« wird oft scherzhaft gesprochen, wenn sich ein Unternehmer mit seinen Preisen an der Konkurrenz orientiert – so als würde er in der Nacht heimlich die ausgehängte Speisekarte seiner Mitbewerber ausspionieren. Dabei ist Konkurrenzorientierung bei der Preisbildung kein Vergehen sondern pure Notwendigkeit. Je weniger sich das Unternehmen von anderen Hotels oder Restaurants am Standort durch Lage Ausstattung, Angebot, Service und Qualität unterscheidet, desto mehr wird es sich an den Preisen der anderen orientieren. Eine ausschließliche Orientierung an der Konkurrenz wäre jedoch ebenso falsch wie eine rein kostenorientierte Preisbildung.

Im Schaubild auf Seite 233 (Preisfindungsverfahren) ist ein so gefundener Preis als »Nachbarpreis« bezeichnet worden, der gerade bei mittelständischen Betrieben der Hotellerie und Gastronomie gängige Praxis ist.

Die Gefahren beim Kopieren der Verkaufspreise des Nachbarn liegen auf der Hand: Zunächst reagiert der kopierende Gastronom nur, die Konkurrenz hat ja schon mit den Preisen agiert. Was aber, wenn der Nachbar mit seinen Preisen seine Kosten gar nicht deckt; er gar nicht kalkuliert? Kennt der Preiskopierer die genaue Kostenstruktur seines Konkurrenten? Sind seine Produkte und Dienstleistungen wirklich vergleichbar? Natürlich lassen sich am Markt nur dann höhere Preise als beim Mitbewerber erzielen, wenn man Produkt- und Dienstleistungsdifferenzierung betreibt: »Anders als die Konkurrenz und besser, als es der Gast erwartet!« (Schaetzing, Erlebnisfaktor Preis in der Gastronomie, S. 108)

Konkurrenzorientierte Preisbildung verlangt im Grunde den Verzicht auf eine eigene aktive Preispolitik. Das Risiko wird minimiert, indem man sich an einem Leitpreis orientiert. Das kann entweder der Preis des Marktführers oder der durchschnittliche (= marktübliche) Preis sein. Der festzulegende Preis kann je nach Marktlage und Einschätzung des Niveaus des eigenen Hotels oder Restaurants genau auf, über oder unter dem Leitpreis liegen. Dabei ist es nicht erforderlich, sämtliche Preise seiner Mitbewerber zu kennen, aber über die Preise sogenannter Eckprodukte (wie z. B. Schnitzel Wiener Art im gutbürgerlichen Restaurant) sollte man jederzeit Bescheid wissen.

Checkliste

Eckprodukte Hotel

Eckprodukte Hotel	Mitbewerber 1	Mitbewerber 2	Mitbewerber 3	Eigener Betrieb
Einzelzimmer				
Hauptsaison				
Nebensaison				
Doppelzimmer				
Hauptsaison				
Nebensaison				
Frühstückspreis pro Person				
Halbpension				
Vollpension				
Tagungspauschalen				
Preise im Internet				
Preis bei Tourist-Info				
Parkplatznutzung				
Zustellbett				
Kinderermäßigung				
Haustiere				
Schwimmbad Nutzung				
Sauna				
Solarium				

(Quelle: Herausforderung Kalkulation, DEHOGA Baden-Württemberg, Kapitel 3.3, Begleit-CD)

Die systematische Analyse der Mitbewerber – insbesondere derer, die den Ruf haben, die Spitzenreiter der Branche zu sein (Stichwort: Benchmarking) – kann zum Maßstab der kontinuierlichen Weiterentwicklung des eigenen Angebotes werden. Ein Hotelier oder Gastronom kann durchaus die Mitbewerber durch einen Aufenthalt im Hotel oder einen Restaurantbesuch persönlich in Augenschein nehmen. Er kann aber auch durch Gespräche mit seinen Gästen deren Einschätzung anderer Betriebe erfahren. Darüber hinaus sollte er die Erfahrungen seiner eigenen Mitarbeiter mit Konkurrenzbetrieben nutzen. Und schließlich: Warum sollten Mitarbeiter bei guten Leistungen nicht eine Einladung zum Essen für zwei Personen erhalten – bei einem Kollegen und direkten Mitbewerber, versteht sich. Selbstverständlich wird nachher dann ausführlich über Preis und Leistung gesprochen. (Vgl. Herausforderung Kalkulation, DEHOGA Baden-Württemberg, Kapitel 3.3)

Wettbewerbsorientierte Preisbildung steht immer in der Gefahr eines ruinösen Preiskrieges: Wo jede Preissenkung durch einen entsprechenden Gegenschlag der Konkurrenten beantwortet wird, kann mit preispolitischen Maßnahmen kein dauerhafter Wettbewerbsvorteil realisiert werden. Deshalb ist es erforderlich, bei jeder Preismaßnahme die zu erwartende Wettbewerbsreaktion zu berücksichtigen und andererseits genau zu analysieren und zu verstehen, mit welcher Zielsetzung ein Konkurrent bestimmte Maßnahmen ergriffen hat. So kann verhindert werden, dass der eigene Betrieb durch bloßes Anpassen in den verhängnisvollen Abwärtsstrudel der Preisspirale gezogen wird.

Die besten Chancen, einen reinen Preiswettbewerb zu vermeiden hat derjenige, dem es gelingt, aus der Vergleichbarkeit auszubrechen – genau das ist aber zentrale Aufgabe beim Einsatz des gesamten Marketing-Mix, insbesondere der Produkt- und Kommunikationspolitik.

Das Wertprinzip - nachfrageorientierte Preisbildung

»Letting the sales forces set prices is about the same as hiring a fox to guard the hen house.« – »Den Vertrieb über die Preise entscheiden zu lassen, hieße, dem Fuchs die Aufsicht über den Hühnerstall anzuvertrauen.« Dieser Satz beschreibt die Angst des Controllers, dass die Preissetzung durch die Verkaufsabteilung zu sehr am Gast und am Umsatz orientiert sein könnte und kostenrechnerische Überlegungen außer Acht gelassen werden. Dabei wissen im Grunde alle, dass kostenrechnerische und konkurrenzorientierte Perspektiven ergänzt werden müssen um das Wissen über die Preisbereitschaft und Preisempfindlichkeit der Gäste, wenn eine zielgerichtete Preispolitik über durchsetzungsfähige Preise realisiert werden soll. Die variablen Kosten auf der einen Seite und die Gäste auf der anderen Seite sind also Hauptbestimmungsfaktoren des optimalen Preises.

Der optimale Preis

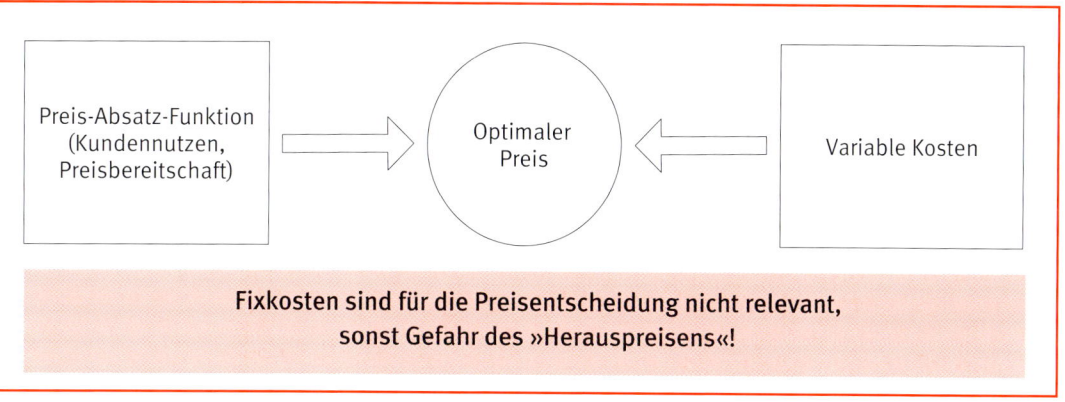

| Preis-Absatz-Funktion (Kundennutzen, Preisbereitschaft) | → | Optimaler Preis | ← | Variable Kosten |

Fixkosten sind für die Preisentscheidung nicht relevant, sonst Gefahr des »Herauspreisens«!

(Quelle: Kreusch, Kundennutzenorientiertes Preismanagement in der Praxis)

Der vom Gast wahrgenommene Nutzen, sein subjektiv empfundenes Preis-Leistungs-Verhältnis bestimmen seine Preisbereitschaft, die es abzuschöpfen gilt und die in der Preis-Absatz-Funktion zum Ausdruck kommt.

Im folgenden Zahlenbeispiel wird ersichtlich, wie sich im Hotel unterschiedliche Preise bei gegebener Preiselastizität der Nachfrage auf Umsatz und Deckungsbeitrag auswirken. Dabei werden folgende Werte zu Grunde gelegt:

Anzahl der Zimmer:	50
Öffnungstage pro Jahr:	360
Variable Stückkosten:	25,00 €
Bandbreite Preis min.:	35,00 €
Bandbreite Preis max.:	70,00 €
Preiselastizität:	−1,5

Die Preisbandbreite ergibt sich aus der Einschätzung des Hoteliers, der annimmt, bei einem Preis von 35,00 € Vollauslastung erreichen zu können, und zugleich Preise oberhalb von 70,00 € für nicht durchsetzbar hält. Die Tabelle Seite 242 zeigt für dieses Zahlenbeispiel, dass die gegebene Elastizität zu sinkenden Umsätzen führt; dennoch liegt der optimale Preis bei 44,00 €, weil hier der insgesamt erzielbare Deckungsbeitrag (DB) am höchsten ist. Es zeigt sich auch, dass ein Preis oberhalb von 67,00 € nicht zu realisieren ist.

Die im Rechenbeispiel vorgegebene Elastizität der Nachfrage kann als Ziffer nirgendwo abgelesen werden. Dennoch muss im Rahmen der nachfrage- oder kundennutzenorientierten Preisbestimmung herausgefunden werden, welche Gästegruppe wann welche Preise für welche Leistungen zu zahlen bereit ist. Der Hotelier oder Gastronom muss also eine Vorstellung davon

Preis-Absatz-Beziehung im Beispiel-Hotel

Preis	Auslastung	Einheiten	DB Stück	DB Gesamt
35,00 EUR	100,00 %	18 000	10,00 EUR	180 000 EUR
37,00 EUR	91,43 %	16 457	12,00 EUR	197 484 EUR
38,00 EUR	87,37 %	15 727	13,00 EUR	204 451 EUR
40,00 EUR	79,48 %	14 306	15,00 EUR	214 590 EUR
41,00 EUR	75,73 %	13 631	16,00 EUR	218 096 EUR
43,00 EUR	68,41 %	12 314	18,00 EUR	221 652 EUR
44,00 EUR	**64,92 %**	**11 686**	**19,00 EUR**	**222 034 EUR**
46,00 EUR	58,11 %	10 459	21,00 EUR	219 639 EUR
47,00 EUR	54,85 %	9 872	22,00 EUR	217 184 EUR
49,00 EUR	48,46 %	8 723	24,00 EUR	209 352 EUR
50,00 EUR	45,40 %	8 172	25,00 EUR	204 300 EUR
52,00 EUR	39,40 %	7 092	27,00 EUR	191 484 EUR
53,00 EUR	36,52 %	6 572	28,00 EUR	184 016 EUR
55,00 EUR	30,86 %	5 554	30,00 EUR	166 620 EUR
56,00 EUR	28,13 %	5 063	31,00 EUR	156 953 EUR
58,00 EUR	22,77 %	4 098	33,00 EUR	135 234 EUR
59,00 EUR	20,19 %	3 633	34,00 EUR	123 522 EUR
61,00 EUR	15,10 %	2 718	36,00 EUR	97 848 EUR
62,00 EUR	12,64 %	2 275	37,00 EUR	84 175 EUR
64,00 EUR	7,80 %	1 404	39,00 EUR	54 756 EUR
65,00 EUR	5,46 %	982	40,00 EUR	39 280 EUR
67,00 EUR	0,84 %	151	42,00 EUR	6 342 EUR
68,00 EUR	-1,39 %	-251	43,00 EUR	-10 793 EUR
70,00 EUR	-5,81 %	-1 045	45,00 EUR	-47 025 EUR

(Quelle: Herausforderung Kalkulation, DEHOGA Baden-Württemberg, Kapitel 2.2, Begleit-CD)

haben, wie hoch die Preisbereitschaft seiner Gäste für einzelne Elemente der angebotenen Gesamtleistung ist, was den Gästen die Leistungen wert sind. Werden solche Informationen nicht in detaillierten wissenschaftlichen Untersuchungen erhoben – wie etwa durch die empirische Ermittlung der Preis-Absatz-Funktionen mittels Conjoint-Analyse –, so können doch die im Unternehmen vorliegenden Daten interpretiert werden: Wie wichtig sind welchen meiner Gäste z. B. Wellness-Landschaft, Minibar, Computer- und Internetanschlüsse, Zimmerservice? Wie häufig werden bestimmte Ausstattungsmerkmale oder Serviceelemente von welchen Gästegruppen verlangt? Sind vielleicht Leistungsbestandteile in die Preisbildung eingeflossen, die vom Gast gar nicht wahrgenommen werden, denen er keinen Nutzen beimisst? Darüber hinaus sollte im Gästefragebogen eine Frage nach der Einschätzung der Preise durch die Gäste, etwa: »Wie beurteilen Sie das gebotene Preis-Leistungs-Verhältnis? – (sehr gut, gut, schlecht, sehr schlecht)« keinesfalls fehlen. Im Restaurant könnten einigen Stammgästen neue Kreationen vorgesetzt werden, um von ihnen den Preis dann schätzen und bewerten zu lassen. Auch die Mitarbeiter können bei der Einschätzung der Preise herangezogen werden. Durch den täglichen Gästekontakt haben sie meist ein sehr gutes Gespür für den richtigen Preis.

Mit der richtigen Auswertung solcher Informationen und mit Preistests, bei denen der Preis einer Leistung systematisch verändert wird, lässt sich ein besserer Einblick gewinnen, bei welchen Leistungen und Kunden sich hohe Preise durchsetzen lassen und bei welchen nicht. Letztlich können also auf diese Weise mögliche Reaktionen der Gäste auf unterschiedliche Preise abgeschätzt werden.

Damit erfolgt die Preisbildung sinnvollerweise unter Berücksichtigung von Kosten, Konkurrenz und Kunden, sodass aus kostenrechnerischer Sicht eine »Preisempfehlung« kalkuliert wird, die man dann mit Blick auf konkurrierende Angebote und die Zahlungsbereitschaft der Kunden in konkrete Preise umsetzt.

Eine Verbindung dieser drei Ansätze der Preisbestimmung stellt auch das sogenannte »target costing« her – allerdings steht hier die Nachfrageperspektive am Beginn der Berechnung: Es steht also nicht die sonst übliche Frage: »Was wird ein Produkt kosten?« am Anfang der Überlegungen, sondern die Kernfrage ist: »Was darf ein Produkt kosten?« Insofern gilt der Grundsatz: Preispolitik muss beim Kunden beginnen!

Ein Beispiel für eine derartige Betrachtungsweise ist die französische Hotelgruppe *Accor* mit ihren Hotelangeboten im Niedrigpreissegment (*Ibis, Etap, Formule 1*). Nach dem Leitsatz: »Alles, was ein Gast braucht – aber ohne überflüssigen Luxus – und das rund um die Uhr – zu einem günstigen Preis« werden die *Accor*-Hotels um die Zielpreise (Target Prices) herumgebaut. Standard und Leistung sind exakt auf den Preis abgestimmt. Der erzielbare Preis bestimmt den Bauaufwand und den Leistungsumfang beim Kundenservice. Auf Luxus wie Hausbar oder Zimmerservice wird verzichtet. Die restlichen Services sind standardisiert und nach ISO zertifiziert. Entscheidend für den Erfolg dieser und anderer Konzepte im Low-Budget-Bereich ist, dass diese Hotels keine Leistungsvorteile gegenüber Wettbewerbern bieten. So bleibt der Preis gegenüber den Wettbewerbern rechtfertigbar, und das Risiko ruinöser Preiskämpfe kann auf diese Weise eingedämmt werden.

Psychologie und Preise

Ist ein Preis unter Beachtung der dargestellten Verfahren der Preisbildung gefunden, so stellt sich die Frage, wie er den Gästen präsentiert werden soll. Oft ist nämlich die Wahrnehmung, das subjektive Empfinden eines Preises, für die Kaufentscheidung wichtiger als die tatsächliche Preishöhe. Preisdurchsetzung setzt also geschickte Preisgestaltung voraus. Die folgenden Beispiele und Ansatzpunkte für die Preisgestaltung beziehen sich meist auf Angebote im Restaurant, können jedoch auch Anhaltspunkte für Hotels liefern:

- Preisbandbreite bieten:
  Der Gast möchte individuell, je nach Lust, Laune und Geldbeutel mal mehr und mal weniger ausgeben; deshalb sollten Preise klar gestaffelt sein:

Nicht:	Sondern:
12,30 €	10,80 €
12,80 €	12,50 €
13,70 €	14,80 €
14,10 €	16,50 €
usw.	usw.

- Rahmenpreise setzen:
  Gäste und Verbraucher entscheiden häufig nach der Devise: »Nie das Günstigste – nie das Teuerste.« Soll also ein Gericht im oberen Preisspektrum eines bestimmten Restaurants, beispielsweise für 24,00 € verkauft werden, empfiehlt es sich, ein weiteres für etwa 26,50 € anzubieten. Offenen Wein nicht nur für 4,00 €, sondern auch einen für 5,50 € anbieten, auch wenn dieser wenig oder gar nicht getrunken wird. Rahmenpreise setzen also die Eckpunkte, innerhalb derer die Preisbandbreite austariert werden sollte.

- Gästeeinkommen beachten:
  Wer seine Zielgruppe kennt, wird abschätzen können, wo deren Schmerzgrenze beim Essengehen liegt. Ein Erfahrungswert geht von einem Prozent des Nettoeinkommens aus. Verdient also ein Gast rund 2000 € netto, so schmerzt ihn eine Ausgabe über 20 € (Speisen und Getränke für eine Person), selbst hervorragende Qualität kann in diesem Fall als teuer wahrgenommen werden. Deshalb sollte das Preisgefüge immer dem durchschnittlichen Einkommen der Gäste angepasst sein.

- Vorsicht bei Eckprodukten:
  Eckprodukte sind Artikel, die der Gast sehr leicht vergleichen kann, weil sie im Prinzip überall angeboten werden. Hier geht es um Preise, die der Gast gut kennt – etwa für Kaffee, Wasser, Bier, aber auch – je nach Region – typische Gerichte. Hier sollten die Preise eher defensiv gesetzt werden, um den allzu schnell entstehenden Eindruck zu vermeiden, teuer zu sein.

- Das Auge bestimmt den Wa(h)ren-Wert:
  Der Gast vergleicht die angebotenen Leistungen häufig nicht nur mit der direkten Konkurrenz (Gaststätte mit Gaststätte), sondern vor allem auch mit der indirekten (Gaststätte mit Lebensmittel- und Getränkehandel, Metzgerei, Bäckerei). Deshalb sollte das Angebot so zusammengestellt werden, dass der Gast die Gerichte nicht mehr kostenmäßig »zerlegen« kann und einen gebotenen Mehrwert erkennt und honoriert. Das kann erreicht werden, indem gut vergleichbare Produkte variiert werden, durch geschickte Produktpräsentation (Anrichtetechnik, Geschirr), Variation der Portionsgrößen (große, kleine Portion), mehrere Beilagen – im Grunde durch Schaffung von Mehrwert jeder Art zur Steigerung der Preisbereitschaft.

- Auf Euro und Cent:
  Bei kleinen Preisen kommt es auf jeden Cent an, weil häufig darauf geachtet wird, aber: Je höher der Preis, desto weniger beachtet der Gast die Cent-Werte. Deshalb:
  - Über 8,00 € keine Preise unter 0,50 € hinter dem Komma.
  - Gleichzeitig psychologische Preisschwellen beachten (10,00 €, 20,00 €), z. B. beim Tagesessen oder bei Menüangeboten.

- Speisekarte richtig nutzen:
  Die Speisekarte ist keine einfache Preisliste, sondern die Visitenkarte des Restaurantbetriebs und sein wichtigstes Verkaufsmittel. Beim Lesen der Speisekarte beginnt der Gast rechts oben. Deshalb:
  - Günstige Preise und »gut« kalkulierte Speisen rechts oben platzieren.
  - Niemals das teuerste Produkt ganz nach oben setzen – der erste Eindruck zählt.
  - Vorspeisen und Suppen rechts präsentieren, denn sie sollen zusätzlich verkauft werden   .
  - Auf Lesbarkeit, Größe, Farbe Schrift, Umfang und Wortwahl achten.

- Frische Preisideen:
  Es mangelt in der Branche nicht an vielfältigen und kreativen Ideen bei der Preisgestaltung. Das ist gut so, solange solche Maßnahmen nicht durch zufälligen Aktionismus entstehen, sondern zielgerichtet für – oft kurzfris-

tige – Preiskampagnen bewusst eingesetzt werden, um auch so bei den Kunden ins Gespräch zu kommen. Beispiele:

- »Zahle nach Belieben« – etwa für das kalte Buffet zu einem besonderen Anlass wie Eröffnung oder Jubiläum; was die Gäste freiwillig zahlen, muss keineswegs unter den kalkulierten Preisen liegen!
- »Mit der Messlatte« – kinderfreundliche Preise werden nach Alter, manchmal auch – mit zusätzlichem Spaßfaktor – nach Körper- oder Schuhgröße bemessen.
- »Kredit ohne Kreditkarte« – warum nicht öfter nach einem Restaurantbesuch auf Bar- oder Kartenzahlung verzichten und die Rechnung nach Hause schicken – zumindest bei Stammkunden?
- »Im Abonnement billiger« – ein Essen oder eine Übernachtung gratis – nach dem zehnten Restaurantbesuch oder Hotelaufenthalt.
- »Einheitspreise« – alle Heißgetränke zum Preis X, alle Mineralwasser zum Preis Y, alle Tellergerichte zum Preis Z – erhöhen die Preistransparenz für den Gast und erleichtern die Abrechnung für das Personal.
- »Ware, Raum und Zeit« – Speisen und Getränke werden zu Selbstkosten angeboten, dafür werden die Dienstleistungen und der Aufenthalt im Lokal separat berechnet.
- »Pfundspreise« – Schlanksein wird belohnt, jeder Gast zahlt pro Kilogramm Lebendgewicht 0,50 € für die Übernachtung. Damit der Gast während des Aufenthalts der Pfunde wegen jedoch nicht das Restaurant meidet, gilt das Gewicht am Tag der Anreise. (Vgl. www.hotel-ostfriesland.de)

Preisdifferenzierung

Preisdifferenzierung bedeutet generell, dass für identische oder sehr ähnliche Leistungen unterschiedlich hohe Preise von verschiedenen Kunden gefordert werden. Da auf die unterschiedlichen Preisvorstellungen der Kunden eingegangen wird, kann ein möglichst großer Teil der Nachfrage abgeschöpft und zugleich der zum jeweiligen Zeitpunkt beim jeweiligen Kunden höchstmögliche Preis erzielt werden.

Theoretisch kann durch Preisdifferenzierung der Gewinn dadurch gesteigert werden, dass – verglichen mit dem Verkauf zu einem Einheitspreis – zwei zusätzliche Käufergruppen erschlossen werden. Zum einen werden diejenigen Gäste erfasst, die bereit wären, einen höheren als den Einheitspreis zu bezahlen, zum anderen werden auch solche Gäste erreicht, die nicht bereit sind, den Einheitspreis zu bezahlen, aber doch einen Preis, der über den relevanten Kosten pro Stück liegt. So kann das Gewinnpotenzial ausgenutzt werden.

Die Darstellung auf Seite 247 zeigt: Das Gewinnpotenzial ist ein Dreieck, mit einem Einheitspreis wird es zum (kleineren) Rechteck, weil mögliche höhere Preise ebenso wenig realisiert werden wie mögliche zusätzliche Absatzmen-

Gewinnpotenzial: Vom Rechteck zum Dreieck

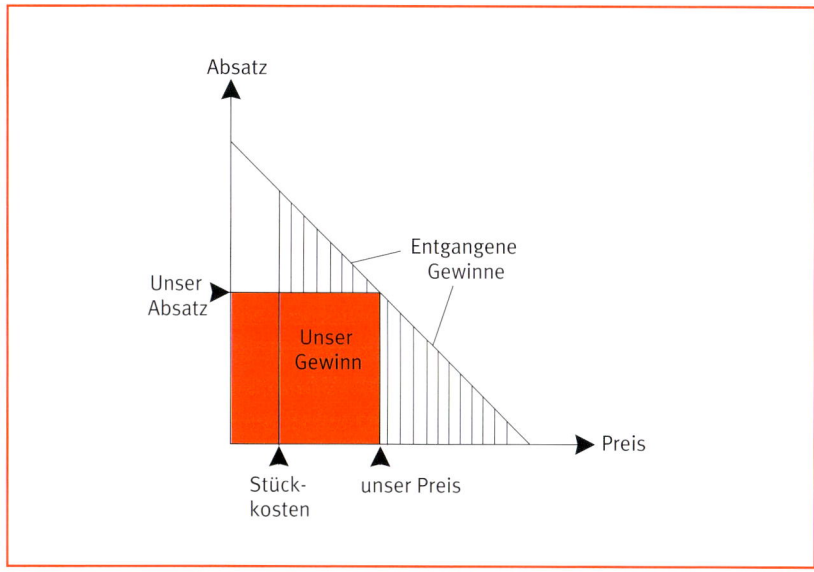

Absatz

Unser
Absatz

Entgangene
Gewinne

Unser
Gewinn

Preis

Stück-
kosten

unser Preis

(Quelle: Simon, Intelligente Pricing-Strategien für das Euro-Zeitalter)

gen. Deshalb wird dem selektiven Preismanagement, auch Price Customization genannt, oder schlicht: der Preisdifferenzierung, eine hohe Bedeutung beigemessen: Die wirkliche Musik im Pricing spielt in der Differenzierung! In der Hotellerie spielt der hohe Fixkostenanteil – die weitaus meisten Kosten fallen bei der Vermarktung von Übernachtungen unabhängig davon an, ob die vorhandene Zimmerkapazität an zahlende Gäste verkauft wird oder nicht – eine entscheidende Rolle, während im Restaurant die variablen Kosten durchaus bedeutsam sind. Hinzu kommt ein weiteres Merkmal aufgrund der Dienstleistungseigenschaft der Hotelleistung: Die Leistung ist nicht lagerbar. Der Verkauf eines Hotelzimmers, das heute leer geblieben ist, kann morgen nicht nachgeholt werden. Sein Wert ist verfallen, ohne dass ein positiver Deckungsbeitrag erzielt worden wäre. Gewinnpotenzial geht aber auch verloren, wenn hohe Auslastung um jeden Preis angestrebt wird und durch zu niedrige Preise »erkauft« wird, die das gesamte Preisniveau nach unten ziehen. Deshalb darf es nicht um maximale Differenzierung, sondern immer um die optimale Differenzierung gehen.

Die häufigsten Formen der Preisdifferenzierung sollen im Folgenden dargestellt und in ihrer Ausprägung für Hotellerie und Gastronomie näher beleuchtet werden:
Räumliche Preisdifferenzierung bedeutet, dass die Preise nach Regionen, Ländern etc. unterschieden werden. Es unterscheiden sich jedoch nicht nur die Preise in einzelnen Ländern, sondern auch innerhalb einzelner Länder

werden Preise räumlich differenziert, so zum Beispiel nach unterschiedlichen Standorten, Stadt und Land; auch innerhalb einer Stadt ergeben sich Differenzierungen je nachdem, ob sich der Betrieb in einer so genannten A1- oder in einer B-Lage befindet.

Bei der zeitlichen Preisdifferenzierung werden je nach Zeitpunkt, an dem die Leistung erbracht oder aber gebucht wird, verschiedene Preise verlangt. Auf diese Weise sollen tageszeitabhängige, wochentagsabhängige, saisonale und ereignisabhängige Schwankungen in der Kapazitätsauslastung ausgeglichen werden. Beispiele sind etwa Happy-Hour-Angebote in Bars, Bistros, Cafés, Restaurants oder Diskotheken mit dem Ziel, ihre Gäste zu anderen Zeiten oder für einen längeren Aufenthalt zu gewinnen. Die Stadthotellerie, die von Montag bis Freitag hohe Zimmerpreise bei Geschäftsreisenden anbieten kann, aber am Wochenende erhebliche Preisnachlässe für Individual- und Gruppengäste gewährt, betreibt ebenfalls zeitliche Preisdifferenzierung. Preise werden sich auch in Zeiten von wichtigen Ereignissen (Messen, Kongresse, Kultur- und Sportveranstaltungen) deutlich von den Normalpreisen unterscheiden. Im Ferienhotel wird man üblicherweise eine Differenzierung nach Vor-, Nach-, Zwischen- und Hauptsaison vorfinden. Auch im Restaurant findet man zeitliche Differenzierungen, wenn etwa saisonale Gerichte zur jeweiligen Jahreszeit besonders günstig angeboten werden. Von Bedeutung ist auch in zunehmendem Maße die Differenzierung nach dem Buchungszeitpunkt: Frühbucherrabatte und Last-Minute-Preise markieren die Extrempositionen.

Personelle Preisdifferenzierung liegt vor, wenn Preise nach Kundengruppen mit bestimmten Merkmalen unterschieden werden. Solche Merkmale können – entsprechend der Marktsegmentierung – zum Beispiel sein: das Lebensalter (Sonderpreise für Kinder, Senioren), das Geschlecht (Sonderpreise für Frauen in Diskotheken), das Einkommen (Sonderpreise für Schüler und Studenten), aber auch die Dauer der Kundenbeziehung (Sonderpreise für langjährige loyale Gäste), die Mitgliedschaft in bestimmten Organisationen (Vereine, Berufsverbände), der Besitz von Zugangsberechtigungen (Kundenkarte, Coupon). Gerade bei dieser Form der Preisdifferenzierung steht häufig der langfristige Ertragswert einzelner Kundengruppen im Mittelpunkt (Customer Lifetime Value): Man erhofft sich von gewährten Vergünstigungen stärkere Kundenbindung und langfristig steigende Preisbereitschaft.

Die quantitative Preisdifferenzierung wird auch als nicht-lineare Preispolitik bezeichnet, weil sich der Gesamtpreis nicht proportional zur erworbenen Menge verhält. Je größer diese ist, desto günstiger fällt der Preis pro Einheit aus. Typisches Beispiel sind der Mengenrabatt, aber auch umsatzabhängige

Boni oder Prämien bei Payback-Karten, Vielfliegerprogramme und Treue-punkte gehören zu dieser Differenzierungsvariante. In der Hotellerie sind insbesondere zu finden: Gruppenpreise, die – gestaffelt nach Gruppengröße – z. B. Reisebüros und Reiseveranstaltern gewährt werden, Corporate oder Company Rates, die über Rahmenverträge ab einer bestimmten Umsatzhöhe Vorzugspreise festlegen, oder Frequent-Traveller-Programme, bei denen dem Gast nach entsprechender Buchungshäufigkeit ein Upgrading in eine höhere Zimmerkategorie, ein Preisnachlass oder eine kostenlose Übernach-tung winkt. Solche Programme werden meist unter dem Aspekt der Kunden-bindung betrachtet.

Auch die aufenthaltsdauerbezogene Preisdifferenzierung, die Langzeitgäs-ten im Ferienhotel, aber auch im »Boarding House«- und »All-Suite«-Bereich der Stadthotellerie Preisermäßigungen einräumt – je länger der Gast bleibt, desto billiger wird jede weitere Aufenthaltswoche – können hier eingeordnet werden. (Vgl. Hänssler, Management in der Hotellerie und Gastronomie, S. 250 ff.)

Schließlich ist die Preisdifferenzierung nach Ausstattungsmerkmalen zu er-wähnen: Verschiedene Zimmerkategorien, Zimmergrößen, Lage, Aussicht und zusätzliche Ausstattung führen zu unterschiedlichen Preisen. Aus der Sicht des Hoteliers handelt es sich dabei um unterschiedliche Angebote mit unterschiedlichen Preisen und damit – streng genommen – nicht um eine Preisdifferenzierung. Aus Gästesicht sind die Unterschiede häufig jedoch nicht so markant, die Gäste sehen darin einfach eine weitere Form der viel-fältig praktizierten Preisdifferenzierung im Hotel.

Preisbündelung (Bundling) ist eine Sonderform der Differenzierung: Hier werden dem Abnehmer bestimmte Produkte nicht einzeln zum jeweiligen Einzelpreis, sondern im Bündel zu einem Paketpreis mit einem gewissen Preisvorteil angeboten. Mit der Bündelung wird eine bessere Auslastung der Leistungspotenziale angestrebt, zugleich wird das vom Kunden wahrge-nommene Risiko beim Kauf von Dienstleistungen verringert, aber dabei auch seine Markttransparenz. Solche Pakete werden in der Hotellerie häufig angeboten:

- Menüs im Restaurant zu einem Preis, der günstiger ist als die Summe der Einzelpreise
- Halb- und Vollpensionsangebote
- Übernachtungsangebote am Wochenende im Verbund mit dem Besuch einer kulturellen Veranstaltung
- All-inclusive Hotelaufenthalte
- Pauschalreisen, die Flug, Bus- oder Bahnfahrt und Hotelaufenthalt bein-halten

Die Möglichkeiten der Bündelung sind vielfältig, wobei zwischen einer »reinen Bündelung« (pure bundling) und einer »gemischten Bündelung« (mixed bundling) unterschieden wird: Im Falle der reinen Bündelung sind die zum Kombinationspreis angebotenen Dienstleistungen für den Konsumenten nicht einzeln zu erwerben. Dadurch wird die Preistransparenz für den Gast erschwert, da ganz unterschiedliche Leistungen in den jeweiligen Paketen zu einem spezifischen Angebot geschnürt werden. Beim Mixed Bundling hat der Gast dagegen die Wahl, die Angebote einzeln oder – mit einem Preisvorteil – als Paket zu erwerben. So nutzen Fastfoodanbieter die gemischte Preisbündelung, wenn sie beispielsweise sogenannte Menüs aus Hamburger, Pommes Frites und Softdrink mit einem deutlichen Preisvorteil gegenüber dem Einzelkauf anbieten. Denkbar ist auch eine Art »Baukastensystem«, bei dem der Hotelgast zwischen einer kulturellen, einer erlebnis-, gesundheits-, oder sportbetonten Angebotsvariante wählen kann. So werden etwa im Golf-, Wellness- und Tagungsresort »Oeschberghof« folgerichtig Wellness-Tage-, Vital-Tage- und Golf-Tage-Arrangements angeboten. Schließlich erweitert Preisbündelung auch den Preisspielraum des Unternehmens und schafft die Möglichkeit aus den engen Grenzen des Preiskorridors auszubrechen, der durch die Hotelklassifizierung (1, 2, 3, 4, 5-Sterne) vorgezeichnet ist. (Vgl. Gardini, Marketing-Management in der Hotellerie, S. 342 ff.)

Im weiteren Sinne gehört auch das sogenannte Yield Management (oder Revenue Management), also die ertragsorientierte Preis-Mengen-Steuerung, zur Preisdifferenzierung. Sie ist im Grunde genommen die weitestgehende Variante und eine Mischform aus personeller und zeitlicher Preisdifferenzierung.

»If I have 2000 customers on a given route and 400 different prices, I am obviously short 1600 prices«, so wird der frühere Chef einer amerikanischen Luftfahrtgesellschaft zitiert. Es waren in der Tat die Fluggesellschaften, die als Erste professionelle Yield Management Systeme eingesetzt haben, um einerseits kein Flugticket billiger als nötig zu verkaufen, aber andererseits die Kapazitäten bestmöglich auszulasten, denn hier gilt wie im Hotel: Nicht genutzte Kapazitäten sind unwiederbringlich verloren. Es kommt also darauf an, eine optimale und nicht maximale Auslastung zu erzielen. Yield oder Revenue Management kann daher auch als preisgesteuertes Kapazitätsmanagement bezeichnet werden.

Leitprinzip des Yield Management ist es, die richtige Anzahl von Hotelzimmern den richtigen Gästegruppen zum richtigen Zeitpunkt zum richtigen Preis anzubieten mit dem Ziel, den durchschnittlichen Erlös pro Zimmer möglichst nahe an die kalkulierte Rack Rate heranzuführen. Dann darf aber kein Bett billiger verkauft werden, als dies aufgrund der Nachfrage notwendig ist, und kein Bett darf unverkauft bleiben, das durch einen vertretbaren Preisnachlass noch belegt werden könnte.

Im Mittelpunkt des Yield Management steht die möglichst genaue Prognose zukünftiger Nachfrageentwicklungen. So dürfen beispielsweise früh buchende und relativ wenig zahlende Absatzmittler nur begrenzte Zimmerkapazitäten für ihre Reisegruppen blockieren, damit Reservierungen für eher spät buchende und relativ gut zahlende Geschäftsreisende noch möglich sind. Betrachtet man die folgenden Kriterien für den Einsatz des Yield Management, so wird deutlich, dass im Hotelbetrieb sämtliche Voraussetzungen vorliegen (Vgl. Meffert/Bruhn, Dienstleistungsmarketing, S. 533 f.):

- Das Leistungspotenzial verfällt, wenn es nicht in Anspruch genommen wird.
- Der Vertragsabschluss kann bereits vor Inanspruchnahme der Leistung erfolgen.
- Die Nachfrage schwankt beträchtlich und kann ohne systematische Erfassung von (vergangenen) Buchungsverläufen nur schwer prognostiziert werden.
- Die Nachfrage ist elastisch, d. h. sie kann durch den Preis stimuliert werden.
- Beim Leistungsanbieter besteht ein hoher Fixkostenblock.
- Der Anbieter ist groß genug, sodass sich der erforderliche EDV-Einsatz lohnt.

Konsequent durchführbar ist Yield Management nur durch computergestützte Systeme, schon allein deshalb, weil zunächst alle relevanten historischen, aktuellen und zukünftigen Marktdaten erfasst und analysiert werden müssen, um dann allgemeine und kundengruppenspezifische Prognosen über Nachfrage- und Buchungsverläufe zu erstellen. (Vgl. Gardini, Marketing-Management in der Hotellerie, S. 336 ff.) Die Front-Office-Software-Programme der großen Anbieter bieten in der Regel ein Yield-Modul, das bei der Bewältigung der Datenmenge hilft.

Für Kleinbetriebe und in der manuellen Anwendung hat sich in der Praxis ein schlichtes Modell entwickelt, an dem die Grundprinzipien des Yield Management recht einfach nachzuvollziehen sind: die Ampel.

Ampelphase Rot: Belegungsperioden mit extrem hoher Nachfrage. Es kann davon ausgegangen werden, dass zu diesen Zeiten die Nachfrage das Angebot bei weitem übersteigt, z. B. bei Messen, Kongressen, Feiertagen, Events am Ort. Aufgrund der großen Nachfrage können alle Zimmer zum Höchstpreis verkauft werden.

Ampelphase Gelb: Zeiten mit relativ starker Nachfrage, das Hotel ist bereits zu 60 bis 70 Prozent ausgebucht und füllt sich langsam. Es werden nur noch Zimmer der mittleren bis oberen Preiskategorie verkauft. Preisnachlässe sind die Ausnahme.

Ampelphase Grün: Tage, die recht niedrige Belegungsquoten aufweisen. Anfragen sind sehr verhalten und auch in Zukunft ist keine Steigerung der Nachfrage zu erwarten. Dies ist die Zeit für eine aggressive Preispolitik. Preisnachlässe werden gegeben, um eine gewisse Auslastung zu erreichen und damit Deckungsbeiträge zu erwirtschaften, die wenigstens einen Teil der fixen Bereitschaftskosten abdecken.

Häufig wird gerade im Zusammenhang mit Yield Management die Befürchtung geäußert, die Gäste seien nicht bereit, derartige Preisdifferenzierungen zu akzeptieren, und es bestehe die Gefahr, dass sie deshalb aus Unzufriedenheit abwandern könnten. Tatsächlich sind viele Hotelbetriebe mit Preisgarantien (»Bei uns zahlen alle den gleichen Preis!«) oder Best-Price-Programmen (»Sie erhalten die niedrigste geltenden Rate, unabhängig vom Buchungskanal!«), also gerade mit dem völligen oder teilweisen Verzicht auf Preisdifferenzierung, sehr erfolgreich.
Dennoch wird das Prinzip der Preisdifferenzierung in großem Umfang angewendet: Einer Umfrage zufolge lag der Anteil der zu Standardpreisen verkauften Zimmer bei den Umfrageteilnehmern bei rund 45 Prozent. Die restlichen Zimmer wurden zu Spezialpreisen nach unterschiedlichen Kriterien verkauft:

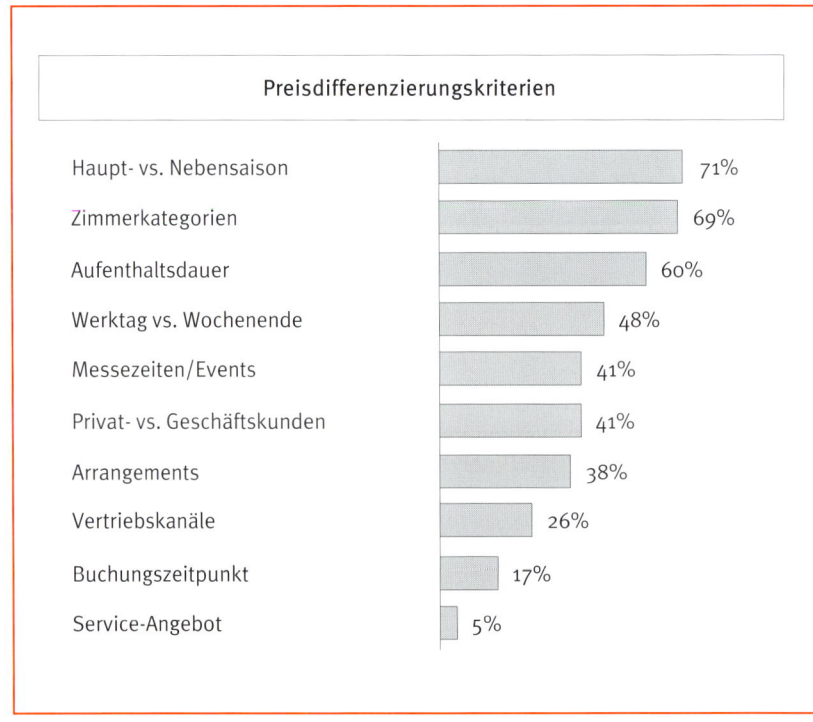

(Quelle: Keppeler/Schleusener, Trends und Herausforderungen im Hotel-Pricing, S. 43)

Allerdings hängt die Akzeptanz unterschiedlicher Preise im wesentlichen davon ab, wie sie den Gästen kommuniziert werden. Es gilt dabei den Balanceakt zwischen Kundenzufriedenheit und Gewinnoptimierung zu meistern. Gäste legen Wert auf ein marktgerechtes Preis-Leistungs-Verhältnis und auf ein ehrliches Preisgebaren. Das Verständnis von Fairness wird durch die Art, wie Preisdifferenzierungen mitgeteilt werden, entscheidend beeinflusst. (Vgl. Schaetzing, Erlebnisfaktor Preis in der Gastronomie, S. 104)

Voraussetzung für die ertragsteigernde Wirkung von Differenzierungsstrategien ist deshalb immer, dass die differenzierten Preise durch segmentspezifische Kriterien voneinander abgegrenzt werden. Sonst droht die Gefahr der Kannibalisierung: Kunden die bereit wären, einen höheren Preis zu zahlen, werden in die günstigere Kategorie gelockt, die höhere Preisbereitschaft kann nicht abgeschöpft werden. Wer dies vermeiden will, muss mit klaren Kriterien die einzelnen Angebote voneinander abgrenzen, quasi einen »Zaun« dazwischen errichten. Daher spricht man bei solchen Maßnahmen von Fencing.

Fencing-Strategie

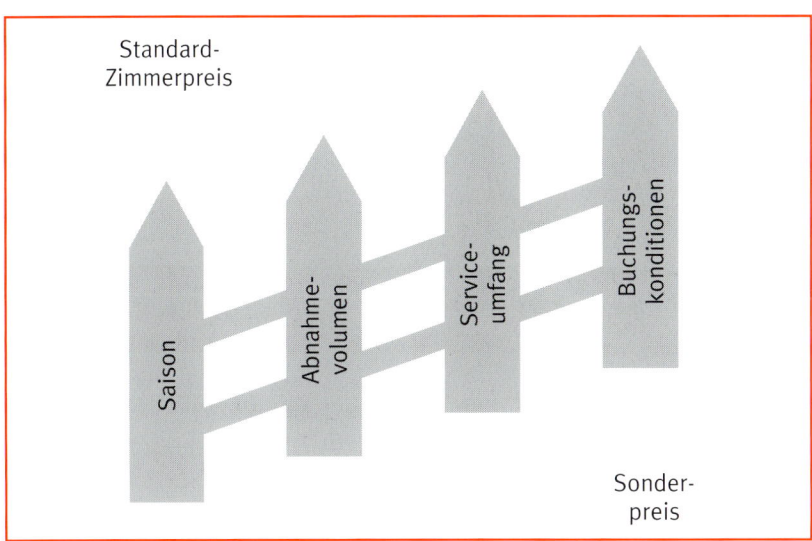

(Vgl. Kreusch, Kundennutzenorientiertes Preismanagement in der Praxis)

Es herrscht weitgehend Übereinstimmung dahingehend, dass Preisermäßigungen grundsätzlich nur gegen Zugeständnisse des Kunden gewährt, also an Bedingungen geknüpft werden sollten, die für den Gast nachvollziehbar sein müssen: Das kann der klassische Unterschied in der Zimmergröße sein, die bessere Lage des Zimmers (»mit Seeblick«, Stichwort: Kommerzialisierung freier Güter), der zusätzlich gebuchte Businessservice, das Wellnessangebot, das Kinderbetreuungsprogramm, oder – weniger klassisch – Buchungskonditionen, wie Vorauszahlung, Stornierbarkeit, usw. Ist es für einen Gast beispielsweise wichtig, ein gebuchtes Zimmer noch bis zu 24 Stunden vorher stornieren zu dürfen, kann ihm das angeboten werden – aber gegen einen Aufpreis gegenüber dem Gast, der auf Stornierbarkeit verzichtet und dem Hotel damit höhere Planungssicherheit verschafft. Wer bei der Buchung im Internet bis zu 21 Tage im Voraus einen nennenswerten Frühbucherrabatt (bis zu 30 Prozent) erhalten will, muss beispielsweise in Kauf nehmen, dass seine Buchung weder zu ändern noch zu stornieren und zu 100 Prozent im Voraus zu zahlen ist. Diese Art von Preisgestaltung hat einen Win-Win-Charakter und ist deshalb leicht zu kommunizieren. Entscheidend ist dabei, dass die Preisunterschiede für die Mitarbeiter einleuchtend sind, denn nur dann können sie diese vor dem Gast vertreten.

Das Hotel- und Gaststättengewerbe ist sicherlich noch ein Stück davon entfernt, den Preis im Rahmen eines differenzierten Preissystems konsequent als Gewinntreiber einzusetzen. Damit bewegt man sich eher noch im taktischen und weniger im strategischen Bereich der Preissetzung. Basis für die Weiterentwicklung ist ein fundiertes Kundenverständnis, ein solides Verständnis der Zusammenhänge der Preisbildung und die Bereitschaft eingefahrene Vorgehensweisen zu überdenken – so das Fazit der Studie über das Hotel-Pricing:

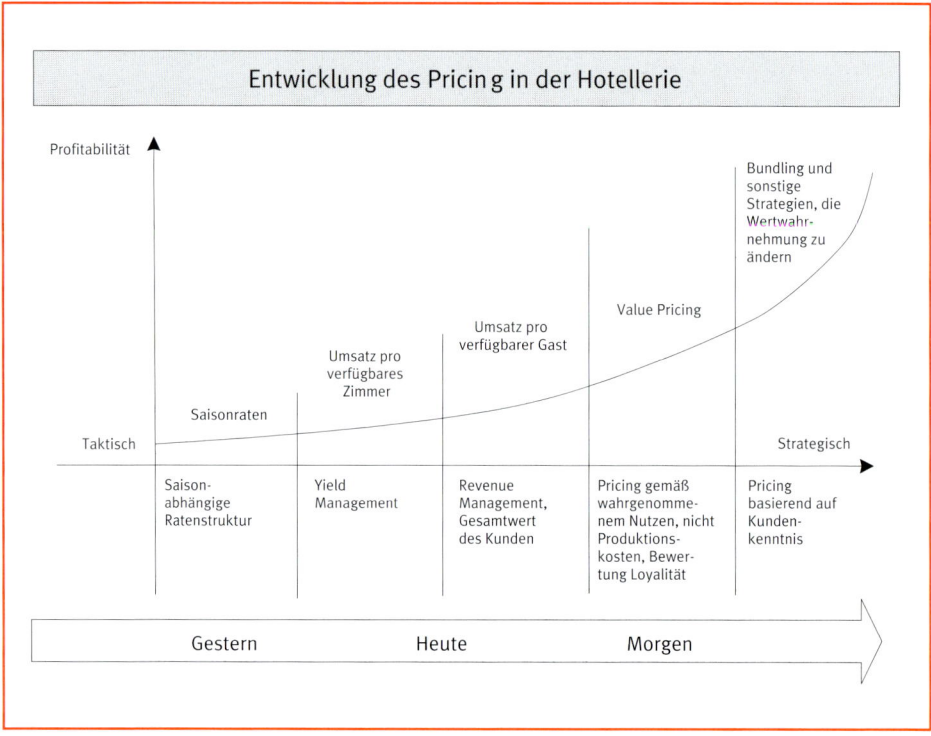

(Quelle: Keppeler/Schleusener, Trends und Herausforderungen im Hotel-Pricing, S. 45)

Konditionenpolitik

Neben dem eigentlichen Preis einer Dienstleistung sind im Rahmen der Konditionenpolitik auch Entscheidungen über Rabatte und Zahlungsbedingungen zu treffen.

Rabatte – an bestimmte Bedingungen geknüpfte Preisnachlässe – kommen vor als Mengenrabatte, Zeitrabatte und Treuerabatte. Sie eröffnen Spielräume für offene und verdeckte Preisdifferenzierungen. Typische Mengenrabatte gewähren beispielsweise sogenannte Corporate Rates gegenüber Firmenkunden für überdurchschnittlich hohes bzw. gleichmäßiges Buchungsaufkommen. Zeitrabatte beziehen sich auf den Zeitpunkt der Buchung – Stichwort: Frühbucherrabatt – oder auf den Aufenthaltszeitpunkt bzw. den Aufenthaltszeitraum. Sie werden beispielsweise in belegungsschwachen Perioden als Naturalrabatte eingeräumt (14 Tage buchen, 12 Tage zahlen). Treuerabatte sind denkbar, um langjährige Kundenbeziehungen zu honorieren. Bonusprogramme stellen eine Mischform von Mengen- und Treuerabatt dar. Sie greifen bei Erreichen eines bestimmten Absatz- oder Umsatzvolumens, im Vordergrund steht aber auch hier der Ausbau einer langfristigen Kundenbeziehung. Alle Rabatte ermöglichen fallweise starke Preissenkungen, ohne dabei das Preisniveau dauerhaft reduzieren zu müssen, was zu Imageverlusten führen kann. Darüber hinaus können Verbundbeziehungen im Leistungsangebot eines Hotels gefördert werden, wenn etwa Veranstaltungsräume rabattiert und gleichzeitig Verpflegungsleistungen in bestimmter Höhe nachgefragt werden.

Die Zahlungsbedingungen regeln Zahlungsweise, Zahlungsabwicklung und Zahlungsfristen. Üblicherweise werden Hotel- und Restaurantleistungen am Ende des Aufenthalts beglichen. Es können jedoch auch Vorauszahlung oder Anzahlungen in unterschiedlicher Höhe verlangt werden, um das Risiko von No Shows zu minimieren. Geregelt werden muss auch die Handhabung von Stornierungen: Bis wann sollen sie möglich sein, können sie kostenlos erfolgen oder wird eine Stornogebühr erhoben? Die Zahlungsabwicklung schließlich erfolgt meist über Barzahlung oder Kreditkarte. Die Annahme von Kreditkarten ist für das Hotel mit Provisionskosten verbunden, kann aber angesichts ihrer weiten Verbreitung kaum abgelehnt werden. Provisionen fallen auch an, wenn der Gast seinen Aufenthalt durch Übergabe eines Vouchers zahlt, den er z. B. bei Buchung einer Pauschalreise von einem Reisebüro oder einem Reiseveranstalter erhalten hat. In seltenen Fällen, aber bei Großabnehmern durchaus üblich, wird eine Rechnung erstellt, die nach einer Zahlungsfrist mit oder ohne Gewährung von Skonto zu begleichen ist. Bei Firmenkunden mit regelmäßigen Buchungen wird häufig eine monatliche Gesamtabrechnung vereinbart. (Vgl. Gardini, Marketing-Management in der Hotellerie, S. 343 ff.)

KOMMUNIKATIONSPOLITISCHE MASSNAHMEN

»Es ist nicht gut, wenn du der beste Pizzakoch in der Stadt bist, und keiner weiß das!«

Dieses Zitat des Schweizer Starkochs und Marketinggenies Anton Mosimann beschreibt sehr anschaulich Bedeutung und Rolle der Kommunikationspolitik: Was nützt es, das beste Leistungsangebot bereit zu halten, wenn die Gäste ausbleiben, weil sie gar nicht wissen, was ihnen entgeht?
Es kommt aber darauf an, und nur so wird Mosimann richtig verstanden, zuerst einmal der beste »Pizzakoch« zu sein, bevor das kundgetan werden kann, mit anderen Worten: Leistung kommt vor Werbung! Jede kommunikationspolitische Maßnahme ist nutzlos, wenn das Angebot nicht stimmt. Sie kann den Erfolg vergrößern, aber niemals Leistung ersetzen.
Entscheidend ist langfristig immer, dass eine tadellose Leistung im Hotel oder Restaurant zu einem interessanten Preis so erbracht wird, dass sie den Bedürfnissen der Gäste entspricht.

Stellung der Kommunikationspolitik im Marketing-Mix

Gerade die Kommunikationspolitik – als »Sprachrohr« des Marketings – muss deshalb immer im Verbund mit den anderen Elementen im Marketing-Mix gesehen werden. So ist beispielsweise die Zielsetzung »hohe wahrgenommene Qualität« der gastronomischen Dienstleistung nicht durch die Kommunikationspolitik allein zu erreichen, sondern von zahlreichen weiteren Maßnahmen, insbesondere der Produkt-, aber auch der Preispolitik abhängig, die ihrerseits wiederum als Einflussfaktoren der Kommunikationspolitik wirken.
Hotellerie und Gastronomie mit ihren Angeboten aus Sachgütern und Dienstleistungen zugleich sind in ganz besonderem Maße auf den kommunikativen Kontakt angewiesen. Dabei geht es nicht nur um die Beziehung des Hotels oder Restaurants zum Gast (externes Marketing), sondern auch um das Verhältnis des Unternehmens zu seinen Mitarbeitern im internen Marketing und ganz besonders um die Gestaltung des Kontaktes zwischen Mitarbeitern und Gästen (interaktives Marketing). Dabei reicht die Palette von der flüchtigen Begegnung zwischen Zimmermädchen und Gast auf dem Hotelflur bis zur professionellen Präsentation des Leistungsangebotes vor Fachpublikum auf einer internationalen Messe durch die Mitarbeiter der Verkaufsabteilung.

Kommunikationspolitik im Marketing-Mix

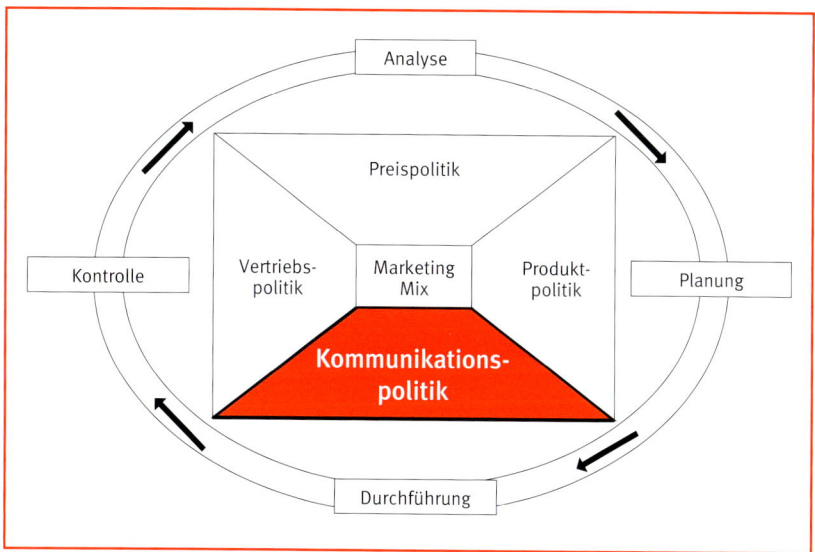

In diesem umfassenden Sinn bezeichnet die Kommunikationspolitik als Teilkomponente des Marketinginstrumentariums eines gastgewerblichen Betriebes daher die Gesamtheit aller Kommunikationsmaßnahmen und –instrumente, die darauf ausgerichtet sind, Informationen über das Unternehmen und die Unternehmensleistungen zu vermitteln und die Adressaten im Sinne einer systematischen Verhaltenssteuerung gezielt zu beeinflussen. Adressaten sind dabei nicht nur aktuelle oder potenzielle Gäste, sondern alle Personen und Organisationen, die auf das Verhalten der Gäste am Markt Einfluss nehmen können.

Der Kommunikationsprozess

Der Kommunikationsprozess wird meist als Übertragung einer Nachricht von einem Sender auf einen Empfänger definiert. Im Idealfall kommt die Botschaft wie vom Sender beabsichtigt an und wird in seinem Sinne verstanden. Das Feedback lässt erkennen, dass die gewünschte Wirkung beim Empfänger ausgelöst worden ist. Dieser Sachverhalt kann wie in der Grafik auf Seite 258 dargestellt werden.

Dieses Grundmuster der Kommunikation stellt direkte Kommunikation im sogenannten Einstufenmodell dar. Für einen Hotelier wäre es aber äußerst aufwendig, müsste er jeden (potenziellen) Gast auf diese Weise einzeln erreichen und könnte nicht auch indirekt vorgehen.

Tatsächlich hat er die Möglichkeit, über Meinungsführer, z.B. besonders wichtige oder prominente Gäste oder über engagierte Absatzmittler, aber auch über zufriedene (Stamm-)gäste im Rahmen der Mund-zu-Mund-Wer-

Elemente im Kommunikationsprozess

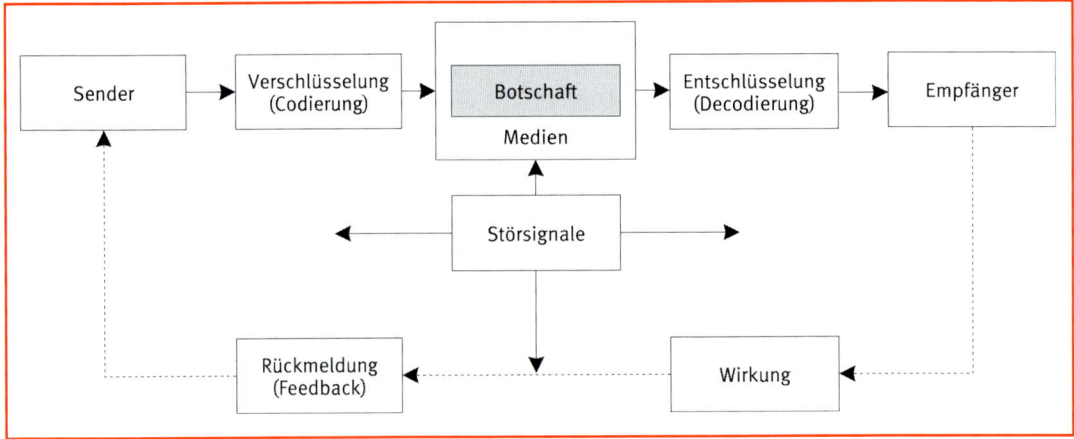

(Quelle: Bliemel/Kotler, Marketing-Management, S.884)

bung auf indirektem Weg seine Botschaft zu verbreiten. Diese Form der Kommunikation – der Geheimtipp unter Freunden – ist so alt wie sie effektiv und kostengünstig ist. Kommunikation kann also ein-, zwei oder mehrstufig (= sowohl direkt als auch indirekt) erfolgen. Letzteres ist der wirksamste Fall, sofern es nicht zu zusätzlichen »Störgrößen« in Form von Widersprüchen bei der Weitergabe der Botschaft auf indirektem Weg kommt.

Direkte und indirekte Kommunikation

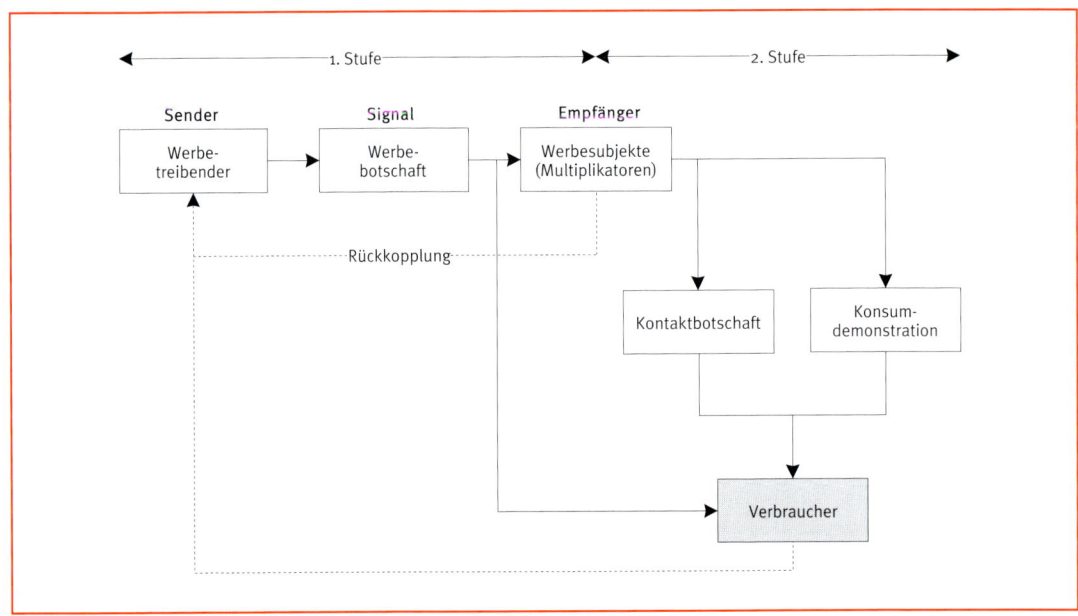

(Vgl. Meffert, Marketing, S. 687)

258

Ein Feedback (Rückkopplung) gibt (sowohl bei direkter als auch bei indirekte Kommunikation) Aufschluss darüber, ob der Gast die Botschaft des Hotelunternehmens (z. B. ein Mailing) in der Fülle der an ihn gerichteten Informationen überhaupt wahrgenommen hat, ob sie tatsächlich so verstanden wurde, wie vom Hotel beabsichtigt und ob sie wirkt – oder eben nicht wirkt, weil beispielsweise gleichzeitige Maßnahmen der Konkurrenten attraktiver waren. »Störsignale« erschweren also regelmäßig den Kommunikationsprozess: Das kann die viel zitierte Informationsflut sein, die dazu führt, dass so manche Nachricht schon am Briefkasten »aussortiert« wird oder als E-Mail im Spamfilter hängenbleibt. Verständnisschwierigkeiten durch unklare Botschaften und unterschiedliche Sprache oder Kultur sind äußere Störgrößen im Modell. Hinzu kommen psychologische Größen, die verhindern, dass eine Botschaft den gewünschten Erfolg hat.

Stufenmodell der Kommunikation

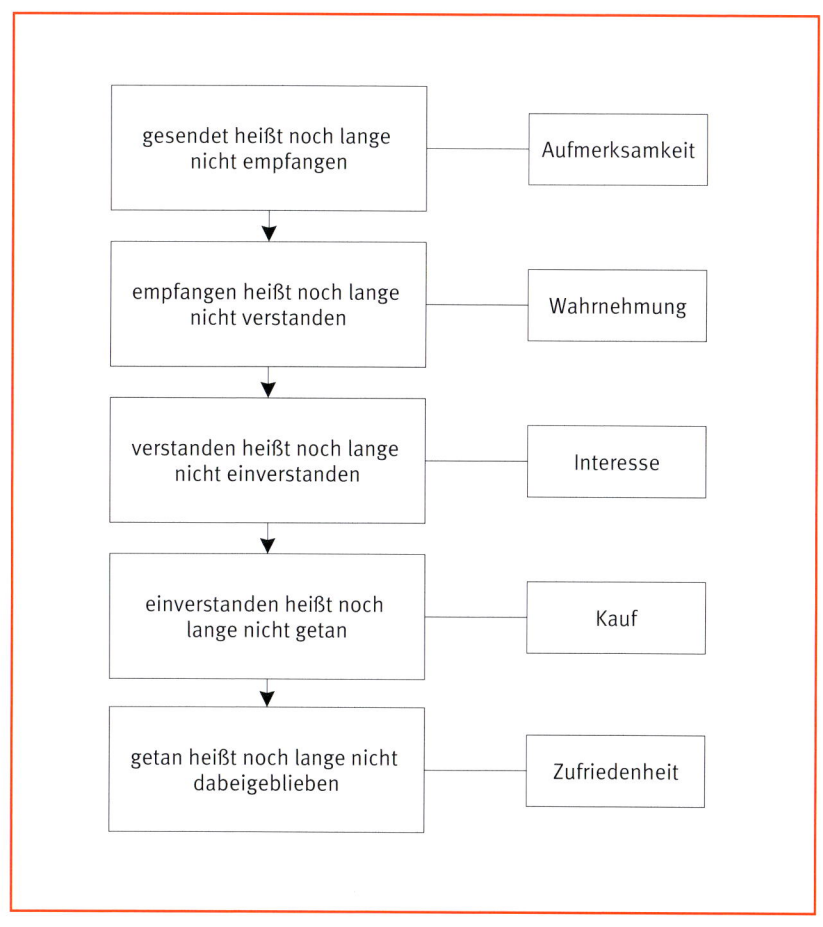

(Quelle: Pechtl, Vorlesung Kommunikationspolitik)

Wer also durch kommunikationspolitische Maßnahmen letztlich Kundenzufriedenheit und Kundenbindung unterstützen will, darf sich nicht damit zufrieden geben, von Zeit zu Zeit und je nach konkreter Situation eine Anzeige in der örtlichen Tageszeitung aufzugeben: Kommunikationspolitik muss geplant sein und ein stimmiges Auftreten des Gesamtunternehmens sicherstellen.

Integrierte Unternehmenskommunikation

Die integrierte Unternehmenskommunikation beschäftigt sich mit der bewussten und abgestimmten Gestaltung der kommunikationspolitischen Maßnahmen und Instrumente zum Zweck der Meinungs- und Verhaltenssteuerung. Hauptziel einer derart abgestimmten (= integrierten) Kommunikationspolitik ist die Schaffung der Einheit der Kommunikation im Sinne eines in sich stimmigen Auftritts »aus einem Guss« gegenüber den relevanten Zielgruppen. Die zu integrierenden Instrumente der Kommunikationspolitik sind in erster Linie:

- »Klassische« Werbung
- Verkaufsförderung
- Öffentlichkeitsarbeit (Public Relations)
- Persönlicher Verkauf
- Sponsoring
- Direktmarketing
- Messen und Ausstellungen
- Eventmarketing

(Zu den einzelnen Punkten siehe ab Seite 266.)

Der Regelkreis der Marktkommunikation (Seite 261) zeigt auf, welche Einzelentscheidungen im Grunde beim Einsatz jedes dieser Kommunikationsinstrumente zu treffen sind.

Auf Basis der Situationsanalyse und der übergeordneten Marketingziele werden zunächst Kommunikationsziele und –strategien für die jeweiligen Zielgruppen abgeleitet. Nach Festlegung des verfügbaren Budgets muss man über die Botschaftsgestaltung entscheiden, bevor man die verfügbaren Mittel über die Mediaselektion für einzelne Werbeträger einsetzt. Über die Erfolgskontrolle im Soll-Ist-Vergleich schließt sich der Regelkreis.

Dieser Ablauf ist für Aktivitäten im Rahmen jedes einzelnen Kommunikationsinstrumentes erforderlich. Die Abstimmung aller Maßnahmen erfolgt zum einen durch die Verwendung einheitlicher Gestaltungsprinzipien für sämtliche Kommunikationsmittel, z. B. Markenzeichen oder Logos, die auf allen eingesetzten Medien in Schrifttyp, Farbe, Größe usw. einheitlich dargestellt werden müssen (formale Integration). Die zeitliche Integration stellt

Regelkreis der Marktkommunikation

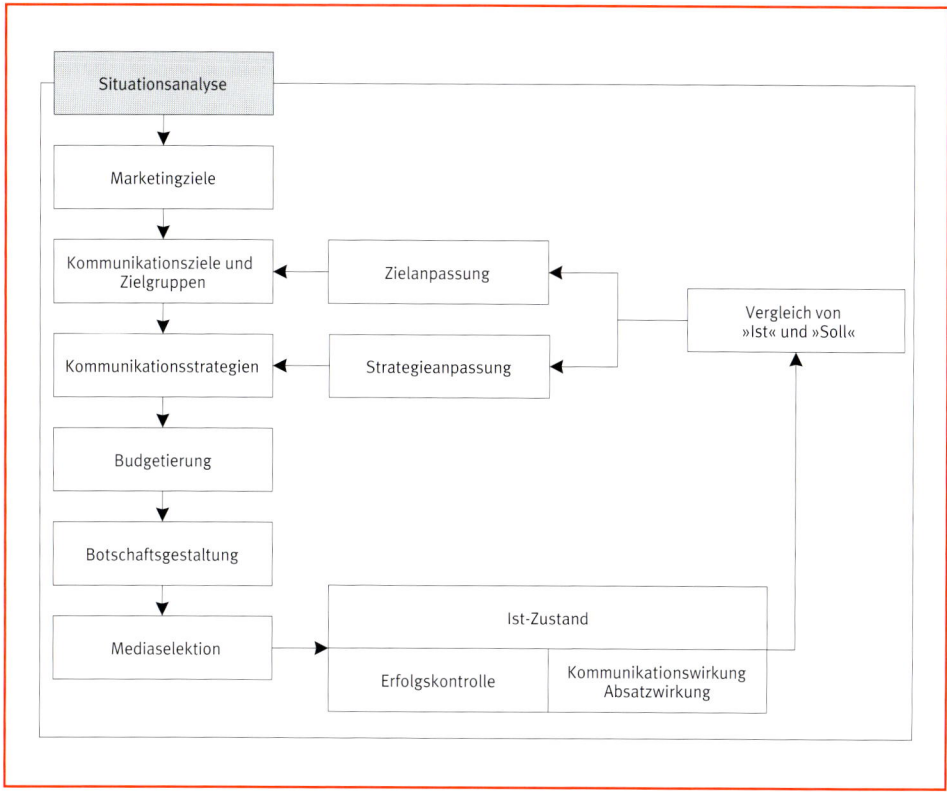

(Quelle: Meffert, Marketing, S. 733)

sicher, dass beispielsweise bei größeren Kampagnen die zeitliche Abfolge der Einzelmaßnahmen koordiniert wird, sorgt also für das richtige »Timing«.

In der Hauptsache geht es jedoch um Fragen der inhaltlichen Integration, also der thematischen Abstimmung aller Kommunikationsmittel. Zum einen gilt es, die verschiedenen Maßnahmen hinsichtlich der Verwendung einheitlicher Slogans bzw. Kernbotschaften abzustimmen. Es ist zu überlegen, welche Instrumente oder welche Kombination von Instrumenten die verschiedenen Aufgaben der Kommunikationspolitik am besten übernehmen können.

Darüber hinaus ist die systematische Vernetzung der einzelnen Instrumente anzustreben. Dies bedeutet, dass beispielsweise Verkaufsförderungsaktionen in der Mediawerbung per Zeitungsanzeige angekündigt, Prospekte und Hausbroschüren bei Verkaufsförderungsmaßnahmen vor Ort eingesetzt werden, in der Pressearbeit auf Qualitätsschulungen der Mitarbeiter, Vorträge und Tage der offenen Tür hingewiesen wird. Ein weiteres Beispiel für den konzertierten Einsatz der Instrumente wäre etwa ein Golf-Hotel, das seinen neu entstandenen, exklusiven Wellnessbereich bekannt machen will und dazu vorab ausgesuchte Firmen- und Privatgäste anschreibt. Einem zweiten Brief wird die neue Broschüre beigelegt, und die Aktion wird durch Anzeigen in Golf- und Lifestyle-Magazinen unterstützt – jeweils mit Bestellcoupons für die Broschüre.

Allein die Vielfalt von Kommunikationsverantwortlichen, -situationen, -zielen, -zielgruppen und -instrumenten macht deutlich, wie unverzichtbar die Integration ist. Die integrierte Unternehmenskommunikation ist daher gleichbedeutend mit Corporate Communication, die im Rahmen der Corporate Identity den abgestimmten Einsatz sämtlicher innen- und außengerichteter Kommunikationsinstrumente umfasst. Notwendig ist deshalb eine strategische Planung, die auf zwei Ebenen ansetzt: auf der Ebene der Gesamtkommunikation als Top-Down-Planung und zugleich auf der Ebene der einzelnen Instrumente als Bottom-up-Planung.

Wenn also schon von Instrumenten die Rede ist, so kommt es darauf an, sie wie im Orchester harmonisch aufeinander abzustimmen: Ein einziger Paukenschlag zum falschen Zeitpunkt kann den Gesamteindruck des ganzen

Kommunikationspolitik: Strategische Planung

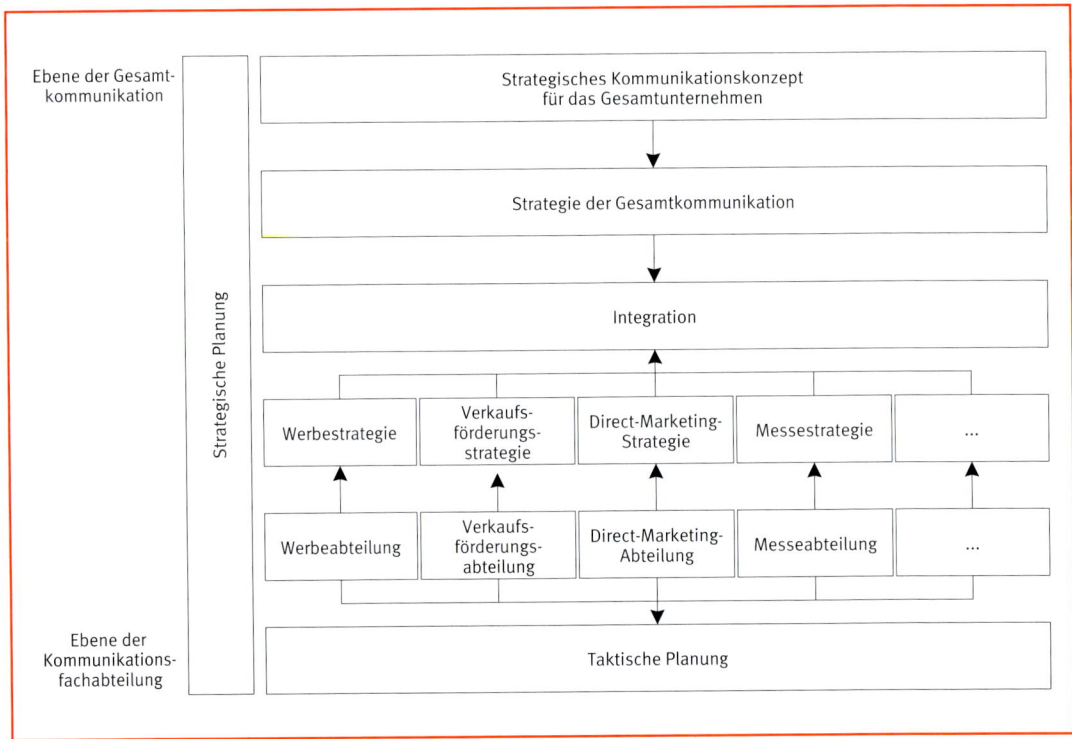

(Quelle: Meffert/Bruhn, Dienstleistungsmarketing, S. 434)

Konzertes zerstören. Deshalb entscheidet der Dirigent, welches Instrument den Ton angibt, welches sich als Begleitinstrument unterordnet, welches unterstützend im Hintergrund bleibt und welches vorübergehend nicht zum Einsatz kommt und schweigt.

Kommunikationsziele

Kommunikationsziele lassen sich in ökonomische und psychografische Ziele unterteilen. Zu den ökonomischen zählen solche Ziele, die Größen wie Gewinn, Umsatz, Kosten und Marktanteil beinhalten. Sie lassen sich verhältnismäßig leicht operationalisieren, aber der Beitrag der Kommunikationspolitik oder der anderen Mix-Elemente zur Zielerreichung ist nur sehr schwer zu isolieren. Letztlich ist nämlich der kombinierte Einsatz aller Marketinginstrumente zusammen maßgebend für die Erreichung der ökonomischen Ziele. Deshalb stehen die psychografischen Ziele im Mittelpunkt unserer Überlegungen.

Kommunikationsziele

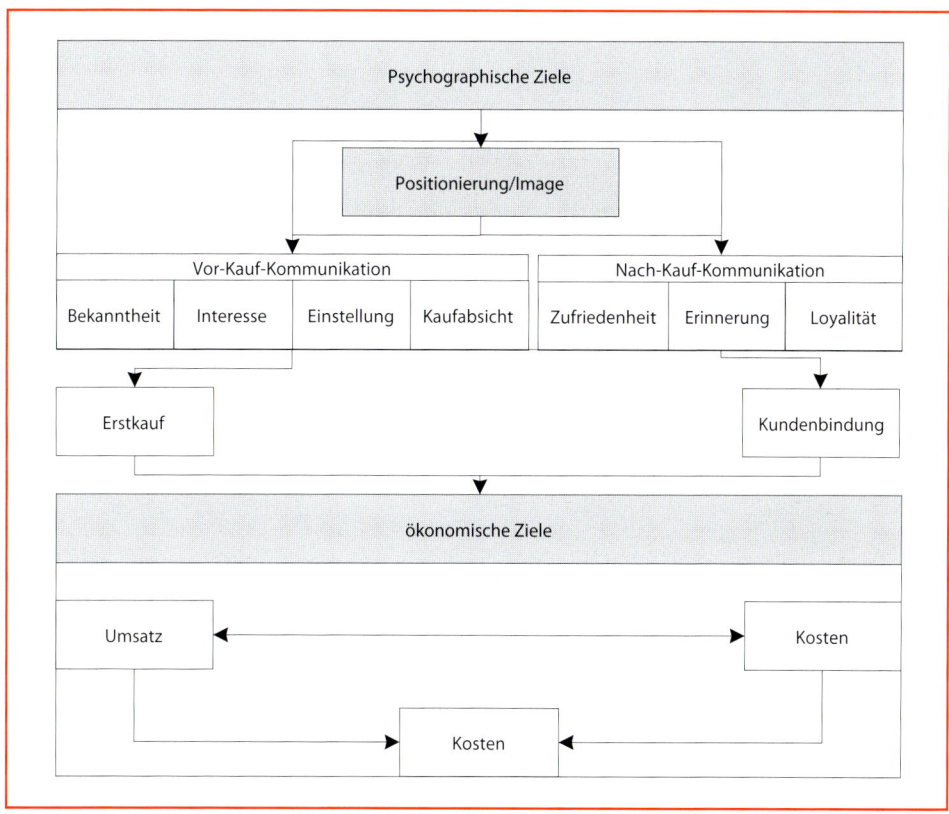

(Quelle: Meffert, Marketing, S. 680)

Ein zentrales Ziel der Kommunikationspolitik ist die Positionierung des eigenen Angebots gegenüber den Gästen und den Wettbewerbern. Im Hinblick auf die Gäste soll die Positionierung ein klares Vorstellungsbild von einer Marke schaffen, das möglichst exakt den Ansprüchen im Sinne der wichtigsten Kaufentscheidungskriterien der jeweiligen Zielgruppe entspricht. Deswegen wird eine Gestaltungsstrategie der Kommunikation, die sogenannte Copy-Strategie festgelegt. Diese Copy-Strategie bestimmt, was der Zielgruppe wie gesagt werden soll. Sie besteht aus einem Versprechen (in Abgrenzung zur Konkurrenz wird dem Verbraucher ein bestimmter Nutzen versprochen: Consumer Benefit), der Begründung dieses Versprechens (Reason Why) und kommunikativen Gestaltungsrichtlinien, wie Stil, Charakter, Sprache und Ausdrucksform der Werbemittel, Text-/Bild-Verhältnis, Ansprache-niveau, konstantes Signet, Slogan, Layout und Atmosphäre (Tonality).
Die Einzigartigkeit der Kommunikationsstrategie (Unique Advertising Proposition = UAP) soll im Idealfall dem Gast den ebenso einmaligen Produktnutzen im Sinne der Unique Selling Proposition (USP) übermitteln (vgl. Meffert, Marketing, S. 709).

Gegenüber den Wettbewerbern gilt es – ganz besonders im Zeitalter zunehmend austauschbarer Leistungsangebote – sich durch einen kreativen und eigenständigen Kommunikationsauftritt (wenigstens) eine solche emotional geprägte »werbliche Alleinstellung« (UAP) zu verschaffen, wenn schon die faktische Alleinstellung (USP) oft gar nicht oder nur noch über Standortfaktoren zu erreichen ist.
Gelingt es, durch einzigartige Kommunikationsmaßnahmen, Image, Goodwill und Vertrauen aufzubauen, wird zum einen ein höherer Preisspielraum für das Unternehmen geschaffen. Zum anderen können Kunden, die der Kompetenz und Fairness des Unternehmens vertrauen, bei Neuprodukteinführung bzw. Leistungsdifferenzierung oder -diversifikation auch ohne »Einzelnachweis« von der Qualität des Angebots überzeugt werden. (Vgl. Gardini, Marketing-Management in der Hotellerie, S. 369)

Auch bei den Kommunikationszielen muss den Besonderheiten, die sich aus dem Dienstleistungscharakter der gastgewerblichen Leistung ergeben, Beachtung geschenkt werden. So kommt es wegen der Immaterialität der Dienstleistung umso mehr darauf an, das Dienstleistungsangebot bekannt zu machen und zu aktualisieren – bevor es der Gast erstmals in Anspruch genommen hat. Hinzu kommt die Notwendigkeit durch Qualitätssignale die dienstleistungsspezifische Unsicherheit des Konsumenten zu reduzieren. Solche Signale können beispielsweise Servicegarantien sein, das Präsentieren von Urkunden und Meisterbriefen, die die Leistungsfähigkeit des Gastronomen oder Hoteliers demonstrieren, oder die regelmäßige (positive) Präsenz eines Unternehmens bzw. einer Marke in der Presse. Auch die kurzfristige Vermarktung von Restkapazitäten, etwa durch Spezialarrangements am Wochenende, die Bekanntmachung von Leistungsbedingungen für sonstige Specials und Sonderaktionen oder die Ausnutzung von Cross-Selling-Potenzialen sind typische Ansatzpunkte kommunikationspolitischer Maßnahmen, um die Nichtlagerfähigkeit und die Standortgebundenheit von Hotelleistungen zu bewältigen. (Vgl. Gardini, Marketing-Management in der Hotellerie, S. 367)

Die Tatsache, dass der Gast als »externer Faktor« je nach Betriebstyp mehr oder weniger stark in den Leistungsprozess zu integrieren ist, kann ebenfalls kommuniziert werden, indem man dem Gast zeigt, wie er sich einbringen kann und welche Leistungsergebnisse er erwarten darf: Ein TV-Spot einer Hotelkette könnte die Rolle des Gaste beim Check-in darstellen oder das Dienstleistungsergebnis durch einen Frische und Vitalität ausstrahlenden Gast sichtbar machen, der beschwingt den Wellnessbereich verlässt.

Eine Reihe von psychografischen Zielen, wie sie sowohl im Rahmen der Vor- als auch der Nach-Kauf-Kommunikation häufig genannt werden, haben wir in der folgenden Auflistung zusammengestellt.

- **Kognitiv-orientierte (= die Erkenntnis betreffende) Ziele**
  - Berührungs- und Kontakterfolg herstellen
  - Aufmerksamkeitswirkung erzielen
  - Erinnerungswirkung aufbauen
  - Informationen über die angebotenen Leistungen vermitteln
  - Angestrebtes Qualitätsniveau verdeutlichen
  - Kompetenz und Zuverlässigkeit vermitteln
  - Bekanntheitsgrad erhöhen

- **Affektiv-orientierte (= das Gefühl betreffende) Ziele**
  - Emotionen wecken
  - Kundenerwartungen steuern
  - Unbewusste Bedürfnisse konkretisieren
  - Interesse wecken und aktivieren
  - Image, Vertrauen und Goodwill aufbauen

- **Konativ-orientierte (= das Handeln betreffende) Ziele:**
  - Kaufbereitschaft hervorrufen
  - Wiederkaufrate bzw. Markentreue steigern
  - Cross-Selling-Potenziale aufzeigen und aktivieren
  - Informationsverhalten der Gäste intensivieren (z. B. Beschwerdestimulierung)
  - Weiterempfehlung fördern

Kommunikationsinstrumente

Die einzelnen Instrumente im Kommunikations-Mix sind in unterschiedlicher Weise zur Erreichung dieser Ziele geeignet, wie im Folgenden verdeutlicht wird.

Klassische Werbung

»Wer aufhört zu werben, um Geld zu sparen, kann ebenso die Uhr anhalten, um Zeit zu sparen!« Dieses Zitat von Henry Ford unterstreicht: Werbung ist unverzichtbar!

Unter (klassischer) Werbung wird ein kommunikativer, zwangsfreier Beeinflussungsprozess mit Hilfe von (Massen-) Kommunikationsmitteln in verschiedenen Medien verstanden, der das Ziel hat, beim Adressaten marktrelevante Einstellungen und Verhaltensweisen im Sinne der Unternehmensziele zu verändern. Für uns heißt das im Klartext: (Potenzielle) Gäste sollen zu einem bestimmten Verhalten bewegt werden. (Vgl. Meffert, Marketing, S. 712) Werbung ist daher auf mittel- bis langfristige Wirkung angelegt.

Hauptaufgabe der Werbung ist es, durch den Aufbau eines möglichst hohen Bekanntheitsgrades den Absatz der einzelnen Produkte bzw. Dienstleistungen des Unternehmens zu steigern. Daneben spielt aber auch die Werbung für das Unternehmen als Ganzes eine Rolle: Hinweisschilder am Rand der Autobahn oder am Ortseingang, Plakate am Hauptbahnhof oder Hinweise in öffentlichen Verkehrsmitteln sollen möglichst viele Menschen neugierig machen und neue wie alte Gäste anlocken.

Bei allen Werbemaßnahmen sind nicht nur die Fragen der kreativen und inhaltlichen Gestaltung zu beachten, es müssen immer auch die unverzichtbaren Grundsätze der Werbung eingehalten werden:

- Wirksamkeit: Werbung soll den beabsichtigten Zweck erreichen.
- Wahrheit: Werbung sollte auf Irreführung und Übertreibungen verzichten. Wer falsche Erwartungen weckt, muss sich über enttäuschte Gäste nicht wundern!
- Wirtschaftlichkeit: Werbung muss sich rechnen. Hier kommt es darauf an, Wirtschaftlichkeit und Wirksamkeit in Einklang zu bringen.
- Sonstige Grundsätze: Die Forderung nach Planmäßigkeit, Zielklarheit, Einheitlichkeit, Individualität, Originalität, ästhetischer Gestaltung, Kontinuität und Aktualität macht deutlich, dass Werbung »Profisache« ist. Deshalb schalten vor allem größere Unternehmen Werbeagenturen ein, auch kleinere Betriebe sollten Beratung in Anspruch nehmen.

Wer Erfolg haben will, muss seine Werbeaktivitäten sorgfältig planen. Das wird häufig an den sogenannten »5 Ms« veranschaulicht, die aus dem Amerikanischen übernommen wurden:

- **M**ission: Was ist der Grundauftrag der Werbung? – Werbeziele
- **M**oney: Wie viel Geld kann ausgegeben werden? – Werbebudget
- **M**essage: Was soll übermittelt werden? – Werbebotschaft
- **M**edia: Welche Medien sollen eingesetzt werden? – Werbeträger
- **M**easurement: Wie sollen die Ergebnisse bewertet werden?
  – Werbewirkungskontrolle
  (Vgl. Bliemel/Kotler, Marketing-Management, S. 934)

Ergänzt man diese Grundüberlegungen um Aspekte der operativen Werbeplanung, so sind im Einzelnen dann folgende Fragen zu beantworten:

Grundfragen der Werbeplanung

Sender	Wer?	Unternehmen
Signal	sagt Was?	Werbebotschaft
Empfänger	zu Wem?	Nachfrager
Medium	Wie? Womit?	Werbemittel, Werbeträger
Zeit	Wann?	Werbeperiode
Ort	Wo?	Werbegebiet
Effekt	Warum?	Werbewirkung
Kosten	für Wie viel?	Werbebudget

(Quelle: Pechtl, Kommunikationspolitik)

- **Wer? – Werbetreibendes Unternehmen**
  Bei der Frage, wer Werbung betreiben soll, ist vor allem zu überlegen, ob
  der Hotel- oder Restaurantbetrieb in Form der Einzelwerbung für sich und
  seine Produkte allein eine Maßnahme durchführt oder ob Formen der
  Kollektivwerbung infrage kommen. Dabei können Gemeinschaftswerbung, Verbundwerbung und Sammelwerbung unterschieden werden. Bei
  der Gemeinschaftswerbung treten die einzelnen Unternehmen nicht in
  Erscheinung: Es wird lediglich ein Produkt oder eine Dienstleitung in den
  Vordergrund gestellt, häufig von Zusammenschlüssen und Verbänden,
  wie beispielsweise der CMA (Centrale Marketing-Gesellschaft der deutschen Agrarwirtschaft: »Bestes vom Bauern«), der WWZ (Weinwerbezen-
  trale badischer Winzergenossenschaften: »Badischer Wein – von der Son-
  ne verwöhnt«) oder der WWG (Werbegemeinschaft Württembergischer
  Weingärtnergenossenschaften: »Kenner trinken Württemberger«).

Gemeinschaftswerbung: Produkt im Mittelpunkt

Treten bei der Gemeinschaftswerbung die beteiligten Unternehmen in den Hintergrund, so werden im Gegensatz dazu bei der Verbundwerbung die Werbetreibenden genannt: Sie schließen sich zusammen, um einen bestimmten Bedarfskomplex anzusprechen, wie z. B. »Alles für die Hochzeit« (vom Bekleidungshaus über den Floristen, den Friseur und den Juwelier bis hin zum Restaurant, das sich für die Ausrichtung des Festes anbietet) oder »Alles fürs Bad« oder »Urlaub in ...«

Auch gemeinsame Maßnahmen mit Zulieferern – etwa der Getränkeindustrie – oder Absatzmittlern bieten sich an. Hoteliers und Restaurantinhaber müssen prüfen, wann und in welchem Verbund diese Werbeform für sie interessant sein kann – unter Kostengesichtspunkten ist sie es allemal.

Verbundwerbung: Bedürfniskomplex im Mittelpunkt

(Quelle: Odenwälder Zeitung, 15.09.2007)

Bei der dritten Form der Kollektivwerbung, der sogenannten Sammelwerbung, werden ebenfalls die Namen der Beteiligten genannt, die gemeinsame Klammer ist hier aber nicht ein bestimmtes Bedürfnis, sondern in der Regel die räumliche Nähe der Werbetreibenden, z. B. die Fachgeschäfte rund ums Rathaus, im Einkaufszentrum oder in der Fußgängerzone. Auch diese Form kann insbesondere im Zusammenhang mit lokalen oder regionalen (Groß-) Ereignissen für Hotellerie und Gastronomie durchaus attraktiv sein.

Sammelwerbung: Räumliche Nähe im Mittelpunkt

(Quelle: WeinheimCity, Zeitungsbeilage 3/2007)

- **Was? – Werbebotschaft**
  Die Frage nach der Werbebotschaft (Wer sagt was ...) kann erst beantwortet werden, wenn die Werbeziele bestimmt sind. Typische Werbeziele sind beispielsweise:
  - Bekanntmachung des Hotel- oder Restaurantangebotes (Einführungswerbung, Pre-Opening)
  - Information über das Angebot oder spezielle Arrangements (Erinnerungswerbung)
  - Aufbau und Verstärkung einer positiven Einstellung zum Unternehmen und seinen Angeboten
  - Beeinflussung von Gästen und Absatzmittlern
  - Förderung der Absatzchancen (Gästegewinnung, Verkaufsanbahnung)
  - Unterstützung des Einsatzes der anderen Marketinginstrumente

Die Gestaltung der Botschaft muss sich dann an die Zielvorgaben im konkreten Einzelfall halten und zugleich die allgemeinen Regeln der Kommunikationspolitik beachten, die in der oben beschriebenen Copy-Strategie (Seite 264) festgelegt sind. Die kreative Umsetzung der Botschaft sollte gewährleisten, dass die Gestaltungselemente wie Stil, Ton, Wortwahl und die formalen Elemente (Größe, Farbgebung, bildliche Darstellung) zusammenpassen und dem angestrebten Image des Betriebes entsprechen. (Vgl. Gardini, Marketing-Management in der Hotellerie, S. 377)

Bei der Gestaltung der Botschaft sollten folgende Fragen zielgerichtet beantwortet werden:

- Inwieweit vermag die Gestaltung der Werbung die Aufmerksamkeit auf sich zu ziehen?
- Wird auf den ersten Blick erkannt, wofür geworben wird?
- Entspricht die Argumentation der Interessenrichtung der potenziellen Gäste?
- Wirkt das werbliche Versprechen überzeugend und vertrauenserweckend?
- Hebt sich die Botschaft deutlich von anderen ab?
- Löst die Werbebotschaft beim Umworbenen einen Konsumwunsch aus?

Von den zahlreichen Gestaltungstechniken für die Werbebotschaft sind die folgenden in Hotellerie und Gastronomie und bei ihren Zulieferern häufig anzutreffen, gerade wenn die Informationsfunktion der Werbung nicht im Mittelpunkt steht:

- Slice-of-Life-Technik: Gezeigt werden zufriedene Produktverwender »wie du und ich«, mit denen sich der Umworbene identifizieren kann und deren Aussagen deshalb vergleichsweise glaubwürdig erscheinen, z. B. eine glückliche Familie im Urlaub.
- Lifestyle-Technik: Hier wird gezeigt, wie moderne Menschen ein Produkt in trendiger Umgebung nutzen und wie gut dieses Produkt zu einem bestimmten Lebensstil passt.
- Traumwelt: Inszenierung von Traumwelten, denen bestimmte Produkte oder Marken zugeordnet werden z. B. *Robinson Club, Bacardi Rum, Lavazza Café*.
- Emotionale Stimmung: Eine besondere Stimmung oder ein Gefühlsbild rund um das Produkt oder die Dienstleistung wird erzeugt durch erotische oder humorvolle Darstellungen, Kinder, Tiere, starke Farben, Natur usw. in der Hoffnung, dass die vermittelten Stimmungen und Gefühle auf das beworbene Produkt übertragen werden.
- Testimonialwerbung: Das Produkt wird von einer glaubwürdigen, sympathischen oder kompetenten Person positiv dargestellt. Dies können Prominente sein, Firmenmitarbeiter oder -eigentümer oder normale Verwender, die sich zu dem Produkt bekennen, z. B. Spitzenkoch Dieter Müller mit *König Pilsener*, Franz Beckenbauer mit *Erdinger Weißbier*. Mit Testimonials lässt sich Aufmerksamkeit erzielen. Ob sie Produktvertrauen und Kaufbereitschaft steigern, hängt natürlich von der Glaubwürdigkeit der Produktidentifikation der eingesetzten Personen ab.

Obwohl Untersuchungen zeigen, dass die Wirksamkeit solcher Darstellungsvarianten häufig überschätzt wird, ist doch darauf hinzuweisen, dass eine rein argumentative oder informative Ausgestaltung der Werbemittel nicht ausreicht, insbesondere weil Hotellerie und Gastronomie – ähnlich wie die meisten Konsumgüter – keine wirklich komplizierten und hochgradig erklärungsbedürftigen Leistungen anbieten. Deshalb muss die erforderliche Information in rhetorisch bzw. psychologisch gestaltete Kommunikationsmittel verpackt werden. In jedem Fall gilt jedoch, »dass die Frage, was gute oder schlechte Werbung ist, keine Frage des persönlichen Geschmacks der Werbeverantwortlichen sein darf, sondern sich an den unternehmensspezifischen Kommunikationszielen und den angestrebten Zielgruppen orientieren muss und letztlich am Werbeerfolg bemessen wird.« (Gardini, Marketing-Management in der Hotellerie, S. 378)

Wem? – Zielgruppe

Welche Gäste sollen umworben werden? (Wer sagt was zu wem ...?) Ohne hier die Prinzipien der Marktsegmentierung und Zielgruppenbildung erneut im Detail aufzugreifen, ist festzuhalten, dass Werbemaßnahmen möglichst genau auf die Adressaten abzustimmen sind: Soll Werbung, die z. B. im Grunde auf die ganze Familie zielt, kindgerecht gestaltet oder an die Eltern gerichtet werden oder vielleicht sogar an die Großeltern appellieren? Sollen aktuelle oder potenzielle Gäste angesprochen werden, vielleicht solche, die mit der Konkurrenz unzufrieden sind und für einen Wechsel gewonnen werden können? Können Personen aus der so genannten Nicht-Käufer-Gruppe durch entsprechende Werbemaßnahmen für das Leistungsangebot interessiert werden? Müssen nicht die Sekretärinnen umworben werden, wenn ein neues Seminarangebot für Manager bekannt gemacht werden soll? Auf diese Weise werden auch hier die sozioökonomischen, persönlichkeitsspezifischen und Kaufverhaltens-Kriterien herangezogen, insbesondere das Konsum-, Freizeit- und Reiseverhalten, um die Wirksamkeit einer Werbekampagne zu gewährleisten.

Wie und Womit? – Werbemittel und Werbeträger

Werbemittel und Werbeträger werden häufig in einem Atemzug genannt. (Wer sagt was zum wem wie und womit ...?)
Werbemittel stellen die Verkörperung der gedanklichen Botschaft dar, die der werbende Hotelier oder Gastronom dem Gast übermitteln will. So erfährt der Gast über ein gut gestaltetes Plakat etwas von der Existenz eines bestimmten Hotels oder eine bildhafte Darstellung eines Buffets zeigt die kulinarischen Genüsse eines Restaurants. Unterschieden werden optische (z. B. Plakat, Anzeige), akustische (z. B. Jingle, Rundfunkspot), geschmackliche (z. B. Kostproben, Zugaben) und gemischte Werbemittel. Im Gegensatz dazu ist der Werbeträger das Medium, das das Werbemittel an die

Zielgruppe heranträgt. Werbeträger sind also Zeitungen, Illustrierte, Bücher, aber auch Busse und Bahnen, Gebäude, Schaufenster, Vitrinen usw., die die Botschaft transportieren.

Im Schaubild sind die wichtigsten Werbemittel und Werbeträger (Printmedien, elektronische bzw. audiovisuelle Medien, Medien der Außenwerbung) zusammengestellt, die in Hotellerie und Gastronomie eingesetzt werden.

Werbemittel und Werbeträger

Werbemittel	Werbeträger
• Inserate	• Zeitungen
• Plakate	• Zeitschriften
• Radiospots	• Litfasssäule
• Fernsehspots	• Radio, TV, Kino
• Kinospots	• Hotelführer
• Leuchtreklame	• Hotelprospekt
• Ausleger	• Hausfassade
• Werbeschreiben	• Verkehrsmittel
• Banner	• Bierdeckel
• Pop-ups	• Brief
	• Internet

Werbemittel- und Werbeträgerauswahl sind eng miteinander verbunden: Wer sich für das Werbemittel Inserat entscheidet, hat damit auch schon zumindest die Art des Werbeträges, nämlich Zeitung oder Zeitschrift, festgelegt. Der endgültigen Auswahl des Werbeträgers – Welche Medien sollen benutzt werden? – kommt aus mehreren Gründen eine besondere Bedeutung zu:

- Werbeträger beanspruchen den größten Teil des Werbeetats.
- Sie beeinflussen die Aussage- und Gestaltungsmöglichkeiten der Werbebotschaft.
- Werbeträger definieren Größe und Struktur der über sie erreichbaren Zielgruppe.
- Werbeträger haben ein eigenes Image.
- Sie bestimmen mögliche Werbehäufigkeit und Werbedauer.

Für die Auswahl des Werbeträgers gibt es eine ganze Reihe von Kriterien:

- Funktion des Mediums: Welche Funktion erfüllt der Werbeträger normalerweise in der Hauptsache, wenn er also nicht als Werbeträger gesehen wird? Unterhaltung, Entspannung, aktuelle Nachrichten, Information, Bildung, Kommunikation.

- Situation des Werbekontaktes: Für die Werbewirkung ist es wichtig, in welcher Situation der Gast angetroffen wird, wenn er die Botschaft wahrnimmt: in häuslicher Atmosphäre, am Arbeitsplatz, in der Freizeit, unterwegs, allein oder in der Gruppe, ganztägig, rund um die Uhr, vormittags, nachmittags, abends.
- Verhältnis Werbung/Medium: Inwiefern passt die gewünschte Werbemaßnahme zum Image des jeweiligen Medium? Soll in der sogenannten »Yellow Press« oder im seriösen Nachrichtenmagazin geworben werden, im *ZDF* oder auf *VOX*, in der führenden Tageszeitung der Region oder im dort kostenlos verbreiteten Anzeigenblatt?
- Gestaltungsmöglichkeiten: Text, Bild, Foto, Farbe, Ton, Musik, bewegtes Bild.
- Zielgenauigkeit: Das Medium soll so gewählt werden, dass seine Nutzer zu einem möglichst hohen Anteil mit der anvisierten Zielgruppe des Werbenden übereinstimmen, um unnötige Streuverluste zu vermeiden.
- Reichweite: Wie viele Kontakte können über das jeweilige Medium überhaupt erzielt werden (quantitative Reichweite, z. B. Höhe der Auflage, verkaufte Exemplare, Zahl der Leser einer Zeitung) und wie viele Kontakte können mit der eigentlich gewünschten Zielgruppe hergestellt werden (qualitative Reichweite, die z. B. über Leserstrukturanalysen und Mediadaten von Zeitungen und Zeitschriften näher zu bestimmen ist)? Auch die räumliche Reichweite des Mediums ist im Hinblick auf die Zielgruppe zu beachten.
- Erscheinungshäufigkeit: Wie oft kann das Medium vom umworbenen Gast benutzt werden und wie viele Möglichkeiten der Wiederholung gibt es? Einmalig und zeitlich begrenzt, mehrmalig bei beliebig langer Betrachtung, täglich, wöchentlich, monatlich?
- Verfügbarkeit des Werbeträgers: Aus der Sicht des Werbetreibenden muss neben der Frage der Erscheinungshäufigkeit auch geprüft werden, wie flexibel ein Werbeträger eingesetzt werden kann, welche Vorlaufzeiten erforderlich sind, wie groß der Einfluss auf die Platzierung einer Anzeige ist usw.
- Kosten: Letztlich hängt die Entscheidung für einen der infrage kommenden Werbeträger vom sogenannten Tausender-Kontakt-Preis ab. Diese Größe wird gewählt, um die unterschiedlichen Kosten der verschiedenen Medien vergleichbar zu machen. Sie gibt an, wie viel es kostet, tausend Nutzer bei der Verwendung eines bestimmten Mediums, also beispielsweise einer Zeitung oder Zeitschrift, zu erreichen.

$$\text{Tausenderpreis (ungewichtet)} = \frac{\text{Kosten einer Schaltung} \times 1\,000}{\text{Anzahl der Leser}}$$

Hat also eine Zeitschrift beispielsweise vier Millionen Leser und verlangt für eine ganzseitige Anzeige 70 000,00 €, so beträgt der ungewichtete (= quantitative) Tausenderpreis:

$$\text{Tausenderpreis (ungewichtet)} = \frac{70\,000 \times 1\,000}{4\,000\,000} = 17{,}50 \text{ Euro}$$

Werden die Kosten einer Anzeige auf diese Weise auf die Anzahl der Nutzer bezogen, so bleibt die Qualität der Kontakte unberücksichtigt, d. h. es wird nicht berücksichtigt, wie viele Leser dieser Zeitschrift zur Zielgruppe gehören. Deshalb bietet der gewichtete Tausenderpreis (= qualitativer Tausenderpreis) einen höheren Informationsgrad. Die Kosten für die Erreichung von tausend Personen der Zielgruppe werden den Kosten eines alternativen Werbeträgers gegenübergestellt:

$$\text{Tausenderpreis (gewichtet)} = \frac{\text{Kosten einer Schaltung} \times 1\,000}{\text{Anzahl der Leser} \times \text{Anteil der Zielgruppe in \%}}$$

Sind also von den Lesern 70 Prozent im Alter von 50 und darüber und wird diese Zielgruppe angepeilt, beträgt der qualitative Tausenderpreis:

$$\text{Tausenderpreis (gewichtet)} = \frac{70\,000 \times 1\,000}{(4\,000\,000 \times 0{,}7)} = 25 \text{ Euro}$$

Voraussetzung ist jedoch, dass Informationen über die Leserstruktur vorliegen (vgl. qualitative Reichweite, Seite 273), die von den Medien als Mediadaten zur Verfügung gestellt werden.

Tatsächlich dominieren – gemessen an den Ausgaben für Werbung – in dieser Branche nach wie vor die Printmedien Zeitung und Zeitschrift ganz eindeutig, alle anderen Werbeträger sind mit Ausnahme des Hausprospekts (siehe Direktmarketing, Seite 297) von untergeordneter Bedeutung.

Anzeigenwerbung in Zeitungen und Zeitschriften: Bei Aufbau und Layout von Werbeanzeigen sollten die folgenden Punkte beachtet werden, damit die Anzeige wahrgenommen und wird und die gewünschte Beachtung findet:
– Die zentrale Werbebotschaft sollte bildlich umgesetzt werden. Bildmotive dienen als Blickfang und veranlassen durch ihre Größe und/oder Auffälligkeit zum näheren Betrachten der Werbung.

- Kurze und prägnante Überschrift: Die Headline enthält schon die Kernaussage, sie erregt Aufmerksamkeit und weckt Neugierde.
- Subheadlines konkretisieren vor allem bei sehr kurzen Headlines deren Aussage und erhalten bzw. steigern das Interesse.
- Im Fließtext kann die Botschaft der Überschrift(en) und der Bilder aufgegriffen und erläutert werden.
- Unerlässlich sind klare und vollständige Kontaktinformationen, in denen unter Umständen – durch eine spezielle Telefonnummer – bereits Möglichkeiten der Werbeerfolgskontrolle angelegt sein können.
- Das Logo als immer wiederkehrendes Erkennungszeichen kann wie im folgenden Muster platziert werden, da es in der üblichen Leseweise so als Letztes erscheint und – hoffentlich – umso besser im Gedächtnis des Betrachters bleibt.

Anzeigengestaltung

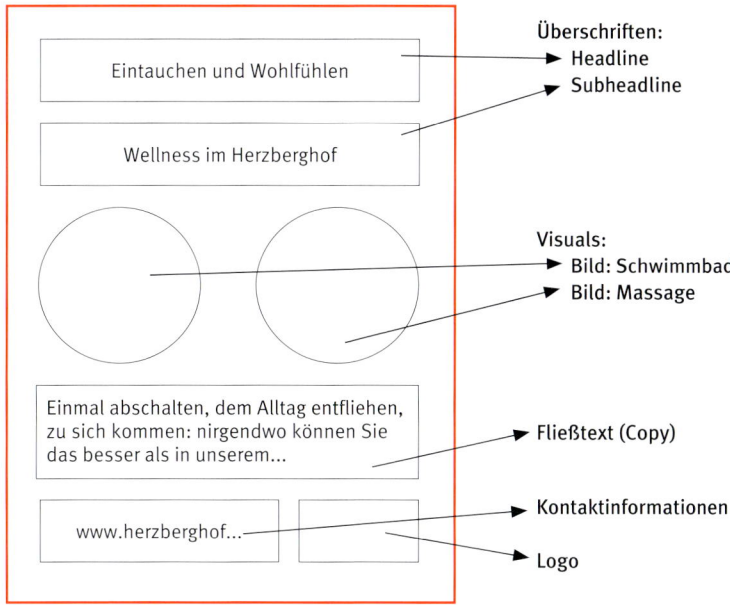

Natürlich sollten auch folgende allgemeinen Hinweise für Zeitungs- und Zeitschriftenanzeigen beachtet werden:
- Die Gestaltung der Anzeige sollte eigenständigen Charakter haben.
- Anzeigen dürfen durchaus neben dem »Normalauftritt« durch Experimente und Kreativität aus dem Rahmen fallen.
- Kleinanzeigen müssen neben anderen Inseraten auf derselben Seite auffallen, z. B. durch viel Weißraum.
- Je kleiner die Anzeige, desto weniger Inhalt sollte sie haben. (Vgl. Hänssler, Management in der Hotellerie und Gastronomie, S. 275 ff.)

- **Wann? – Werbeperiode**

Für die Beantwortung der Frage, wie die Werbung zeitlich verteilt werden soll (Wer sagt was zum wem wie, womit, wann ...?), muss zunächst der Bedarfsverlauf der Gäste berücksichtigt werden, der sich in saisonalen Schwankungen ausdrückt. Im Einzelfall kann es sinnvoll sein, diesen Schwankungen mit werblichen Maßnahmen entgegenzuwirken, indem die Nebensaison in den Mittelpunkt der Bemühungen gerückt wird. Dann stellt sich die Frage, zu welchem Zeitpunkt entsprechende Werbemaßnahmen zu ergreifen sind: Ein längerer Urlaub wird in der Regel nicht von heute auf morgen geplant, also muss die Werbung den potenziellen Urlaubsgast rechtzeitig erreichen. Große Unternehmen planen ihre Seminare und Veranstaltungen häufig ein Jahr im Voraus, deshalb kommt es auch hier auf das richtige Timing des Tagungshotels an. Die Werbeperiode kann auch mit Blick auf die Konkurrenz festgelgt werden, indem man deren Werbeintensität übernimmt oder ganz bewusst gegenläufig handelt, also besonders aktiv wird, wenn die Mitbewerber ihre Werbeanstrengungen herunterfahren.

Die zeitliche Planung erfordert auch eine Festlegung über die Intensität der Werbung im Zeitablauf, also darüber, ob regelmäßig und in gleichen Abständen eine Werbeanzeige geschaltet werden soll, einmalig oder zum beworbenen Ereignis hin in immer kürzeren Abständen oder nach einer massiven Kampagne in größeren Abständen, um die Erinnerung aufrecht zu halten. Häufig wird das verfügbare Budget über einen sogenannten »Streuplan« für eine gesamte Planungsperiode vorab auf die einzelnen ausgewählten Werbeträger verteilt.

Werbeperiode: Beispiel für einen Streuplan

(Quelle: Martell)

- **Wo? – Werbegebiet**

  Eng verbunden mit der Auswahl der Werbeträger ist auch die Frage, wo geworben werden soll (Wer sagt was zum wem wie, womit, wann, wo …?): Die Bestimmung des Werbegebiets hängt ab vom Werbeziel, vom Werbeobjekt – soll für die Gesamtleistung des Unternehmens oder für bestimmte Teilkomponenten geworben werden? – von der Zielgruppe und natürlich vom Werbetreibenden selbst mit seiner Vertriebsorganisation und seinen finanziellen Möglichkeiten. Je nachdem, welche Klasse beispielsweise ein Restaurant hat, kann es mehr oder weniger sinnvoll sein, im unmittelbaren Einzugsgebiet oder aber überregional Werbung zu schalten. Für einen anderen Betriebsteil, etwa das Hotel oder die Tagungsmöglichkeiten kann sich unter bestimmten Umständen ein ganz anderes Werbegebiet ergeben.

  Ein Urlaubshotel mit »normalem« Restaurant kann so landesweit – oder gezielt in der Herkunftsregion seiner Gäste – für den Hotelaufenthalt werben und vor Ort versuchen, auf eine bessere Auslastung der Restaurantkapazitäten hinzuwirken.

- **Warum? – Werbewirkung**

  Die Frage, welche Wirkung eine einzelne Werbemaßnahme oder eine umfassende Werbekampagne erzielt hat, lässt sich nur schwer beantworten, weil der Werbeerfolg weder isoliert von den Einflüssen der anderen kommunikationspolitischen Instrumente noch unabhängig vom gesamten Marketing-Mix betrachtet werden kann (Wer sagt was zum wem wie, womit, wann, wo, warum …?). Außerdem ist zu beachten, dass Werbung durchaus psychologische Wirkung erzielt haben kann, obwohl sich der ökonomische Erfolg – etwa ein entsprechender Mehrumsatz – zum Zeitpunkt der Vergleichsmessung (Umsatz vor und nach der Werbeaktion) noch nicht eingestellt hat. Werbung wirkt nämlich oft über den Aktionszeitraum hinaus (Carry-over-Effekt). Daher kann eine Kampagne, die bei kurzfristiger Betrachtung nur Kosten verursacht, langfristig durchaus erfolgreich sein. Neuere Ansätze wie beispielsweise der Customer Lifetime Value versuchen das zu berücksichtigen.

  Der Customer Lifetime Value fasst die Gesamtheit der Beiträge des Gastes zur Gewinnentwicklung in Abhängigkeit von seinen individuellen Lebensereignissen und –phasen zusammen. Aufbau, Erhalt und Pflege einer langfristigen Beziehung zum Gast erhöhen zum einen den so bestimmten Kundenwert, zum anderen ist es immer kostengünstiger und damit wirtschaftlicher, eine bereits bestehende Beziehung zu erhalten als neue Gäste zu gewinnen. Es ist deshalb sinnvoll, bei der Erfolgskontrolle nach (psychologischer) Werbewirkung, die sich oft erst längerfristig auszahlt, und (ökonomischem) Werbeerfolg zu unterscheiden.

Werbeerfolgskontrolle

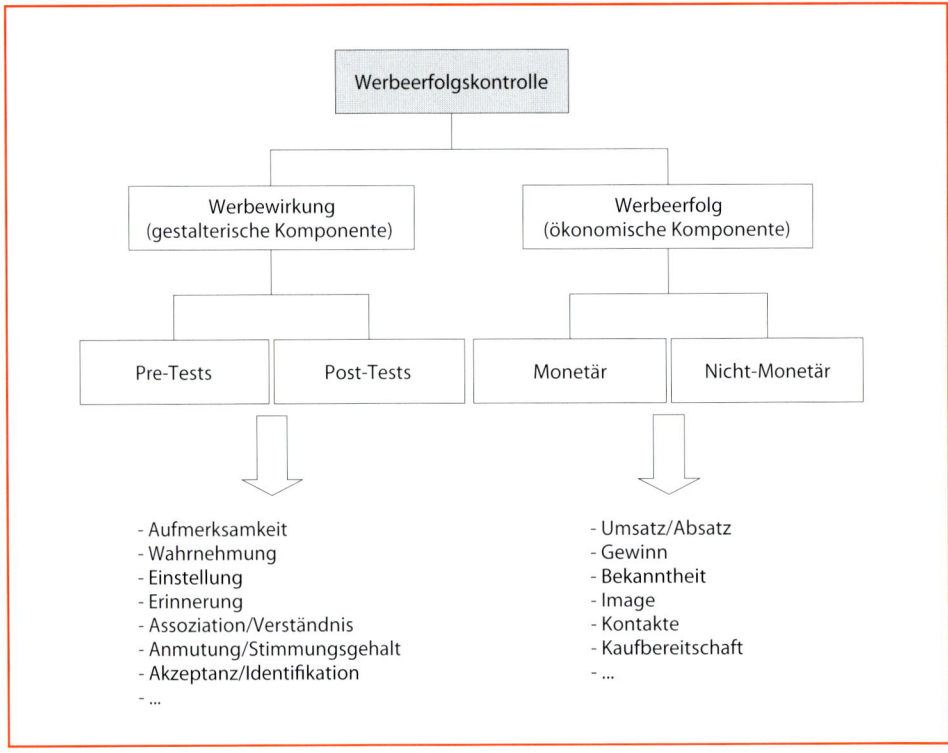

(Quelle: Gardini, Marketing-Management in der Hotellerie, S. 381)

Werbung hat in ihrer Wirkung auf den Umworbenen eine kognitive Komponente (Wahrnehmung: Aufmerksamkeit, Erinnerung, Bekanntheit), eine affektive Komponente (Einstellung: Interesse, Sympathie, Überzeugung, Kaufbereitschaft) und eine konative Komponente (Verhalten: Kaufverhalten, [Wieder-]Verwendung). Hilfreich ist in diesem Zusammenhang die sogenannte AIDA-Formel, die vier Wirkungsstufen der Werbung unterscheidet:

Die AIDA-Formel

A – Attention = Aufmerksamkeit
I – Interest = Interesse
D – Desire = (Kauf-)Bedürnis
A – Action = (Kauf-)Handlung

Diese Formel ist verschiedentlich ergänzt worden, unter anderem zu AIDCA, weil Confidence (Vertrauen) erforderlich ist, bevor es zur (Kauf-)Handlung kommt, oder zu AIDCAS, weil Conviction (Überzeugung) der Handlung vorausgehen und Satisfaction (Zufriedenheit) den Abschluss der Wirkungsstufen bilden muss.

Es gibt jedoch kein allgemeingültiges Wirkungsmodell, das zwingend eine vorgegebene Reihenfolge annimmt. Eine naheliegende Überlegung ist, dass ein persönliches »Betroffensein« hinzukommen muss, wenn die gewünschten Wirkungen erzielt werden sollen, das »Involvement«. Es bezeichnet den Grad des Engagements einer Person, sich zu beteiligen, sich einzubringen, sich für bestimmte Sachverhalte oder Aufgaben zu interessieren oder einzusetzen. Je mehr jemand in diesem Sinne involviert ist, desto eher kann Werbung erfolgreich sein.

Das Involvement-Modell

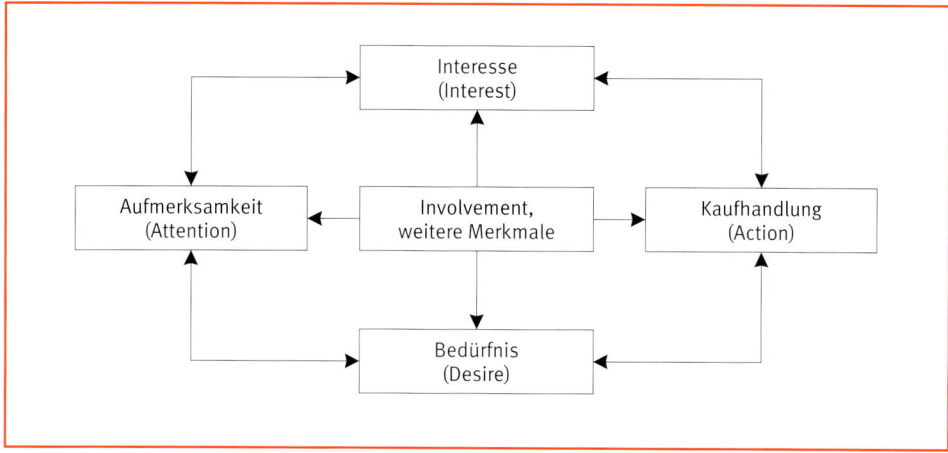

(Quelle: www.tv-wirkungstag.de)

Die Werbewirkung wird – zumindest bei der Konzeption größerer Kampagnen durch professionelle Werbeagenturen – durch verschiedene Testverfahren untersucht. Durch sogenannte Pretests soll vorab herausgefunden werden, welche Gestaltung der Werbemittel voraussichtlich die beste Wirkung erzielen wird. Dazu werden die Werbemittel einer Reihe von Testpersonen vorgelegt, und deren Reaktion wird mit Hilfe unterschiedlicher Verfahren überprüft.

Posttests befassen sich mit den kognitiven, affektiven und konativen Wirkungen, die eine laufende oder bereits zurückliegende Werbeaktion bei den Zielpersonen erzielt hat. So wird beispielsweise per Blickaufzeichnung untersucht, welche Aufmerksamkeitswirkung eine bestimmte Zeitungsanzeige erzielt, wie sehr sie buchstäblich »ins Auge fällt«. Versuchspersonen werden gebeten, Anzeigen zu nennen und zu beschreiben, die ihnen bekannt sind (ungestützte Erinnerung = Recalltest), oder es werden ihnen Anzeigen vorgelegt mit der Frage, ob sie diese schon einmal gesehen haben (gestützte Erinnerung = Recognitiontest), um den Wiedererkennungswert der Anzeigen zu bestimmen.

Der ökonomische Erfolg ist aus den bereits genannten Gründen schwer zu messen. Man kann jedoch versuchen, mit Vorher-Nachher-Vergleichen zu arbeiten: Wie viele Gäste waren zum sonntäglichen Brunch im Hotel, bevor die neue Anzeige in der Tageszeitung geschaltet wurde, wie viele danach? Wie hoch war der Umsatz beim Gänseessen letztes Jahr, wie hoch ist er nach erstmaliger Aussendung eines Gästebriefes dieses Jahr?

Auch die einfache, aber beim Empfang der Gäste unerlässliche Frage: »Wie sind Sie auf unser Haus/unsere Sonderaktion aufmerksam geworden?« lässt entsprechende Rückschlüsse zu. Über Coupons, Preisausschreiben, spezielle Telefonnummern, also über verschiedene Möglichkeiten der Rückmeldung (Response-Elemente), lässt sich der Erfolg einer Maßnahme ebenfalls bestimmen. Es kann zumindest damit unterschieden werden, mit welchem der parallel eingesetzten Werbeträger mehr Gästereaktion hervorgerufen werden konnte. Insofern ist schon bei der Planung von Werbemaßnahmen – wie auch bei sonstigen Maßnahmen der Kommunikationspolitik – zu überlegen, welche Größen zur Erfolgskontrolle herangezogen werden sollen. Dann erscheint zwar im Kern immer noch nachvollziehbar, aber vom Ausmaß her doch zu hoch gegriffen, wenn der amerikanische Werbepapst John Wanamaker sinngemäß sagt: »Die Hälfte der Werbung ist Verschwendung; ich weiß nur nicht welche!«

• Für wie viel? – das Werbebudget

Damit ist die Frage nach der Wirtschaftlichkeit der Werbung angesprochen, nach ihren Kosten (Wer sagt was zum wem wie, womit, wann, wo, warum und für wie viel?). Auf die Darstellung wissenschaftlicher Budgetierungsmodelle kann an dieser Stelle vollständig verzichtet werden, da das Budget in der gastgewerblichen Praxis im Grunde ausschließlich über Planungskennziffern festgelegt wird, sich also an Finanzkraft, Umsatz, Konkurrenzverhalten orientiert. Die gängigen Verfahren sind in erster Linie:

- Ausrichtung am Umsatz (Percentage-of-sales-method): Der Werbeetat ergibt sich als Prozentsatz des vergangenen, gegenwärtigen oder geplanten Umsatzes. Die Höhe des Prozentsatzes orientiert sich dabei meist am Branchendurchschnitt bzw. an Werten aus entsprechenden Betriebsvergleichen. Auch die gelegentlich genannte Pro-Stück-Methode oder die Ausrichtung am Gewinn (Percentage-of profit-method) fallen unter diese Betrachtungsweise.
- Ausrichtung an den finanziellen Mitteln (All-you-can-afford-method): Bei dieser liquiditätsorientierten Methode nach dem Motto: »Was können wir uns leisten?« ist das Werbebudget letztlich eine Residualgröße. Alles, was vom gesamten Marketingetat übrig bleibt, wird in die Werbung gesteckt.
- Ausrichtung an den Werbeaufwendungen der Konkurrenz (Competitive-parity-method): Die Höhe der Ausgaben wird einem vergleichbaren

Konkurrenten oder dem Branchendurchschnitt angepasst. Das Unternehmen geht davon aus, dass es mindestens so viel Werbung betreiben muss wie die Konkurrenz, um den Marktanteil zu halten.

– <u>Ausrichtung an den geplanten Maßnahmen</u> (Objective-and-task-method): Hier erfolgt die Entscheidung über das Werbebudget, indem die Kosten der Werbemaßnahmen ermittelt werden, die für die Erreichung der angestrebten Ziele als notwendig betrachtet werden.

Diesen Überlegungen ist gemeinsam, dass die Budgetfestlegung vergleichsweise einfach und schnell erfolgen kann. Die ersten drei Methoden bedienen sich dabei aber unklarer Bezugsgrößen und führen – am sichtbarsten bei der häufig angewendeten Prozentsatz-vom-Umsatz-Methode – zu einem prozyklischen Verhalten: Wenn das Geschäft gut läuft, stehen viele Mittel für die Werbung zur Verfügung, wenn es schlecht läuft – Werbung also ganz besonders erforderlich wäre – werden die Mittel heruntergefahren. Außerdem liegt ein Zirkelschluss vor: Der Umsatz ist eine unter anderem von den Werbeausgaben abhängige Größe und nicht umgekehrt! (Vgl. Meffert, Marketing, S. 786 f.)

Nur die Ausrichtung an den geplanten Maßnahmen vermeidet diese Fehler und entspricht im Übrigen der Auffassung von Marketing als Unternehmensphilosophie: Je nach Ausgangssituation (z. B. Neuprodukteinführung, Repositionierung, Relaunch) und Zielsetzung (z. B. Information, Einstellungsänderung, Markenpenetration) sind unterschiedliche Werbewirkungsschwellen zu überwinden, sodass die Budgetfrage mit Blick auf die unternehmensspezifischen Ziele und Aufgaben zu lösen ist. (Vgl. Gardini, Marketing-Management in der Hotellerie, S. 376)

Es gilt also – ausgehend von der jeweiligen Zielsetzung und einer operationalen Zielformulierung – zielorientierte Kommunikationsmaßnahmen zu entwickeln und die dafür notwendigen Kosten zu schätzen. Die Summe der Einzelbudgets bestimmt dann die Höhe des Gesamtbudgets. Werden dabei Höchstgrenzen überschritten, ist eine Zielanpassung über einen Feedback-Prozess erforderlich. Aus diesem Grund wird die Frage des Werbebudgets – stellvertretend für die Budgetierung der gesamten Kommunikationsmaßnahmen – im Gegensatz zu vielen anderen Publikationen nicht zu Beginn, sondern am Ende der Planungsüberlegungen betrachtet.

Verkaufsförderung (Sales Promotion)

Verkaufsförderung umfasst die Analyse, Planung, Durchführung und Kontrolle meist kurzfristiger und primär kommunikativer Maßnahmen, die zum einen dazu dienen, die eigenen Absatzorgane und die Absatzmittler zu motivieren und zu unterstützen, vor allem aber zum anderen dazu, bei den Gästen kurzfristig zusätzliche Kaufanreize zu schaffen. (Vgl. Meffert/Bruhn, Dienstleistungsmarketing, S. 463)

Die Verkaufsförderung beinhaltet also alle Bemühungen und Methoden am Ort des Verkaufs (Point of Sale = POS oder Point of Purchase = POP), um einen Gast direkt anzusprechen und den Absatz kurzfristig und unmittelbar zu stimulieren: Werbung bringt den Gast ins Haus, Verkaufsförderungsmaßnahmen helfen dann, die Kaufwünsche des Gastes zu mehren. Im Gegensatz zur Werbung, die eher (massen-)medienorientiert arbeitet, ist die Verkaufsförderung aktionsorientiert.

Verkaufsförderungsaktionen sind umso wirksamer, je besser sie – im Sinne der oben beschriebenen integrierten Kommunikation – mit anderen Maßnahmen abgestimmt sind: So bewirken zusätzliche werbliche Unterstützung der Verkaufsförderung und aktionsbezogene Preiszugeständnisse mehr als der isolierte Einsatz der einzelnen Instrumente.

Maßnahmen der Verkaufsförderung können nach drei Zielrichtungen unterschieden werden:
- Personalbezogene Verkaufsförderung, in deren Mittelpunkt die Verbesserung der Qualifikation und Motivation der eigenen Mitarbeiter steht.
- Gastbezogene Verkaufsförderung, die in erster Linie vor Ort, also im Hotel oder Restaurant, zum Einsatz kommt.
- Absatzmittlerbezogene Verkaufsförderung, die eine Festigung der Beziehung zu Reisebüros, Reiseveranstaltern, Tourismusinstitutionen usw. zum Ziel hat.

Die personalbezogene Verkaufsförderung beinhaltet in erster Linie Produktschulungen, Degustationen und Verkaufsschulungen für die sogenannten »Gastkontaktmitarbeiter« im Betrieb. Auch die Entwicklung von materiellen und immateriellen Anreizsystemen – Stichwort: »Mitarbeiter des Monats« –, erfolgsabhängigen Prämiensystemen und Incentives sind Instrumente der personalbezogenen Verkaufsförderung.

Aufgrund des intensiven Gästekontakts steht in gastgewerblichen Betrieben die gastbezogene Verkaufsförderung als In-house-Promotion jedoch eindeutig im Vordergrund. Dabei kommen sowohl persönliche als auch sachliche Maßnahmen und Hilfsmittel in Betracht:
- Kostproben (regionale Küche), Verkostungen (Getränke), Produktpräsentationen
- Sonderaktionen (z. B. Spargelwochen, Wellnesswochen, Italienischer Abend)
- Sonderangebote (z. B. Einführungspreis), Treueprämien
- Zugaben, Give-aways
- Präsentation des Speiseangebots durch Aufsteller am Eingang auf dem Bürgersteig

- Speise- und Getränkekarten (im Aushang, auf den Tischen, im Hotel-fahrstuhl)
- Tischaufsteller (z. B. Klassiker wie: »Der Beaujolais Primeur ist da!«, Hinweis auf Tagesgerichte)
- Display-Materialien und Display-Tische (z. B. reizvolle Dekorationen, verführerische Zutaten, hauseigene Dressings, das selbstgebackene Brot, die hausgemachte Marmelade, die eigenen Spirituosen, Hotel-souvenirs)
- Rückerstattungsangebote, Servicegarantien (z. B. *Ibis* Hotels: »Sollten wir es nicht schaffen, ein Problem, für das wir verantwortlich sind, inner-halb von 15 Minuten zu lösen, sind Sie unser Gast!«)
- Auslage von Flyern, Hotel- oder Spezialprospekten
- Plakatierungen
- Verlosungen

Schließlich darf der Einfluss der Gesamtatmosphäre im Hotel oder Restau-rant nicht übersehen werden: Bekommt der Gast alle erforderlichen Infor-mationen, die Hilfe und Unterstützung, die er braucht, um sich im Hotelkom-plex oder am umfangreichen Lunchbuffet zurecht zu finden und bekommt er sie auf eine für ihn angenehme Art? Auch dadurch wird der Verkauf am POS gefördert – oder eben nicht!
Gastorientierte Verkaufsförderungsaktionen außer Haus sind beispiels-weise die Versendung von Prospektmaterial und Hotelverzeichnissen, Preis-ausschreiben, Gewinnspiele, Bonhefte, Coupons und Gutscheinbücher (»Schlemmerblock«).
Diese Aktionen zielen darauf ab, einen Nachfragesog zu erzeugen, während die absatzmittlergerichteten Verkaufsförderungsmaßnahmen eher einen Verkaufsdruck aufbauen. Am Beispiel der Verkaufsförderung kann daher der Unterschied zwischen der Pull-Strategie und der Push-Strategie stellver-tretend für deren Einsatz bei den anderen Kommunikationsmaßnahmen aufgezeigt werden (Grafik Seite 284).

Absatzmittlerbezogene Verkaufsförderungsaktionen schließlich bestehen im Wesentlichen aus Verkaufsunterstützung für die eingesetzten Absatzor-gane. Es handelt sich dabei also um Maßnahmen, die zum Verkauf des entsprechenden Angebotes motivieren und beitragen sollen. Typisch dafür in der Hotellerie sind Einladungen zu Betriebsbesichtigungen, Freiaufent-halte, Werbegeschenke, Verkäuferwettbewerbe oder klassische Verkaufs-hilfen wie Sales Folder, Werbematerial, Displays. (Vgl. Gardini, Marketing-Management in der Hotellerie, S. 384 f.)

Die Verkaufsförderung gewinnt als eigenständiges Kommunikationsinstru-ment aus den folgenden Gründen, zunehmend an Bedeutung:

Pull- und Push-Strategien zur Stimulierung des Absatzes

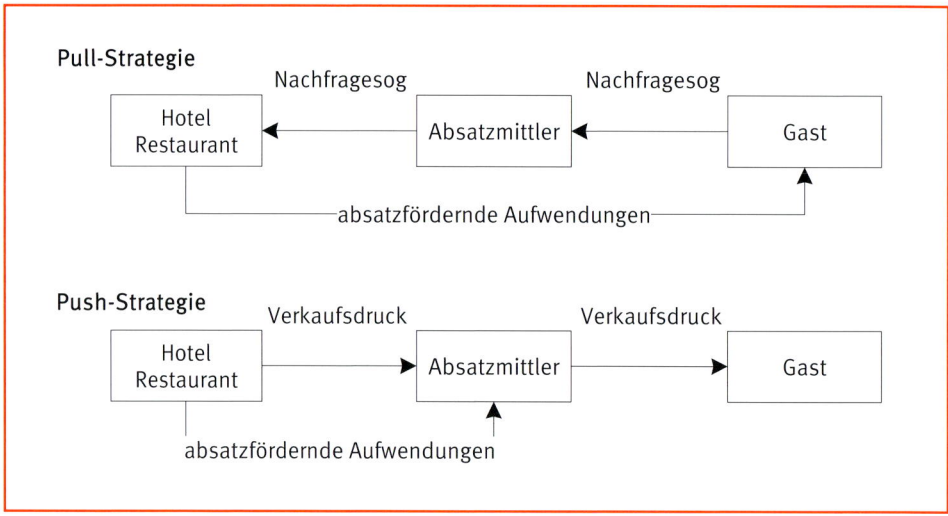

(Quelle: Bliemel/Kotler, Marketing-Management, S. 921)

- Informationsüberlastung und damit Wirksamkeitsverlust bei der klassischen Werbung
- Gezieltere Beeinflussung der Kaufentscheidung, die häufig erst am POS getroffen wird
- Geringere Streuverluste in immer stärker segmentierten Märkten
- Zunehmende Zahl von Selbstbedienungskonzepten mit entsprechendem Erklärungsbedarf

Bei der Budgetierung der Maßnahme sollte jedoch darauf geachtet werden, dass nicht einfach eine Verlagerung der Mittel weg von der Werbung und hin zur Verkaufsförderung erfolgt, weil sonst die Gefahr besteht, mittel- und langfristige Werbewirkungen zu vernachlässigen. (Vgl. Meffert, Marketing, S. 721)

Öffentlichkeitsarbeit (Public Relations)

Öffentlichkeitsarbeit bezeichnet die planmäßig zu gestaltende Beziehung zwischen der Unternehmung und den verschiedenen Zielgruppen (Teilöffentlichkeiten, wie z. B. die Presse, aktuelle und potenzielle Gäste, Konkurrenten, Aktionäre, Banken, Lieferanten, aktuelle wie potenzielle Mitarbeiter, Nachbarn, Institutionen, Staat) mit dem Ziel, Sympathie, Vertrauen und Verständnis zu gewinnen bzw. auszubauen und damit das Firmenimage zu stärken. Mehr denn je gilt es dabei, gesellschaftliche Verantwortung zu übernehmen. Reaktives Verhalten auf die Unternehmensumwelt ist nicht genug. Schon lange ist aus dem »Tue Gutes und rede darüber« der Öffentlichkeitsarbeit ein »Rede über das, was du tust« geworden. (Vgl. Meffert, Marketing, S. 724) Grundsätze wie Wahrhaftigkeit, Offenheit und uneingeschränkte Informationsbereitschaft sind angesichts eines anspruchsvoll-kritischen Umfeldes unverzichtbare Grundvoraussetzungen einer dauerhaft erfolgreichen Öffentlichkeitsarbeit.

Die Öffentlichkeitsarbeit übernimmt gegenüber den unterschiedlichen Anspruchsgruppen – innerbetrieblich, vor allem aber außerbetrieblich – vielfältige Funktionen, entsprechend zahlreich sind die Instrumente, die zum Einsatz kommen.

Funktionen und Instrumente der Öffentlichkeitsarbeit

Funktionen	Instrumente
• **Informationsfunktion** Vermittlung von Informationen nach innen und außen • **Kontaktfunktion** Aufbau und Aufrechterhaltung von Verbindungen zu allen für das Unternehmen relevanten »Lebensbereichen« • **Imagefunktion** Aufbau, Änderung und Pflege des Vorstellungsbildes über das Unternehmen • **Harmonisierungsfunktion** Ausbau der wirtschaftlichen und gesellschaftlichen Verhältnisse und insbesondere der innerbetrieblichen Beziehungen (Human Relations) • **Absatzförderungsfunktion** Schaffung von Anerkennung in der Öffentlichkeit zur Förderung des Verkaufs • **Stabilisierungsfunktion** Erhöhung der »Standfestigkeit« des Unternehmens in kritischen Situationen • **Kontinuitätsfunktion** Bewahrung eines einheitlichen Stils des Unternehmens nach innen und außen • **Sozialfunktion** Aufzeigen der gesellschafts- und sozial-bezogenen Unternehmensleistungen	• **Pressemappe** • **Pressekonferenzen** • **PR-Anzeigen/-spots** • **Vorträge/Interviews** • **Road Shows** • **Geschäftsberichte** • **Broschüren** • **Mitarbeiterzeitung** • **Gästezeitschrift** • **Veranstaltungen (Tag der offenen Tür)** • **Betriebs-/Hauptversammlungen** • **Podiumsdiskussionen** • **Redaktionelle Beiträge** • **Betriebsbesichtigungen** • **(Kunst-)Ausstellungen, Stiftungen** • **Leserbriefe, E-Mails, Virtual Communities, Corporate Blogs** • **...**

(Quellen: Meffert, Marketing, S. 724 f., und Gardini, Marketing-Management in der Hotellerie, S. 389)

Werbung und Öffentlichkeitsarbeit unterscheiden sich daher vor allem dahingehend, dass Werbung eher für ein einzelnes Produkt bei den Gästen, PR aber für das Unternehmen als Ganzes in der gesamten Öffentlichkeit betrieben wird.

Werbung versus Öffentlichkeitsarbeit

Kriterium	Werbung	Öffentlichkeitsarbeit
Gegenstand	Produkte/ Dienstleistungen	Unternehmen
Oberziele	Absatzförderung	Image
Zu beeinflussende Größe	Kaufverhalten	Meinungen/ Einstellungen
Zielgruppe	(Potenzielle) Kunden	Gesamte Öffentlichkeit

Auch wenn Öffentlichkeitsarbeit nicht auf reine Pressearbeit verkürzt werden darf, soll diese im Folgenden doch in den Mittelpunkt gerückt werden, da die sonstigen Maßnahmen an anderer Stelle zur Sprache kommen. Wer sich also die Frage stellt: »Wie komme ich (positiv, kostenlos und im redaktionellen Teil) in die Presse?«, der muss dafür Gründe liefern.

Der wichtigste Grund, warum überhaupt jemand über ein Hotel oder ein Restaurant berichten sollte, ist ein spezifischer Anlass: die Fertigstellung des neuen Wellnessbereichs, die Umgestaltung der Hotelhalle, der neue Party-Service (leistungsbezogene Öffentlichkeitsarbeit), ein Firmenjubiläum, ein Wechsel in der Unternehmensleitung, der neue Küchenchef, die Eröffnung einer Filiale (unternehmensbezogene Öffentlichkeitsarbeit), Stellungnahme zur Berufsausbildungssituation in Hotellerie und Gastronomie (gesellschaftsbezogene Öffentlichkeitsarbeit). Es gibt viele solcher Anlässe, die von der Presse aufgegriffen werden können. Erfolgreiche Pressearbeit besteht unter anderem darin, nicht zu warten, bis – im wahrsten Sinne des Wortes »alle Jubeljahre« – das nächste Firmenjubiläum ansteht, sondern aktiv solche medienrelevante Anlässe zu (er)finden.

Erfolgreiche PR schafft nicht nur Anlässe mit Neuigkeitswert, die auch ein entsprechendes Echo finden, sie wird auch regelmäßig und nicht fallweise oder nur reaktiv betrieben, wenn es brennt; sie sorgt für rechtzeitige Information der Öffentlichkeit und vermeidet vor allem, dass ein Informationsvakuum entsteht, in dem sich Gerüchte, Falschmeldungen und Spekulationen breit machen können. Gute Kontakte zur (örtlichen) Presse und zu Fachjournalisten sind dafür eine Grundvoraussetzung.

Deshalb ist der Presseverteiler ein wichtiges Organisationsmittel der Pressearbeit. Der Presseverteiler ist eine Kartei, die alle Informationen enthält, die benötigt werden, um regelmäßig Presseinformationen herausgeben zu können. Alle relevanten Daten der infrage kommenden Redaktionen werden darin erfasst und immer auf dem neuesten Stand gehalten:

- Adresse
- Telefon- und Faxnummer
- E-Mail-Adresse, Homepage

- Durchwahlnummern von Ansprechpartner/innen in wichtigen Ressorts (Lokales, Wirtschaft, Kultur)
- einzuhaltende Abgabefristen, Redaktionsschluss
- gewünschte Textform (Papier, CD/DVD, Mail)

Die Pressemappe enthält zahlreiche Informationen und dient dazu, ein Unternehmen in seiner Gesamtheit zu präsentieren – Personen, Dienstleistungen, Produkte, Ziele und Pläne. Sie sollte immer bereitgehalten werden, sodass sie kurzfristig eingesetzt werden kann. Sie enthält mindestens:
- Anschreiben/Deckblatt
- Biografien (Inhaberfamilie, besondere Mitarbeiter)/Firmengeschichte
- Fotos
- Daten und Fakten (Geschäftsberichte, Kontaktinformationen und Ansprechpartner im Hotel)
- Pressemitteilungen/Zeitungsausschnitte
- aktuelle Informationen

Eine Pressemappe (Press Kit) kann sehr unterschiedlich gestaltet werden, in Abhängigkeit von der Zielgruppe des Unternehmens. Ein modernes Designhotel wird wahrscheinlich ein anderes Layout wählen als ein traditionelles Luxushotel – in jedem Fall sollte es zum Image des Hauses passen.

Die Pressemeldung (auch Pressenotiz, Pressedienst oder Presseaussendung) ist meistens das wichtigste Mittel einer PR-Aktion: Ein kurzer, druckreifer Artikel, mit dem die Medien über den Anlass informiert werden, der Nachrichtenwert haben muss. Die Pressemeldung sollte formal als solche gekennzeichnet sein – am besten mit dem Hinweis »Zur umgehenden Veröffentlichung« oder in begründeten Ausnahmefällen mit Angabe einer Sperrfrist, die angibt, ab wann die Meldung frühestens veröffentlicht werden darf. Mit der jeweiligen Redaktion sollte geklärt sein, in welcher Form (z. B. auf Papier oder als Mail) die Texte vorgelegt werden müssen.
Inhaltlich sollte die Kernaussage gleich zu Beginn herausgestellt werden: Wer tut was und wie und wo und wann und warum? Gute Fotos mit informativem Bildtext, aber auch in Tabellen und Grafiken aufbereitetes Zahlenmaterial unterstützen die Aussagen der Pressemitteilung. Eine Pressemeldung muss Informationen ehrlich und offen weitergeben, Effekthascherei und Übertreibungen sind zu vermeiden, im Zuge eines fairen Umgangs mit Medienvertretern und Journalisten ist eher Understatement angesagt. (Vgl. Hänssler, Management in der Hotellerie und Gastronomie, S. 271 f.)

Auch Pressegespräche, zu denen mehrere Journalisten eingeladen werden – in festen Abständen als Jour fixe auch außerhalb öffentlichkeitswirksamer Anlässe -, dienen der Kontaktpflege, dem Austausch von Hintergrundinformationen und dem Aufbau von Vertrauen bei den Medienvertretern.

Schließlich sind als Maßnahmen im Rahmen der Pressearbeit noch Interviews und Pressekonferenzen zu nennen, bei denen Eigentümer, Geschäftsführer, Vorstandsmitglieder oder eigens beauftragte Pressesprecher eines Unternehmens einem oder mehreren Journalisten Rede und Antwort stehen. Hier kommt es ganz besonders auf eine gute Vorbereitung an: Thema, inhaltliche Fragen, Daten und Fakten müssen vorab geklärt sein, aber auch Termin und Ort der Veranstaltung sowie Zeitpunkt, Adressaten und Form der Einladung. Der Ablauf einer Pressekonferenz sieht meist wie folgt aus:

- Begrüßung aller Anwesenden
- Einleitung
- Erklärung und Statements
- Diskussion mit Fragen seitens der Presse
- Dank an alle Beteiligten
- Snack
- Pressedienst bzw. –aussendung

Öffentlichkeitsarbeit insgesamt – und mit ihr das Kernstück der Pressearbeit – gewinnt mit zunehmender Unternehmensgröße und möglicher Internationalisierung in Hotelketten oder Betrieben der Systemgastronomie an Bedeutung und wird deshalb in größeren Unternehmen häufig externen Experten in PR-Agenturen anvertraut. Diese übernehmen auch den so genannten Medienbeobachtungsdienst, indem sie die unterschiedlichsten Zeitungs- und Zeitschriftenartikel, aber auch Radiointerviews oder Fernsehspots sammeln und für den jeweiligen Auftraggeber archivieren.

Auch wer seine Pressearbeit in Eigenregie durchführt, wird Kopien bereits veröffentlichter Artikel (Clips) als Beleg für den Erfolg seiner Arbeit sammeln, auch um sie beispielsweise in der aktuellen Pressemappe zu verwenden. Dieses Clipping darf jedoch nicht einfach ein mengenmäßiges Zählen der veröffentlichten Meldungen sein; vielmehr kommt es darauf an, in welchen Medien die jeweilige Veröffentlichung erschienen ist. Neben die quantitative muss also auch eine qualitative Medienresonanzanalyse treten.

Persönlicher Verkauf

Persönlicher Verkauf umfasst alle verbalen und nonverbalen kommunikativen Aktivitäten, die im wechselseitigen direkten Kontakt zwischen dem Verkaufspersonal und den Gästen in einer Face-to-face-Kontaktsituation stattfinden. Ziel des persönlichen Verkaufs ist es, durch Verkaufsgespräche einen Verkaufsabschluss zu bewirken. Diese Form der individuellen Kommunikation ist in der Gastronomie von zentraler Bedeutung, da der Unternehmenserfolg wesentlich von der Leistung des Kundenkontaktpersonals abhängt, also z. B. davon, wie gut die Kommunikation zwischen Gast und Kellner gelingt. (Vgl. Meffert/Bruhn, Dienstleistungsmarketing, S. 470)

Der persönliche Verkauf stellt die intensivste Beziehung zwischen dem gastgewerblichen Betrieb und dem Gast dar. Er ist das letzte Glied in der Kette aller Marketingaktivitäten – sozusagen ihre »lokalste« Form.

Im Grunde sollten alle »Gastkontaktmitarbeiter« auch verkaufen können. Voraussetzung dafür ist, dass internes Marketing einen Beitrag zur Motivation und Schulung dieser Mitarbeiter leistet. Daher sind diese Maßnahmen – oft als interne PR oder mitarbeiterorientierte Verkaufsförderung bezeichnet – von herausragender Bedeutung. Wer an der Rezeption, im Restaurant oder in der Bar, im Bankett- und Veranstaltungsbereich oder in der Sales-Abteilung verkaufen soll, muss umfassend informiert sein und entsprechende Hilfsmittel, wie etwa Bankett- und Tagungsmappen, zur Verfügung haben. Deshalb muss dafür Sorge getragen werden, dass die Mitarbeiter die angebotenen Produkte in ihrem Zuständigkeitsbereich genau kennen und von dem Angebot selbst überzeugt sind – nur so können sie auch den Gast überzeugen.

Anforderungen an im persönlichen Verkauf tätige Mitarbeiter

- Dienstleistungsmentalität
- Gepflegtes Erscheinungsbild
- Kontaktfähigkeit
- Offenheit und Leistungsbereitschaft dem Gast gegenüber
- Einfühlungsvermögen
- Partnerschaftlicher Umgang mit dem Gast
- Fachliche Kompetenz
- Selbstsicherheit, Kommunikationsfähigkeit
- Fähigkeit zuzuhören
- Verhandlungsgeschick
- Kenntnisse und Anwendung der Verkaufs- und Verhandlungstechniken

---

Beim persönlichen Verkauf sind Konstanz des Personals und die damit verbundenen persönlichen Beziehungen zwischen Mitarbeiter und Gast wichtige, langfristig wirkende Elemente, die zu einem zentralen Erfolgsfaktor werden können. Aushilfskräfte im Restaurant, (zu) häufig wechselndes Personal an der Hotelrezeption erschweren den Aufbau einer Stammkundschaft. (Vgl. Freyer, Tourismus-Marketing, S. 560)

Maßnahmen für die Mitarbeiter umfassen neben der eigentlichen Verkäuferschulung zur Verbesserung der Verkaufsqualifikation vor allem auch monetäre Anreizsysteme:

- Entlohnungs- und Prämiensysteme, Tronc-Systeme
- Wettbewerbs- und Bonussysteme, Sachpreise, Incentives

- Schulungsprogramme: Einzeltraining, Gruppentraining, Rollenspiel, Videotraining, Fallbeispiele, Argumentationshilfen
- Bereitstellung von Verkaufsunterlagen, Bankettmappen, Prospekten

(Vgl. Freyer, Tourismus-Marketing, S. 557)

Der Schwerpunkt der verkaufstechnischen Schulungsarbeit verlagert sich von der reinen Wissensvermittlung und der Einübung handwerklich-technischer Fertigkeiten immer stärker hin zur Förderung kommunikativer und sozialer Kompetenzen. Es kommt nämlich entscheidend darauf an, eine angenehme Atmosphäre für den Gast zu schaffen, ihn positiv auf den Kauf »einzustimmen« – schließlich hat er sich an das Hotel gewandt oder wohnt schon darin oder hat das Restaurant betreten, weil er konsumieren will. Fachliches Know-how des Verkaufspersonals wird dabei als selbstverständlich vorausgesetzt; Feingefühl und Empathie sind jedoch gefragt, wenn es darum geht, die Bedürfnisse, Wünsche und Erwartungen der Gäste im Verkaufsgespräch zu erspüren. In diesem Sinne ist Verkaufen heute tatsächlich in erster Linie »Emotionsmanagement«. Je individueller die Leistung für den einzelnen Gast erbracht wird, und je unmittelbarer der Gast-Mitarbeiter-Kontakt ausfällt, desto stärker ist das Gefühl emotionaler Verbundenheit. Und gerade dort, wo Produkte nicht mehr faszinieren können, da müssen es Menschen tun. (Vgl. Schüller, Erfolgreich verhandeln – erfolgreich verkaufen)

Es gilt als weithin akzeptiert, dass mit der direkten und aggressiven Methode des Hardselling, bei der ein Kunde mit produktspezifischen Vorzügen und Details geradezu bombardiert wird (Push-Strategie), heute kaum noch Erfolg zu erzielen ist. Statt Druck auszuüben wird ein geschickter Verkäufer Softselling betreiben, also zurückhaltend und unaufdringlich darauf hinwirken, dass sein Kunde einen Verkaufsabschluss als erstrebenswert empfindet (Pull-Strategie). Auf diese Weise wird dann auch der Boden für den Verkauf einer höherwertigen als der ursprünglich gewünschten Leistung bereitet (Upselling). Dabei werden beispielsweise einem Hotelgast mit plausiblen Argumenten die Vorzüge der nächsthöheren Zimmerkategorie und der sich für ihn daraus ergebende höhere Nutzen verdeutlicht. Schließlich eröffnet gastorientiertes Verkaufen auch die Chance, Cross selling zu betreiben, d.h. Zusatzverkäufe zu vereinbaren, wenn etwa dem Hotelgast angeboten wird, ihm am Tag seiner Anreise vorab einen Tisch im Hotelrestaurant zu reservieren.
Ein in diesem Sinne kompetenter Verkaufsmitarbeiter kann neben seiner Hauptaufgabe – der Erzielung von Geschäftsabschlüssen mit dem Hotel-, Restaurant-, Bankett- und Tagungsgast oder den Absatzmittlern – gleichzeitig verschiedene weitere Funktionen wahrnehmen:
- Marktforschung: Er erhält Informationen über die Wünsche der Gäste.
- Controlling: Er steuert den Marketing- und Kommunikationserfolg.

- Produktpolitik: Er übernimmt zum Teil den Service-Kundendienst.
- Public Relations: Er trägt zur Imagebildung in der Öffentlichkeit bei.

(Vgl. Freyer, Tourismus-Marketing, S. 560)

Ein gutes Verkaufsgespräch – etwa im Bankettverkauf oder im Tagungsgeschäft – lässt sich in mehrere Phasen gliedern:

Die fünf Phasen eines guten Verkaufsgesprächs

1 Vorbereitung und Zielsetzung (Presales):
 – Wem soll etwas verkauft werden?
 – Was soll erreicht werden?
 – Sind alle Informationen und Unterlagen griffbereit?
2 Kontaktphase (Anbahnung des Geschäfts):
 – Es gibt keine zweite Chance für einen guten ersten Eindruck!
 – Gast mit Namen begrüßen
 – Angenehme Beratungsatmosphäre herstellen
3 Verhandlungsphase (Aufbau und Einstimmung):
 • Kundenbedarfsanalyse:
  – Kunden sprechen lassen
  – Aktiv zuhören
  – Gezielte Bedarfsermittlung durch offene Fragen
   (wer, was, wie, …)
  – Kundenwünsche zusammenfassen
 • Angebotsphase:
  – (Wenige) Alternativen bieten
  – Nutzen für den Gast herausstellen
  – Einwände ausräumen
4 Abschlussphase (Geschäftsabschluss mit Anbahnung
 weiterer Kontakte)
 • Verkaufsabschluss:
  – Abschlussbereitschaft erkennen und
  – durch emotionale Ansprache unterstützen
 • Verabschiedung:
  – Auch der letzte Eindruck zählt!
  – Freundliche Verabschiedung wirkt der »Kaufreue« entgegen
   und legt die Basis für eine Stammkundschaft (»Kauftreue«).
5 Nachbearbeitung (Follow-up, After-Sales)
 – Kontakt mit dem Gast halten, seine Zufriedenheit feststellen
 – Eigenen (Gesprächs-)Erfolg beurteilen, was ist zu verbessern?
 (Vgl. Freyer, Tourismus-Marketing, S. 561 ff.)

Persönlicher Verkauf wird dann erfolgreich sein, wenn es gelingt, Verhandlungsgeschick und gelernte Verhandlungstechniken im unmittelbaren Kontakt mit dem Gast vor Ort – aber auch mit dem berühmten Lächeln in der Stimme am Telefon – natürlich einzusetzen, sodass sich der Gast weder vernachlässigt noch bedrängt fühlt. Die Frage: »Darf es ein Aperitif vorab sein?« nach der Begrüßung des Restaurantgastes garantiert noch keinen Mehrumsatz, ebenso wenig das Angebot von Suppen und Vorspeisen, wenn der Gast nur einen Hauptgang bestellt. Auch mit Hinweisen auf das besonders attraktive Tagesmenü, das leckere Dessert, mit Fragen nach Digestif und Kaffee zum Abschluss wird vielleicht nicht der gewünschte Erfolg erzielt; schlimmstenfalls aber wird der Gast: »Nein, danke!« sagen. Deswegen solche Angebote nicht zu machen, hieße jedoch Chancen zu vergeben!

Sponsoring

Das Sponsoring hat sich mittlerweile zu einem unverzichtbaren Instrument der Kommunikationspolitik entwickelt und wird nicht nur von Großbetrieben, sondern – z. B. in Verbindung mit örtlichen Vereinen – auch von immer mehr kleineren Hotels und Restaurants eingesetzt.

Sponsoring bedeutet die systematische Förderung von Personen, Organisationen oder Veranstaltungen im sportlichen, kulturellen oder sozialen Bereich durch Geld-, Sach-, Dienstleistungen oder Know-how zur Erreichung von Marketing- und Kommunikationszielen. Die Sympathie und das Interesse, das dem Gesponserten entgegengebracht wird, sollen auf den Sponsor übertragen werden. Dafür darf der Sponsor dann seinen Namen oder sein Leistungsangebot bekanntmachen – beispielsweise in Form von Trikot- oder Bandenwerbung, in Festschriften, durch (exklusive) Namensnennung bei Veranstaltungen. (Vgl. Meffert, Marketing, S. 731)

Durch Sponsoringmaßnahmen werden vor allem folgende Ziele verfolgt:

- Aktualisierung und Stabilisierung der Markenbekanntheit
- Aufbau, Pflege und Verbesserung des Images
- Schaffung attraktiver Möglichkeiten der Kontaktpflege
- Schaffung von Goodwill und Dokumentation gesellschaftlicher Verantwortung
- Verbesserung der Mitarbeiteridentifikation und Mitarbeitermotivation

Je nach Bezugspunkt des Sponsorings unterscheidet man:

- Sportsponsoring (Einzelsportler, Mannschaften, Sportveranstaltungen)
- Kultursponsoring (Bildende Kunst, Musik, Theater, Literatur, Ausstellungen, Konzerte, Tourneen)
- Sozio- und Umweltsponsoring (Ausbildungsstätten, Umweltschutzorganisationen)
- Programmsponsoring (Fernsehsendungen, -serien, Live-Übertragungen)

Die Leistung des Sponsors kann in Geld- oder Sachmitteln (z. B. Getränke für eine bestimmte Veranstaltung), aber auch in Dienstleitungen bestehen (z. B.

Übernahme des Caterings für die VIP-Lounge). Die Gegenleistung besteht regelmäßig neben der Duldung von Werbemaßnahmen vor Ort in der unentgeltlichen Schaltung von Werbeanzeigen in Publikationen des Geförderten (Jahresbericht, Mitgliederzeitschrift, Broschüre) oder der Gestaltung von Werbeaktionen im Rahmen von Veranstaltungen des Geförderten (Plakat, Informationsmaterial, Produktpräsentationen). Nach der Anzahl der Sponsoren wird dabei zwischen Exklusiv- und Co-Sponsoring unterschieden. Der Gesponserte sollte eine gewisse Bekanntheit haben – zumindest im Einzugsbereich des jeweiligen Hotels oder Restaurants – und positiv als glaubwürdig, sympathisch und erfolgreich von der Öffentlichkeit wahrgenommen werden. Auch Sponsoring muss in ein Gesamtkonzept eingebettet sein und von anderen kommunikationspolitischen Instrumenten begleitet werden. Das folgende Schaubild zeigt die einzelnen Aspekte des Sponsorings und ihre Einbettung in die Unternehmens- und Kommunikationsstrategie.

Bezugsrahmen des Sponsorings

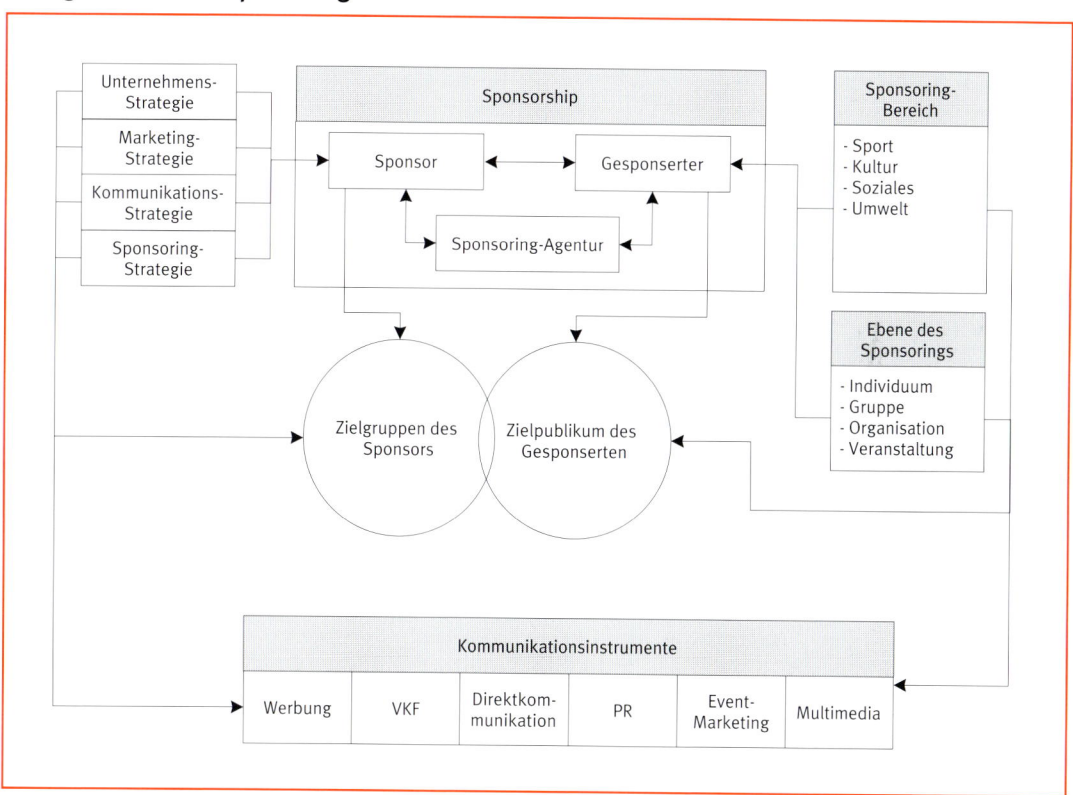

(Quelle: Meffert, Marketing, S. 733)

Wird ein bekannter Sportler oder ein örtlicher Sportverein gesponsert, so muss beispielsweise überlegt werden, ob und in welcher Weise Werbemaßnahmen (z. B. Zeitungsanzeigen mit dem Gesponserten als Testimonial) oder begleitende Presseartikel im Rahmen der Öffentlichkeitsarbeit die Sponsoringaktivitäten unterstützen können. Auch Maßnahmen der internen Kommunikation kommen infrage, wie etwa ein Wettbewerb unter den Mitarbeitern, bei dem es ein persönliches Treffen mit dem gesponserten Sportler oder Freikarten für den Sportverein zu gewinnen gibt. (Vgl. Gardini, Marketing-Management in der Hotellerie, S. 372).

Entscheidend für den Erfolg aller Maßnahmen in diesem Bereich sind in erster Linie die Fragen, ob ein Unternehmens- oder Produktbezug zum Gesponserten vorhanden ist, ob eine Imageaffinität zwischen den Partnern besteht und inwieweit es sich um eine dauerhaft verlässliche Beziehung handelt. Häufige Misserfolge eines gesponserten Sportlers oder gar die Demontage von Idolen durch Aufdeckung von Manipulationen führen nämlich unweigerlich zu einem negativen Imagetransfer auf den Sponsor und bewirken damit genau das Gegenteil des gewünschten Effekts. (Vgl. Meffert, Marketing, S. 732)

Messen und Ausstellungen

Messen und Ausstellungen sind zeitlich und örtlich festgelegte Veranstaltungen mit Marktcharakter, die das umfassende Angebot eines oder mehrerer Wirtschaftszweige einem Publikum präsentieren und normalerweise in regelmäßigem Turnus stattfinden. Das eigene Leistungsangebot und die eigene Leistungskompetenz können dabei Fachkundigen und/oder der interessierten Allgemeinheit vorgestellt werden. Zugleich ergibt sich Gelegenheit zum unmittelbaren Vergleich mit der Konkurrenz und der Bestimmung der eigenen Position im Wettbewerbsumfeld. (Vgl. Meffert/Bruhn, Dienstleistungsmarketing, S. 479) Wegen dieser Möglichkeiten sind Messen und Ausstellungen aus keiner Branche mehr wegzudenken. Die bedeutendsten Veranstaltungen aus Sicht von Tourismus, Hotellerie und Gastronomie sind dabei die Internationale Tourismusbörse Berlin (ITB), die Internorga in Hamburg und die Anuga in Köln. Aber auch andere Fachmessen wie die IMEX in Frankfurt, die Intergastra in Stuttgart, die Hogatec in Düsseldorf und die Hogaka in Karlsruhe sind wichtige regelmäßige Branchentreffs.

Mit der Teilnahme an Messen und Ausstellungen werden verschiedene Ziele verfolgt:

- Vorbereitung bzw. Durchführung von Geschäftsabschlüssen
- Anbahnung neuer und Pflege bestehender Geschäftsbeziehungen
- Festlegung der eigenen Position im Wettbewerbsumfeld
- Erfahrungsaustausch unter Kollegen
- Beschaffung von Trendinformationen über neue Angebote und Gästebedürfnisse
- Darstellung der Unternehmenskompetenz
- Gewinnung potenzieller Nachwuchskräfte

Messen bieten die Möglichkeit der Unternehmens- und Produktpräsentation am Messestand, auf Pressekonferenzen, in Workshops und Vorträgen und eröffnen so die direkte und persönliche Kommunikation mit Kaufentscheidern und Meinungsbildnern. Daher wird diese Thematik häufig auch unter dem Kapitel »Persönlicher Verkauf« behandelt oder als »Out-house-Promotion« der Verkaufsförderung untergeordnet.

Maßnamen im kommunikativen Bereich der Messebeteiligung beinhalten je nach Art, Zielsetzung und Zielgruppe einer Messe häufig den integrierten Einsatz von Standwerbung, Direktkommunikation, klassischer Werbung sowie Öffentlichkeitsarbeit.

Im Rahmen der Messeplanung müssen eine ganze Reihe von Aktivitäten koordiniert werden.

- Messevorbereitung, dazu gehören:
  - Festlegung der mit der Messepräsenz angestrebten Ziele
  - Planung des Messestandes und Bereitstellung der erforderlichen Materialien
  - Personaleinsatzplanung und Messebriefing
  - Logistik und Finanzierung
  - Vorbereitung unterstützender Kommunikationsmaßnahmen

- Messedurchführung, dazu gehören:
  - Personaleinsatz, Gesprächsterminierung
  - Konkurrenzbeobachtung
  - Werbe- und Verkaufsförderungsmaßnahmen
  - Gespräche und Veranstaltungen am Stand

- Messenachbereitung, dazu gehören:
  - Kontakte und Kontaktqualität bewerten
  - Verkaufsabschlüsse auswerten und Abwicklung veranlassen
  - Nachfassaktionen (schriftliche/telefonische Kontakte, Termine, Kundenbesuche)
  - Teilnahmekosten ermitteln und beurteilen
  - Zielerreichung prüfen, Verbesserungen zur nächsten Messe vorschlagen
  (Vgl. Gardini, Marketing-Management in der Hotellerie, S. 390 f.)

Die hohe Kommunikationsqualität von Messen wird durch ihren Ereignischarakter bewirkt. Darüber hinaus kommen viele Unternehmen dem wachsenden Informationsbedürfnis der Fachbesucher durch zusätzliche Veranstaltungen in Form von Fachsymposien und Kongressen nach. Insoweit ist eine Kombination von Messen und Ausstellungen mit dem Event-Marketing festzustellen. (Vgl. Meffert, Marketing, S. 742 f.)

Event-Marketing

Unter Event-Marketing wird die Planung, Organisation, Inszenierung und Kontrolle von Ereignissen im Rahmen der Unternehmenskommunikation verstanden. Durch erlebnis- und dialogorientierte firmen- und produktbezogene Veranstaltungen werden dabei emotionale und physische Reize sowie starke Aktivierungsprozesse ausgelöst. (Vgl. Meffert, Marketing, S. 733) Besonderes Merkmal ist die Dialogfähigkeit: In unmittelbarem Kontakt zum Verbraucher und in einer für diesen angenehmen Situation kann das veranstaltende Unternehmen mit seinen Produkt- und Leistungsangeboten in den Mittelpunkt gestellt werden.

Prinzipiell kann jede Promotion, jedes Sponsoring oder jede Produktneueinführung durch den Einsatz des Event-Marketings zu einem unvergesslichen Erlebnis mit Produkt- und/oder Firmenbezug gemacht werden. Events sind keine Verkaufsveranstaltungen, sondern verfolgen das Ziel, die Werbebotschaft durch persönliche Erlebnisse und die Inszenierung von Markenwelten fernab von der Alltagswirklichkeit für die Zielgruppe zugänglich zu machen. Bei Events geht es also nie allein um Informationsvermittlung, dieses Instrument umfasst immer auch die Unterhaltungs- und Erlebnisfunktionen. Für die kreative Ausgestaltung eines solchen Events steht ein vielfältiges Instrumentarium bereit: Das Spektrum reicht dabei von Multimedia-Präsentationen, Videospots, Lasershows, Talkshows, Roadshows bis hin zu messeähnlichen Informationsbasaren im Rahmen des Events. Zahlreiche Spezialagenturen haben sich mit entsprechender personeller und technischer Ausstattung auf die Organisation und Durchführung von Events spezialisiert.

Event-Marketing kann grundsätzlich zur Kommunikation mit unternehmensinternen (Mitarbeiter) sowie mit unternehmensexternen Zielgruppen eingesetzt werden, wie die Tabelle Seite 297 zeigt.

Zu unterscheiden ist grundsätzlich zwischen Events, die von einem Hotel- oder Restaurantbetrieb im Rahmen der eigenen Kommunikationspolitik gestaltet werden – etwa um die neu eingerichtete Wellness-Landschaft bekannt zu machen –, und der sogenannten Event-Gastronomie, die sich in vielfältiger Form etwa auf die Bewirtung von Großveranstaltungen (in Fußballstadien, auf Volksfesten), aber auch auf die Organisation kleinerer und eher privater Festivitäten spezialisiert hat.

Im Gegensatz zum Eventmarketing, dessen Schwerpunkt eindeutig auf der Kommunikationspolitik liegt, verfolgt das Erlebnismarketing einen umfassenderen Ansatz: Möglichst alle Marketinginstrumente sollen eingesetzt werden, um den Bedürfnissen »erlebnisorientierter« Verbraucher gerecht zu werden. Dadurch ergeben sich neue, eigenständige und dauerhaft erfolgreiche Konzepte der Erlebnisgastronomie, wie beispielsweise Harald Wohlfahrts *Palazzo* oder das – nach eigener Einschätzung – »einzig wahre« Gourmet-Spektakel *Pomp Duck and Circumstance*.

Formen des Event-Marketings

Art des Events	Zielgruppe	Veranstaltungen
Firmeninterne Events	Führungskräfte, Mitarbeiter aller Hierarchieebenen	• Außendienstkonferenzen • Händlerpräsentationen • Aktionärsversammlungen • Festakte/Jubiläen

Firmenexterne Events	Konsumenten, Schlüsselkunden	• Pressekonferenzen
		• Messen
		• Kongresse
		• Sponsoring-Events
		  – Sportveranstaltungen (z.B. Adidas-, Streetball-Turniere, Swatch-Snowboarder-Meetings)
		  – Musikveranstaltungen
		  – kulturelle Veranstaltungen

Events im Handel	Konsumenten	• Bühnenauftritte bekannter Stars/Imitatoren • Talkshows mit Prominenten • Kleinkunst regionaler Künstler • Gewinnspiele • Kinderbelustigung (z.B. Autoscooter, Wildwasserbahn) • Mitmachaktionen (z.B. sportliche Wettläufe, Rodeo) • Multimedia-Produktpräsentationen

(Quelle: Meffert, Marketing, S. 740)

Direktmarketing

Zum Direktmarketing gehören alle Kommunikationsaktivitäten, bei denen die beabsichtigte Beeinflussungswirkung in direktem Kontakt zum Gast erfolgt und die einen Dialog bzw. eine Interaktion zwischen dem gastgewerblichen Unternehmen und dem Gast ermöglicht. Dieser Dialog kann auch zeitversetzt erfolgen, sodass »direkt« in diesem Zusammenhang individualisierte Kundenansprache bedeutet und nicht zeitgleiche physische Präsenz der Marktpartner.

Die klassischen Kommunikationsinstrumente Werbung, Public Relations und Verkaufsförderung sind also dann auch dem Direktmarketing zuzuordnen, wenn der einzelne Gast in individualisierter Form direkt angesprochen wird. (Vgl. Meffert, Marketing, S. 743 f.)

Mit dieser Methode der direkten Kundenansprache werden hauptsächlich folgende Ziele verfolgt:
- Adressatenspezifische Informationsübermittlung
- Gewinnung von Neukunden
- Intensivere Betreuung aktueller Kunden
- Verbesserung der Kundennähe
- Erhöhung der Kundenbindung

Typische <u>Erscheinungsformen</u> des Direktmarketings sind:
- Mailings (Werbebriefe)
- Hotelprospekte
- Telefonate (Telefonmarketing)
- Interaktive Medien (Internet)

Selbstverständlich gehört auch das Verkaufsgespräch vor Ort zum Direktmarketing. Diese Form der Kommunikation ist aber so bedeutend, dass sie in einem eigenen Abschnitt (siehe Kapitel »Persönlicher Verkauf«, Seite 288) bereits ausführlich behandelt wurde.

Schon lange wird darauf hingewiesen, dass die Bedeutung des Direktmarketings wächst und sich in diesem Zusammenhang das kurzfristig-technokratische Beeinflussungsmarketing zu einem langfristig orientierten Beziehungsmarketing entwickelt. (Vgl. Meffert, Marketing, S. 746)

Voraussetzung für jede Form der Direktkommunikation ist ein entsprechender Datenbestand, der weit über »gekauftes« Adressmaterial hinausgehen muss, und bei entsprechend gepflegter Gästekartei im jeweiligen Unternehmen angelegt sein sollte. Dann kann ein Gast »von Hand« individuell angeschrieben werden. Es kann aber auch »Database Marketing« als computer- und datengestütztes Dialogmarketing betrieben werden. Mit den in der Gästedatei des Hotel- oder Restaurantbetriebes gespeicherten Kundenmerkmalen (z. B. Alter, Herkunft, Vorlieben, letzter Aufenthalt im Haus etc.) kann dann ein quasi maßgeschneidertes Kommunikations- und Verkaufsförderungspaket erstellt werden. (Vgl. Meffert/Bruhn, Dienstleistungsmarketing, S. 474)

Das <u>Standardmailing</u> als persönliche und schriftliche Kundenansprache in traditioneller Papierform oder als elektronisches Mailing (E-Mail) besteht aus dem Werbe- bzw. Angebotsbrief, dem Hotelprospekt mit Preisliste und Sonderangeboten und einer Antwortkarte. Mailings werden entweder zur Akquisition von Neukunden (Kaltakquise) eingesetzt oder als Erinnerungswerbung genutzt, um Hotelkunden an das Haus zu binden. Dazu gehört z. B. das Dankschreiben nach einem Hotelaufenthalt, aber auch Gratulationen zu Jubiläen oder Informationen über Produkteinführungen und Sonderaktionen. (Vgl. Gardini, Marketing-Management in der Hotellerie, S. 381 ff.)

Der Hotelprospekt ist neben der Werbeanzeige in Zeitungen und Zeitschriften nach wie vor das wichtigste Medium für die Kommunikationspolitik eines Hotelbetriebes und spielt eine bedeutsame Rolle im Direktmarketing. Der Prospekt ermöglicht es, die weitgehend immaterielle Hotelleistung zu visualisieren und die Vorteile des Hotelunternehmens hinsichtlich seines Standortes, seiner Ausstattung, seiner Mitarbeiter und seiner Preisgestaltung herauszustellen. Aus dieser Bedeutung ergeben sich besondere Anforderungen und Beurteilungskriterien für Inhalt und Gestaltung eines Hotelprospektes:

- Informationsgehalt: Sind alle erforderlichen Informationen enthalten?
- Wirksamkeit: Wird Sinnes-, Aufmerksamkeits- und Gedächtniswirkung erzielt?
- Vollständigkeit: Sind alle wichtigen Daten angegeben? Anschrift, Öffnungszeiten, Anfahrtsskizze etc.
- Wahrheit: Stimmt alles? Angaben über Preise, Standort, Produkte etc.
- Klarheit: Werden die Buchungs- und Zahlungskonditionen deutlich?
- Wirtschaftlichkeit: Was kostet das alles? Format, Preisliste separat, Auflage, Versandart etc.
- Aktualität: Ist der Prospekt auf dem neuesten Stand?
- Originalität: Hebt er sich von anderen Publikationen positiv ab? Farbe, Abbildungen etc.
- Zielgruppenbezug: Treffen Stil, Ton und Sprache den Geschmack der gewünschten Gästeschicht?
- Gestaltung und Layout: Welche gestalterischen Mittel unterstützen die Werbeaussage? »Geisterfotos«, »gestellte« Aufnahmen, Bild/Text-Verhältnis usw.

Zusammenfassend gilt: Der Hausprospekt muss das Typische eines Betriebes, seinen individuellen Charakter, vermitteln, Besonderheiten müssen sichtbar, die Atmosphäre spürbar werden.

Beim Telefonmarketing wird zwischen aktiver und passiver Kommunikation unterschieden. Bei der aktiven Form geht die Initiative vom Hotelunternehmen aus, z. B. bei Klärungsbedarf aufgrund einer Gästeanfrage oder bei der Bearbeitung von Gästebeschwerden. Soweit die Gäste der Verwendung ihrer Adresse zugestimmt haben, können ihre Daten auch für Nachfassaktionen im Anschluss an ein Mailing, aber auch zur Kundenpflege und zu Marktforschungsaktivitäten genutzt werden.

Beim passiven Telefonmarketing geht die Initiative vom Gast aus, der beispielsweise über Zeitungsanzeigen oder Internetseiten veranlasst wurde, Informationen anzufordern, Buchungen vorzunehmen, sich zu beschweren oder an einem Gewinnspiel teilzunehmen. Mit der Einrichtung kostenloser Buchungs- und Reservierungsnummern und/oder internen oder externen Call Centern kann eine permanente Verfügbarkeit sichergestellt werden. Die weitergehenden Möglichkeiten interaktiver Medien werden nachfolgend behandelt. (Vgl. Gardini, Marketing-Management in der Hotellerie, S. 384)

Unter Multimediakommunikation wird die zielgerichtete Planung, Organisation, Durchführung und Kontrolle sämtlicher Maßnahmen verstanden, die dazu dienen, durch die Absendung von Botschaften mittels elektronischer Medien mit dem Kunden – entsprechend seiner individuellen Bedürfnisse – in Interaktion zu treten und dadurch die Kommunikationsziele des Unternehmens zu realisieren. (Vgl. Meffert/Bruhn, Dienstleistungsmarketing, S. 492)

Die Multimediatechnologie darf jedoch nicht nur in ihrer Bedeutung im Rahmen der Kommunikationspolitik betrachtet werden, sie bietet auch Einsatzmöglichkeiten bei der Marktforschung, bei Produkt-, Preis- und Distributionspolitik, die in den jeweiligen Kapiteln bereits zur Sprache gekommen sind. Die multimediale Offline-Kommunikation – etwa Leistungspräsentationen mittels DVD – tritt angesichts der Möglichkeiten des Internets als Online-Kommunikationsinstrument weit in den Hintergrund. Das Internet trägt einerseits durch seine Interaktivität, Hypermedialität und die weltweite Verfügbarkeit entscheidend zur Stärkung der Konsumentenmacht und zu größerer Preistransparenz bei und ermöglicht andererseits erst ein an der Beziehungspflege mit Kunden orientiertes Relationship-Marketing.
Der Pionier, der zuerst ein neues marktreifes Leistungsangebot entwickelt, kann durch das Internet in kurzer Zeit hohe Bekanntheit erlangen, einen hohen Marktanteil erzielen, sein Angebot bedarfsgerecht weiterentwickeln, dadurch Kunden binden und so Eintrittsbarrieren für mögliche Folger errichten. Genauso rasant allerdings verbreiten sich auch schlechte Nachrichten, etwa negative Hotelbeurteilungen von Gästen, und bleiben dann nahezu unauslöschlich im World Wide Web stehen. Internetkommunikation unterscheidet sich deshalb in mehrfacher Hinsicht von Massenmedien wie Print oder TV, wie die Gegenüberstellung Seite 301 zeigt.

Internetwerbung zeichnet sich also vor allem durch Erreichbarkeit spezieller Zielgruppen mit hohem Produktinteresse und –involvement und durch die jederzeitige Verfügbarkeit des Mediums aus.

Der Einsatz des Internets wird vor allem in drei Formen realisiert:
• E-Mail/Newsletter
• Bannerwerbung
• Eigene Webseite, Auftritt und Verlinkung auf Partnerwebseiten

Über E-Mails können Kunden – ihr Einverständnis vorausgesetzt – direkt und individuell kontaktiert werden. E-Mails sind das Gegenstück zum traditionel-

Unterschiede Massenmedien/Internet

Klassische Kommunikation	Internet-Kommunikation
Push-Medien	Meist Pull-Medium
Emotionen stehen im Vordergrund.	Überwiegend kognitive Prozesse
Niedriges kognitives Involvement	Hohes kognitives Marken-Involvement (Hypertext / Multimedialität / Interaktivität etc.)
Selektive Wahrnehmung – Konsument nimmt nur beschränkt und flüchtig Informationen auf (Reizüberflutung).	Das Angebot selbst ist von Bedeutung. Informationen werden bewusst aufgenommen.
Nur One-to-many-Kommunikation	One-to-one Kommunikation und Many-to-many-Kommunikation möglich

len Direktmailing und werden meist zu spezifischen Werbeaktionen eingesetzt. Die E-Mail-Flut und die Notwendigkeit, sich vor sogenanntem »Spam« zu schützen, machen eine rechtlich abgesicherte Regelung im Sinne des Permission-Marketings unabdingbar. Dabei erklärt der Empfänger ausdrücklich, dass er die Zusendung von Mails oder Newslettern erlaubt.

Newsletter sind periodisch versendete E-Mails an eine ganze Gruppe von Adressaten. Sie enthalten Kurzmeldungen zum Unternehmen, den dort beschäftigten Personen oder angebotenen und verwandten Leistungen; per Link können ausführlichere Informationen abgerufen oder auf Webseiten zugegriffen werden. Newsletter bieten dem Kunden einen Mehrwert (z. B. Brancheninformationen) und werden in der Regel auf der Homepage des Unternehmens angeboten, wo sich der Interessent im Sinne des Permission-Marketing für den Newsletter anmelden oder beispielsweise einen ausführlichen Hotelprospekt anfordern kann.
E-Mails und Newsletter wirken durch ihre Interaktivität stärker auf die emotionale Gästebindung als es etwa Webseiten vermögen, die vom Gast erst »besucht« werden müssen. Die Vorteile gegenüber dem traditionellen Werbebrief sind vor allem die geringeren Kosten, die Schnelligkeit des Versands und die Tatsache, dass sie jederzeit und von jedem Ort zugestellt werden können. Darüber hinaus können sie – weil bereits digitalisiert – direkt weiterverarbeitet und verlinkt werden.

Werbebanner, die beispielsweise auf häufig besuchten Internetseiten z. B. von Suchmaschinen platziert werden, sind längst über die »klassischen« statischen Banner hinausentwickelt worden und nutzen als Eyecatcher verschiedene multimediale Formate, die Animation, Bewegtbild und Ton miteinander verbinden. Banner nutzen auch die Möglichkeiten der Interaktion, indem sie – durch entsprechende Links – den Betrachter nicht nur informieren, sondern zugleich auch weiterleiten wollen, etwa auf die Webseite des Werbenden.

Der Vorteil der Interaktivität – der Internetnutzer kann direkt durch Mausklick reagieren – führt auch zu einer besseren Wirkungskontrolle über die Response: So kann beispielsweise gemessen werden, wie viele Nutzer, die eine Werbung im Internet sehen, diese auch anklicken oder in der Folge eine Bestellung aufgeben. Dabei darf aber – wie bei der klassischen Werbung – nicht übersehen werden, dass es im Sinne der Werbewirkung auch dann »Klick!« gemacht haben kann, wenn gar nicht geklickt wurde: Werbeerinnerung, Markenerinnerung, Einstellung zur Marke und Kaufabsicht können längerfristig durchaus positiv beeinflusst werden, auch wenn keine sofort messbare Reaktion vorliegt.
Vom Internetnutzer werden Banner wegen ihrer Fülle mittlerweile jedoch auch häufig als störend und aufdringlich empfunden und mit entsprechenden Programmen unterdrückt, sodass ihr Einsatz für Hotels oder Restaurants nur dann sinnvoll erscheint, wenn sie auf Webseiten platziert sind, zu denen ein gewisser inhaltlich-sachlicher Bezug besteht.

Der unternehmenseigene Webauftritt stellt als echtes Pull-Medium lediglich Informationen zur Verfügung, die der interessierte Gast selbst abrufen muss. Damit die Homepage auch problemlos gefunden wird, ist ihre Vernetzung mit allen relevanten Suchmaschinen erforderlich. Wer es dann versteht, die Möglichkeiten der Internetkommunikation richtig zu nutzen, hat mit der Homepage ein Medium für klassische Werbung, ein Direktmarketing- und Dialog-Medium und ein Marktforschungsinstrument zugleich.

Ohne auf die vielfältigen Möglichkeiten einer professionellen Webseite im Detail eingehen zu wollen, sind im Folgenden einige der Anforderungen aufgelistet, die für einen angemessenen Auftritt im Internet unbedingt beachtet werden sollten:
- Gestaltung im Stil des Hauses: Ein 5-Sterne-Luxushotel in einer Weltstadt präsentiert sich anders als ein Urlaubshotel am Badestrand.
- Ausreichende Schnelligkeit: Der Webseiten-Aufbau muss in weniger als fünf Sekunden erfolgen.
- Seitendarstellung: Die unterschiedlichen Browser und Bildschirmformate sollten berücksichtigt werden.
- Barrierefreier Auftritt: Nicht zu viele Spielereien, das wirkt schnell unprofessionell.
- Übersichtlicher Seitenaufbau: Inhalt und Bilder müssen dem interessierten Gast einen Mehrwert bieten.

- Zielgerichtet Information anbieten: Den Gast zur Interaktion – buchen, antworten, Prospekt anfordern, Newsletter abonnieren – hinführen.
- Benutzerführung (Navigation) eindeutig gestalten.
- Je attraktiver der Webauftritt gestaltet ist, je mehr Verzweigungen zu interessanten oder einfach nur unterhaltsamen Inhalten sie bietet, desto größer ist die Wahrscheinlichkeit, dass sie mehrmals besucht bzw. tatsächlich aktiv genutzt wird.

Virtuelle Communities in z. B. Online-Diskussionsforen oder Weblogs (Blogs), die mit der Webseite verbunden sind, tragen ebenfalls in hohem Maße zur aktiven Nutzung bei. In einer Branche wie der Hotellerie und Gastronomie, in der Mund-zu-Mund-Werbung eine besondere Rolle spielt, können solche Communities wertvolle Kommunikations- und Informationsträger sein.
Durch das Internet ist eine Fülle von Multimediaanwendungen möglich geworden, mit denen die Leistungen eines Hotelunternehmens sehr viel greifbarer zum Kunden transportiert werden können, als dies mit den herkömmlichen Kommunikationsinstrumenten überhaupt möglich ist. (Vgl. Gardini, Marketing-Management in der Hotellerie, S. 387 f.)

DISTRIBUTIONSPOLITISCHE MASSNAHMEN

Gastgewerbliche Unternehmer, die von Belegungs- und Auslastungszahlen verwöhnt sind, erkennen häufig erst mit Verzögerung, wie wichtig der Verkauf zur Sicherung des Absatzes ist. Der Absatzerfolg eines Hotels oder Restaurants hängt nicht nur von der Qualität und vom Preis der Produkte und Leistungen ab, sondern auch vom Geschick des Gastwirtes, die eigenen Dienstleistungen in bedarfsgerechter Form an den Gast zu bringen. Dazu gehören auch – wie bei allen beratungsbedürftigen Angeboten – ein gut geschultes Verkaufspersonal und eine schlagkräftige Verkaufsorganisation.
Die Distributionspolitik (von lateinisch distributio = Verteilung), die auch als Vertriebspolitik bezeichnet wird, gehört ebenfalls zu den Marketinginstrumenten.

Die Vertriebspolitik beschäftigt sich zum einen mit der Herstellung des Kontaktes zum Gast, um eine Kaufhandlung zu ermöglichen. Zum anderen gehören zu ihr alle Entscheidungen und Maßnahmen, die für die Durchführung (Abwicklung) der Dienstleistung notwendig sind.

Positionierung der Vertriebspolitik innerhalb der Marketingmaßnahmen

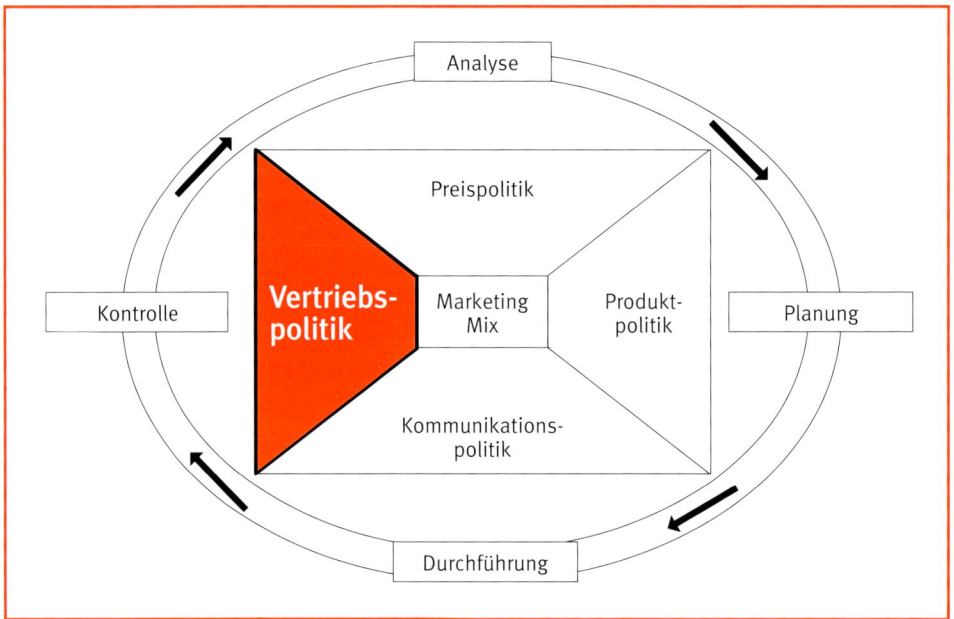

Aus dem Gesagten lassen sich zwei Teilbereiche unterscheiden, die akqui-
sitorische und die physische Distribution. Diese dürfen allerdings nicht getrennt betrachtet werden, da sich Entscheidungen in einem Teilbereich auf
den anderen auswirken.

Der Vertriebsmix

Unter akquisitorischer Distribution werden alle Maßnahmen verstanden, die
das Ziel verfolgen, die Kontakte zu Gästen anzubahnen und zu festigen. Zum
einen müssen die Absatzwege (Absatzkanäle) festgelegt werden, also auf
welchen Wegen die Dienstleistungen dem Gast verkauft werden sollen. Hier-

bei unterscheiden wir zwischen direktem oder indirektem Absatzweg. Zum anderen müssen Entscheidungen über die Absatzorgane gefällt werden. Es muss festgelegt werden, ob interne (eigene) oder externe Vertriebsorgane eingesetzt werden.

Die physische Distribution (Marketing-Logistik) ist die tatsächliche Erbringung (körperlicher Transfer) der Dienstleistung. Es geht also um die Art und Weise, wie eine Leistung erbracht wird, um den Service im Hotel oder Restaurant. Ziel ist die optimale Gestaltung der Serviceabläufe. Hier müssen Entscheidungen über die Art des Services, über Servicezeiten, über Servicewege und Servicemittel getroffen werden.

Direkte und indirekte Absatzwege

Bei der direkten Distribution wird der Verkauf der Dienstleistungen unmittelbar (direkt) im Restaurant oder am Hotelempfang vorgenommen (Eigenvertrieb) oder mittelbar in einem Filial- oder Franchise-System.

Der große Vorteil des direkten Absatzes besteht darin, dass der gastgewerbliche Unternehmer einen direkten Kontakt zum Gast (Marktnähe) hat. Dadurch kann er an ungefilterte Erkenntnis über die Bedürfnisse und den Bedarf des Kunden kommen. Weiterhin kann der Unternehmer die Chance für After-Sales-Service nutzen (»Nach dem Kauf ist vor dem Kauf«) und den Gast an sein Haus binden. Die Änderung von Vertriebsstrategien ist beim direkten Absatz sofort möglich.

Insbesondere vor dem Hintergrund neuer Informations- und Kommunikationstechnologien nimmt die Bedeutung des Direktvertriebes zu. Der Telefonverkauf (auch Telefonmarketing bzw. Telemarketing) nimmt für jedermann spürbar zu. Auch Gastwirte können in den Bereichen Partyservice oder Bankette diese Form nutzen, um die Beratung und den Vertragsabschluss in Teilschritten oder komplett per Telefon durchzuführen. Allerdings lässt der deutsche Gesetzgeber keine unerwünschte Telefonwerbung zu.

Beim E-Commerce (auch: elektronischer Handel, Internetverkauf, Elektronischer Marktplatz, Virtueller Marktplatz) wird das Internet als Plattform für den Verkauf von Dienstleistungen genutzt. Der Gast kann sich über das Hotel oder Restaurant informieren, sich über die Erfahrungen von anderen Gästen informieren und z. B. ein Zimmer in einem Hotel buchen oder einen Tisch im Restaurant reservieren. Dies ist gerade bei Städte- oder Geschäftsreisenden heute schon weit verbreitet. Im weiteren Sinne kann jede Art von geschäftlicher Transaktion, bei der der Gastwirt und der Gast im Rahmen von Leistungsanbahnung, -vereinbarung oder -erbringung elektronische Kommunikationstechniken einsetzen, als E-Commerce bezeichnet werden. Es ist ein Konzept zur elektronischen Abwicklung von Geschäftsbeziehungen.

Das Franchising oder der Konzessionsverkauf ist eine besondere Art des mittelbaren direkten Vertriebs, bei der ein Franchise-Geber einem Franchise-Nehmer die regionale Nutzung eines Geschäftskonzeptes gegen Entgelt zur Verfügung stellt. Der Franchise-Nehmer ist dabei Unternehmer im eigenen Namen und auf eigene Rechnung. Franchise-Systeme in der Hotellerie und Gastronomie werden als »Business Product Franchising« bezeichnet. Dies geht über die traditionelle Form (Know-how, Abtretung von Markenrechten) hinaus, da der Vertrag ein umfangreiches und erfolgreich erprobtes Gesamt-paket beinhaltet. Ein Pionier dieses Systems ist *McDonald's*, der weltweit in Bezug auf Organisation, Produktpalette und Design nahezu identisch auf-tritt.

Die Vorteile für den Franchise-Nehmer liegen darin, dass der Markteintritt durch das erprobte und komplette Leistungspaket erleichtert wird, da das System bereits bekannt und etabliert ist. Weiterhin besteht meistens ein Gebietsschutz. Bei Banken steigt dadurch die Kreditwürdigkeit wegen des geringeren Risikos. Weiterhin kann der Franchise-Nehmer auch Einkaufsvor-teile nutzen. Der Franchise-Geber hat ein gutes Image aufgebaut, das er permanent pflegt. Informationsaustausch, Betriebsvergleiche, Schulungen und das Controlling sorgen für effizientere Betriebsführung.

Nachteilig ist für den Franchise-Nehmer, dass das eigene unternehmerische Handeln durch die Vorschriften des Franchise-Gebers stark eingeschränkt wird. Die Franchise-Verträge sind manchmal restriktiv und mit einem Abnah-mezwang (Betriebsmittel und Werkstoffe) verbunden. Das eigene Image kann durch Aktionen des Franchise-Gebers beeinträchtigt werden. Dennoch trägt der Gastwirt das volle unternehmerische Risiko.

Aktuell stammen über 60 Prozent aller Franchise-Geber aus dem Dienstleis-tungsbereich und der Systemgastronomie. Beispiele in der Gastronomie sind *McDonald's, Burger King, Pizza Hut, Subway, Dunkin' Donuts, Taco Bell, Kentucky Fried Chicken, A&W, Hallo Pizza, Jack in the Box, Kochlöffel, Backwerk, Brezelbäckerei Ditsch, Kamps, Wienerwald* und in der Hotellerie die französische Hotelgruppe *Accor* (u.a. *Ibis, Mercure, Sofitel, Dorint*).

Die begrenzten Möglichkeiten des direkten Kundenkontaktes durch den gastgewerblichen Dienstleister und den geringen Radius des direkten Ver-kaufs machen einen indirekten Vertrieb notwendig. Beim indirekten Absatz (auch indirekter Vertrieb) wird im Gegensatz zum direkten Absatz die Dienst-leistung über selbständige Verkaufsorgane (z. B. Reisebüro) vertrieben. Der immaterielle Charakter einer Dienstleistung setzt dem indirekten Vertrieb Grenzen.

Der indirekte Absatz hat den Vorteil eines hohen Distributionsgrades (Kenn-zahl, die das Ausmaß der Erhältlichkeit einer gastgewerblichen Leistung in den externen Verkaufsorganen ausdrückt) und Kostenersparnisse durch eine kleinere eigene Verkaufsorganisation. Weiterhin müssen weniger Investitionen getätigt werden, und das Unternehmen sich schneller an Marktveränderungen anpassen kann. Nachteilig ist, dass der gastgewerbliche Unternehmer den Zugriff auf die Marketinginstrumente verliert. Es kann sogar vorkommen, dass Gastwirt und Vertriebsorgane entgegengesetzte Maßnahmen ergreifen. Der Kontakt zum potenziellen Kunden geht verloren. Der Hotelier und Gastronom hat keinen Einfluss auf den Endpreis, d. h. es kann passieren, dass zwei Gäste nur deshalb unterschiedliche Preise zahlen, weil sie bei einem anderen Reiseveranstalter gebucht haben. Das Image des gastgewerblichen Betriebes hängt damit auch von dem Image des Verkaufsorgans ab.

Jeder Betrieb, sei es in der Gastronomie oder in der Hotellerie, muss den gewählten Absatzweg individuell auf sein Unternehmen abstimmen. Wichtige Entscheidungsfaktoren sind die Kundenkontakte und die Kosten. Eine gesunde Mischung aus beiden Absatzformen wird in vielen Fällen die sinnvollste Lösung für die gastgewerblichen Betriebe sein. Im Dienstleistungsgewerbe geht natürlich der Kontakt zum Gast nicht verloren, trotzdem muss zusätzlich der indirekte Absatzweg beschritten werden, weil gerade große Hotels nur über diese Schiene ausreichend zu belegen sind.

Interne und externe Absatzwege

Der Absatzweg hat direkten Einfluss auf die Absatzorgane. Man spricht in diesem Zusammenhang von internen (im Haus vorhandenen) und externen Vertriebsorganen (Absatzmittler).

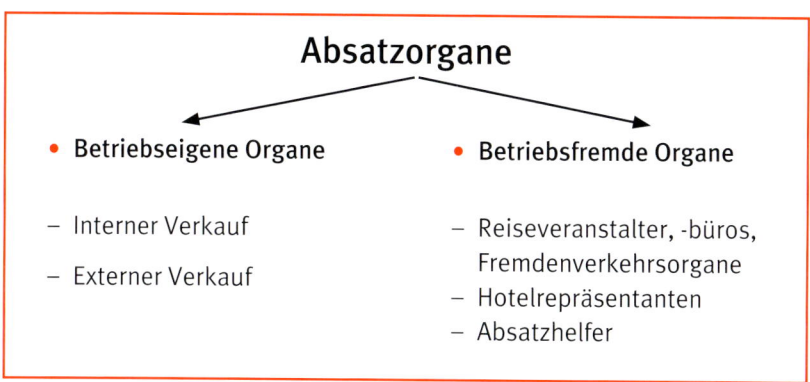

Betriebseigene Absatzorgane

Dem gastgewerblichen Unternehmen stehen verschiedene betriebseigene Akteure zur Verfügung. In Hotels und größeren Restaurants bieten sich bei einer umfangreichen Leistungspalette (z. B. Übernachtungsmöglichkeiten, Restauration, Bankette, Feiern, Tagungs- und Konferenzräume) eigene Verkaufsorganisationen an. Die Anzahl der Verkaufsmitarbeiter ist hierbei von der Größe des Unternehmens abhängig, d. h. sie reicht von einem Verkaufsmitarbeiter in kleineren Betrieben bis zu ganzen Abteilungen mit mehreren Mitarbeitern in großen Betrieben.

Eine Verkaufsabteilung ist für den Vertrieb des Gesamtproduktes sowie der Gesamtdienstleistung zuständig. Sie ist gewöhnlich direkt in den Hotelbetrieb eingegliedert, es kommt jedoch auch eine räumliche Trennung in Betracht. Viele größere Betriebe, insbesondere Hotelketten, gliedern die Verkaufsabteilung aus dem Hotelbetrieb aus, wie das Beispiel des Hotelkonzerns *Accor* zeigt. Diese Ausgliederung der Abteilungen bei *Accor* führte so zur Neugründung der Firma *Smard GmbH*, deren Aufgabegebiet der Verkauf aller Hotelkapazitäten ist.

In einem gastgewerblichen Betrieb ist fast jeder Mitarbeiter ein Verkäufer. Ganz gleich, ob es sich um einen Restaurantfachmann, eine Empfangsmitarbeiterin, einen Barkeeper oder ein Zimmermädchen handelt. Jeder von ihnen verkauft ein Produkt oder eine Leistung in seinem Bereich. Die Mitarbeiter müssen deshalb mit ihren Verkaufsaufgaben vertraut sein. Deshalb sind sie dauernd und ausführlich über neue Produkte sowie über Ziele und Strategien des Hotelbetriebes zu informieren. Darüber hinaus müssen spezielle Verkaufsschulungen stattfinden. Denn nur informierte Verkaufsmitarbeiter, die sich mit ihrem Produkt oder der angebotenen Leistung auskennen und identifizieren, sind überzeugt von dem betrieblichen Angebot und können potenzielle Kunden begeistern.

Folgende Verkaufsabteilungen (interne Absatzorgane) finden sich z. B. bei größeren Hotelketten:

- Rezeption oder Telefonzentrale: An der Rezeption verkaufen Mitarbeiter den Walk-Ins ein Zimmer, während Gästen mit Vorbestellung höherwertige Zimmer (Up-selling) oder Zusatzleistungen angeboten werden können. Der telefonische Kontakt bei einer Reservierung geht über die Telefonzentrale an die Reservierungsabteilung (Back-Office).
- Reservierung: In der Reservierungsabteilung sind verschiedene Mitarbeiter für Einzelreservierungen (bis max. 10 Zimmer) und Gruppenreservierungen (ab 10 Zimmer) zuständig. In beiden Abteilungsbereichen überwiegt die Inbound-Kommunikation, d. h. der Gast ruft das Hotel an, um Zimmer zu reservieren, um sich eine Reservierung bestätigen zu lassen oder um eine Änderung oder besondere Wünsche weiterzugeben. Eine Outbound-Kommunikation liegt vor, wenn das Back-Office-Personal den potenziellen Kunden anruft, um Zimmer oder andere Leistungen zu verkaufen.
- Restaurant: Auch im Restaurant überwiegt der passive Telefonvertrieb für die Tischreservierung und den Roomservice. Im Restaurant selbst

sollte ein aktives Verkaufen durch den Servicemitarbeiter im Vordergrund stehen.

- Bankettverkauf: Diese Abteilung setzt beide Formen des Telefonvertriebs (inbound/outbound) ein. Zum einen fragen Kunden wegen geplanter Bankettveranstaltungen im Hotel an, zum anderen rufen die Mitarbeiter Betriebe an, um Detailabsprachen zu treffen, Kunden zu akquirieren und um den Gast nach der stattgefundenen Veranstaltung weiter zu betreuen.

- Sales & Marketing: In diesen Abteilungen findet aktiver Telefonvertrieb statt. Der Verkäufer im Innendienst muss neue Kunden akquirieren, Terminabsprachen für sich oder den Außendienstmitarbeiter vereinbaren. Dessen Hauptaufgabe ist es, neue Kunden zu akquirieren und Firmenverträge mit Unternehmen abzuschließen und die bereits vorhandenen Kunden kontinuierlich betreuen. In dieser Abteilung sind Initiativanrufe, sogenannte Cold Calls, zur Akquise von Neukunden von großer Bedeutung. Manchmal erfolgt diese Kaltaquise im Bereich Sales & Marketing auch in Form eines persönlichen Verkaufsgesprächs. Dazu besucht der (proaktive = von sich aus handelnde) Verkäufer unangekündigt potenzielle Firmen oder Absatzmittler an ihrem Firmensitz und stellt sein Produkt bzw. die Leistung des Hotels dem zuständigen Ansprechpartner vor. Dabei handelt es sich häufig um die Assistenten, die Übernachtungen für Vorgesetzte buchen. In großen Unternehmen gibt es oft auch eine separate Abteilung für Reiseplanungen der Mitarbeiter.
Das vorrangige Ziel jeder Kaltaquise ist es, Informationslücken zu füllen – den zuständigen Ansprechpartner ausfindig zu machen und Informationen über Buchungsvolumen und den Bedarf an Hotelzimmern und Veranstaltungsräumen zu erhalten.

- Zentrales Reservierungsbüro: Diese Form hat als sogenanntes Worldwide Sales Office vor allem in internationalen Hotelketten eine Bedeutung. Die Verkaufsmitarbeiter versuchen dort, für alle zur Kette zählenden Hotels Kunden zu akquirieren, zu betreuen und Reservierungen für Zimmer und Veranstaltungen anzunehmen. Die Worldwide Sales Offices der Hotelkonzerne Marriott, Hilton und Four Seasons sind beispielsweise in Frankfurt. Von diesem Standort aus wird sowohl der Inbound- als auch Outbound-Telefonvertrieb gemanagt.

Der Vorteil einer internen Absatzorganisation liegt in der Kundennähe. Das Unternehmen kann direkt auf die Verkaufsmitarbeiter Einfluss nehmen, um dadurch die Dienstleistungen besser zu vermarkten. Gerade erklärungsbedürftige Produkte und Leistungen können so überzeugender angeboten und als Problemlösung verkauft werden. Die Mitarbeiter im Vertrieb bedürfen jedoch einer regelmäßigen und professionellen Schulung, um jederzeit auf dem neuesten Stand zu sein.

Betriebsfremde Absatzorgane

Zu den betriebsfremden Absatzorganen gehören vor allem die Absatzmittler. Das sind gewerbliche Unternehmen, die dem Gastgewerbe helfen, Gäste zu akquirieren bzw. Geschäfte mit ihnen abzuschließen.

Die Rolle des Absatzmittlers

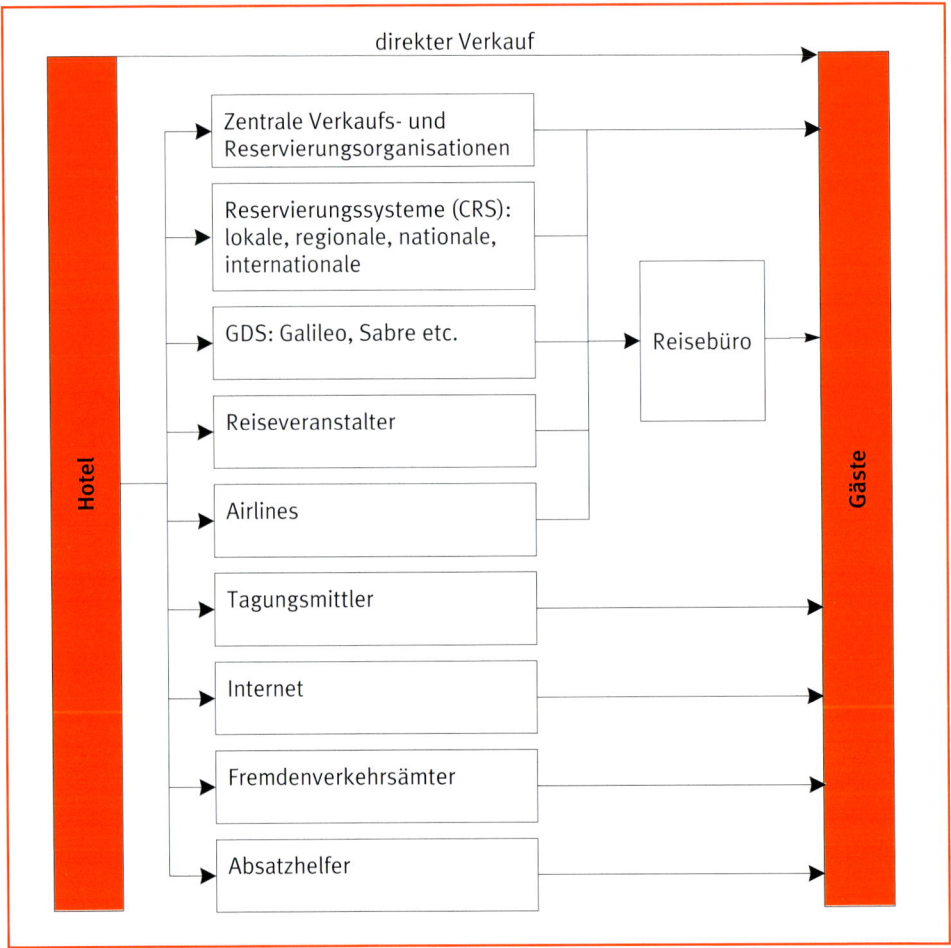

Zu den zentralen externen Verkaufs- und Reservierungsorganisationen gehören die sogenannten Hotelbuchungsagenturen, die eine Art Großhandelsfunktion erfüllen. Sie kaufen Zimmerkontingente von verschiedenen Hotels, um diese dann an die Reisebüros weiterzuverkaufen. Solche Hotelbuchungsagenturen sind z. B. Hotelzon oder Hotelopis. Hotelzon ist für die Reservierungen von Firmenkunden und zum Teil auch Reisebüros zuständig. Nicht zu verwechseln sind die Hotelbuchungsagenturen mit einem Hotelreservierungssystem wie HRS.

Ähnlich gelagert sind auch die Computerreservierungssysteme (CRS), international auch Global Distribution Systems (GDS) genannt. Diese Computersysteme speichern in großen Rechenzentren Informationen über Preise, Verfügbarkeiten und Buchungsmöglichkeiten von Pauschalreisen, Flügen, Hotels, Mietwagen, Fähren, Kreuzfahrten, Bahnen, Bussen und anderen Produkten. Weltweit haben sich vier CRS mit nennenswertem Marktanteil etabliert (Amadeus, Galileo, Sabre und Worldspan).

Die verschiedenen CRS-Anbieter bieten eine einheitliche und produktspezifisch angepasste Eingabemaske für die Anfragen der Reisebüros an. Dadurch sind standardisierte Zugriffe auf die Informationen möglich. Die CRS bieten darüber hinaus folgende Leistungen: Buchungsabrechnungen, Auswertungen und Zusatzprodukte.

Auf einer Ebene darunter werden webbasierte Buchungsplattformen angeboten. Hier wird der Forderung der Hotellerie Rechnung getragen, dass es eine Möglichkeit geben muss, Zimmerverfügbarkeiten und Reservierungsanfragen in Echtzeit zu bearbeiten. Dazu gibt es eine große Auswahl an Anbietern, die Wichtigsten sind hrs.de (= Hotel Reservation Service), all-hotels.com, hotelkingdom.com, worldres.com, hotel.de, synxis.com, iresnet.eu, ehotel.de, booking.com und expedia.de.

Die verschiedenen Systeme bieten ihre Leistungen für bestimmte Marktbereiche an. So bemüht sich HRS um die Bedürfnisse der Geschäftsreisenden, während worldres.com sich um Urlaubsreisende kümmert. All-hotels.com bietet einfache und günstige Hotels. Für Hotels oder Reiseanbieter bietet hotel.de eine e-Commerce-Plattform, auf der Angebote mit hoher Zielgruppengenauigkeit und Reichweite vertrieben werden können. Synxis.com wird unter anderem von den *Design Hotels*, von *Harrah's*, *VIP International*, *Meristar*, *Colonial Williamsburg* und *Jumeirah Hotels* eingesetzt. Die Aufgabe eines Hotelmanagements besteht darin, das passende Reservierungssystem auszusuchen. Dabei geht es um die Zielgenauigkeit hinsichtlich der angesprochenen Gäste, um die technische Abwicklung und die Kosten.

Auf Hotelebene werden dagegen Front-Office-Systeme mit Internet-Buchungssystemen eingesetzt. Die sogenannten Property-Management-Systeme (Hotelreservierungssysteme) erlauben das computergestützte Verwalten und Steuern eines Hotels einschließlich des Yield Managements. Wichtige Anbieter von PMS-Systemen sind z. B. die GUBSE AG mit dem Programm SIHOT, Micros Fidelio und Amadeus Hospitality.

Ein Reiseveranstalter (Tour Operator) ist ein gewerbliches Unternehmen, das ein touristisches Leistungspaket (mindestens zwei Produkte) anbietet. Er verkauft seine Reiseangebote vorwiegend über Reisebüros an den Reisegast. Das Reisebüro erhält für seine Vermittlung eine Provision. Das

Leistungspaket eines Reiseveranstalters setzt sich zusammen aus dem Gästetransport mit Flugzeug, Schiff, Bahn oder Bussen, Hotelzimmer und Verpflegung, Eintrittskarten für Veranstaltungen usw. Der Reiseveranstalter schnürt damit aus verschiedenen Teilen ein eigenes Produkt.

Reiseveranstalter können u. a. nach der Zielgruppe (wie Familien- oder Singlereisen), der Reiseart (Busreisen, Expeditionsreisen, Studienreisen, Jugendreisen, Sprachreisen), dem Reiseziel (wie Europa oder Asien) eingeteilt werden. Zu den bekanntesten Großveranstaltern in Deutschland zählen beispielsweise die *TUI AG, Thomas Cook AG, REWE Touristik GmbH, FTI Frosch Touristik GmbH, Öger Tours GmbH* und *Alltours Flugreisen GmbH*. Wegen der Marktsegmentierung gehören oft mehrere Marken zu einem Großveranstalter (z. B. *TUI* mit *1-2-FLY, airtours, Gebeco, L'TUR, OFT-Reisen, Wolters Reisen, Berge&Meer, FOX-Tours, atraveo, Dr. Tigges, Touropa* u.a.).

Ein gastgewerblicher Unternehmer kann mit einem Reiseveranstalter einen Vertrag schließen. Er sollte jedoch darauf achten, dass der Reiseveranstalter die gewünschte Zielgruppe anspricht. Auch ein Reiseveranstalter wird sich natürlich seine Vertragshotels entsprechend aussuchen. Veranstalter von Gruppenreisen werden andere Hotels unter Vertrag nehmen als Luxusreiseveranstalter.

Der Reiseveranstalter kauft von einem Hotel ein Zimmerkontingent. Für den Hotelier ist es wichtig, ob in dem Vertrag eine Rücktrittsoption enthalten ist, ansonsten muss der Veranstalter in jedem Fall die Zimmer zahlen. Das zusammengestellte Reisepaket wird dann über ein Reisebüro an den Gast verkauft.

Der Reiseveranstalter haftet gegenüber dem Gast für alle Mängel, auch für die seiner Vertragspartner (Hotels, Fluglinien, Busunternehmen). Der Reisegast macht daher auch seine Ansprüche nicht gegenüber dem Hotel sondern unmittelbar gegenüber dem Reiseveranstalter geltend.

Neben Flugtickets können heute über Airlines auch andere Reiseleistungen gebucht werden. Häufig handelt es sich dabei um Kooperationen mit entsprechenden Hotelplattformen oder Reiseveranstaltern. Die Lufthansa hat so in diesem Umfeld ein eigenes Netzwerk aufgebaut. Mit der Tochtergesellschaft *Lufthansa AirPlus* wird der Markt für Geschäftsreisen bearbeitet. Neben Flugtickets können Firmenkunden auch alle anderen Reiseleistungen über *AirPlus* abrechnen, auch Hotelleistungen. Die Airlines übernehmen in den meisten Fällen aber nur eine Vermittlerfunktion und können deshalb nicht mit einem Reiseveranstalter gleichgesetzt werden.

Das Reisebüro (Travel Agency) übernimmt die Vermittlung fremder touristischer Dienstleistungen gegen Provision. Dies können touristische Einzelleistungen (z. B. Flüge, sonstige Beförderungsleistungen oder Hotelreservierungen) sein, aber auch vom Reisenden selbst zusammengestellte

Individualreisen oder Pauschalreisepakete eines Reiseveranstalters. Wenn das Reisebüro ständig vom Reiseveranstalter mit der Vermittlung von Reisen betraut ist, dann besteht zwischen Reisebüro und Reiseveranstalter ein Handelsvertreterverhältnis (§ 84 Abs. 1 Satz 1 HGB). Der Vermittlungsvertrag zwischen Reisebüro und Reisekunden kommt regelmäßig stillschweigend zustande. Es handelt sich um einen Geschäftsbesorgungsvertrag nach den §§ 675, 631 BGB.

Reisebüros übernehmen aber auch die Vermittlung von Einzelleistungen, wie die Übernachtungsleistungen zwischen dem Gast und dem Hotel oder Transportleistungen zwischen Flug-, Bahn, Schiff- und Busgesellschaften und dem Kunden. Dabei können z. B. die Hotelaufenthalte direkt bei einem Hotel oder über eine Hotelbuchungsagentur erworben und an den späteren Hotelgast weiterverkauft werden. Der Reisegast erhält dann vom Reisebüro die Rechnung für die von ihm gebuchten Leistungen. Bei Bezahlung der Rechnung wird ihm vom Reisebüro ein Gutschein für seinen Hotelaufenthalt und die enthaltenen Leistungen ausgehändigt.

Die Reisebüros wollen dabei auf möglichst viele Leistungsträger (Beherbergungs-, Verpflegungs- und Transportbetriebe) zurückgreifen, um ihren Kunden attraktive Angebote machen zu können. Dies wird über die eigenen Reisebüro-Computersysteme (z. B. TOMA, eine Reservierungsmaske, die in den GDS und CRS nach Angeboten sucht) erreicht.

Die Aufgaben des Tagungsmittlers bestehen in der Vermittlung von geeigneten Tagungshotels an Firmen und Institutionen. Diese Dienstleistungen können von Reisebüros oder spezialisierten Tagungsmittlerfirmen organisiert werden. Der Kunde kontaktiert den Tagungsmittler mit seinen Wünschen bezüglich des Budgets, dem Standort, der Hotelkategorie etc. und erhält aus der Kartei des Mittlers entsprechende Vorschläge. Bei der Besprechung der Veranstaltung kann das Hotel weitere Dienstleistungen verkaufen.

Die örtlichen oder überregionalen Fremdenverkehrsämter (Tourismusamt, Kurverwaltung) haben die Aufgabe, dem potenziellen Gast das touristische Angebot der Stadt/Region vorzustellen und Leistungen anzubieten. Dazu zählt insbesondere die Bearbeitung von Gästeanfragen (z. B. Prospekt- und Zimmernachweisversand). Dazu kommt die Vermarktung der örtlichen und regionalen Ressourcen wie Klima, Landschaft etc. und der wechselnden Attraktionen kultureller, sportlicher oder gesellschaftlicher Art (Ausstellungen, Sportereignisse, Jubiläen, Konzerte, Feste u.a.). Die verschiedenen Angebote werden dann häufig zusammen mit Reiseveranstaltern und Reisebüros in Form von Pauschalarrangements, z. B. als Wochenendpaket, verkauft. Gute Kontakte zum Fremdenverkehrsbüro sind für den Hotelier und Gastronomen sehr wichtig, da nicht nur der Fremdenzimmernachweis, sondern häufig auch die Zimmervermittlung dort organisiert wird.

Der Einsatz von gewerblichen Absatzmittlern ist für das Gastgewerbe wichtig, weil diese über ein größeres Distributions-Know-how verfügen und häufig näher am Markt sind. Diese allein reichen aber nicht aus. Häufig sind es nämlich dritte Personen, die beim potenziellen Kunden den Ausschlag für eine Übernachtungsentscheidung geben. Diese sogenannten Absatzhelfer sind nicht gewerbliche Absatzmittler, die mit potenziellen Gästen Kontakt haben und nach einer Hotelempfehlung gefragt werden. Klassische Absatzhelfer in diesem Sinne sind z. B. Taxifahrer, Tankstellenpersonal, Sekretärinnen oder Mitarbeiter von Einzelhandelsgeschäften, bei denen sich Menschen nach empfehlenswerten Hotels oder Restaurants erkundigen. Mit Sicherheit ist es auch eine Frage des Images des Hotels und der gegenseitigen Geschäftsbeziehungen, wie hilfreich solche Absatzmittler sein können.

Beim Vertrieb der gastgewerblichen Dienstleistungen steckt das Unternehmen immer mehr oder weniger in einer Zwickmühle. Einerseits sollen möglichst viele Gäste das Hotel oder Restaurant bequem buchen können, andererseits sollen die Vertriebskosten für das Unternehmen in Grenzen gehalten werden. Das Gastgewerbe kommt aber ohne externe Absatzorgane nicht aus, weil die Gäste in den Betrieb »gelockt« werden müssen. Bei der Prüfung von Absatzorganen darf das Unternehmen sich also nicht nur an den Kosten orientieren. Die Bedürfnisbefriedung der Zielgruppe muss, wie immer im Marketing, im Mittelpunkt stehen.

Die Marketinglogistik

Nach der Wahl der Absatzwege und der Absatzorgane geht es bei der Distributionspolitik um die Logistik. Die Marketinglogistik plant, gestaltet und kontrolliert den Material- und Informationsfluss zur Erbringung der gastgewerblichen Dienstleistungen.

Die Aufgaben der Logistik

Logistik soll ...

- die **r**ichtigen Dienstleistungen
- in der **r**ichtigen Menge
- am **r**ichtigen Ort
- zum **r**ichtigen Zeitpunkt
- in der **r**ichtigen Qualität
- zu den **r**ichtigen Kosten
- für den **r**ichtigen Kunden

bereitstellen.

Der komplette Prozess, von der Reservierung bis zur Erbringung der Dienstleistung am Gast, soll mit Hilfe der Logistik optimiert werden. Es geht dabei unter anderem um das Serviceniveau und die Servicebereitschaft bei der Bereitstellung der bestellten Speisen, Getränke und Zimmer, um Freundlichkeit, Hilfsbereitschaft, Pünktlichkeit und die Verlässlichkeit hinsichtlich der zugesicherten Leistung. Dabei spielen natürlich die Lagerhaltung und das Outsourcing eine gewisse Rolle. Der Restaurantservice und die Hotelrezeption z. B. sind von anderen Abteilungen abhängig, die die Voraussetzungen für ihre eigenen Dienstleistungen schaffen (z. B. Tischwäsche, Reinigung der Zimmer).

Ein Beispiel für die Automatisierung von Dienstleistung zur Verbesserung des logistischen Ablaufs ist der Hotelautomat. Gerade bei kleinen und mittleren Betrieben kann die Rezeption aus Personalkostengründen keine 24 Stunden besetzt werden. Spät anreisende und Walk-in-Gäste können damit zu jeder Zeit einchecken. Mit einem solchen Automaten (z. B. checkinn24) kann ein Gast mit Reservierung über einen Code seinen Zimmerschlüssel und auf Wunsch eine Hotelrechnung erhalten. Die Gäste ohne eine Reser-

Typische Funktionen eines Check-in-Automaten

- Check-in rund um die Uhr
- Schlüsselhinterlegung für spät anreisende Gäste
- Verkauf von freien Zimmern an Walk-in-Gäste
- Individuelle Preisgestaltung (je nach Datum, Zimmerkategorie etc.)
- Belastung bei EC-Karte per Lastschrift
- Belastung bei Kreditkarte im Onlineverfahren
- Sicherheit durch direkte Überprüfung der Kreditkartendaten
- Annahme von Banknoten (EUR/CHF)
- Rechnungen beim Check-in individuell ausgestellt
- Mehrsprachiges Produkt
- Einfachste Bedienung
- Erstellt auf Wunsch den Meldeschein
- Informierung beim Check-in via E-Mail/Fax
- Anbindungsmöglichkeit über Webschnittstelle
- Schlüsselhinterlegung von bis zu 15 Schlüsseln
- Generierung von Zugangscodes
- Administration des Systems über das Internet (optional)
- Präsentation des Hotels via Bildschirmshow
- Optionale Kameraüberwachung mit Aufzeichnung
- Individuelle Farbgestaltung des CheckInn24-Gehäuses

(Quelle: www.checkinn24.de)

vierung müssen sich zuerst identifizieren, können dann die gewünschte Zimmerkategorie auswählen und einchecken. Das Einchecken kann in mehreren Sprachen erfolgen. Die Bezahlung erfolgt über die Kredit- oder EC-Karte des Gastes, die online geprüft und belastet wird. Alternativ ist eine Bargeldannahme in unterschiedlichen Währungen möglich. Der Druck eines Meldescheins oder einer Rechnung erfolgt automatisch und der Schlüssel, eine Codecard oder ein Magnetkey, fällt in den Ausgabeschacht.

Ein Hotelautomat ist natürlich nicht für alle Hotelarten sinnvoll und geeignet. Sein typisches Einsatzgebiet sind 2- bis 3-Sterne Hotels mit einer Anzahl von 20 bis 150 Betten.
Da die Planung und Gestaltung logistischer Leistungen im Gastgewerbe uns vom Kerngebiet »Marketing« in Richtung Technologie zu weit wegbringen würden, verweisen wir an dieser Stelle auf die Fachliteratur.

DER MARKETING-MIX

Beim Marketing-Mix geht es darum, den Einsatz aller Marketinginstrumente zu koordinieren, also eine optimale Kombination der einzelnen Instrumente zu finden. Schon aus Kostengründen ist es vielfach nicht möglich, sämtliche Marketinginstrumente gleichzeitig einzusetzen. Deshalb muss eine Auswahl getroffen werden, die sich an der Eignung für die Erreichung der angestrebten Unternehmensziele ausrichtet.
Wenn sich der gastgewerbliche Unternehmer über die einzusetzenden Marketinginstrumente klar geworden ist, dann muss er die Wirkung der einzelnen Instrumente aufeinander abschätzen. Beispielsweise ist die Wirkung der Werbung in der Regel davon abhängig, welche Preis- und Produktpolitik betrieben wird, welche Qualität der Service hat u. a.
Aber nicht nur die richtige Auswahl und die wechselseitige Abstimmung der Marketinginstrumente sind wichtig, sondern auch die Intensität ihres Einsatzes sowie der Zeitpunkt der Marktaktivitäten (das Timing). Deshalb gehört zu einem optimalen Marketing-Mix nicht nur die Abstimmung der Maßnahmen innerhalb der einzelnen Instrumente (Produktmix, Preismix, Kommunikationsmix und Distributionsmix), sondern auch die optimale Kombination der absatzpolitischen Instrumente untereinander. Der Marketing-Mix repräsentiert daher das gesamte Marketingkonzept eines Hotels und Restaurants.

QUELLEN

Zitierte und weiterführende Literatur:

Barth, Klaus/Theis, Hans-Joachim: Hotel-Marketing, 2. überarbeitete Auflage, Wiesbaden 1998

Becker, Jochen: Marketingkonzeption, 6. Auflage, München 1998

Berekoven, Ludwig/Eckert, Werner/Ellenrieder, Peter: Marktforschung, Methodische Grundlagen und praktische Anwendung, 3. Auflage, Wiesbaden 1987, S. 63

Bliemel, Friedhelm/Kotler, Philip: Marketing-Management, 10. Auflage, Stuttgart 2001

Bruhn, Manfred: Kundenorientierung, München 1999

Bruhn, Manfred: Qualitätsmanagement für Dienstleistungen, 2. Auflage, Berlin 1997

DEHOGA Baden-Württemberg, Bildungs- und Beratungszentrum Gastgewerbe (BZG): Herausforderung Kalkulation, o.O., o.J.

Erlbeck, Klaus: Beschwerdemanagement, Göttingen 2004

Freyer, Walter: Tourismus-Marketing, 2. Auflage, München 1999

Gardini, Marco: Marketing-Management in der Hotellerie, München 2004

Gemünden/Krystek/Straube/Trommsdorff, Vorlesung Operatives Marketing, TU Berlin, WS 2006/07

Hänssler, Karl Heinz: Management in der Hotellerie und Gastronomie, 6. Auflage, München 2004

Hannig, Uwe: Vorlesung Marketing, FH Ludwigshafen, WS 2006/2007

Heim, Michael: Vorlesung Dienstleistungsmarketing, Universität Basel, WS 2000/2001

Homburg, Christian/Krohmer, Harley: Marketingmanagement, Wiesbaden 2003

Keppeler, Ruth/Schleusener, Michael: Trends und Herausforderungen im Hotel-Pricing, Teil 1: Der Pricing Prozess, in: Der Hotelier 4/2005

Kreusch, Markus: Kundennutzenorientiertes Preismanagement in der Praxis, Trier 1999

Laabs, Dirk: Konzeption einer Kundenbedürfnis- und -zufriedenheitsanalyse mit abschließender Handlungsempfehlung für das Marketing, Diplomarbeit, Bielefeld 2001

Lasch, Rainer/Trost, Ralf: Wettbewerbs-Benchmarking, in: ZfB, 67. Jg. (1997), Heft 7

Leibfried, Kathleen H. J./McNair, Carol J.: Benchmarking: Von der Konkurrenz lernen, die Konkurrenz überholen, 2. Auflage, Freiburg 1996

Mayr, Tanja: Statistische Untersuchung des Freizeitverhaltens von Hörgeschädigten im Raum Augsburg, Augsburg 1997

McCarthy, Jerome: Basic Marketing: A managerial approach, Columbus/
    Ohio 1960

Meffert, Heribert: Marketing, 9. Auflage, Wiesbaden 2000

Meffert, Heribert: Strategien zur Profilierung von Marken; in: Dichtl/
    Eggers: Marke und Markenartikel als Instrumente des Wettbewerbs,
    Mannheim/München 1992, S. 129 – 156.

Meffert, Heribert/Bruhn, Manfred: Dienstleistungsmarketing, 3. Auflage,
    Wiesbaden 2000

Möhlenbruch, Dirk: Sortimentspolitik im Einzelhandel. Planung und
    Steuerung, Wiesbaden 1994

Nieschlag, Robert/Dichtl, Erwin/Hörschgen, Hans: Marketing, 19. Auflage,
    Berlin 2002

Parasuraman, A./Zeithaml, Valarie A./Berry, Leonard L.: A Conceptual Mo-
    del of Service Quality and Its Implications for Future Research, Journal of
    Marketing 49/3, 1985, S. 41-50

Pechtl, Hans: Vorlesung Konsumentenverhalten, Universität Greifswald,
    WS 1999/2000

Pechtl, Hans: Vorlesung Produktpolitik, Universität Greifswald, WS
    2000/2001

Pechtl, Hans: Vorlesung Kommunikationspolitik, Universität Greifswald,
    WS 2007/08

Pepels, Werner : Lexikon des Marketing, München 1996

Preißner, Andreas: Balanced Scorecard anwenden, München 2003

Schaetzing, Edgar: Das Preiskarussell im Food-Bereich, in: Hotel-Restau-
    rant 6/94, S. 101

Schaetzing, Edgar: Erlebnisfaktor Preis in der Gastronomie, in: Hotel-
    Restaurant 7-8/02, S. 108

Schüller, Anne: Erfolgreich verhandeln – erfolgreich verkaufen. Wie Sie
    Menschen und Märkte gewinnen, Minibook 619

Seidel, Wolfgang/Stauss, Bernd: Beschwerdemanagement, München/
    Wien 1998

Simon, Hermann: Ertragssteigerung durch effektive Pricing-Prozesse,
    Berlin 2004

Simon, Hermann: Intelligente Pricing-Strategien für das Euro-Zeitalter,
    München 2002

Zitierte Internetseiten:

www.2ask.de
www.25hours-hotels.com
www.4managers.de
www.abseits.de/hotel_reservierungssysteme.html
www.businessvillage.de
www.checkinn24.de
www.fh-lu.de/fb1/downloads
www.gastronomie-report.de
www.gfk.de
www.groetsch-anft.de/methodvgl.html
www.handelswissen.de/data/themen/Marktpositionierung/Sortiment/
Markenprofil/index.php
www.hotel-haser.de/pauschalen2008.htm
www.hotel-ostfriesland.de/txt/30angebo.htm
www.hotelsterne.de
www.jaik.de/js/min_stch.htm
www.marketing.uni-passau.de
www.marriott.com
www.marketing.wiso.uni-erlangen.de
www.motel-one.de
www.psychologie.uni-wuerzburg.de
www.ringhotels.de
www.rsf.uni-greifswald.de
www.sigma-online.com (19.02.07)
www.simon-kucher.com
www.smarthotelroom.info
www.sinus-sociovision.de
www.sociovision.de
www.steinschaler.at/
www.tiscover.ch
www.tv-wirkungstag.de
www.uni-klu.ac.at
http://de.wikipedia.org/wiki/EFQM-Modell#Kriterien
www.wm.tu-berlin.de

Kurt Wolf, Diplom-Handelslehrer und Diplom-Betriebswirt (FH), ist Abteilungsleiter der Fachschule für Gastronomie und Sommeliers an der Heidelberger Hotelfachschule. Neben seiner Lehrtätigkeit in den Bereichen Marketing, Rechnungswesen, Datenverarbeitung und Wirtschaftsrecht vermittelt er sein umfangreiches Fachwissen in Seminaren, in einer Vielzahl Veröffentlichungen und engagiert sich seit vielen Jahren als Mitglied im Prüfungsausschuss »Meister im Gastgewerbe« an der Industrie- und Handelskammer Rhein-Neckar.

Roland Heckmann, gelernter Industriekaufmann und Diplom-Handelslehrer, ist als Studiendirektor stellvertretender Schulleiter der Heidelberger Hotelfachschule. Neben seinem Lehrauftrag mit den Schwerpunkten Rechnungswesen und Marketing ist er als Dozent und Prüfer für verschiedene Meisterabschlüsse und für den Industrie- und Handelsfachwirt bei der IHK tätig. Schwerpunkt seiner Veröffentlichungen und seiner Seminartätigkeit ist das Thema Rechnungswesen/Controlling.